DAS GROSSE BUCH DER DEKUPIERSÄGE

Über 60 Projekte & Techniken für die Feinschnittsäge

stv

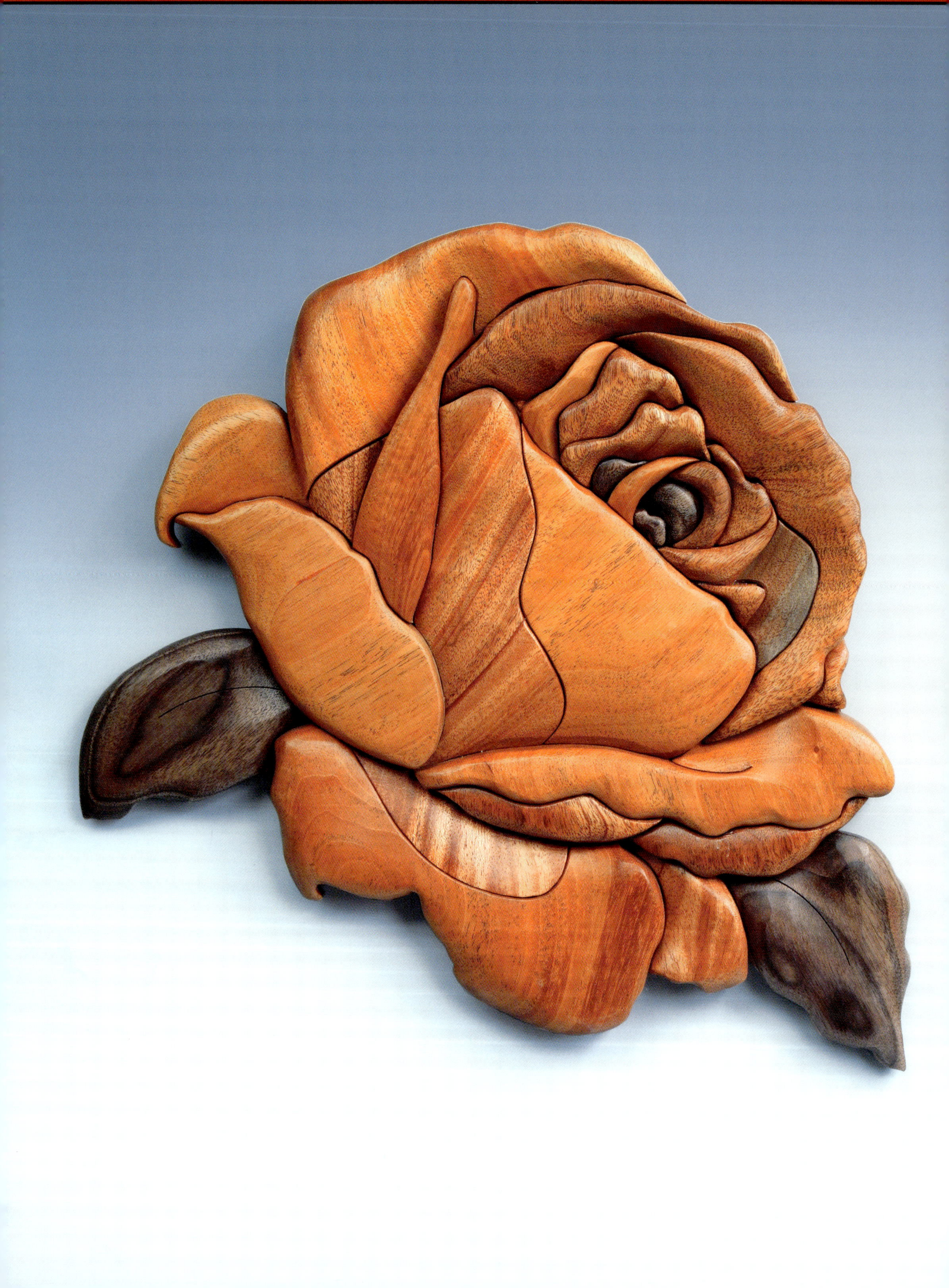

DAS GROSSE BUCH DER DEKUPIERSÄGE

Über 60 Projekte & Techniken für die Feinschnittsäge

John A. Nelson, Paul Meisel, Judy Gale Roberts
u. a.

Vom Bild zum Projekt
Intarsien-Muster von
Kathy Wise, Seite 115

Leopold Stocker Verlag
Graz – Stuttgart

Umschlaggestaltung: Werbeagentur Rypka GmbH, A-8143 Dobl/Graz, www.rypka.at

Bildnachweis:
Umschlagabbildungen Vorder- und Rückseite sowie Innenteil: Soweit nicht anders angegeben:
Archiv der Autoren oder Archiv Scroll Saw Woodworking & Crafts Magazine

Titel der englischen Originalausgabe: Big Book of Scroll Saw Woodwork. More than 60 Projects and Techniques for Fretwork, Intarsia & other Scroll Saw Crafts; by the editors of Scroll Saw Woodworking & Crafts Magazine, ISBN 9781565234260, © by Fox Chapel Publishing, East Petersburg, PA, 2009

Aus dem Englischen übertragen von Dr. Claudia Tancsits

Bibliographische Information der Deutschen Nationalbibliothek
Die Deutsche Nationalbibliothek verzeichnet diese Publikation in der Deutschen Nationalbibliographie; detaillierte bibliographische Daten sind im Internet über http://dnb.d-nb.de abrufbar.

Hinweis
Dieses Buch wurde auf chlorfrei gebleichtem Papier gedruckt. Die zum Schutz vor Verschmutzung verwendete Einschweißfolie ist aus Polyethylen chlor- und schwefelfrei hergestellt. Diese umweltfreundliche Folie verhält sich grundwasserneutral, ist voll recyclingfähig und verbrennt in Müllverbrennungsanlagen völlig ungiftig.

Auf Wunsch senden wir Ihnen gerne kostenlos unser Verlagsverzeichnis zu:
Leopold Stocker Verlag GmbH
Hofgasse 5 / Postfach 438
A-8011 Graz
Tel.: +43 (0)316/82 16 36
Fax: +43 (0)316/83 56 12
E-Mail: stocker-verlag@stocker-verlag.com
www.stocker-verlag.com
ISBN 978-3-7020-1466-7

Layout: Werbeagentur Rypka GmbH, A-8143 Dobl/Graz, www.rypka.at

Sicherheitshinweise
Beachten Sie bei der Verwendung von Oberflächenbehandlungsmitteln die Herstellerhinweise. Manche Öle zur Behandlung von Holz sind selbstentzündlich!

Inhalt

Sie suchen nach weiteren, abwechslungsreichen Projekten für die Dekupiersäge?

Dann nutzen Sie unseren QR-Code, den Sie nur scannen müssen.

Nach der Dekodierung wird die Adresse der Website angezeigt, von der die Vorlagen problemlos heruntergeladen werden können.

http://www.stocker-verlag.com/index.php?id=196

Kleine Vorschau

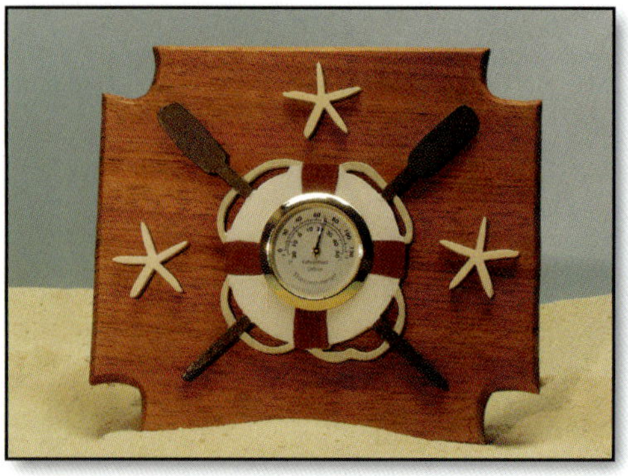

Vorlagen für Einsteiger (Seite 18)

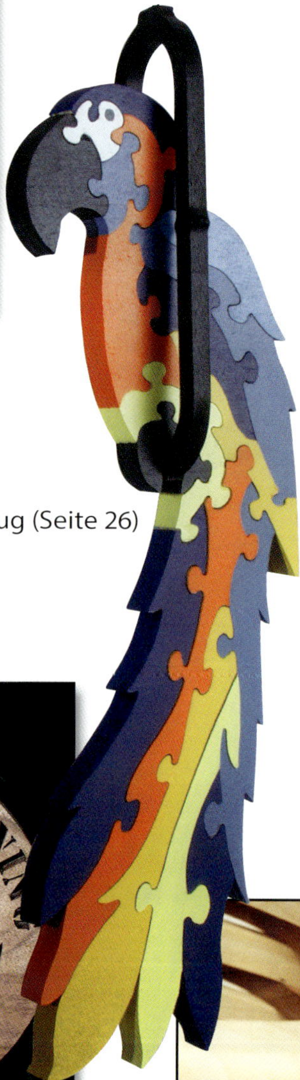

Puzzles und Spielzeug (Seite 26)

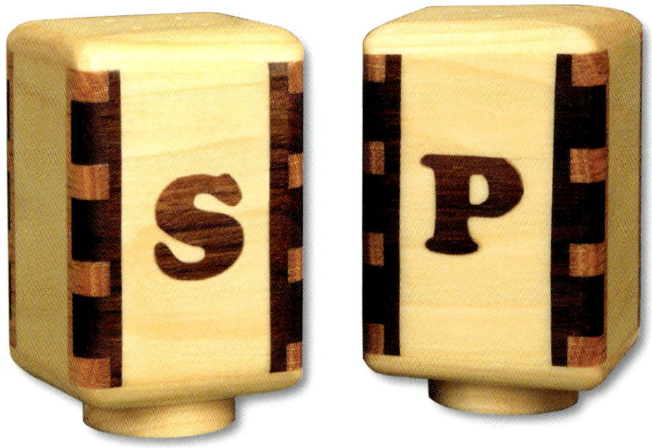

Einlege- und Reliefarbeiten (Seite 42)

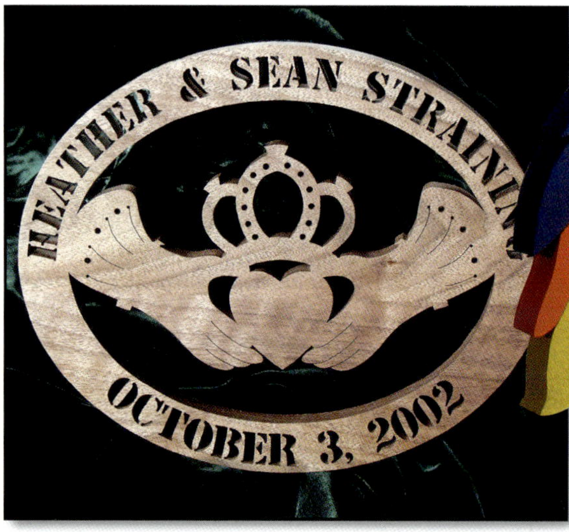

„Für Dich" (Seite 54)

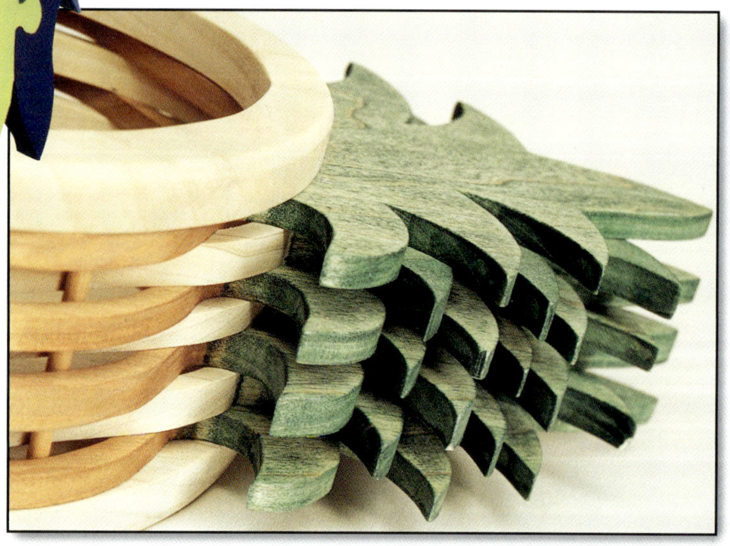

Kassetten und Körbe (Seite 66)

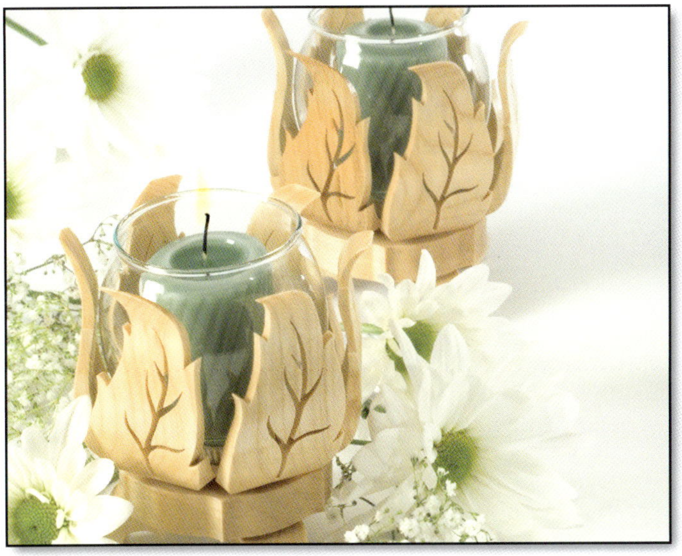

Verbundschnitt (Seite 96)

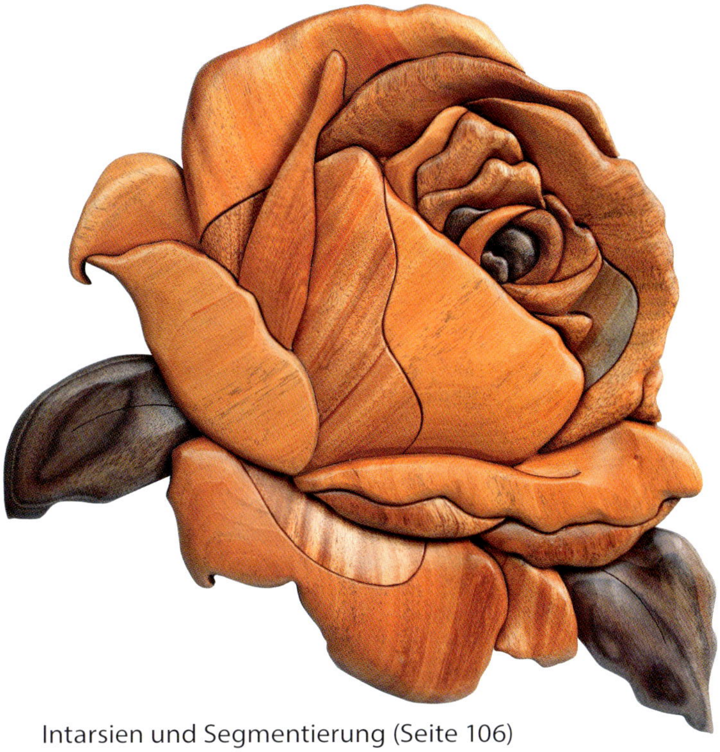

Intarsien und Segmentierung (Seite 106)

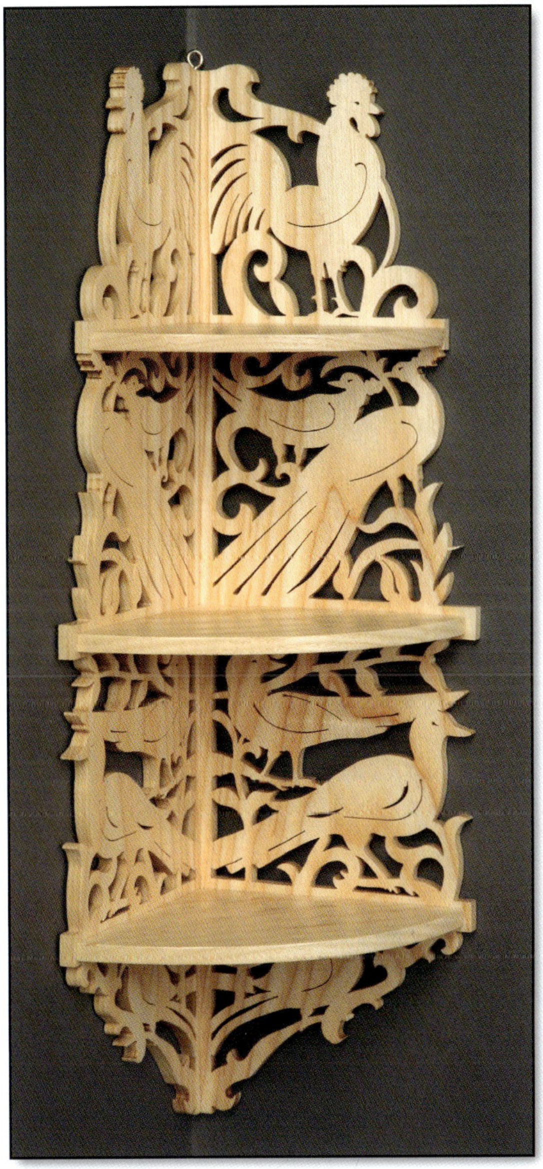

Durchbrochene Arbeiten (Seite 136)

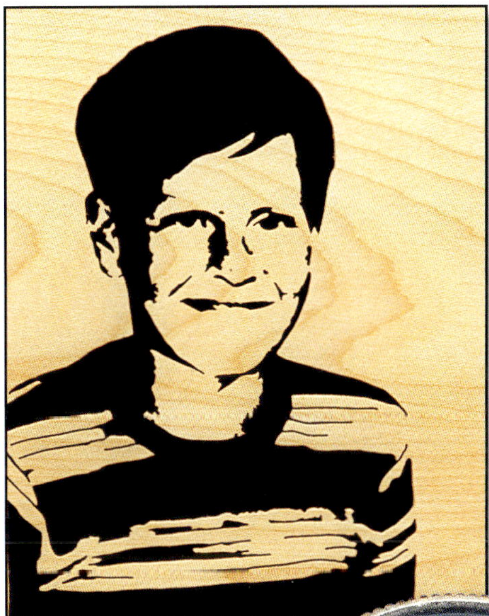

Kreative Ideen zum Durchstarten (Seite 156)

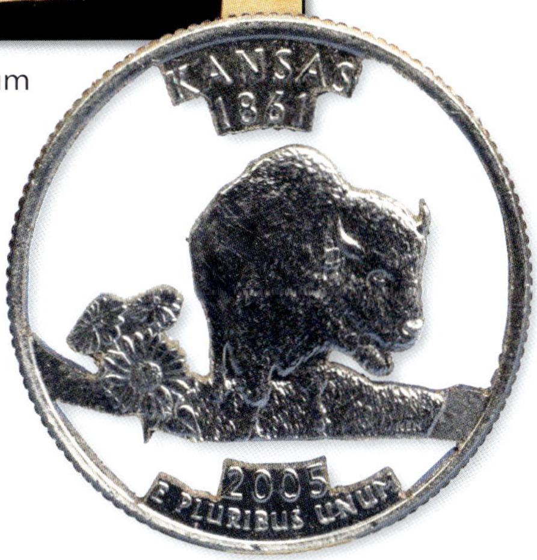

Es muss nicht immer Holz sein (Seite 164)

Einleitung

Die Dekupiersäge bietet so viele Möglichkeiten zum kreativen Arbeiten, dass es gar nicht so einfach ist, sie alle in einem Buch unterzubringen. Diese Auswahl aus unseren beliebtesten Projekten ist sowohl für Einsteiger als auch für Fortgeschrittene gedacht. Auf den folgenden Seiten finden Sie Vorlagen, Arbeitsanleitungen, technische Tipps, allerlei Wissenswertes und auch jede Menge Anregungen zu eigenen Projekten und Entwürfen.

Das Buch ist so aufgebaut, dass Sie ohne Schwierigkeiten finden werden, was Sie am meisten interessiert – ob es um die Herstellung von Kassetten oder Uhren, um die Intarsientechnik oder um durchbrochene Arbeiten geht. Einsteiger können sich einen Überblick verschaffen, Erfahrene finden hier Informationen über Techniken, die sie vielleicht noch nicht probiert haben. Eine Fülle von Vorlagen für Ihre nächsten Projekte und zahlreiche Ideen für die Zukunft warten auf Sie. Wir wünschen Ihnen viel Freude mit diesem Buch!

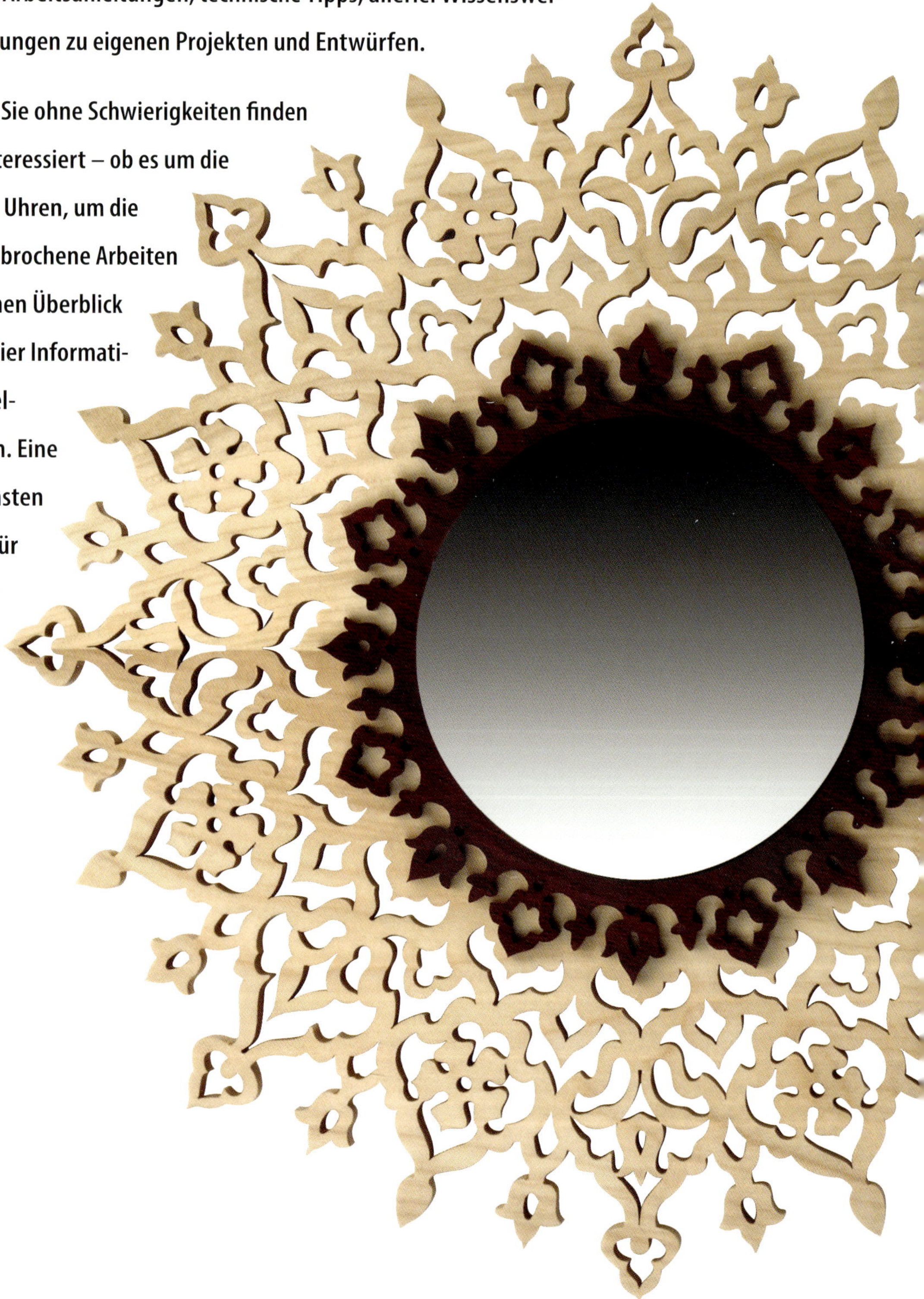

Zu Beginn

Als Einsteiger finden Sie hier einige Tipps und Tricks, die Ihnen zu einem erfolgreichen Start verhelfen sollen. Lesen Sie sich die folgenden Informationen durch, bevor Sie sich an die Arbeit machen.

Zur Sicherheit

Die Dekupiersäge ist ein relativ ungefährliches Werkzeug. Nehmen Sie sich trotzdem Zeit für einige Sicherheitsmaßnahmen. Achten Sie auf einen sauberen, gut beleuchteten und belüfteten Arbeitsbereich, der auch nicht vollgeräumt ist. Ein Staubfilter, eine Staubmaske, ein Luftreiniger können – einzeln oder in Kombination miteinander – zum Schutz der Lunge vor feinsten Staubpartikeln beitragen.

Achten Sie auch auf geeignete Kleidung ohne lose weghängende Teile. Legen Sie Schmuck und Armbanduhr ab, bevor Sie die Säge einschalten. Als Schutz vor herumfliegenden Holzstückchen tragen Sie unbedingt eine Schutzbrille.

Arbeiten Sie nicht mit der Säge, wenn Sie müde sind, und achten Sie auf einen ausreichenden Abstand zwischen dem Sägeblatt und Ihren Händen bzw. Fingern.

Bevor Sie zu arbeiten beginnen, lesen Sie am besten die Arbeitsanleitung durch, damit Sie sicher sind, alles verstanden zu haben.

Legen Sie alle Werkzeuge, die Sie brauchen werden, in Reichweite. Bei allen Projekten in diesem Buch finden Sie auch eine Liste der benötigten Werkzeuge. Die Liste ist jedoch nur eine Richtschnur. Arbeiten Sie immer mit Werkzeugen, die Ihnen liegen und die Sie gerne verwenden.

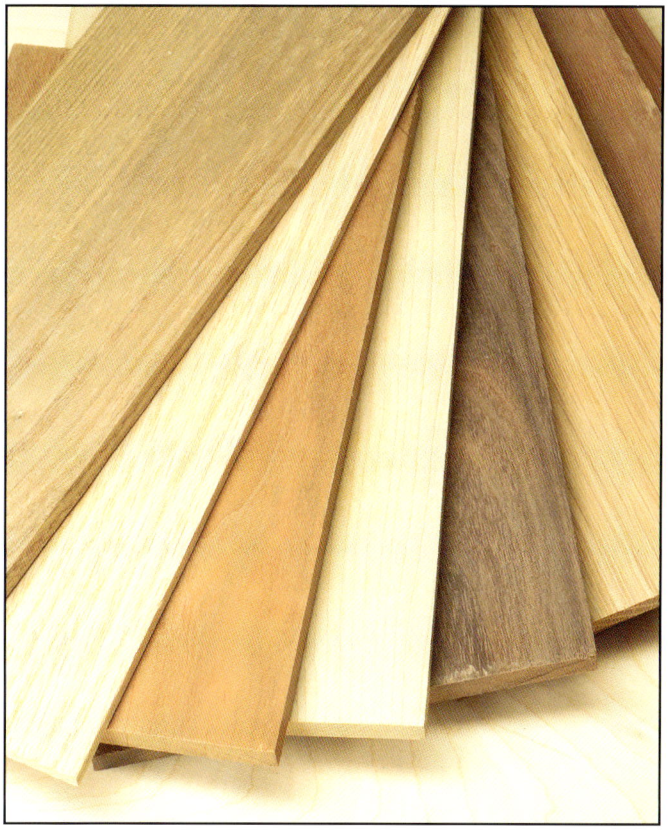

Die charakteristische Farbe und Maserung der verschiedenen Harthölzer kann dem Werkstück einen besonderen Reiz verleihen. Von links nach rechts: Trompetenbaum, Roteiche, Kirsche, Birke, Schwarznuss, Amerikanische Weißeiche, Mahagoni, Kalifornische Duftzeder.

Material auswählen

Investieren Sie etwas Zeit in die Auswahl des richtigen Materials für Ihr Projekt – ob es sich um Hartholz, Sperrholz oder ein Nichtholzprodukt handelt. Nicht nur das optische Ergebnis hängt vom Material ab: Manche Materialien sind leicht zu bearbeiten, andere können beim Sägen, beim Schleifen und bei der Oberflächenbehandlung Probleme aufwerfen.

Welches Material Sie auch wählen – es darf weder gebogen noch verzogen sein und soll möglichst keine Fehler, wie z. B. Astlöcher, aufweisen. Nehmen Sie nach Möglichkeit radial gesägtes Holz (mit stehenden Jahresringen), da es am stabilsten ist.

Mit Harthölzern lassen sich besonders schöne Ergebnisse erzielen, obwohl sie vielleicht nicht ganz so leicht zu bearbeiten sind wie Sperrholz. Harthölzer in verschiedenen Farbtönen ergeben effektvolle Kombinationen. Für Einsteiger ist hochwertiges Birkensperrholz zu empfehlen, da es meist leichter zu bearbeiten ist als Hartholz und sich gut beizen lässt, falls Sie Farbkontraste nachbilden wollen.

Überlegen Sie auch, welche Materialstärke für Ihr Projekt die richtige ist. Besonders als Einsteiger sollten Sie nicht mit zu dickem oder zu dünnem Material arbeiten. Wenn das Holz zu dick ist, besteht die Gefahr, dass Sie sich durch die mühsame Arbeit, durch Sägeblattbruch oder Materialverbrennung entmutigen lassen. Wenn das Holz zu dünn ist, entstehen andere Probleme: Das Sägeblatt findet nicht genug Widerstand, dadurch fällt es schwerer, auf der Stelle zu drehen oder auf der Linie zu bleiben.

Wenn Sie im Stapelschnitt arbeiten wollen, berücksichtigen Sie dies bei der Auswahl des Materials. 1,5 oder 3 mm starkes Sperrholz ist ideal für den Stapelschnitt.

Bedenken Sie, dass sich der Gesamteindruck ändert, wenn Sie eine andere als die angegebene Materialstärke verwenden. Eine zierliche durchbrochene Arbeit wirkt bei einer Holzstärke von 19 mm wahrscheinlich nicht so schön wie bei einer Stärke von 3 mm.

Befestigen der Papiervorlage

Es gibt verschiedene Methoden, um die Vorlage auf den Rohling zu übertragen (die Vergrößerung der Vorlage ist beim jeweiligen Muster angegeben: Fotokopie ... %) oder darauf zu befestigen. Probieren Sie und finden Sie heraus, welche Methode Ihnen am meisten liegt.

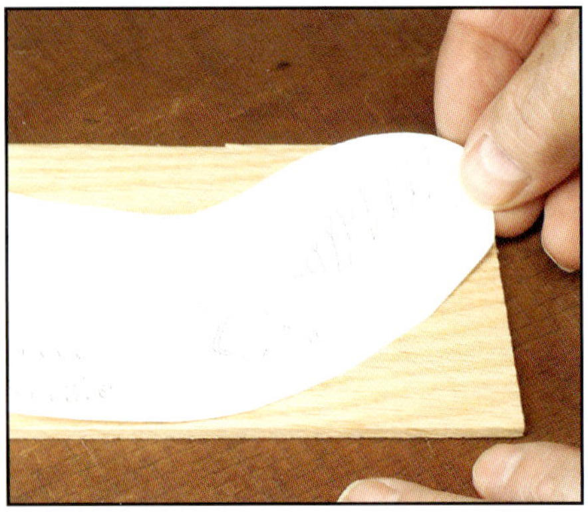

Streichen Sie das Vorlagepapier von innen nach außen glatt und entfernen Sie dabei etwaige Luftblasen.

Ablösbarer Sprühkleber: Bei der gängigsten Methode wird ablösbarer Sprühkleber verwendet. Gummilösung oder Klebestifte funktionieren ähnlich. Fotokopieren Sie zuerst die Vorlage und legen Sie die Kopie mit der Rückseite nach oben in einen Pappkarton. Besprühen Sie die Rückseite der Vorlage mit Kleber (die Vorlage wird besprüht, nicht das Holz; der Pappkarton fängt den Overspray auf). Warten Sie einige Sekunden und drücken Sie die Vorlage auf das Holz.

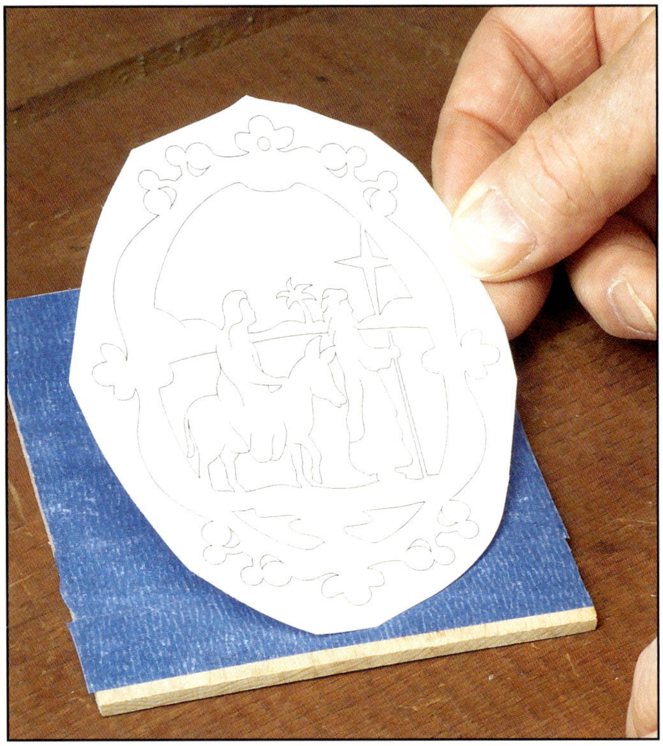

Wenn der Rohling zuerst mit Malerabdeckband beklebt wird, lässt sich die Vorlage noch leichter lösen.

Transparentes Paketklebeband: Diese Methode wird oft zum Sägen von dickem oder hartem Holz empfohlen. Auch hier wird die Papiervorlage mit Kleber besprüht und aufgeklebt (siehe links). Dann wird der ganze Rohling mitsamt der Papiervorlage mit transparentem Paketklebeband beklebt. Das Klebeband fixiert die Vorlage fest am Werkstück. Wenn die Sägearbeit fertig ist, ziehen Sie das Klebeband ab. Meist löst sich dabei auch die Papiervorlage. Die Chemikalien, die verhindern, dass das Klebeband auf der Rolle an sich selbst festklebt, erhöhen auch die Gleitfähigkeit des Sägeblattes.

Selbstklebeetikett: Kopieren Sie die Vorlage auf ein großes Selbstklebeetikett (z. B. 210 x 297 mm). Ziehen Sie das Haftpapier ab und kleben Sie das Etikett auf den Rohling.

Malerabdeckband: Bekleben Sie den gesamten Rohling mit Malerabdeckband. Dann kleben Sie die Vorlage mit der Sprühkleber-Methode auf diese Unterlage. Das Abdeckband lässt sich leicht ablösen und hinterlässt meist nicht viel Rückstand. Es ist ebenfalls mit Chemikalien überzogen, die dafür sorgen, dass es nicht an sich selbst festklebt. Beim Sägen von harten oder dicken Hölzern wird es daher auch gerne verwendet.

Graphit- oder Kohlepapier: Platzieren Sie das Transferpapier auf dem Rohling und legen Sie die Vorlage obenauf. Befestigen Sie beides mit einigen Stücken Malerabdeckband am Werkstück. Zeichnen Sie die Linien der Vorlage mit einem roten Stift nach (damit Sie wissen, welche Linien Sie schon nachgezeichnet haben). Für dunklere Hölzer verwenden Sie weißes oder anderes helles Transferpapier. Kohlepapier ist billiger, lässt sich aber nicht so leicht entfernen und übermalen (mit feinem Schleifpapier der Körnung 220 lassen sich die meisten Linien abschleifen). Graphitpapier ist teurer, lässt sich aber vom fertig gesägten Werkstück leichter entfernen und ist in einer größeren Farbauswahl erhältlich.

Abnehmen der Vorlage

Um das Vorlagepapier nach dem Aussägen abzunehmen und etwaige Klebstoffreste zu entfernen, gibt es ebenfalls mehrere Möglichkeiten. Probieren Sie und finden Sie heraus, welche Ihnen am meisten zusagt.

Mineralspiritus: Meist lässt sich das Vorlagepapier ohne Weiteres lösen. Damit es leichter geht, können Sie es mit Mineralspiritus befeuchten. Auch Klebstoffreste sind mit Mineralspiritus rasch abgewischt.

Klebstoffentferner: Es gibt mehrere solche Produkte von verschiedenen Herstellern auf dem Markt. Um Vorlage und Klebstoffreste zu entfernen, folgen Sie der Herstelleranweisung.

Schleifpapier: Auch durch leichtes Abschleifen mit feinem Schleifpapier (220er-Körnung) lassen sich Vorlage und Klebstoffreste entfernen.

Startlöcher

Ein Startloch muss gebohrt werden, um einen Innenschnitt ausführen zu können, also einen Schnitt, den Sie nicht vom Rand her ansetzen können. Durch das Startloch können Sie den Schnitt in einem Bereich ansetzen, der von der fertigen Arbeit umgeben sein wird, z. B. im Inneren des Buchstaben O. Beim Bohren der Startlöcher sind einige Punkte zu beachten.

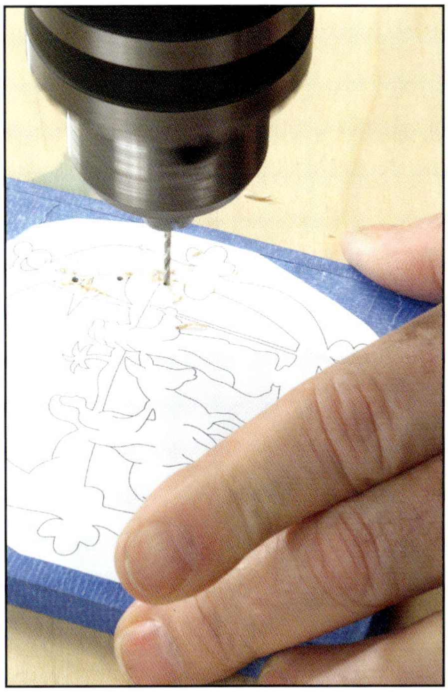

Für exakte senkrechte Startlöcher ist eine Standbohrmaschine zu empfehlen.

Platzieren: Bei manchen Vorlagen sind die Startlöcher markiert. Wenn das nicht der Fall ist, setzen Sie das Loch nach Ihrem Gutdünken. Wenn Sie es knapp an einer Schnittlinie platzieren, wird das Sägeblatt geschont. Wenn möglich, setzen Sie das Loch jedoch nicht an einer gebogenen Linie. Setzen Sie es auch nicht direkt in eine Ecke – nur scharfe Innenecken sehen gekonnt aus.

Bohren: Bohren Sie das Startloch senkrecht durch das Werkstück, nach Möglichkeit mit einer Standbohrmaschine. Unterlegen Sie dabei den Rohling mit Restholz und bohren Sie in dieses hinein. So verhindern Sie ein Ausreißen an der Rückseite der Bohrung und ersparen sich das zeitraubende Glätten solcher Unebenheiten.

Bohrergröße: Der Durchmesser des Bohrers hängt von der Größe des auszusägenden Bereichs und des Sägeblattes ab. Wenn Sie Platz haben, nehmen Sie einen größeren Bohrer, damit sich das Sägeblatt besser durchfädeln lässt. Für „Veining" (= Äderung, wird für Blattadern, Gewandfalten usw. angewendet) wählen Sie einen möglichst kleinen Bohrer, sodass das Sägeblatt gerade noch durch das Bohrloch passt. Manche Dekupiersägen-Fans schleifen die Enden des Sägeblattes ein wenig ab, damit es sich besser durch kleine Startlöcher fädeln lässt.

Sägeblattspannung

Die meisten Sägen haben ein Spannrad, mit dem sich die Sägeblattspannung regeln lässt.

Die Spannung sollte vollständig gelöst werden, bevor das Sägeblatt eingelegt wird. Befestigen Sie beide Enden des Sägeblattes in den Klemmen und stellen Sie die Spannung ein. Wenn man an einem gut gespannten Sägeblatt zupft, hört man einen klaren Ton (Note C). Wenn Sie Schwierigkeiten damit haben, die Spannung nach dem Ton einzustellen, drücken Sie mit dem Finger das Sägeblatt zur Seite: Die Spannung ist richtig, wenn es sich nicht mehr als 3 mm nach vorne, nach hinten, nach links oder nach rechts biegen lässt.

Bei zu geringer Spannung „wandert" das Sägeblatt beim Sägen, und Sie können damit nur schwer an den Linien der Vorlage entlangsägen. Es verbiegt sich auch seitwärts, dadurch entstehen unsaubere und abgeschrägte Schnitte. Wenn auf ein zu lockeres Sägeblatt Druck ausgeübt wird, bricht es meist.

Ein zu straff gespanntes Sägeblatt bricht noch leichter und rutscht beim Sägen leicht aus den Klemmen heraus.

Im Allgemeinen ist es besser, das Sägeblatt zu fest zu spannen als zu locker. Mit zunehmender Übung wird es Ihnen leichter fallen, die korrekte Spannung einzustellen.

Den Tisch waagrecht ausrichten

Die meisten Dekupiersägen haben einen verstellbaren Tisch, damit man Schnitte in verschiedenen Winkeln setzen kann. Bei den meisten Arbeiten soll das Sägeblatt allerdings genau senkrecht zum Tisch stehen, also einen Winkel von genau 90° zur Tischfläche bilden. Wenn der Tisch auch nur ein bisschen geneigt ist, entsteht ein abgeschrägter Schnitt. Bei Puzzleteilen, Intarsien, Segmentierung und vielen anderen Techniken sollte das eigentlich nicht vorkommen. Es gibt mehrere Methoden, den Tisch genau waagrecht auszurichten.

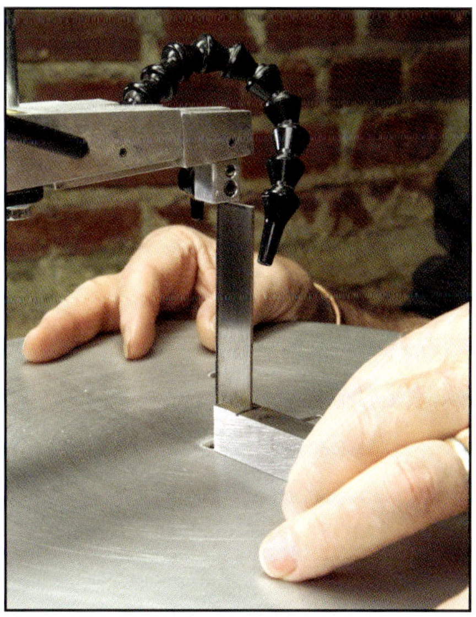

Mit einem Winkelmaß können Sie sicherstellen, dass Tisch und Sägeblatt genau senkrecht zueinander stehen.

Winkel-Methode: Die Auswahl reicht vom teuren Winkel aus Metall bis zum billigen Dreieckslineal aus Plastik. Solange der Winkel genau ist, spielt das Material keine Rolle. Legen Sie den Winkel an der Tischplatte und am gespannten Sägeblatt an und korrigieren Sie die Neigung der Tischplatte, bis sie mit dem Sägeblatt einen Winkel von 90° bildet.

Durchschnitt-Methode: Sägen Sie ein mindestens 19 mm starkes Stück Restholz durch und überprüfen Sie mit dem Winkelmaß, ob der Schnitt rechtwinklig ist. Korrigieren Sie die Neigung der Tischplatte, bis der Schnitt genau rechtwinklig ausfällt.

Einschnitt-Methode: Sägen Sie ca. 1,5 mm tief in ein 44 mm starkes Stück Restholz hinein. Schalten Sie die Säge aus und legen Sie das Holzstück hinter das Sägeblatt. Wenn sich das Sägeblatt leicht in den Sägeschlitz schieben lässt, steht die Tischplatte rechtwinklig zum Sägeblatt. Wenn das nicht der Fall ist, korrigieren Sie die Neigung, bis das Blatt leicht in den Einschnitt gleitet.

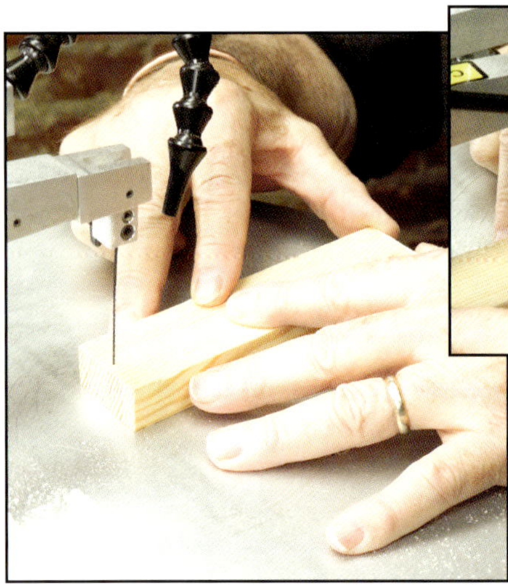

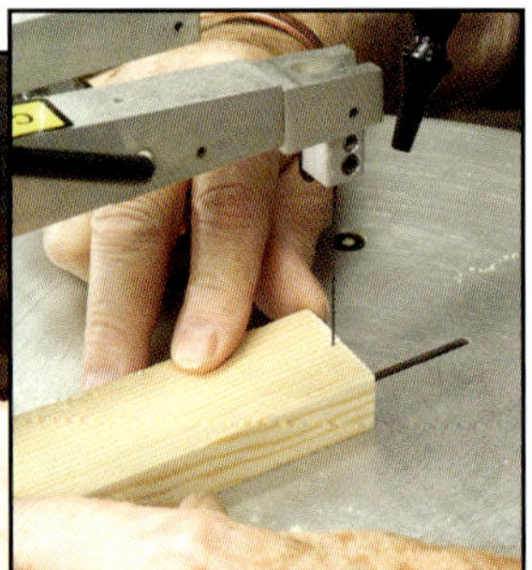

Prüfen Sie mit der Einschnitt-Methode, ob Tischplatte und Sägeblatt miteinander einen rechten Winkel bilden.

Allgemeine Hinweise

In den meisten Fällen sollten Sie heikle Schnitte zuerst ausführen. Dafür gibt es zwei Hauptgründe. Erstens: Wenn Sie einen Fehler machen, der nicht leicht zu beheben ist, haben Sie nicht viel Zeit umsonst in das Werkstück investiert. Zweitens: Diese Bereiche sind bruchanfällig – je mehr Holz noch da ist, das den betreffenden Bereich stützt, desto besser. Deshalb ist es auch hilfreich, wenn Sie ausgeschnittene Abfallholzbereiche wieder einfügen und mit Abdeckband am Werkstück befestigen, bevor Sie andere Bereiche aussägen.

Lassen Sie die Säge und das Sägeblatt die Arbeit machen. Drücken Sie nicht das Werkstück gegen das Blatt – Sie verlieren dadurch leichter die Kontrolle, das Blatt wird gebogen und es entstehen schräge Schnitte. Sägen Sie mit mäßiger Geschwindigkeit. Reduzieren Sie die Geschwindigkeit beim Sägen heikler Bereiche und erhöhen Sie sie bei dickeren Werkstücken sowie bei langen geraden Linien oder langgezogenen Kurvenlinien. Achten Sie auf den Zustand des Sägeblattes. Wenn es öfter Brandspuren erzeugt oder nicht mehr so gut schneidet, wechseln Sie es aus. Das geht schneller und macht weniger Mühe, als Brandspuren abzuschleifen, und Sägeblätter kosten nicht viel. (Bei Traubenkirschenholz hinterlassen allerdings auch neue Sägeblätter leicht Brandspuren.) Mit Klebeband können Sie bei dicken und harten Hölzern die Gleitfähigkeit des Sägeblattes erhöhen und Brandspuren hintanhalten.

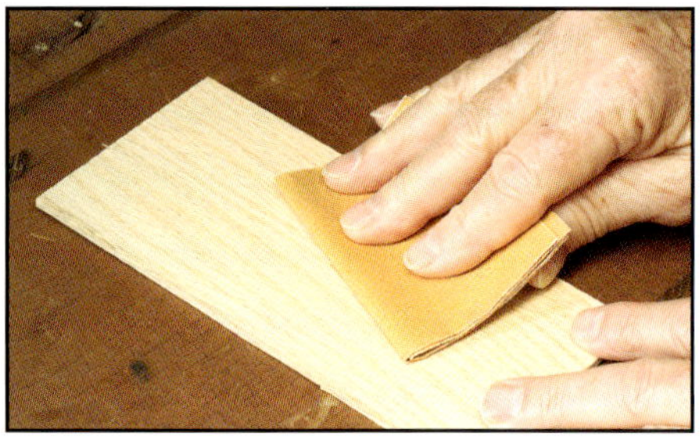

Sie erleichtern sich die Arbeit, wenn Sie die Oberfläche vor dem Sägen abschleifen.

Tipps zum richtigen Abschleifen

Es ist besser, vor dem Sägen zu schleifen – beim Abschleifen nach dem Sägen könnten bruchanfällige Bereiche beschädigt werden.

Verwenden Sie zuerst grobes Schleifpapier (80er-Körnung) und dann immer feinere Körnungen, bis die Oberfläche Ihren Vorstellungen entspricht. Nach dem Sägen können Sie das Werkstück kurz von Hand mit feinem Schleifpapier (Körnung 220) abschleifen, um etwaige Sägespuren zu entfernen.

Stapelschnitt

Beim Stapelschnitt können Sie mehrere Teile für ein Projekt oder sogar für mehrere Projekte auf einmal sägen. Mehrere Rohlinge werden aneinander fixiert und zusammen gesägt. Zum Fixieren gibt es mehrere Methoden:

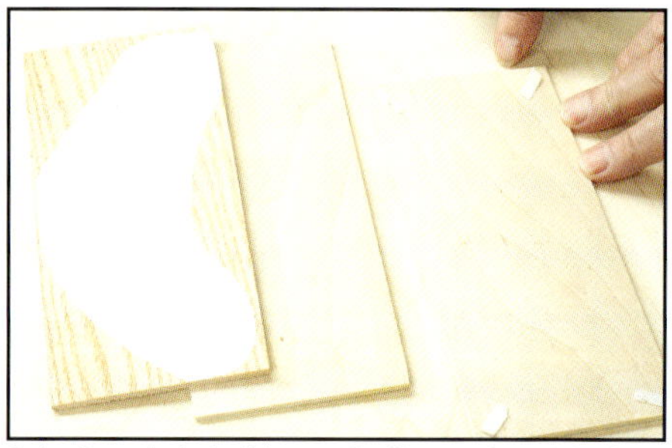

Beim Stapelschnitt können Sie die einzelnen Schichten mit doppelseitigem Klebeband aneinander fixieren.

Doppelseitiges Klebeband: Bringen Sie in den Ecken zwischen den Schichten kleine Stücke doppelseitiges Klebeband auf. Diese Methode ist für Einlegearbeiten nicht zu empfehlen, da die Teile nur dann genau passen, wenn zwischen den Schichten kein Zwischenraum ist.

Heißkleber: Mit einem Tropfen Heißkleber auf jeder Seite können Sie zwei oder mehrere Schichten aneinander befestigen.

Sprühkleber: Befestigen Sie die Schichten mit Sprühkleber aneinander (demselben Kleber, mit dem die Papiervorlage am Werkstück befestigt wird); folgen Sie dabei der Herstelleranweisung. Am besten sprühen Sie ein Blatt Papier auf beiden Seiten mit Kleber ein und legen es zwischen die Holzschichten. So lassen sich die Schichten nachher besser trennen, als wenn Sie den Kleber direkt auf das Holz sprühen.

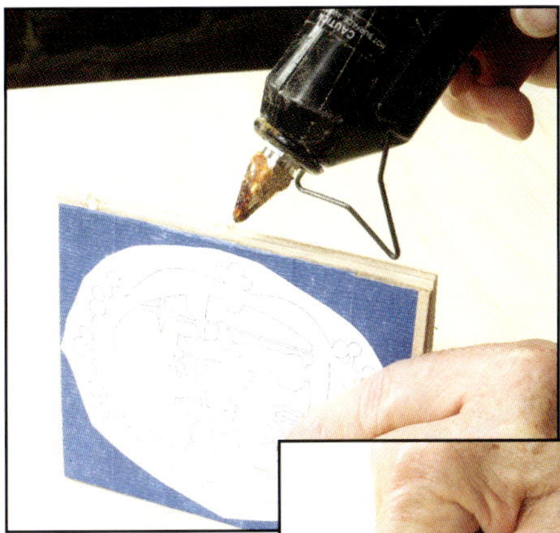

Hier werden die Schichten mit einem Tropfen Heißkleber im äußeren Randbereich aneinander fixiert.

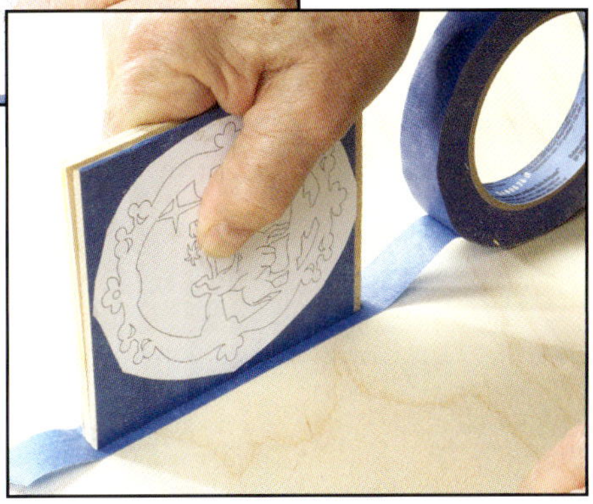

Die Schichten können auch mit Malerabdeckband umwickelt …

Malerabdeckband: Legen Sie alle Schichten bündig aufeinander und wickeln Sie eine Schicht Malerabdeckband oder transparentes Paketklebeband um die Außenkanten. Sie können den Stapel auch zur Gänze umwickeln, um die Stabilität zu erhöhen.

Nägel: Schlagen Sie Drahtstifte oder kleine Nägel in möglichst viele Abfallbereiche ein. Die Nägel sollen nicht aus dem Holz herausragen, sonst zerkratzen sie die Tischoberfläche oder bleiben am Tisch hängen und stören beim Sägen. Schneiden Sie überstehende Nägel am besten möglichst knapp an der Holzoberfläche ab und schleifen Sie sie plan ab. Sie können beim Einschlagen der Nägel auch auf einem Amboss oder einem Stück Metallblech arbeiten, dann schließen die Nägel bündig mit der Holzoberfläche ab. (Dies funktioniert nur bei Sperrholz – Hartholz kann dabei brechen.)

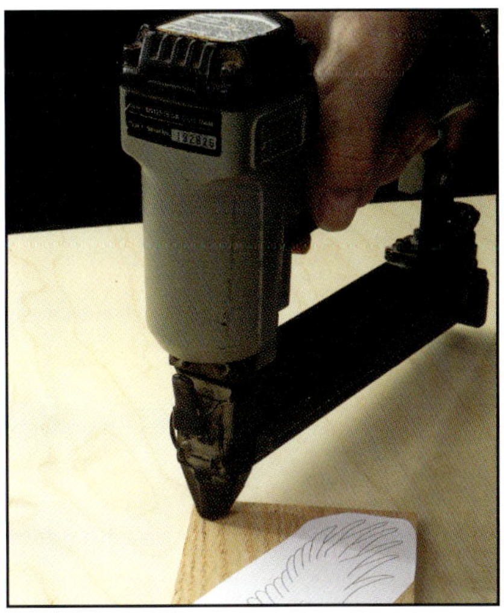

… oder mit Drahtstiften oder Nägeln aneinander fixiert werden.

Sägeblätter

Wir können keine Empfehlung für ein bestimmtes Sägeblatt abgeben, es ist jedoch wichtig, dass Sie die verschiedenen Arten kennenlernen. Probieren Sie mehrere Marken, Arten und Größen aus, um ein Gefühl dafür zu bekommen, wie jedes Blatt schneidet. Die Entscheidung, welches Sägeblatt Sie für ein bestimmtes Projekt verwenden, hängt vom Projekt, vom verwendeten Holz und von Ihren persönlichen Vorlieben ab.

Sägeblattgrößen: Je kleiner die Nummer, desto kleiner das Sägeblatt. Allgemein erhältlich sind Sägeblätter in den Größen 3/0 bis 12. Blätter mit der Nummer 3/0 (Juweliersägeblätter) werden für feine Detailarbeiten verwendet. Nr. 7 ist ziemlich groß und wird meist für weniger präzise Außenschnitte verwendet. Ein größeres Sägeblatt erzeugt auch einen breiteren Sägeschlitz.

Die meisten Sägeblätter gehören zu den folgenden acht Kategorien (nach John A. Nelson, „Scroll Saw Workbook"):

Querstiftsägeblätter sind eigentlich eine kleinere Version der herkömmlichen Laubsägeblätter. Ein Querstiftsägeblatt ist sehr breit und hat an den Enden Querstifte, die es in den Klemmen halten. Für feinere Arbeiten ist es nicht geeignet.

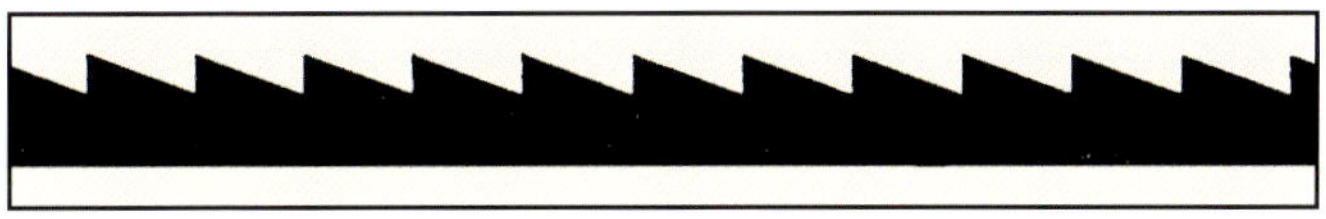

Sägeblatt mit Standardzahnung: Alle Zähne haben die gleiche Größe und den gleichen Abstand. Es gibt Sägeblätter für Holz und für Metall.

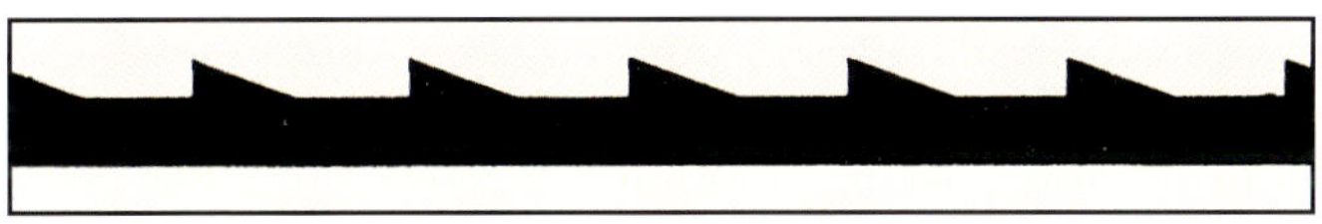

Weitgezahntes Sägeblatt: Diese Blätter sehen ähnlich aus, es fehlt jedoch jeder zweite Zahn. Durch den breiteren Abstand zwischen den Zähnen bleibt das Blatt kühler, es wirft auch mehr Sägestaub aus. Diese Blätter sind für Anfänger gut geeignet, weil sie sauber und zügig schneiden.

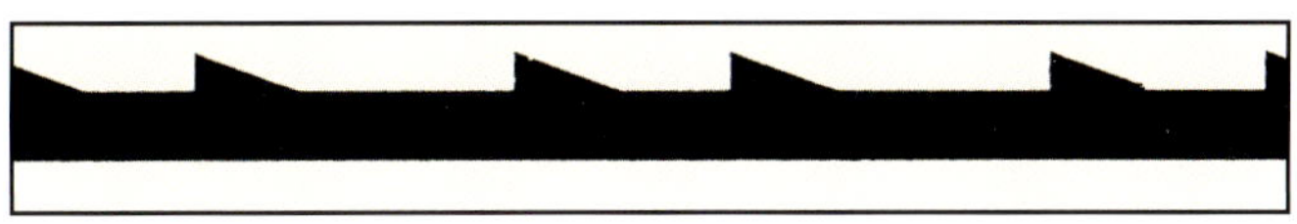

Doppelzahniges Sägeblatt: Es sieht ähnlich aus wie ein weitgezahntes Sägeblatt, hat aber einen größeren Abstand zwischen jeweils 2 Zahnpaaren. Es schneidet etwas langsamer, wirft jedoch mehr Sägestaub aus und die Schnitte werden sehr glatt.

Sägeblatt mit Gegenzähnen: Dieses Blatt sieht ähnlich aus wie ein doppelzahniges Sägeblatt, nur zeigen die untersten Zähne nach oben. Dadurch wird das Ausreißen oder Splittern auf der Unterseite vermieden. Beim Einlegen müssen sich die Gegenzähne ein Stück oberhalb der Tischoberfläche befinden, wenn der Schwingarm in der höchsten Position steht.

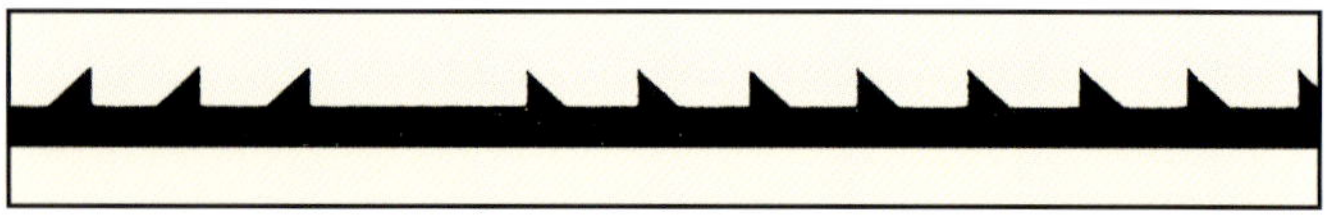

Präzisionsgeschliffenes Sägeblatt: Bei diesem weitgezahnten Sägeblatt mit Gegenzähnen sind die Zähne kleiner und werden geschliffen statt gefeilt. Es ist schärfer, schneidet geradliniger und erzeugt eine sehr glatte Oberfläche. Es schneidet jedoch aggressiv und ist nicht unbedingt anfängertauglich.

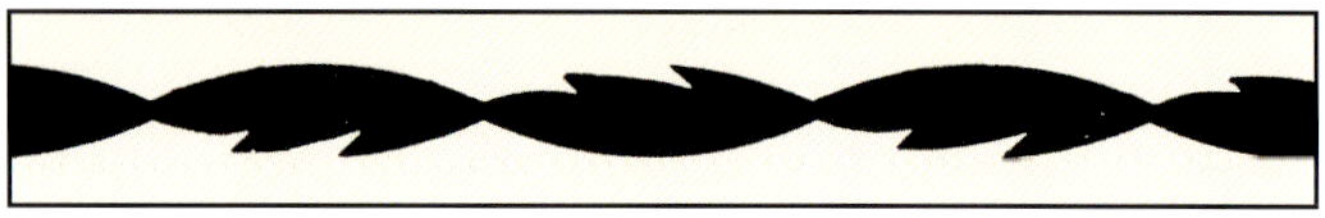

Spiralsägeblatt: Da sich die Zähne rundherum am Sägeblatt befinden, kann man in alle Richtungen schneiden, ohne das Werkstück zu drehen. Für Porträts oder für größere Werkstücke, die sich nicht drehen lassen, ist es sehr beliebt. Der Sägeschlitz ist jedoch breit und der Schnitt ist relativ rau. Für enge Kurven und scharfe Ecken ist dieses Sägeblatt ungeeignet.

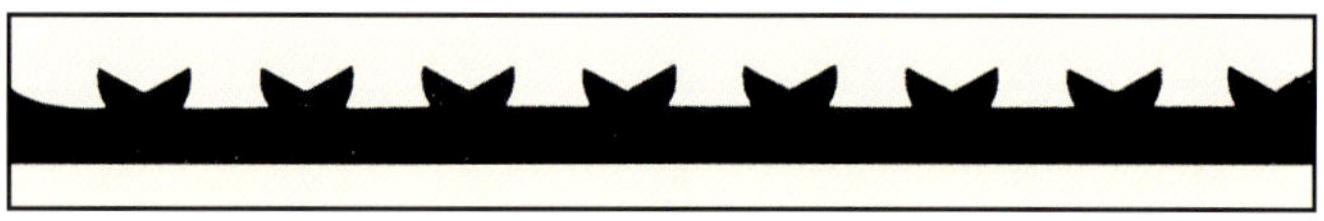

Kronensägeblatt: Diese Sägeblätter haben auf Abstand stehende kronenförmige Zähne. Sie können in beiden Richtungen eingespannt werden, es gibt kein „verkehrt herum". Holz sägen sie etwas langsamer als andere Sägeblätter, für Kunststoffe oder Plexiglas sind sie jedoch gut geeignet.

Eine Hilfsplatte bauen

Bei den meisten Dekupiersägen ist die Öffnung im Tisch und rund um das Sägeblatt viel größer als nötig. Dadurch zerbrechen kleine, feine Arbeiten oft bei der Abwärtsbewegung des Sägeblattes. Durch eine hölzerne Hilfsplatte zusätzlich zum metallenen Sägetisch lässt sich dies vermeiden.

Wählen Sie dazu ein Stück 6 bis 9 mm starkes Sperrholz, das etwa so groß wie der derzeitige Tisch an Ihrer Säge ist. Wir empfehlen, diese Platte größer zu machen, als Sie es für nötig halten.

Platzieren Sie die Hilfsplatte auf den Metalltisch. Markieren Sie von der Unterseite des Metalltisches aus mit einem Bleistift die Stelle, wo das Sägeblatt sich durchbewegt. Dann drehen Sie die Hilfsplatte um und bohren ein Loch mit einem Durchmesser von 1,5 bis 3 mm (oder etwas größer als das Sägeblatt, das Sie verwenden wollen).

Kleben Sie neben dem Sägeblatt auf beiden Seiten einige Streifen doppelseitiges Teppichklebeband auf den Metalltisch. Drücken Sie die Hilfsplatte fest auf das Teppichklebeband und achten Sie darauf, dass sich das Sägeblatt genau in der Mitte des Loches befindet.

Tipps und Tricks beim Sägen

Wenn Sie zum ersten Mal mit einer Dekupiersäge arbeiten, dann machen Sie unbedingt einige Probeschnitte, bevor Sie mit einem Projekt beginnen. Die meisten Sägeblätter schneiden nämlich nicht in einer Linie mit dem Schwingarm, sondern leicht schräg nach rechts.

Der Grund dafür ist der Herstellungsprozess. Wenn Sie vorsichtig (bei abgeschaltetem Motor!) mit dem Finger rechts und

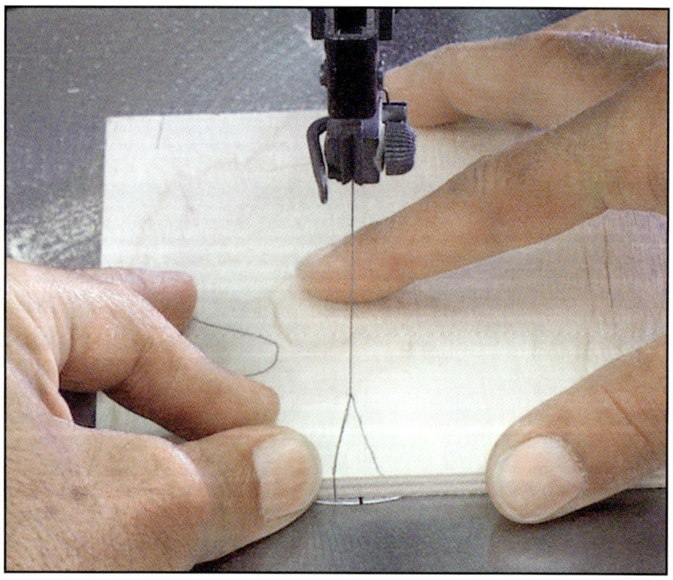

Um einen schmalen v-förmigen Schnitt zu sägen, fahren Sie aus dem Sägeschlitz wieder heraus, drehen Sie das Sägeblatt um und lassen Sie es in den Abfallbereich hineinschneiden.

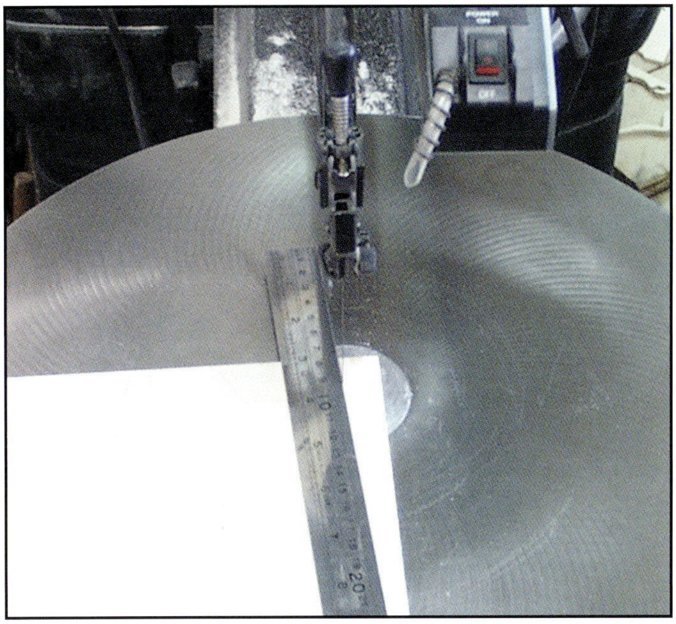

Wenn Sie ein Lineal an die Vorlagelinie anlegen, sehen Sie genau, wie weit das Sägeblatt von ihr abweicht.

links am Sägeblatt entlangfahren, werden Sie merken, dass das Blatt an der rechten Seite einen Grat hat. (Bei Kronensägeblättern sind beide Seiten gleich, präzisionsgeschliffene Sägeblätter haben diesen Grat gar nicht.) Durch den Grat schneidet die rechte Seite besser, was zu Problemen führen kann.

Versuchen Sie, ein Stück Holz zu sägen, indem Sie es in einer Linie mit dem Mittelpunkt des Schwingarms direkt auf das Sägeblatt zuschieben. Schneiden Sie 15 bis 20 mm ins Holz hinein. Beobachten Sie, wie das Sägeblatt schräg nach rechts schneidet. Lassen Sie das Holz auf dem Sägetisch liegen und legen Sie ein Lineal an den gerade gesetzten Schnitt an. Es zeigt schräg nach links hinter die Säge (siehe Abbildung oben). Gehen Sie um die Säge herum, bis Sie direkt am Lineal entlangschauen. Sie sind nun etwa 75 bis 200 mm rechts vom Mittelpunkt der Säge. Versuchen Sie von dieser neuen Position aus, dasselbe Stück Holz direkt auf das Sägeblatt zuzuschieben und eine gerade Linie zu sägen. Nun ist es viel leichter, an der Linie entlangzusägen. Von dieser Position aus können Sie das Holz direkt auf das Sägeblatt zuschieben, und die Säge wird der Linie folgen.

Bevor Sie mit dem Projekt beginnen, noch einige Hinweise:

- Manche Profis empfehlen das Aufbringen einer Schicht Wachspaste auf den Tisch, damit das Werkstück besser über die Arbeitsfläche gleitet.
- Sehen Sie sich die Linien der Vorlage an. Wenn sie dick sind, überlegen Sie, ob Sie an der Innen- oder an der Außenseite oder in der Mitte der Linie schneiden wollen, und bleiben Sie dann während des gesamten Projekts dabei.
- Wenn die auf das Holz übertragenen Vorlagelinien sehr dünn sind, ziehen Sie sie mit einem roten Filzstift oder Bleistift nach, damit sie besser zu sehen sind. Sie können auch mit Vergrößerungslinsen arbeiten.
- Messen Sie das Holz immer nochmals genau nach, insbesondere Teile, die zusammenpassen sollen. Wenn z. B. bei einem Stück Eichenholz und einem Stück Sperrholz dieselbe Stärke angegeben ist, kann sie trotzdem um Millimeterbruchteile abweichen, was sich wiederum auf die Passgenauigkeit auswirken kann. Die verwendete Holzart, die Art, wie die Vorlage auf das Holz übertragen wurde (aufgeklebt oder transferiert), und eventuelle Größenänderungen – all das hat Auswirkungen auf die Passgenauigkeit.

Berücksichtigen Sie beim Sägen die folgenden Tipps:

- Schauen Sie „voraus" auf den Bereich, den die Säge noch nicht erreicht hat. So können Sie wieder auf die Vorlagelinie zurückkehren, wenn Sie davon abgewichen sind. Fahren Sie dazu nie zurück, sondern kehren Sie allmählich auf die Linie zurück.
- Führen Sie heikle Schnitte zuerst aus: Je mehr Holz noch da ist, das den betreffenden Bereich stützt, desto besser. (Fügen Sie auch ausgeschnittene Abfallholzbereiche wieder ein und befestigen Sie sie mit Abdeckband am Werkstück, bevor Sie andere Bereiche aussägen.) Außerdem: Wenn Sie einen Fehler machen, der nicht leicht zu beheben ist, haben Sie nicht viel Zeit umsonst in das Werkstück investiert.
- Lassen Sie die Säge und das Sägeblatt die Arbeit machen. Drücken Sie nicht das Werkstück gegen das Blatt – Sie verlieren dadurch leichter die Kontrolle, das Blatt wird gebogen, und es entstehen schräge Schnitte. Sägen Sie mit mäßiger Geschwindigkeit. Reduzieren Sie die Geschwindigkeit beim Sägen heikler Bereiche und erhöhen Sie sie bei dickeren Werkstücken sowie bei langen geraden Linien oder langgezogenen Kurvenlinien.
- Wenn das Sägeblatt öfter Brandspuren erzeugt oder nicht mehr so gut schneidet, wechseln Sie es aus. Das geht schneller und macht weniger Mühe, als Brandspuren abzuschleifen, und Sägeblätter kosten nicht viel. (Bei Traubenkirschenholz hinterlassen allerdings auch neue Sägeblätter leicht Brandspuren.) Mit Klebeband können Sie bei dicken und harten Hölzern die Gleitfähigkeit des Sägeblattes erhöhen und Brandspuren hintanhalten.
- Ihre Handhaltung muss es Ihnen ermöglichen, das Holz frei zu bewegen. Platzieren Sie je eine Hand auf beide Seiten des Holzes. Manchen fällt es leichter, wenn sie den Daumen und zwei Finger über den Kanten des Holzes abwinkeln und mit den anderen beiden Fingern das Holz nach unten drücken, um es festzuhalten. Üben Sie genügend, aber nicht zu viel Druck auf das Holz aus. Bedenken Sie, dass Sie das Holz auf das Sägeblatt zuschieben und nicht umgekehrt.

- Bei manchen Schnitten – z. B. beim „Abhobeln" eines dünnen Spans von einem Werkstück – kann das Sägeblatt aus der Schnittkerbe herausspringen. Wenn sich dadurch das Holz ruckartig bewegt und sich Ihr Finger in der Schnittbahn befindet, gerät er direkt in die Säge. Halten Sie die Finger immer seitlich von der Schnittbahn. So gerät der Finger auch dann nicht in die Säge, wenn das Sägeblatt abrutscht.
- Bei Kurven und Drehungen legen Sie die Spitze des Zeigefingers einer Hand auf das Holz und üben Sie genug Druck aus, damit sich das Holz um diesen Finger drehen lässt. Diese Hand bildet den Angelpunkt und bleibt unbewegt, die andere Hand dreht das Werkstück. Mit dem Daumen und den übrigen Fingern derselben Hand halten Sie das Holz am Tisch fest. Dann drehen Sie das Holz mit der anderen Hand. Welche Hand zum Drehen und welche zum Festhalten verwendet wird, hängt von der Richtung der Kurve ab. Wenn die Kurven in unterschiedliche Richtungen gehen, wechseln Sie nach Bedarf die Drehhand.
- Viele Handwerker tun sich beim Kurvenschneiden leichter, wenn sie das Werkstück nach einem imaginären Punkt ausrichten, der sich ein paar Millimeter vor der Schnittbahn befindet. Die Kurvenlinie, an der entlanggesägt wird, sollte sich in einer Linie mit diesem imaginären Punkt befinden. So bleibt das Sägeblatt leichter auf der vorgegebenen Linie.
- Um eine Ecke zu arbeiten, schneidet man meist zur Seite, dreht das Holz, bis sich das Sägeblatt in einer Linie mit der neuen Richtung befindet, und schiebt das Holz weiter auf das Sägeblatt zu. Um das Sägeblatt in der richtigen Position zu halten, während das Werkstück gedreht wird, benützen Sie die Seiten und die Rückseite des Sägeblattes, weil diese nicht scharf sind. Wenn Sie sich der Ecke nähern, hören Sie auf, das Holz auf das Sägeblatt zuzuschieben. Nun üben Sie gerade so viel Druck auf die Seite des Sägeblattes an der Außenseite der Ecke aus, dass das Sägeblatt seine Position behält. Während Sie das Holz in die neue Richtung drehen, halten Sie den Druck an der Seite und dann an der Rückseite des Sägeblattes aufrecht, bis die neue Vorlagelinie mit dem Sägeblatt ausgerichtet ist. Wenn die Seite oder die Rückseite des Sägeblattes in Kontakt mit dem Werkstück bleiben, lässt es sich leichter in Position halten, um dann in die neue Richtung weiterzuschneiden.
- Bei engen v-förmigen Einschnitten schneiden Sie in die Spitze der V-Form hinein, dann fahren Sie in dem so entstandenen Sägeschlitz etwas zurück. Üben Sie mit dem Teil des Werkstücks, der erhalten bleiben soll, Druck auf die Seite und dann auf die Rückseite des Sägeblattes aus, damit es seine Position behält. Drehen Sie das Werkstück um 180°, sodass das Sägeblatt nun in die entgegengesetzte Richtung (in den Abfallbereich des Werkstücks) schneidet. Nun fahren Sie bis zum Ende des Schnittes (in die Spitze der V-Form hinein) zurück. Drehen Sie das Holz in die neue Richtung und schneiden Sie an der nächsten Linie entlang. So erhalten Sie eine schöne, spitze V-Form ohne die verräterischen Spuren, die entstehen, wenn man sie von beiden Seiten anschneidet.
- Jedes Mal, wenn Sie an derselben Stelle zu sägen beginnen und aufhören, kann an dieser Stelle eine kleine Unebenheit entstehen, die später abgeschliffen werden muss. Versuchen Sie, diese kleinen Unebenheiten mithilfe des Grates an der rechten Seite des Sägeblattes abzuschleifen. Sie können das Sägeblatt leicht anwinkeln, als ob Sie nur ein kleines Stück Holz am Rand „abhobeln" wollten. Nach ein paar Mal Ausprobieren werden Sie diesen Trick einwandfrei beherrschen.
- Wenn das Sägeblatt mit den Zähnen am Holz hängenbleibt, bewegt es bei seiner Auf- und Abwärtsbewegung das Werkstück ebenfalls auf und ab. Dieses „Flattern" ist nicht nur lästig: Das Sägeblatt kann dadurch von der vorgegebenen Linie „wegwandern", außerdem können Teile abbrechen, wenn das Werkstück gegen den Tisch schlägt.

„Veining"

Diese einfache Technik („Äderung") kommt bei bestimmten Details, etwa den Adern eines Blattes oder den Falten eines Gewandes, zum Einsatz und gibt der Arbeit ein lebensechtes Aussehen.

Sägen Sie mit einem dünnen Sägeblatt (meist dünner als Nr. 7) alle durchgängigen Linien gemäß der Vorlage. An manchen Stellen können Sie vom äußeren Rand nach innen sägen, in anderen Bereichen müssen Sie ein winziges Startloch bohren. Wenn Sie sich die Arbeit erleichtern wollen, lassen Sie die „Veining"-Schnitte weg.

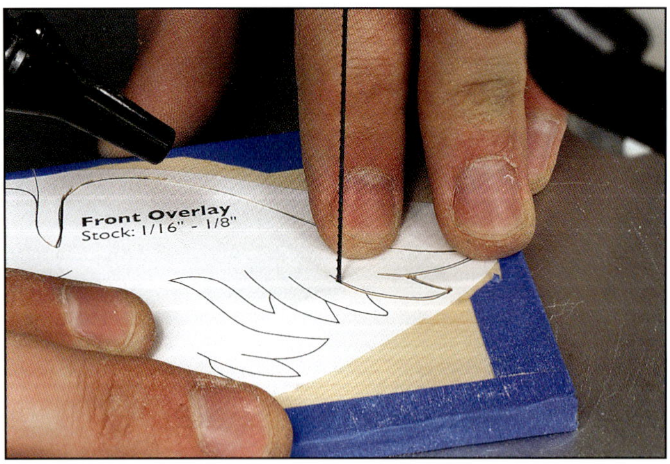

„Veining" gibt der Arbeit ein lebensechtes Aussehen. Oft können Sie dabei einfach vom äußeren Rand nach innen sägen.

Tipps zum Einbau eines Uhrwerks

Wenn bei Ihrem Projekt ein Uhrwerk eingebaut werden muss, vergewissern Sie sich zunächst, dass es genau in den Ausschnitt passt. Es wird reibschlüssig eingepasst. Daher ist es wichtig, die Größe des Uhrwerks und des Ausschnitts während der Arbeit immer wieder zu überprüfen. Das Sägeblatt muss genau senkrecht ausgerichtet sein. Wenn die Kanten des Projekts mit Schleifpapier oder mit einer Fräse abgerundet werden, muss die Kante des Ausschnitts für das Uhrwerk davon ausgenommen bleiben.

Beim Kauf eines Uhrwerks achten Sie auf die richtige Größe. Wenn Sie das Projekt vergrößern oder verkleinern oder bei gleicher Größe des Projekts die Maße der Uhr verändern wollen, so führen Sie unbedingt alle notwendigen Anpassungen durch, bevor Sie zu schneiden beginnen.

Dünne Hölzer sägen

Das Arbeiten mit dünnem Hartholz oder Sperrholz kann sich schwierig gestalten, weil das Material leicht bricht. Die folgenden Tipps können diese Probleme zumindest verringern helfen:

Wenn Sie bei Ihrer Säge die Geschwindigkeit einstellen können, reduzieren Sie sie auf die Hälfte oder zwei Drittel der Höchstgeschwindigkeit.

Wenn sich die Geschwindigkeit nicht einstellen lässt, entsteht weniger Bruch, wenn Sie zwei oder mehrere Schichten im Stapelschnitt sägen.

Bei jedem Material ist es wichtig, dass Schiebegeschwindigkeit und Laufgeschwindigkeit zusammenpassen, damit am Holz keine Brandspuren entstehen. Wenn Sie das Holz lieber langsam vorschieben, stellen Sie die Säge langsamer ein oder versuchen Sie es mit einem kleineren Sägeblatt mit mehr Zähnen pro Zoll (TPI – *teeth per inch*). Wenn Sie das Holz lieber schnell vorschieben, stellen Sie eine höhere Geschwindigkeit ein oder wählen Sie ein Sägeblatt mit weniger TPI.

Oberflächenbehandlung

Die Oberflächenbehandlung kann erfolgen, bevor oder nachdem Sie das Projekt zusammenstellen. Besonders bei stark durchbrochen gearbeiteten Teilen ist es leichter, die Oberflächenbehandlung vor dem Zusammenstellen vorzunehmen. In diesem Fall haben Sie auch die Möglichkeit, kontrastierende Beizen einzusetzen.

Teile aus Hartholz tauchen Sie in ein Gefäß (Spülwanne o. Ä.) mit Kriechöl oder Tungöl. Lassen Sie das überschüssige Öl in die Wanne abtropfen und folgen Sie den Hinweisen des Herstellers. Teile aus Sperrholz behandeln Sie mit einer farblich passenden Beize, damit das fertige Projekt ansprechend aussieht. Wenn die Teile getrocknet sind, versehen Sie sie mit einer schützenden Klarlackschicht.

Wenn ein Werkstück mit Sprühfarbe behandelt werden soll, versehen Sie es von vornherein mit einer Abbruchlasche (siehe unten), an der Sie es beim Einsprühen festhalten können. Die Lasche kann später leicht mit einem Messer entfernt werden.

Bedenken Sie bei der Oberflächenbehandlung die spätere Verwendung des Projekts. Wenn es in einem Innenraum angebracht wird, braucht es keine besondere Oberflächenbehandlung. Wenn es im Freien zum Einsatz kommt (z. B. als Türschild oder Wetterfahne), muss es wetterbeständig sein.

An der Abbruchlasche können Sie das Werkstück festhalten, während Sie Sprühfarbe aufbringen.

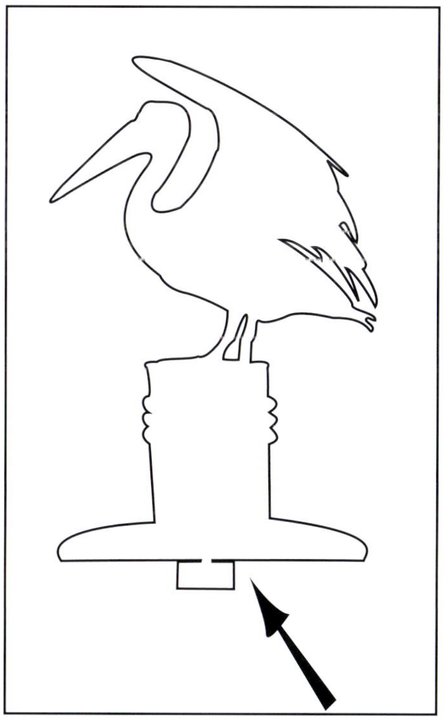

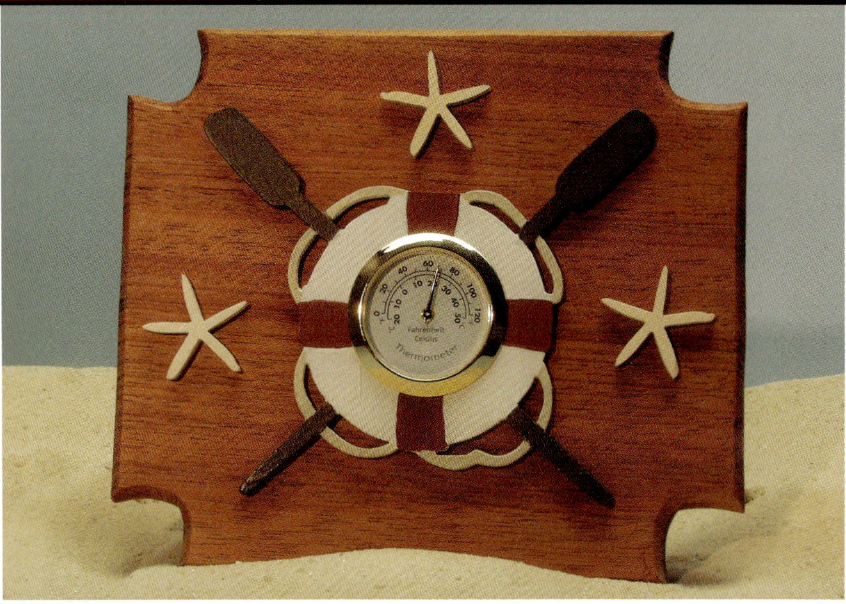

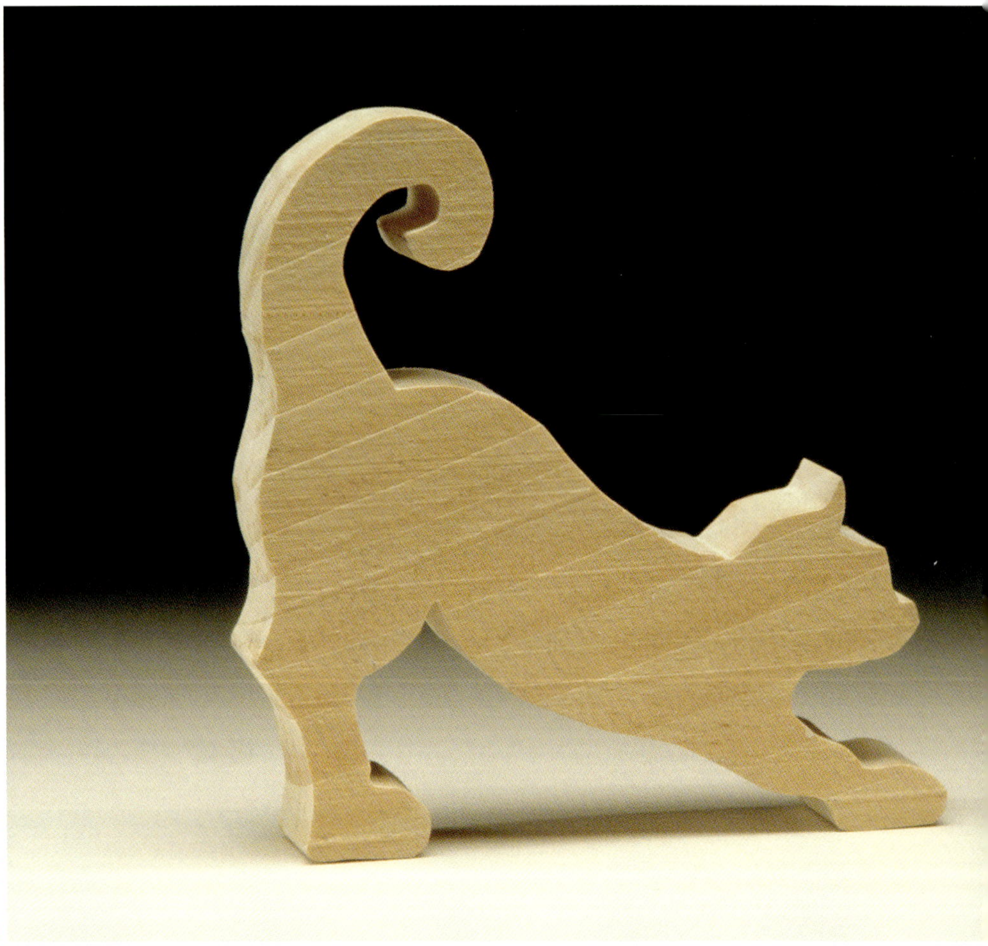

Vorlagen für Einsteiger

Diese einfachen Vorlagen sind für Einsteiger gedacht, die sich an die Säge gewöhnen und grundlegende Formen und Fertigkeiten üben wollen, die bei vielen Projekten wiederkehren. Obwohl sie hauptsächlich zur Übung bestimmt sind, können Sie mithilfe dieser Vorlagen allerlei nützliche oder dekorative Gegenstände gestalten. Ihre Kreativität ist gefragt!

Glocke/Weihnachtsbaum

Leichte Übungen für Einsteiger

Als Einsteiger können Sie anhand dieser einfachen Figuren ein Gefühl für das Arbeitsgerät bekommen. Es sind keine Innenschnitte auszuführen, das Wechseln und Einfädeln des Sägeblatts fällt also weg.

Arbeitsschritte

Schritt 1: Befestigen Sie eine Fotokopie der Vorlage mit ablösbarem Kleber auf dem Holz. Wenn Sie Sprühkleber verwenden, sprühen Sie diesen auf das Papier und nicht auf das Holz, da sich die Vorlage sonst nur schwer ablösen lässt.

Schritt 2: Legen Sie das Sägeblatt ein, sodass die Zähne nach unten zeigen, und überprüfen Sie die Spannung. Zupfen Sie dazu am Sägeblatt wie an einer Saite eines Musikinstruments. Es sollte ein klarer und hoher, kein dumpfer Ton zu hören sein. Korrigieren Sie die Spannung nach Bedarf.

Schritt 3: Platzieren Sie das Werkstück so, dass Sie beim „Einschnitt" (Pfeil) zu schneiden beginnen können. Schalten Sie die Säge ein. Wenn Sie nicht genau auf der Vorlagelinie bleiben, ist es nicht weiter schlimm: Nach dem Entfernen der Vorlage wissen nur Sie selbst, dass Sie nicht genau gearbeitet haben. Um am Tannenbaum scharfe Spitzen zu arbeiten, schneiden Sie an der Vorlagelinie entlang über die Figur hinaus und in einer Schleife wieder zurück.

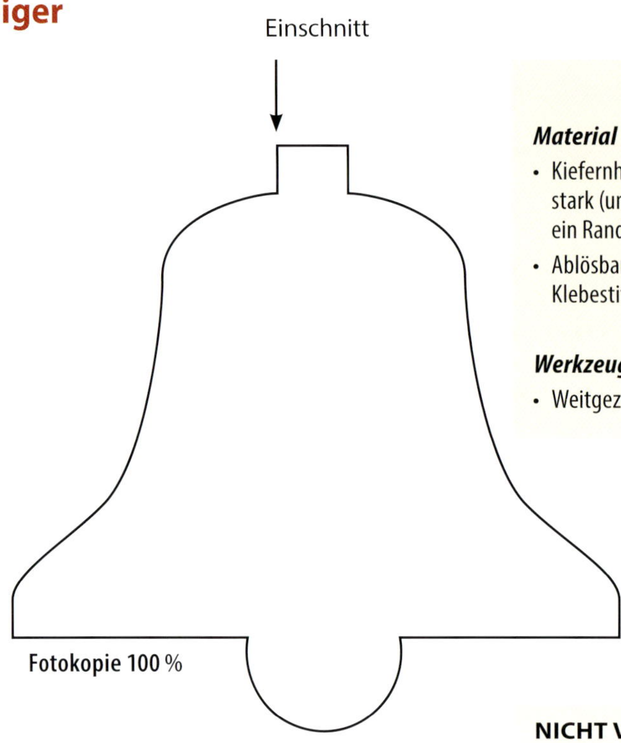

Fotokopie 100 %

Material & Werkzeug

Material

- Kiefernholz oder beliebiger Holzrest, 19 mm stark (um die Außenlinien der Vorlage sollte ein Rand von 12 mm verbleiben)
- Ablösbarer Sprühkleber oder ablösbarer Klebestift

Werkzeug

- Weitgezahntes Sägeblatt Nr. 5

NICHT VERGESSEN — TIPPS

- *Halten Sie das Holz beim Sägen in einem festen, aber nicht verkrampften Griff. Manchmal bleibt das Sägeblatt am Holz hängen und klatscht es immer wieder auf den Sägetisch. Dieses „Flattern" kann für den Einsteiger etwas beängstigend wirken.*
- *Entspannen Sie Arme und Schultern.*
- *Wenn Sie bei den ersten Schnitten merken, dass der Schnitt nicht geradeaus, sondern schräg verläuft, kann das am Sägeblatt liegen. Alle Sägeblätter außer den präzisionsgeschliffenen haben an einer Seite einen Grat, der bewirkt, dass das Sägeblatt von der vorgegebenen Linie auf diese Seite abweicht. Die Lösung: Sägen Sie einen Einschnitt in ein Stück Abfallholz und beobachten Sie, in welche Richtung das Sägeblatt schneidet. Richten Sie Ihre Körperhaltung danach aus, sodass die Säge gerade schneidet, wenn Sie das Holz vorschieben.*
- *Ganz wichtig: Die Arbeit soll Spaß machen!*

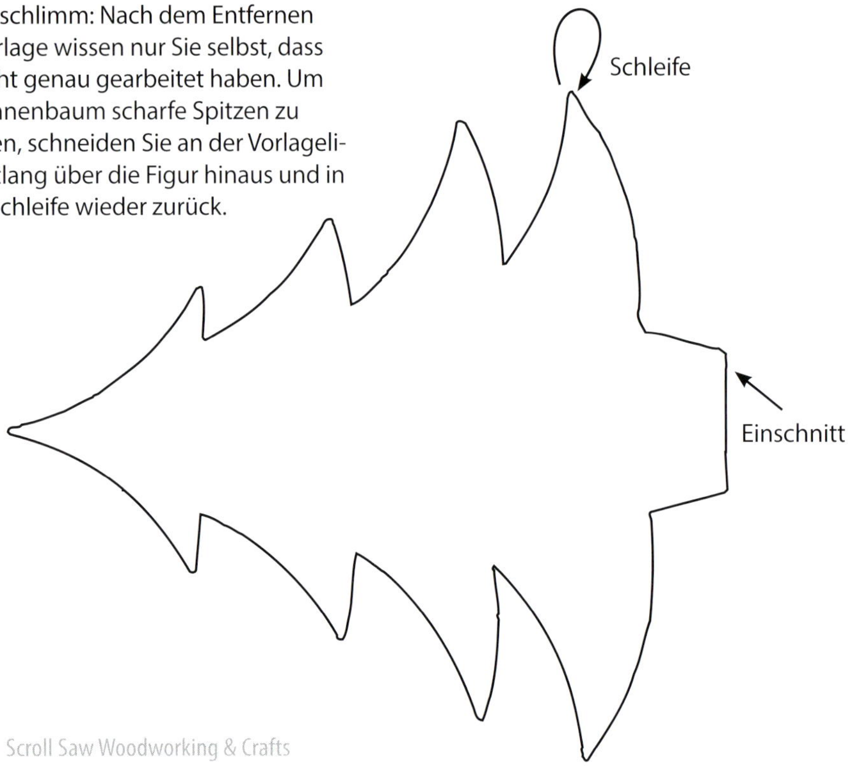

Kreuz/ Gießkanne

Spitze Außenecken üben

Bei dieser Übung geht es nicht nur um das Sägen im Allgemeinen, sondern auch um spitze Ecken.

Arbeitsschritte

Schritt 1: Befestigen Sie eine Fotokopie der Vorlage mit ablösbarem Kleber auf dem Holz (der Rohling sollte bis zur gestrichelten Linie auf dem Diagramm reichen). Wenn Sie Sprühkleber verwenden, sprühen Sie diesen auf das Papier und nicht auf das Holz, da sich die Vorlage sonst nur schwer ablösen lässt.

Schritt 2: Legen Sie das Sägeblatt ein, sodass die Zähne nach unten zeigen. Überprüfen Sie die Spannung und korrigieren Sie sie nach Bedarf. Das Sägeblatt muss rechtwinklig zur Tischplatte stehen!

Schritt 3: Platzieren Sie das Werkstück. Beim Kreuz beginnen Sie jeweils beim „Einschnitt" (Pfeil) zu schneiden, bei der Gießkanne am Startloch. Schalten Sie die Säge ein. Entspannen Sie sich. Viel Spaß!

TIPPS

- *Bevor Sie zu schneiden beginnen, überlegen Sie sich eine Strategie. Bei der Gießkanne machen Sie den Innenschnitt zuerst, solange Sie genug Material zum Festhalten haben. Bohren Sie das Startloch, fädeln Sie das Blatt ein und beginnen Sie zu sägen.*
- *Beim Kreuz schneiden Sie die vier Bögen, dann die acht geraden Linien. So werden die Spitzen scharf und nicht abgerundet.*

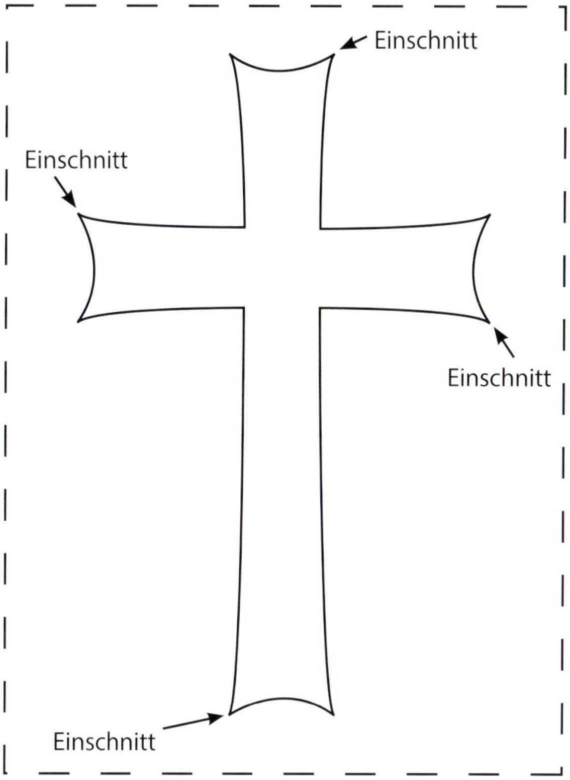

Fotokopie 100 %

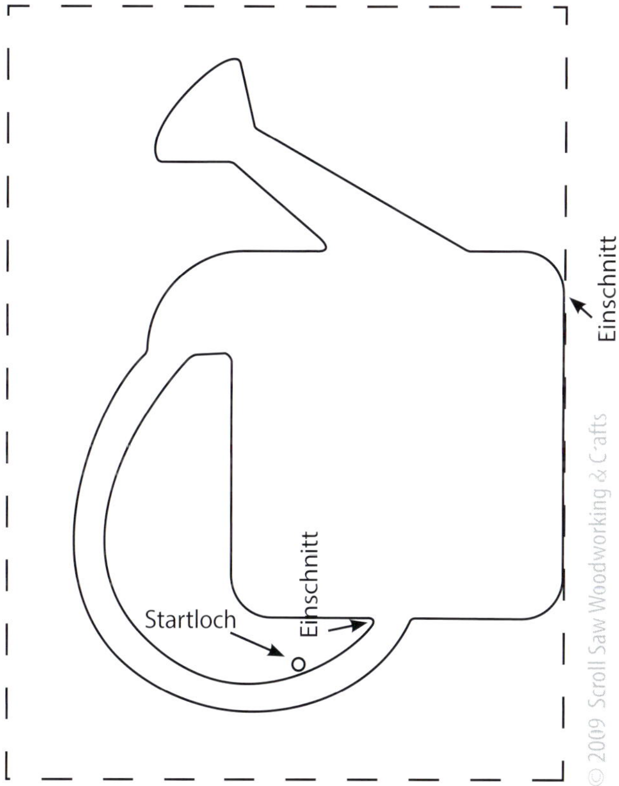

Material & Werkzeug

Material
- Kiefernholz, 19 x 75 x 100 mm
- Ablösbarer Sprühkleber oder ablösbarer Klebestift

Werkzeug
- Weitgezahntes Sägeblatt Nr. 5
- Bohrmaschine mit 3-mm-Bohrer

Neugierige Katze

Kurvenschnitte üben

In dieser Übung dreht sich alles um das Sägen von Kurven.

Arbeitsschritte

Schritt 1: Befestigen Sie eine Fotokopie der Vorlage mit ablösbarem Kleber auf dem Holz (das Holzstück sollte mindestens 6 mm größer sein als die Vorlage: bei einer Größe von 112 x 137 mm ist der Rand breit genug zum bequemen Festhalten). Bei Verwendung von Sprühkleber sprühen Sie diesen nicht auf das Holz, da sich die Vorlage sonst nur sehr schwer ablösen lässt.

Schritt 2: Legen Sie das Sägeblatt in die Klemmen ein, sodass die Zähne nach unten zeigen, und überprüfen Sie die Spannung. Beim Zupfen am Sägeblatt sollte ein klarer und hoher, kein dumpfer Ton zu hören sein. Das Sägeblatt muss rechtwinklig zur Tischplatte stehen.

Schritt 3: Schalten Sie die Säge ein. Entspannen Sie sich. Viel Spaß!

TIPPS

- *Stellen Sie sich vor, die Vorlagelinie wäre eine Straße. Wenn Sie mit der Säge an der „Straße" entlang „fahren" und von der Linie abkommen, versuchen Sie nicht, das Sägeblatt von der Seite wieder auf die Linie zu zwingen. Steuern Sie allmählich wieder auf die Linie zu.*
- *Betrachten Sie jedes Projekt als Chance, Ihre Fertigkeit weiterzuentwickeln. Sehen Sie sich das fertige Stück genau an. Hat es irgendwo Unebenheiten? Sind die Schnitte glatt? Sind die Ecken richtig spitz? Wenn Sie es noch besser machen wollen, nehmen Sie ein neues Stück Holz und eine neue Kopie der Vorlage und versuchen Sie es noch einmal, bis Sie mit dem Ergebnis zufrieden sind.*

Material & Werkzeug

Material
- Kiefernholz, 19 x 112 x 137 mm
- Ablösbarer Sprühkleber oder ablösbarer Klebestift

Werkzeug
- Weitgezahntes Sägeblatt Nr. 5

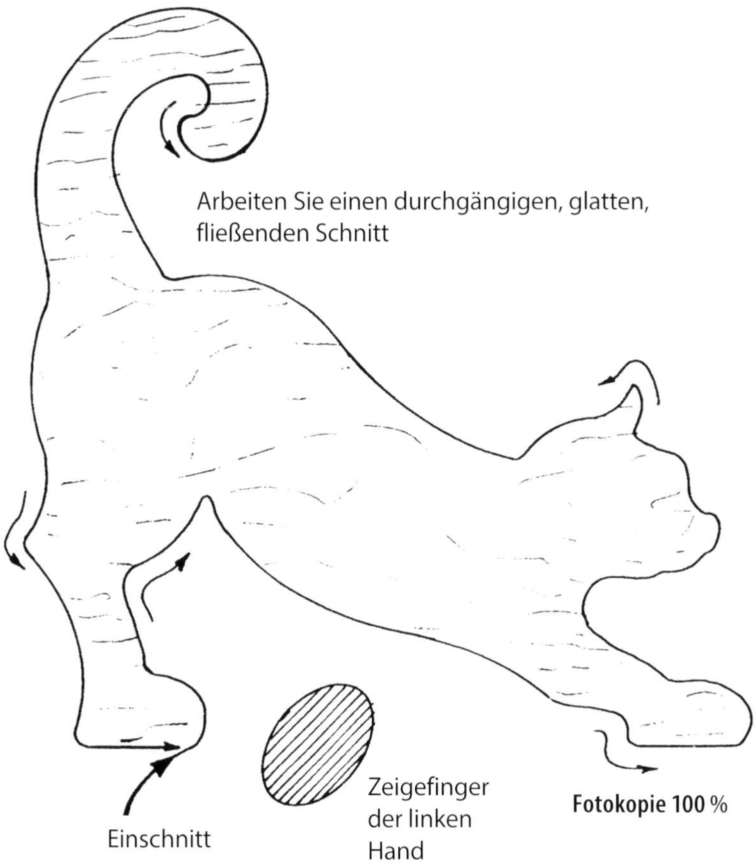

Fotokopie 100 %

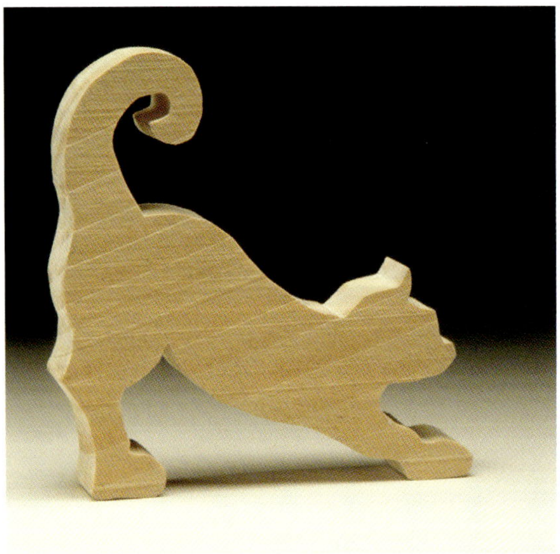

Ahornblatt

Scharfe Ecken üben

Bei dieser Übung lernen Sie verschiedene Methoden zum Arbeiten scharfer Ecken kennen.

Arbeitsschritte

Schritt 1: Befestigen Sie eine Fotokopie der Vorlage mit ablösbarem Kleber auf dem Holz (das Holzstück sollte etwa bis zu der Linie rund um die Vorlage reichen). Bei Verwendung von Sprühkleber sprühen Sie diesen auf die Rückseite der Vorlage und nicht auf das Holz. Sonst kann der Kleber in die Maserung eindringen und die spätere Oberflächenbehandlung (z. B. Beize) zerstören – daher müssen auch alle Kleberrückstände vor der Oberflächenbehandlung abgeschliffen werden.

Schritt 2: Legen Sie das Sägeblatt ein, sodass die Zähne nach unten zeigen. Überprüfen Sie die Spannung und korrigieren Sie sie nach Bedarf. Achten Sie darauf, dass das Sägeblatt rechtwinklig zur Tischplatte steht.

Schritt 3: Platzieren Sie das Werkstück. Beginnen Sie beim „Einschnitt" (Pfeil) zu schneiden. Schalten Sie die Säge ein. Entspannen Sie sich. Viel Spaß!

Schritt 4: Wenn Sie die erste Ecke am Ansatz des Stängels erreichen, hören Sie auf, das Holz vorzuschieben, entspannen Sie sich und fahren Sie etwas zurück. Drehen Sie das Holz, bis Sägeblatt und Linie wieder fluchten, und schneiden Sie weiter.

Schritt 5: Wenn Sie die nächste Ecke erreichen (die rechte untere Ecke des Blattes), arbeiten Sie mit der Schleifentechnik eine scharfe Spitze. Schneiden Sie dazu über die Spitze hinaus, in einer Schleife wieder zurück und weiter an der Vorlagelinie entlang (folgen Sie den Pfeilen auf der Vorlage). Mit diesen beiden Techniken arbeiten Sie die restlichen scharfen Ecken.

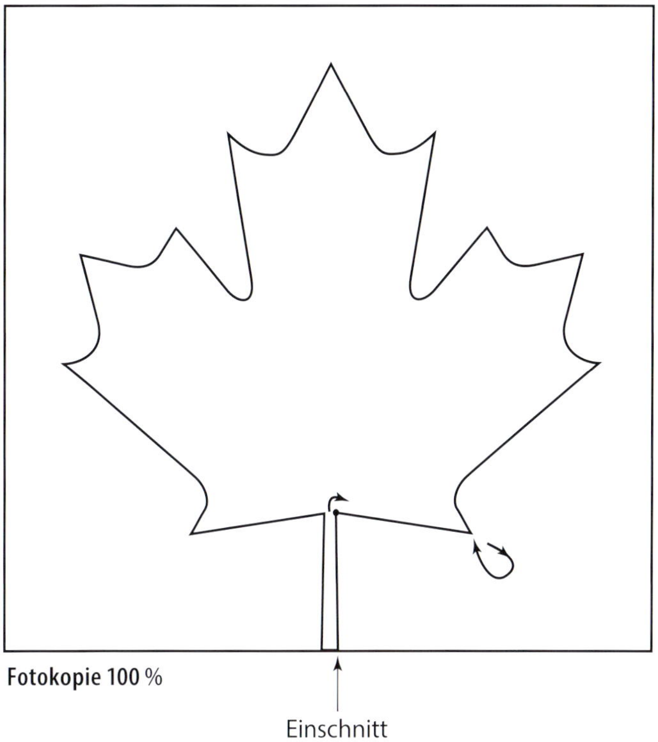

Fotokopie 100 %

Material & Werkzeug

Material

- Kiefernholz, 19 x 87 x 87 mm
- Ablösbarer Sprühkleber oder ablösbarer Klebestift

Werkzeug

- Weitgezahntes Sägeblatt Nr. 5

Zu neuen Ufern

Kleine Tricks mit großer Wirkung

Von William Hofferth

Anm. der Herausgeber: Als Anfänger können Ihnen die Tipps in diesem Kapitel helfen, die nächsthöhere „Leistungsstufe" zu erreichen. Anhand der Vorlage können Sie die notwendigen Fertigkeiten üben und nach Wunsch ein nautisches Thermometer, eine Uhr oder ein Barometer gestalten.

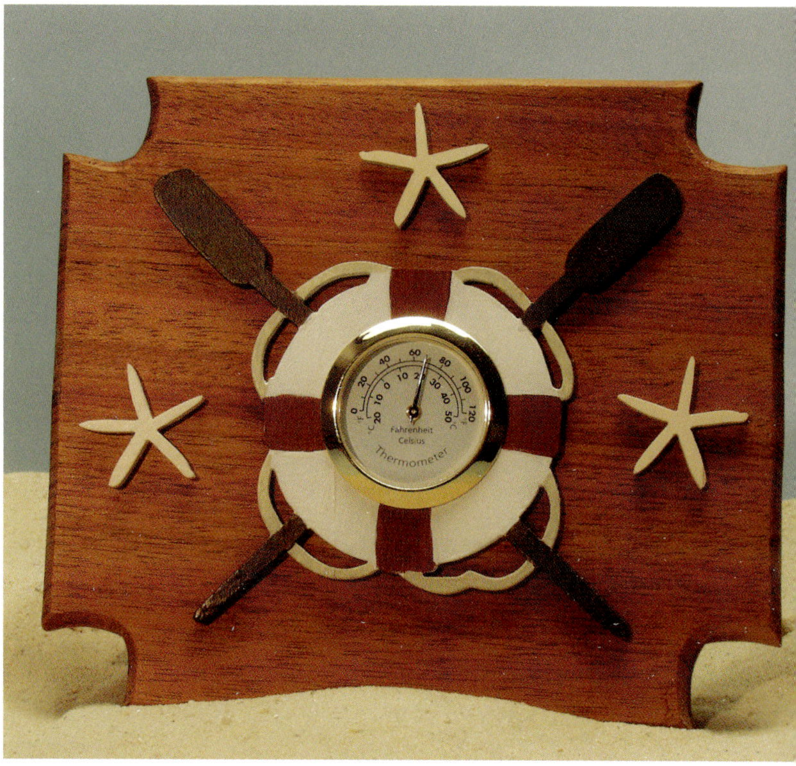

Zu Beginn

- Zum Aufwärmen nehmen Sie ein 19 mm starkes Stück Restholz und arbeiten Sie das einfache Treppenmuster (Figur A). Dabei können Sie sämtliche Fertigkeiten üben, die Sie bei fast jedem Projekt brauchen.
- Bringen Sie eine dicke Schicht Wachspaste auf den Tisch auf, damit das Werkstück besser über die Arbeitsfläche gleitet.
- Die Vorlagen können Sie mit einem Kopierer oder Computer beliebig vergrößern oder verkleinern.

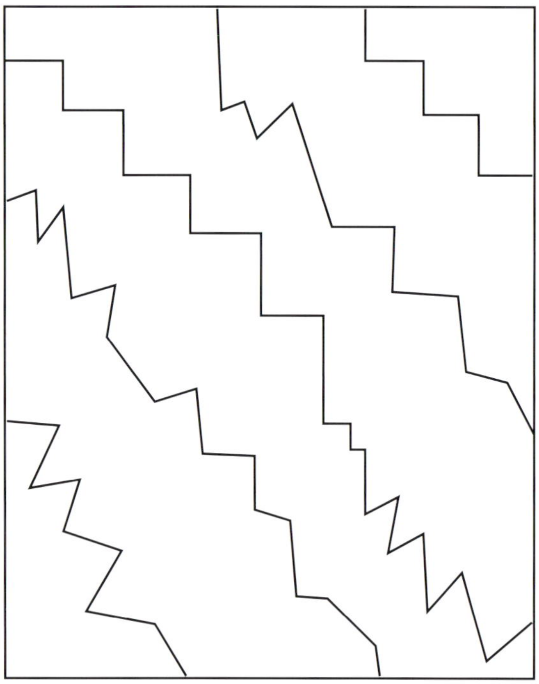

Figur A

Tipps zum Schneiden

- Schauen Sie beim Sägen „voraus" auf den Bereich, den die Säge noch nicht erreicht hat. So können Sie wieder auf die Vorlagelinie zurückkehren, wenn Sie davon abgewichen sind.
- Wenn Sie von der Linie abkommen, fahren Sie nie zurück, sondern kehren Sie allmählich auf die Linie zurück.
- Bei einem Innenschnitt beginnen Sie in einer der inneren Ecken (Figur B). So können Sie den Anfang des Schnittes kaschieren.
- Wenn Sie über eine Ecke oder Spitze hinausschneiden (Figur C), wird sie zu scharf und könnte abbrechen oder splittern. Schneiden Sie mithilfe der Fertigkeiten, die Sie beim Treppenmuster geübt haben, eine volle Wendung. Die Kanten werden dadurch glatter und neigen nicht zum Splittern.

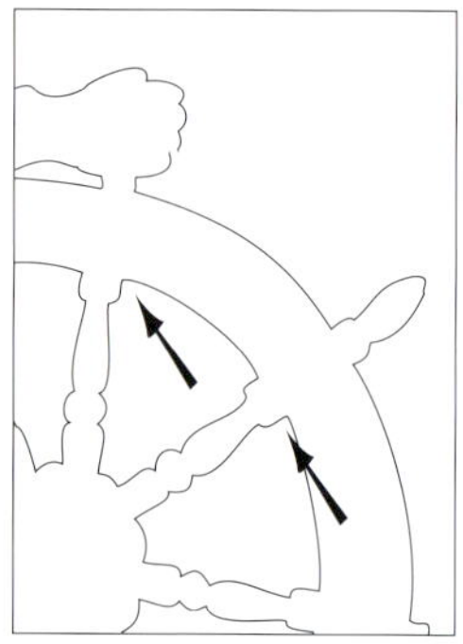

Figur B

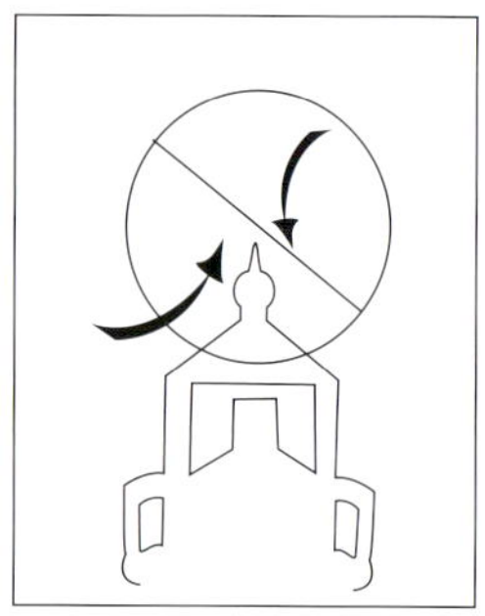

Figur C

Sägeblätter

- Verwenden Sie für Holz ein Sägeblatt Nr. 5 und für Papier ein Sägeblatt Nr. 2.

Material

- Die Dicke des Materials oder des Stapels ist beim Arbeiten mit der Dekupiersäge wesentlich für den Erfolg. Wenn das Holz zu dick ist, besteht die Gefahr, dass Sie sich durch die mühsame Arbeit, durch Sägeblattbruch oder Materialverbrennung entmutigen lassen. Wenn das Holz zu dünn ist, entstehen andere Probleme: Das Sägeblatt findet nicht genug Widerstand, dadurch fällt es schwerer, auf der Stelle zu drehen oder auf der Linie zu bleiben.

Oberflächenbehandlung

- Wenn ein Werkstück mit Sprühfarbe behandelt werden soll, planen Sie eine Abbruchlasche ein (Figur D), an der Sie es beim Einsprühen festhalten können. Die Lasche kann später leicht mit einem Messer entfernt werden.
- Wenn das Werkstück in einem Innenraum angebracht wird, braucht es keine besondere Oberflächenbehandlung. Wenn es aber im Freien zum Einsatz kommt (z. B. als Türschild oder Wetterfahne), muss es wetterbeständig sein.

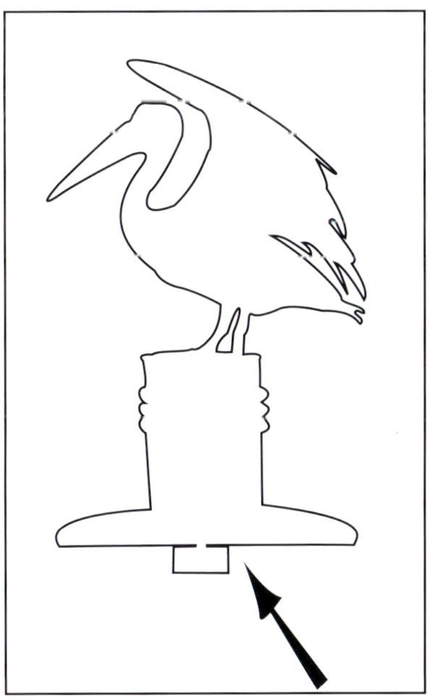

Figur D

Schiffsplakette

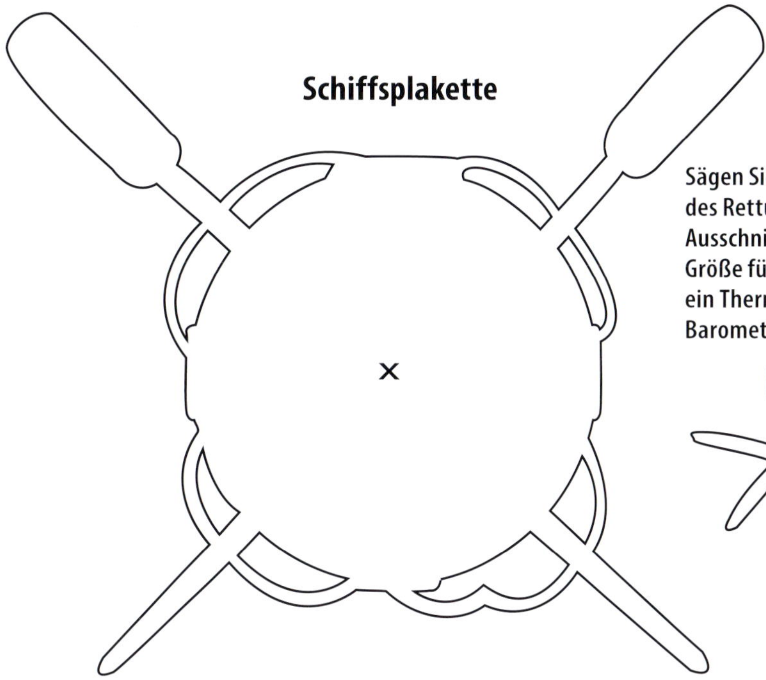

Sägen Sie in der Mitte des Rettungsrings einen Ausschnitt in passender Größe für ein Uhrwerk, ein Thermometer oder ein Barometer nach Wahl.

Fotokopie 100 %

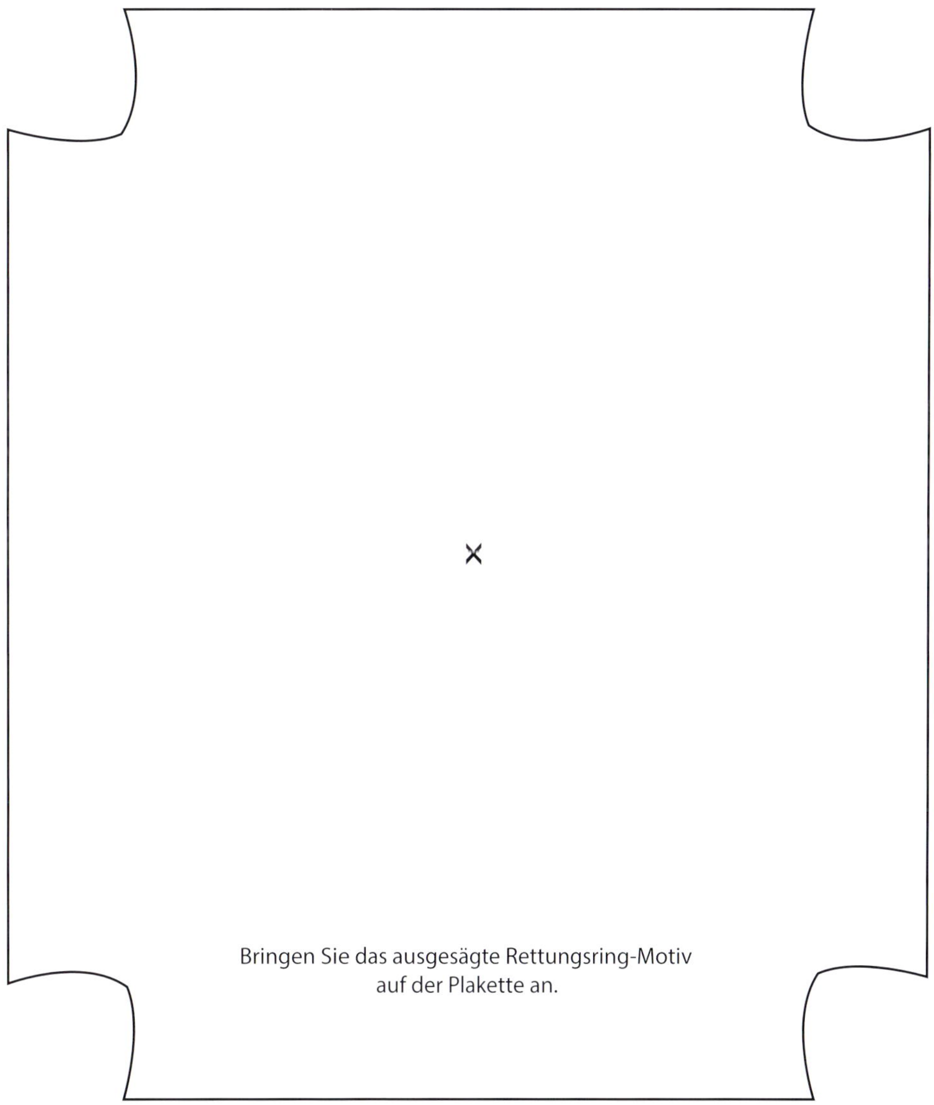

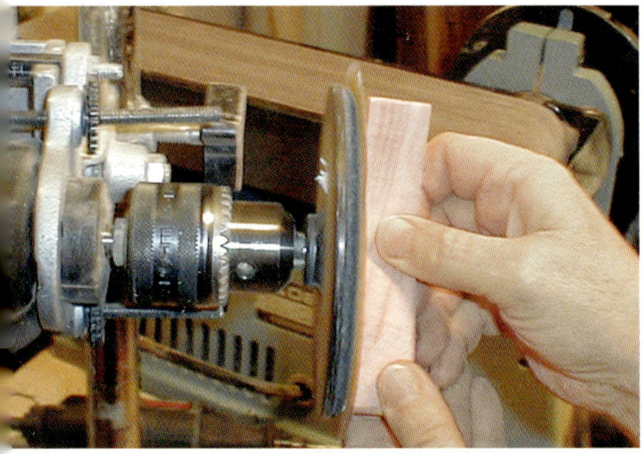

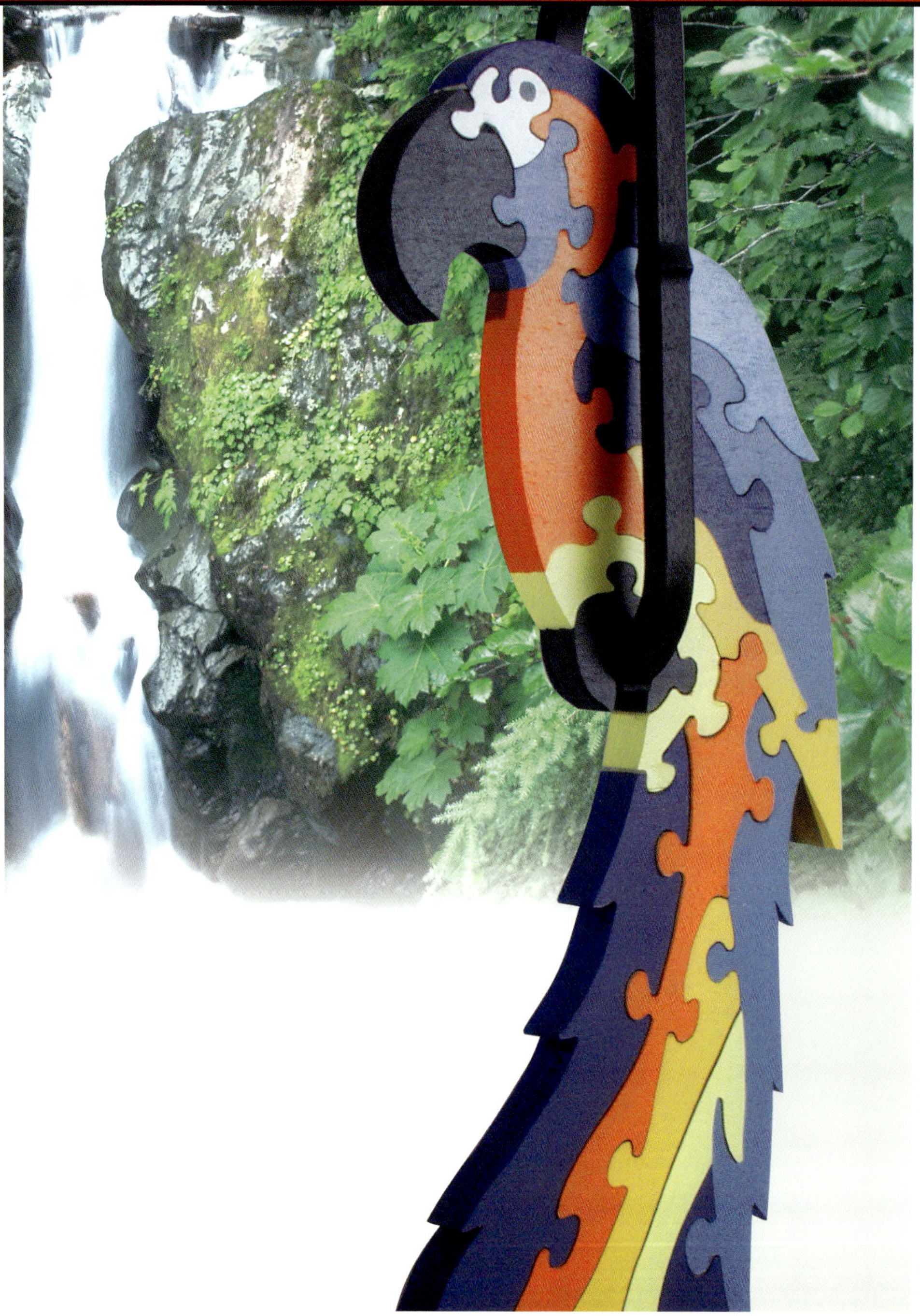

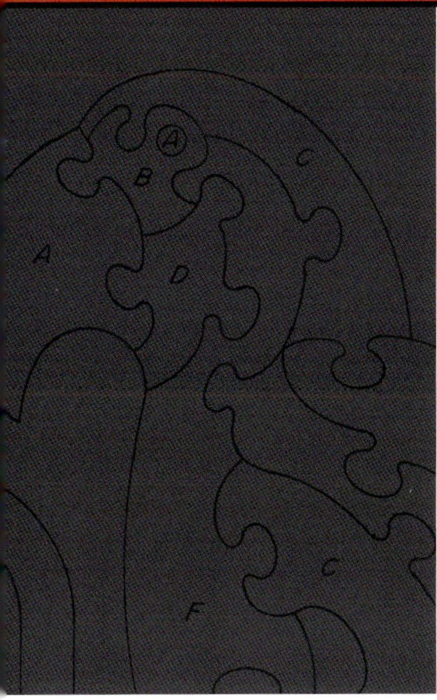

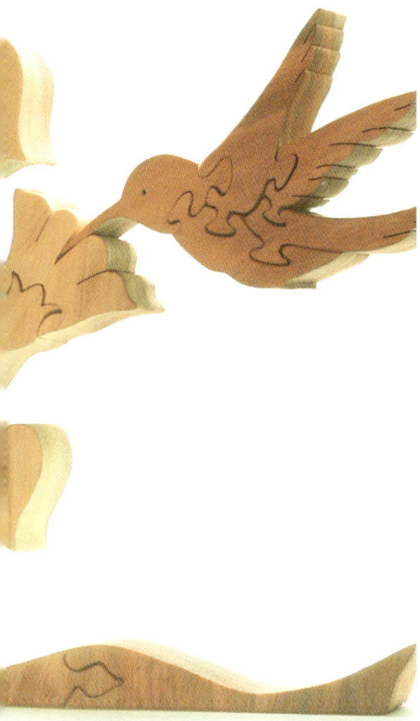

Puzzles und Spielzeug

Zur Herstellung von Puzzles und verschiedensten Spielsachen ist die Dekupiersäge bestens geeignet. Im Folgenden finden Sie nur eine kleine Auswahl. Beim Finish haben Sie die Wahl zwischen Ölen, farbigen Lacken, Beizen und einer farblosen Oberflächenbehandlung (achten Sie bei Kinderspielzeug jedoch auf für Kinder geeignete Produkte). Bitte beachten Sie hier die Sicherheitshinweise auf S. 4.

Papagei als Puzzle

Ein Stück Amazonas-Dschungel für Ihr Zuhause

Von John A. Nelson

Als meine Frau Joyce und ich gemeinsam Peru bereisten, erwarteten wir, auf Schritt und Tritt exotischen Vögeln zu begegnen, so wie bei unserer Afrikareise. Da hatten wir uns allerdings getäuscht. Die beste Gelegenheit, Vögel zu beobachten, bot sich in den „Lodges", in denen wir übernachteten und wo sich auch gefiederte Dauergäste einstellten. Eines Morgens beim Aufwachen fiel unser schlaftrunkener Blick auf drei riesige, prächtige Aras, die über uns auf einem Dachbalken saßen und offenbar schon seit einiger Zeit auf uns herunterschauten …

Genau so schaut dieser bunte Ara von seiner Schaukel auf uns herunter. Er ist fast so schön wie ein richtiger Papagei, aber viel pflegeleichter! Wenn Sie die Schaukel weglassen und kindersichere Farben verwenden, eignet sich das Puzzle auch hervorragend als Kinderspielzeug.

Schritt 1: Schneiden Sie die beiden Rohlinge, einen für den Körper und einen für die Schaukel, auf die angegebenen Maße zu.

Schritt 2: Befestigen Sie die Vorlage für den Papagei mit ablösbarem Sprühkleber auf dem Rohling. Sprühen Sie dabei den Kleber auf die Vorlage und nicht auf das Holz.

Schritt 3: Sägen Sie mit dem Sägeblatt Nr. 5 den Außenschnitt für den Papagei, dann die Innenschnitte für die Puzzleteile.

Schritt 4: Schleifen Sie alle Puzzleteile leicht ab und entfernen Sie alle Unebenheiten.

Schritt 5: Kleben Sie die Vorlage für die Schaukel auf den Rohling und schneiden Sie die Schaukel mit dem Sägeblatt Nr. 5 aus. Vorsicht: Die mit „x" markierte Abmessung muss der Dicke des Vogelkörpers entsprechen.

Schritt 6: Entscheiden Sie sich für eine Oberflächenbehandlung: Der Vogel kann lackiert werden wie auf dem Foto. Ich empfehle allerdings die Verwendung von transparenter, mischfähiger Beize.

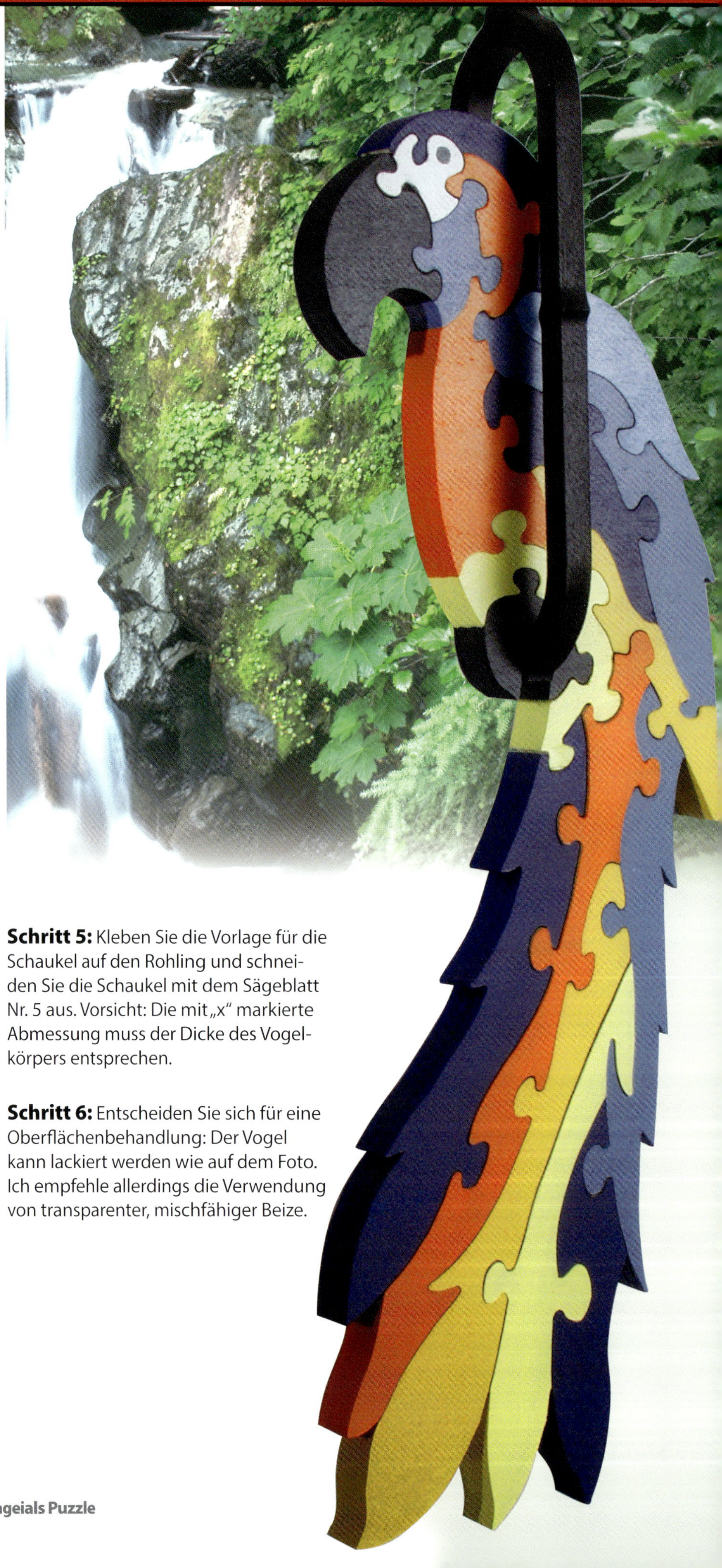

Material & Werkzeug

Material

- Kiefernholz, 16 x 200 x 425 mm (Papagei) Anm.: Das Brett kann auch 19 mm stark sein. Vorsicht: Passen Sie die mit „x" bezeichnete Abmessung an!
- Kiefernholz, 12 x 62 x 200 mm (Schaukel)
- Ablösbarer Sprühkleber
- Schleifpapier mit feiner Körnung
- Kleiner Augbolzen
- Beize oder Lack in kräftigen Farben

Werkzeug

- Weitgezahntes Sägeblatt Nr. 5

Schritt 7: Zum Auftragen und Mischen gießen Sie die Beize in Papierbecher oder andere geeignete Gefäße.

Schritt 8: Tauchen Sie einen Lappen in die Beize und tragen Sie diese reichlich auf alle Oberflächen auf. Wischen Sie überschüssige Beize in Faserrichtung mit einem Lappen ab. Lassen Sie die Teile 48 Stunden trocknen. (Sie können die Beize auch mit einem Pinsel auftragen.)

Schritt 9: Bringen Sie den Augbolzen an der Schaukel an.

Schritt 10: Stellen Sie das Puzzle zusammen und befestigen Sie den Papagei an der Schaukel. Jetzt müssen Sie ihm nur noch das Sprechen beibringen …

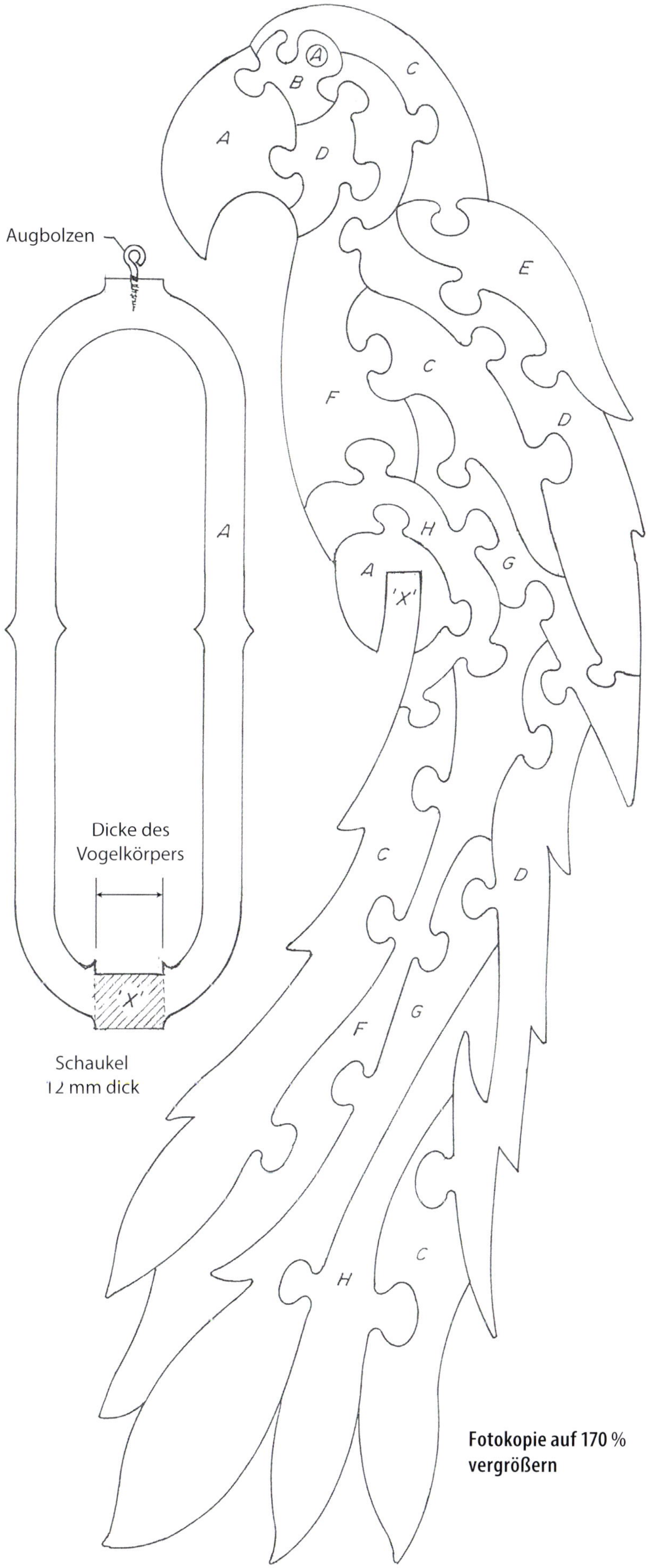

Fotokopie auf 170 % vergrößern

Farben

A = schwarz
B = weiß
C = dunkelblau
D = mittelblau
E = hellblau
F = hellorange
G = dunkelgelb
H = hellgelb

Schwebender Kolibri

Ein zauberhaftes frei stehendes Puzzle

Von Judy Peterson

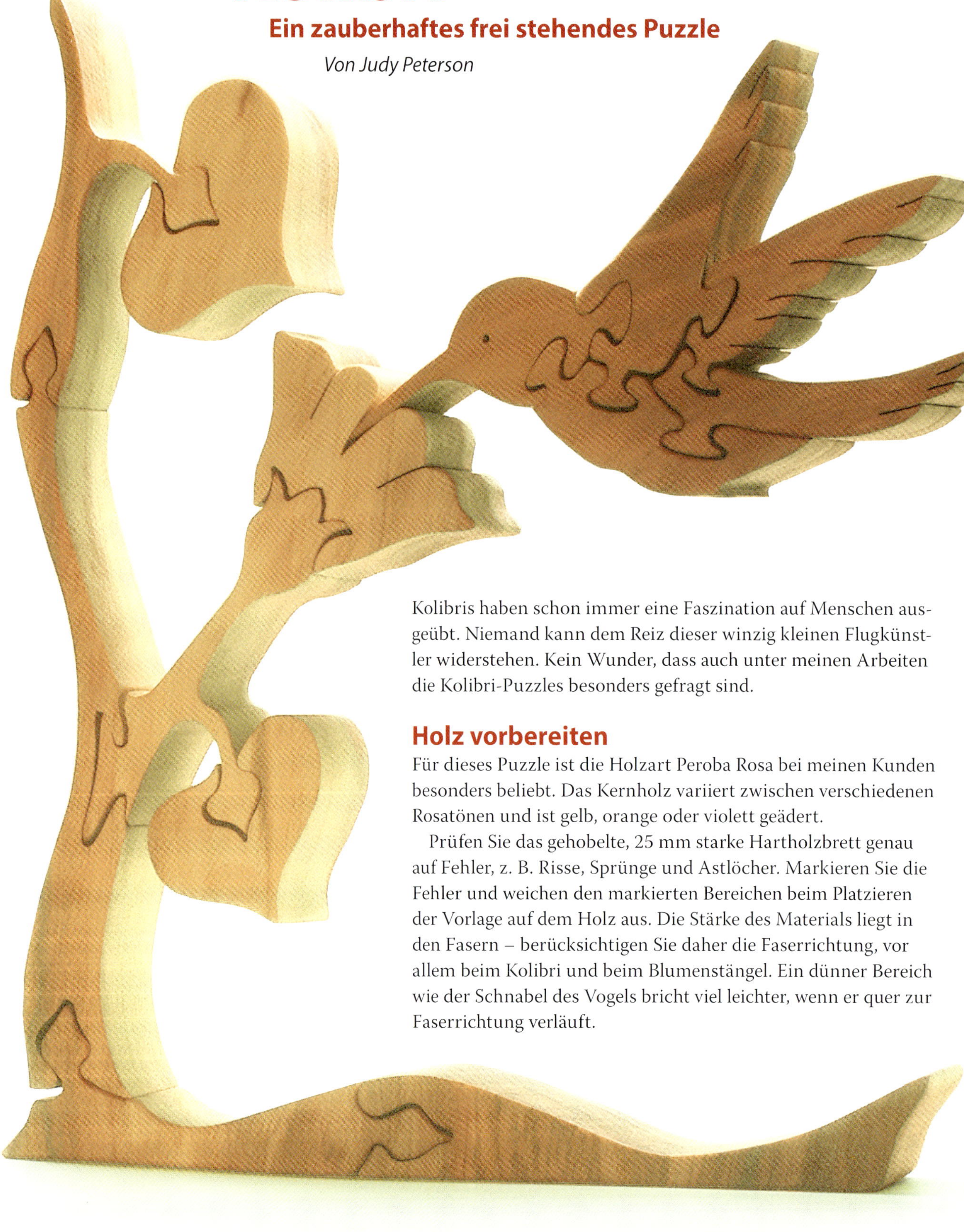

Kolibris haben schon immer eine Faszination auf Menschen ausgeübt. Niemand kann dem Reiz dieser winzig kleinen Flugkünstler widerstehen. Kein Wunder, dass auch unter meinen Arbeiten die Kolibri-Puzzles besonders gefragt sind.

Holz vorbereiten

Für dieses Puzzle ist die Holzart Peroba Rosa bei meinen Kunden besonders beliebt. Das Kernholz variiert zwischen verschiedenen Rosatönen und ist gelb, orange oder violett geädert.

Prüfen Sie das gehobelte, 25 mm starke Hartholzbrett genau auf Fehler, z. B. Risse, Sprünge und Astlöcher. Markieren Sie die Fehler und weichen den markierten Bereichen beim Platzieren der Vorlage auf dem Holz aus. Die Stärke des Materials liegt in den Fasern – berücksichtigen Sie daher die Faserrichtung, vor allem beim Kolibri und beim Blumenstängel. Ein dünner Bereich wie der Schnabel des Vogels bricht viel leichter, wenn er quer zur Faserrichtung verläuft.

Befestigen Sie eine Fotokopie der Vorlage mit ablösbarem Sprühkleber auf dem Holz. Sprühen Sie den Kleber auf das Papier und nicht auf das Holz. Ich verwende eine „Spritzkabine“, die den Overspray auffängt.

Bevor Sie zu sägen beginnen, bohren Sie die Augenlöcher. Ich verwende dazu eine Standbohrmaschine und einen dünnen Bohrer; Sie sollten jedoch ein Werkzeug verwenden, das Ihnen liegt, z. B. auch eine Handbohrmaschine oder ein Multifunktionswerkzeug mit Bohraufsatz. Da Sie die Augenlöcher auf beiden Seiten des Kopfes mit nur einer Bohrung erzeugen, achten Sie darauf, dass der Bohrer senkrecht zur Holzoberfläche steht – sonst sehen die beiden Seiten des Vogelkopfes unterschiedlich aus.

Schnitt für Schnitt

Ich schneide am liebsten rechts vom Sägeblatt. Alle meine Vorlagen sind darauf ausgerichtet. Ich verwende ein Sägeblatt Nr. 7 mit Standardzahnung oder mit Gegenzähnen. Der Sägeschlitz ist so breit, dass das fertige Puzzle sich leicht zusammenfügen und auseinandernehmen lässt; trotzdem halten die Teile gut zusammen. (Die Wahl des Sägeblattes ist jedoch Ihre Entscheidung.)

„SPRITZKABINE“ **TIPP**

Eine Schachtel (ca. 375 x 550 x 300 mm) mit Klebeband zukleben, in eine Seitenfläche ein großes Loch schneiden, das ausgeschnittene Stück schräg in die Schachtel stellen. Darauf wird die Papiervorlage gelegt und eingesprüht. Um den Overspray in der Schachtel zu halten, klebe ich ein Stück Plastikplane mit Klebeband an einer Seite der Schachtel an und lasse sie an der anderen Seite über die Öffnung herunterhängen.

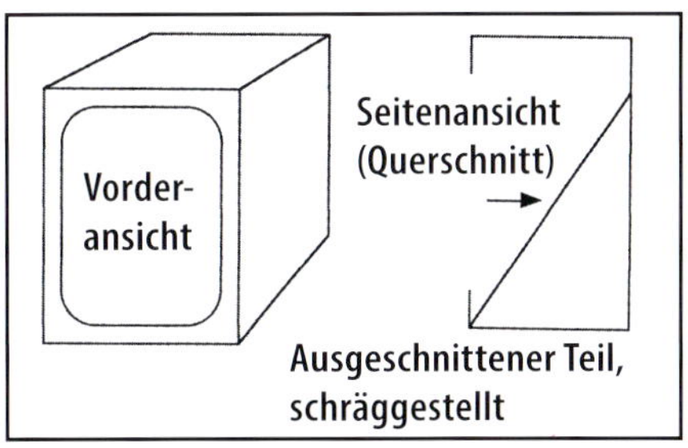

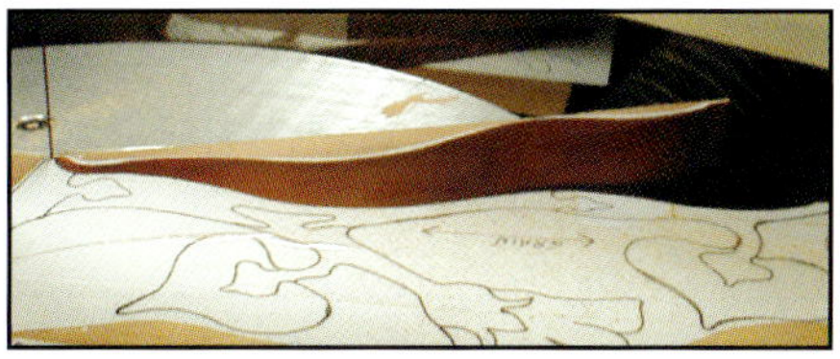

Der erste Schnitt

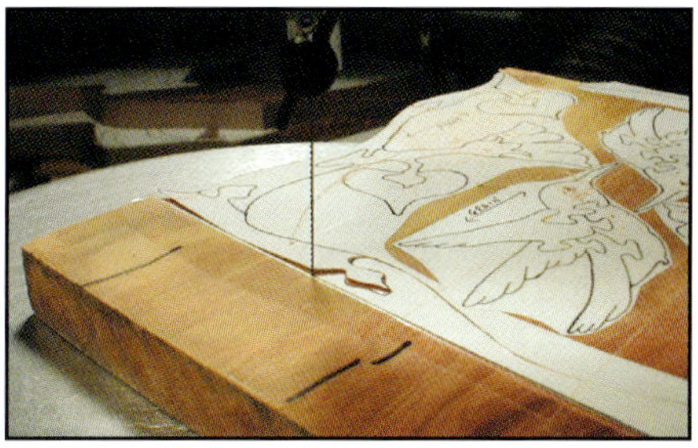

Das Puzzle steht besser, wenn die Basis leicht gekrümmt ist.

Der erste Schnitt beginnt an der Spitze des senkrechten Stängels. Als Nächstes schneiden Sie den ersten Teil der Basis des Puzzles aus. Erfahrungsgemäß steht das Puzzle besser, wenn die Basis leicht gekrümmt ist.

Sägen Sie einen Teil nach dem anderen aus. Nehmen Sie jeden fertig ausgesägten Teil gleich vom Sägetisch und lösen Sie das Vorlagepapier ab.

Der tiefe v-förmige Einschnitt zwischen den Blütenblättern ist am schwierigsten zu arbeiten. Schneiden Sie in die Spitze der V-Form hinein, dann fahren Sie etwa bis zur Mitte zwischen der Spitze der V-Form und der abgerundeten Partie des Blütenblattes zurück. Drehen Sie das Holz an dieser Stelle ganz herum und lassen Sie das Sägeblatt in den Abfallbereich hineinschneiden. Nun fahren Sie mit dem Sägeblatt bis zum Ende der V-Form zurück und schneiden das nächste Blütenblatt (siehe Abb. 1).

Dort, wo der oberste Teil des senkrechten Stängels mit dem darunter befindlichen Teil verbunden ist, befinden sich die schmalsten und zerbrechlichsten Teile des ganzen Puzzles. Schneiden Sie so genau wie möglich an den Vorlagelinien entlang, damit das Holz nicht bricht.

Zuletzt kommt der Kolibri dran. Ich beginne an der Spitze des Schnabels, schneide die Rundung des Kopfes und säge dann den obersten Teil des Flügels

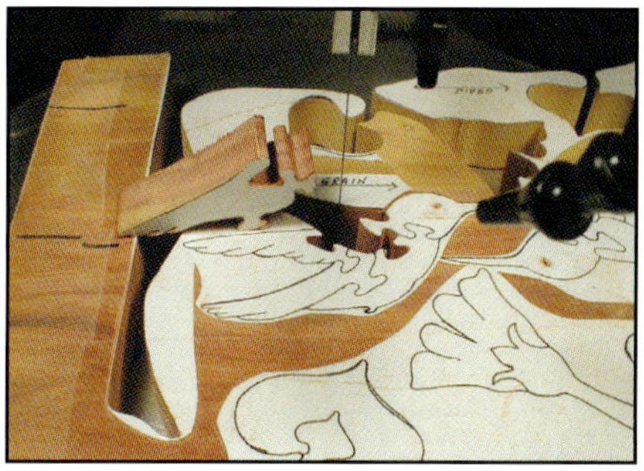

Hier wird der Flügel des Kolibris ausgesägt.

„ZURÜCKFAHREN“ **TIPP**

Der Begriff „Zurückfahren“ kommt in Anleitungen oft vor und bedeutet, dass Sie aufhören, das Werkstück vorzuschieben, und es vorsichtig zu sich zurückziehen. Damit keine Unebenheiten entstehen, folgen Sie dabei genau der vorherigen Schnittlinie.

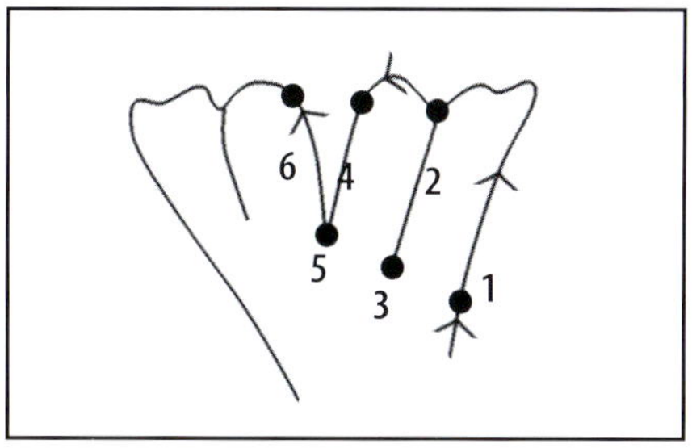

Abbildung 1: So erhalten Sie in der Mitte der Blüte eine schmale, saubere V-Form: Bei „1“ beginnend in Pfeilrichtung über „2“ schneiden, bei „3“ anhalten. Das Werkstück vorsichtig zurückziehen, bis sich das Sägeblatt bei „2“ befindet. Weiter vorwärts über „4“ bis „5“ sägen. Das Werkstück vorsichtig bis zu „4“ zurückziehen. Bei laufender Säge das Werkstück um 180° gegen den Uhrzeigersinn drehen. Dann das Werkstück vorsichtig bis „5“ zurückziehen. Bis „6“ schneiden, die anderen Blütenblätter aussägen.

aus. Auch beim Kolibri nehme ich jeden fertig ausgesägten Teil gleich vom Sägetisch, löse das Vorlagepapier ab und stelle die Teile auf einer separaten Arbeitsfläche zusammen.

Wenn Sie das Puzzle fertig ausgesägt haben, werden Sie feststellen, dass beide Teile (der Vogel und die Blume samt der Basis) für sich allein zusammenhalten. Solange Sie den Vogel senkrecht halten, können Sie ihn um 360° drehen, ohne dass die Teile auseinanderfallen.

Abschleifen

Puzzles sind zum Anfassen gedacht. Eine seidig-glatte Oberfläche greift sich angenehmer an und das Puzzle verkauft sich auch besser! Mit einer Schleifscheibe, die ich an einem Bohrständer montiere, kann ich sowohl Kanten als auch Flächen abschleifen. Schleifen Sie die Innenschnitte nur soweit wie nötig, um Holzfasern vom Sägen zu entfernen. Befühlen Sie die Oberflächen, um sicherzugehen, dass sie glatt sind.

Scharfe Ecken runde ich mit einem Sand-O-Flex ab. Mit diesem Schleifkopf lassen sich gewölbte Oberflächen gut abschleifen, ohne dass Rillen entstehen.

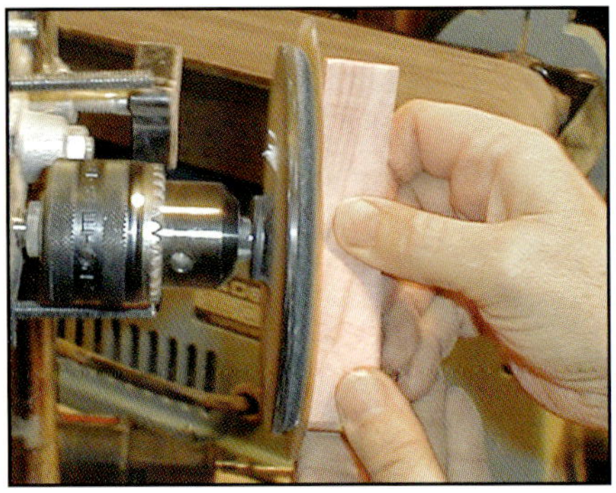

Mit einem Bohrer, der von einem Bohrständer gehalten wird, kann ich sowohl Flächen ...

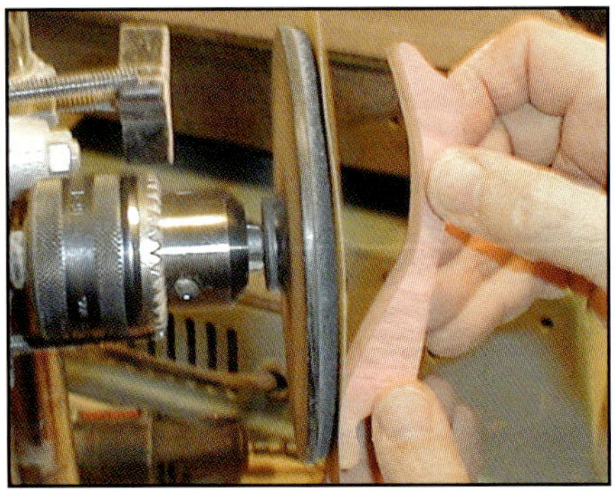

... als auch Kanten abschleifen.

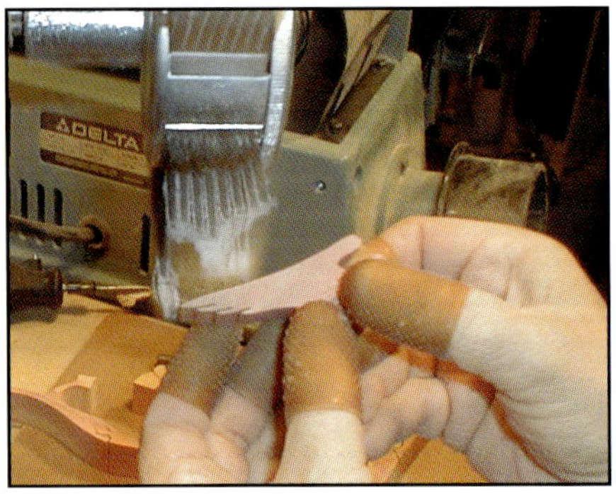

Der Sand-O-Flex in Aktion

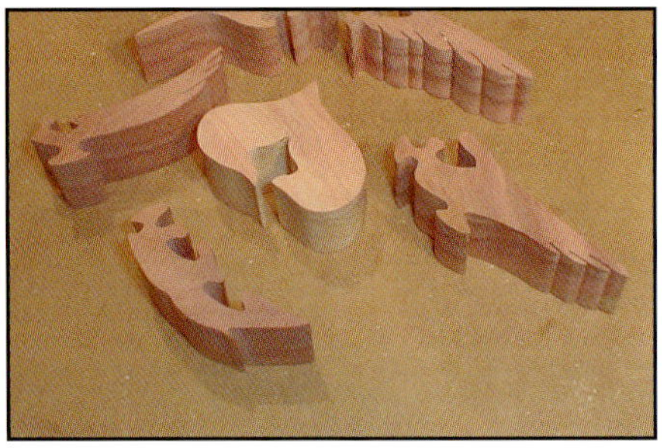

Der Sand-O-Flex erzeugt glatte Kanten.

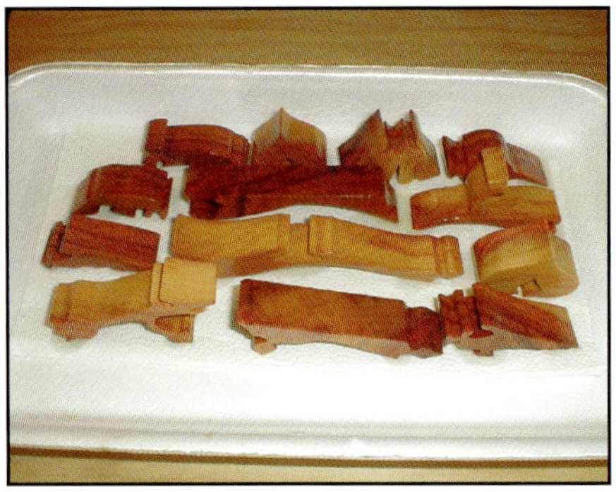

Nach dem Ölbad lassen Sie die Teile auf Papiertüchern abtropfen. Das Öl ist hochgradig flüchtig – lassen Sie die Papiertücher an einem gut belüfteten Ort trocknen, bevor Sie sie sachgemäß entsorgen.

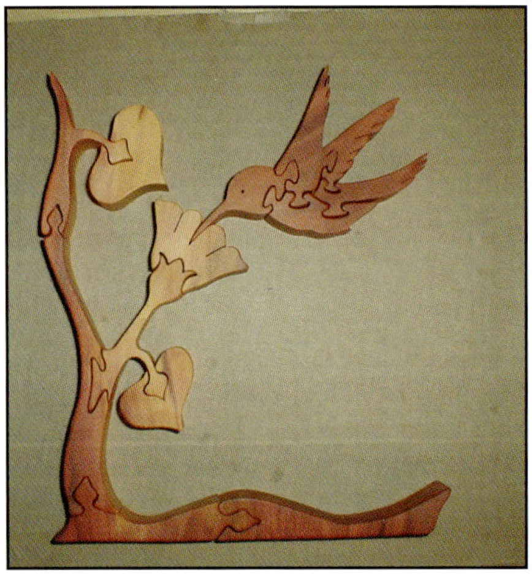

Das Puzzle nach dem Ölbad

Der Schleifkopf hat acht Schlitze für die Schleifbänder, die ihrerseits in etwa 3 mm dünne Längsstreifen geteilt sind. Das ergibt 64 kleine „Finger", die auch in die kleinsten Ritzen hineinkommen. Die Länge der Schleifbänder ist verstellbar. Wenn Sie sorgfältig arbeiten, können Sie mit einem anderen flexiblen Schleifgerät ein ebenso gutes Ergebnis erzielen. Fingerschützer aus Gummi verhindern das „Abschleifen" der Finger.

SICHER SCHNEIDEN **TIPP**

Oft werde ich gefragt, ob ich zuerst den gesamten Umriss und dann die Teile aussäge. Die Antwort ist nein: Sowohl aus Sicherheits- als auch aus praktischen Gründen sollte noch ein Stück Abfallholz am Werkstück hängen, wenn Sie den letzten Schnitt setzen. Das gilt besonders bei kleinen Puzzleteilen.

Zuletzt kommen die Teile in ein Ölbad. Gießen Sie das Öl in einen geeigneten Behälter, ziehen Sie eventuell Gummihandschuhe an. Legen Sie die Teile in das Öl, nehmen Sie sie heraus und lassen Sie sie auf Papiertüchern abtropfen. Bei Bedarf wischen Sie das Öl von den Teilen ab. Je mehr Schnittflächen eine Arbeit hat, desto mehr Sorgfalt ist bei diesem Schritt erforderlich. Nachdem Sie alle Teile getrocknet haben, bei denen dies nötig ist, stellen Sie das Puzzle zusammen und lassen Sie es über Nacht an der Luft trocknen. Vorsicht: Lassen Sie die Papiertücher an einem gut belüfteten Ort trocknen, bevor Sie sie sachgemäß entsorgen!

Material & Werkzeug

Material

- 1 Hartholzbrett, 25 mm stark, mindestens 250 x 200 mm
- Ablösbarer Allzweck-Sprühkleber
- Schleifscheiben für die Schleifmaschine (ich verwende die 220er-Körnung)
- Fingerschützer aus Gummi (oder anderer Fingerschutz)
- Klares Danish Oil (Naturharzöl)
- Gummihandschuhe
- Papiertücher

Werkzeug

- Standbohrmaschine, Multifunktionswerkzeug oder andere Bohrmaschine mit 1,5-mm- oder kleinerem Bohrer
- Sägeblatt Nr. 7 mit Standardzahnung oder mit Gegenzähnen
- Scheibenschleifmaschine
- Sand-O-Flex oder anderes flexibles Schleifgerät
- Behälter für das Öl

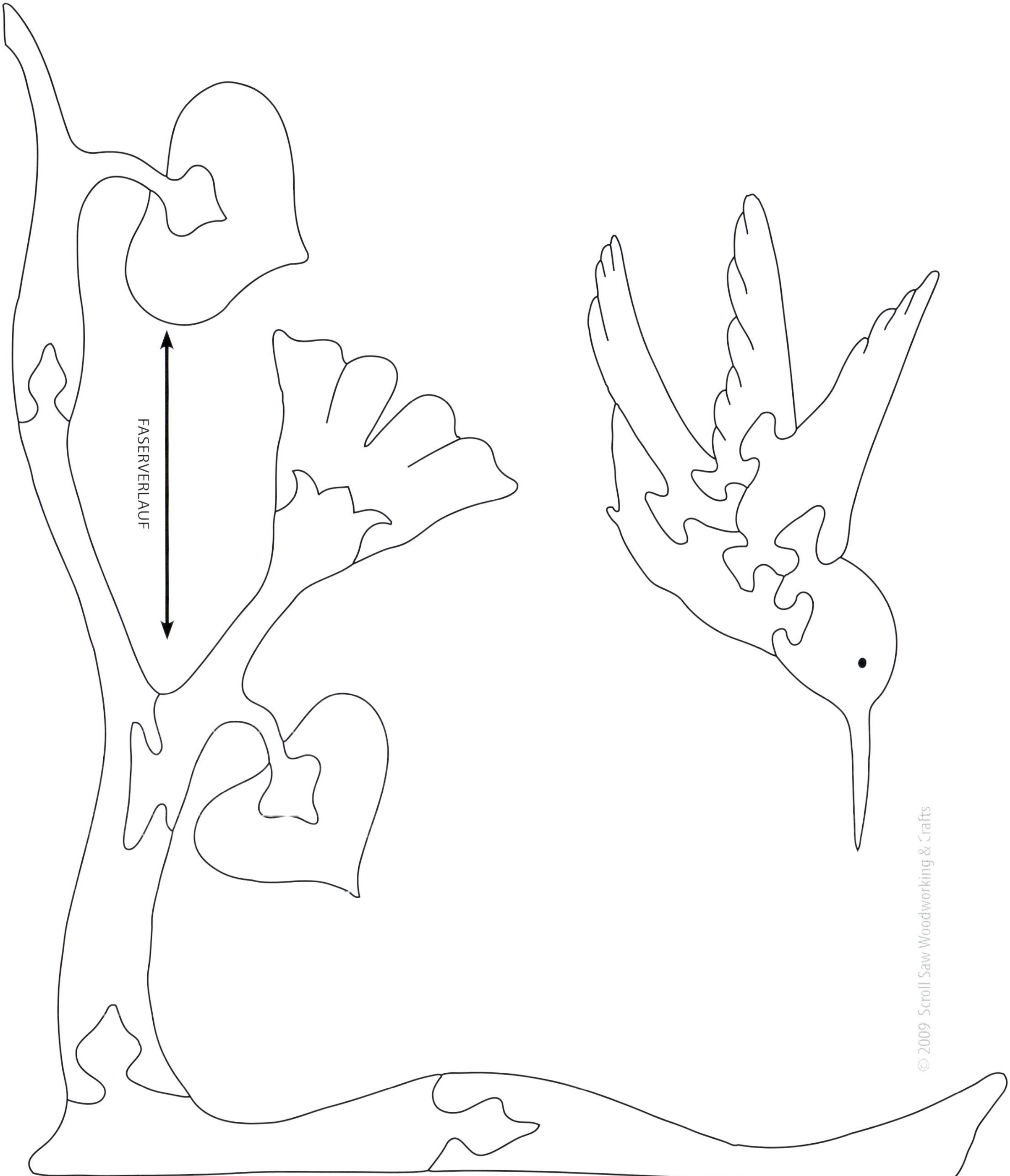

Fotokopie 100 %

Hoppy, das Känguru

Basteln Sie mit Ihrem Kind ein Spielzeug

Von Jim Stirling

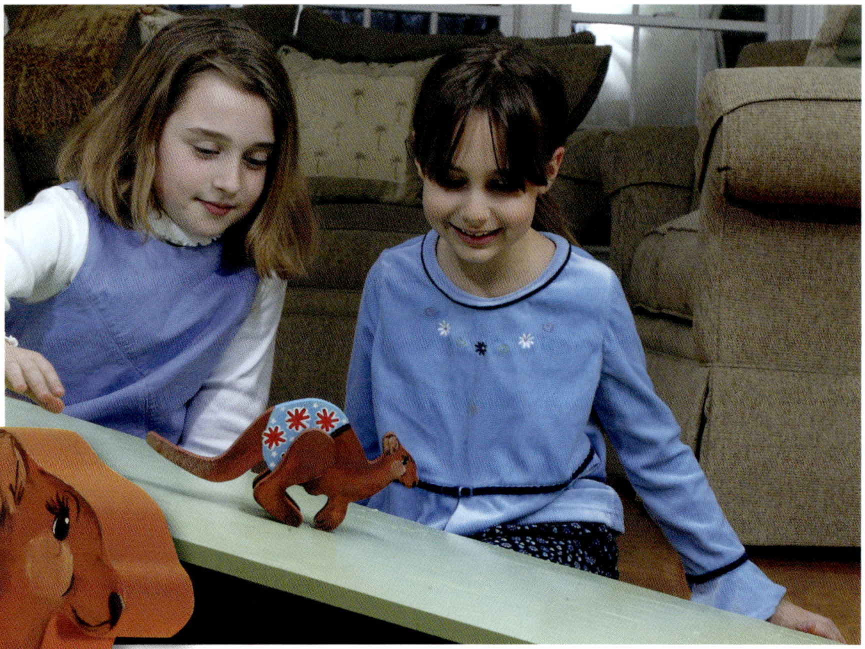

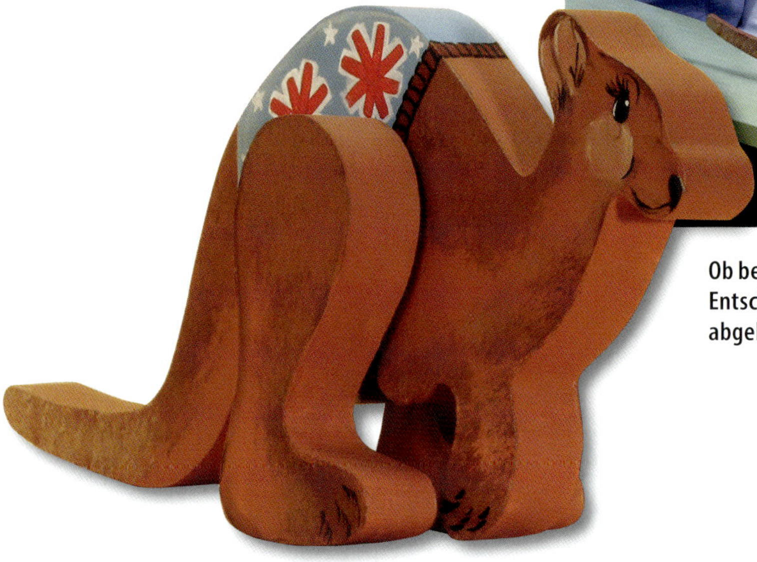

Ob bemalt oder naturbelassen – Hoppy bringt Kinderaugen zum Leuchten. Entscheiden Sie selbst, ob Sie das fertige Spielzeug bemalen wollen. Das abgebildete Känguru hat Donna Lloyd gestaltet.

Wenn Sie einem Kind mit einem Geschenk oder gar mit einem gemeinsamen Bastelprojekt eine Freude machen wollen, ist das Känguru Hoppy gerade richtig. Mithilfe der Schwerkraft hoppelt es eine schiefe Ebene hinunter. Es stützt sich zuerst auf seine Vorderbeine, sodass die Hinterbeine nach vorne rutschen. Dann bewegt sich der Körper nach vorne und die Beine nach hinten, sodass das Känguru wieder auf die Vorderbeine kippt und weiterhoppelt.

Sie können das Spielzeug aus einem Stück mitteldichter Faserplatte (MDF) herstellen. Dieses kostengünstige Material ist hart, splittert nicht und ist für Spielsachen hervorragend geeignet.

Schritt 1: Kopieren Sie die Vorlage für den Körper einmal und die Vorlage für die Beine zweimal (1 x für das linke, 1 x für das rechte Bein). Schneiden Sie die Vorlagen mit der Schere aus und lassen Sie ca. 3 mm Papier rund um die Umrisslinie stehen.

Schritt 2: Schneiden Sie den Holzrohling ca. 6 mm größer als die Vorlagen zu.

Schritt 3: Kleben Sie die Vorlagen mit ablösbarem Sprühkleber auf. (Bei nur einem Rohling gruppieren Sie sie möglichst platzsparend.)

Andere Möglichkeit: Mit einer Schablone können Sie das Spielzeug mehrmals herstellen. Kleben Sie dazu je eine Papiervorlage für den Körper und für ein Hinterbein auf dünnes Sperrholz. Sägen Sie die Teile aus und bohren Sie Löcher mit 3 mm Durchmesser, um die Augen und die Bohrlöcher zu markieren. Legen Sie die Schablonen direkt auf das Holz und umfahren Sie sie mit dem Bleistift. Drehen Sie dabei die Schablone für das Bein einmal um, sodass Sie ein linkes und ein rechtes Bein bekommen. Bohrlöcher können mit kleinen Nägeln markiert werden.

Schritt 4: Schneiden Sie mit einem Sägeblatt Nr. 9 die Hinterbeine aus.

Material & Werkzeug

Material

- 1 Stück Holz Ihrer Wahl, 19 x 300 x 150 mm (Körper)
- 2 Stücke Holz Ihrer Wahl, 19 x 100 x 75 mm (Hinterbeine)
- oder 1 Stück Holz, das groß genug für den Körper und beide Hinterbeine ist
- 2 Dübelstangen, 6 mm Ø, 50 mm lang
- Ablösbarer Sprühkleber
- Bleistift
- Schleifpapier, 100er-Körnung
- Nagel

Werkzeug

- Schere
- Sägeblatt Nr. 9 mit Gegenzähnen
- Bohrmaschine mit 3-mm-, 6-mm- und 9-mm-Bohrern
- Hammer

Schritt 5: Schneiden Sie mit einem Sägeblatt Nr. 9 mit Gegenzähnen den Körper aus. Tipp für das Arbeiten mit Kindern: Damit das Känguru laufen kann, muss der Bauch (der Bereich zwischen den Hinterbeinen) genau ausgesägt werden, ebenso die Unterseite der Füße. Solange an diesen Stellen genau geschnitten wird, ist es nicht schlimm, wenn das Sägeblatt sonst irgendwo von der Vorlagelinie abkommt.

Schritt 6: Bohren Sie mit dem 6-mm-Bohrer die beiden Löcher an der Innenseite der Hinterbeine (12 mm tief). Mit dem 9-mm-Bohrer bohren Sie in der Bauchgegend ganz durch den Körper durch (siehe Vorlage). Mit dem 3-mm-Bohrer bohren Sie die Augenlöcher auf beiden Seiten des Kopfes.

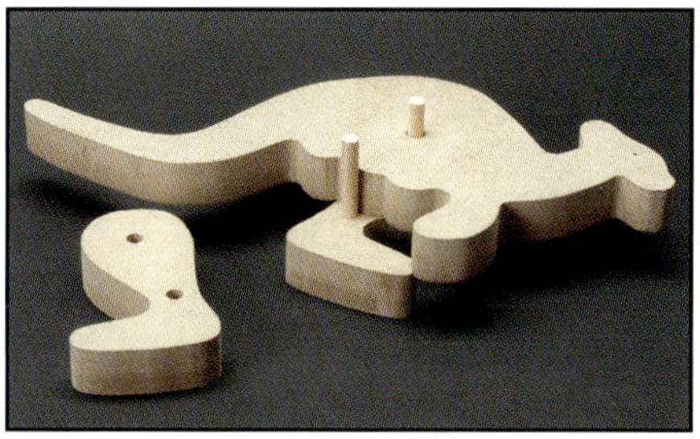

Schritt 7: Schneiden Sie mit der Dekupiersäge 2 Dübelstangen mit 6 mm Durchmesser auf 50 mm Länge zu. Mit den Dübelstangen werden später die Beine aneinander fixiert und beweglich am Körper befestigt.

Schritt 8: Schleifen Sie die Kanten der fertig zugeschnittenen und mit Bohrlöchern versehenen Teile mit Schleifpapier (100er-Körnung) leicht ab.

Schritt 9: Sie können das Känguru nach Wunsch bemalen, z. B. braun (= Rotes Riesenkänguru) oder grau (= Graues Riesenkänguru). Mein Original-Hoppy habe ich allerdings nicht bemalt.

Schritt 10: Schlagen Sie zuerst bei einem Hinterbein je eine Dübelstange in das obere und untere Bohrloch.

Schritt 11: Führen Sie die obere der beiden Dübelstangen (siehe Schritt 10) durch das Loch in der Körpermitte. Die zweite sollte sich in genügendem Abstand unter dem Bauch befinden, sodass sich die Beine frei hin- und herbewegen können.

Schritt 12 (Fertigstellung): Schieben Sie nun die Dübelstangen probeweise in die Bohrlöcher am zweiten Bein. Zwischen Körper und Beinen sollte ca. 3 mm Zwischenraum bleiben, damit sich die Beine frei bewegen können und nicht am Bauch hängenbleiben (gegebenenfalls schneiden Sie am Bauch etwas Holz weg).

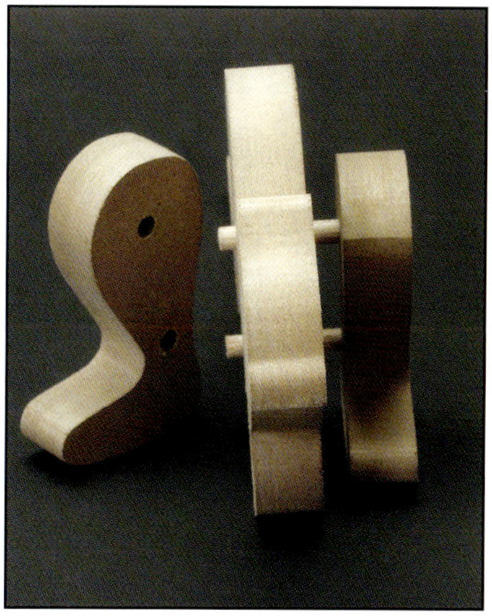

Nun können Hoppys kräftige Hinterbeine in Aktion treten. Ein etwa 1 m langes Brett dient als Unterlage. Die Oberfläche muss griffig genug sein, damit das Känguru nicht hinunterrutscht. Kippen Sie das Brett, setzen Sie das Känguru am oberen Ende darauf, ziehen Sie den Schwanz zurück und schon setzt sich Hoppy in Bewegung!

Korrigieren Sie die Neigung des Brettes, bis Sie den optimalen Winkel für die Schaukelbewegung herausgefunden haben. Dieser Winkel ist bei jedem Känguru verschieden. Für Kinder ist es kein Problem, die richtige Position für das Brett durch Probieren herauszufinden.

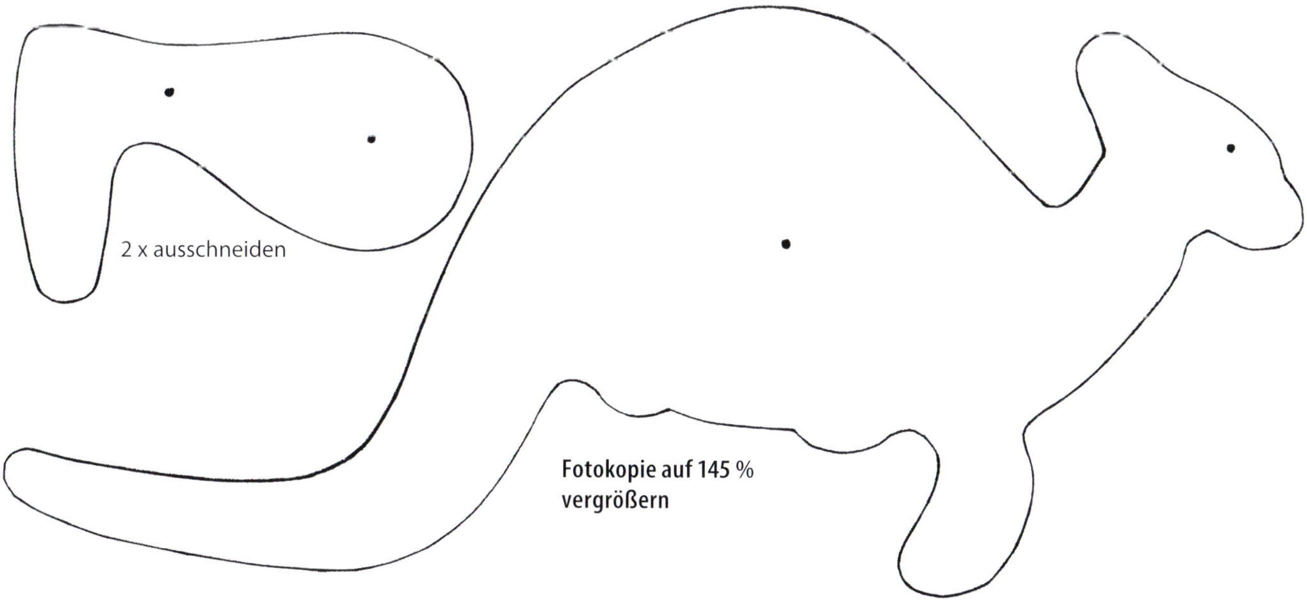

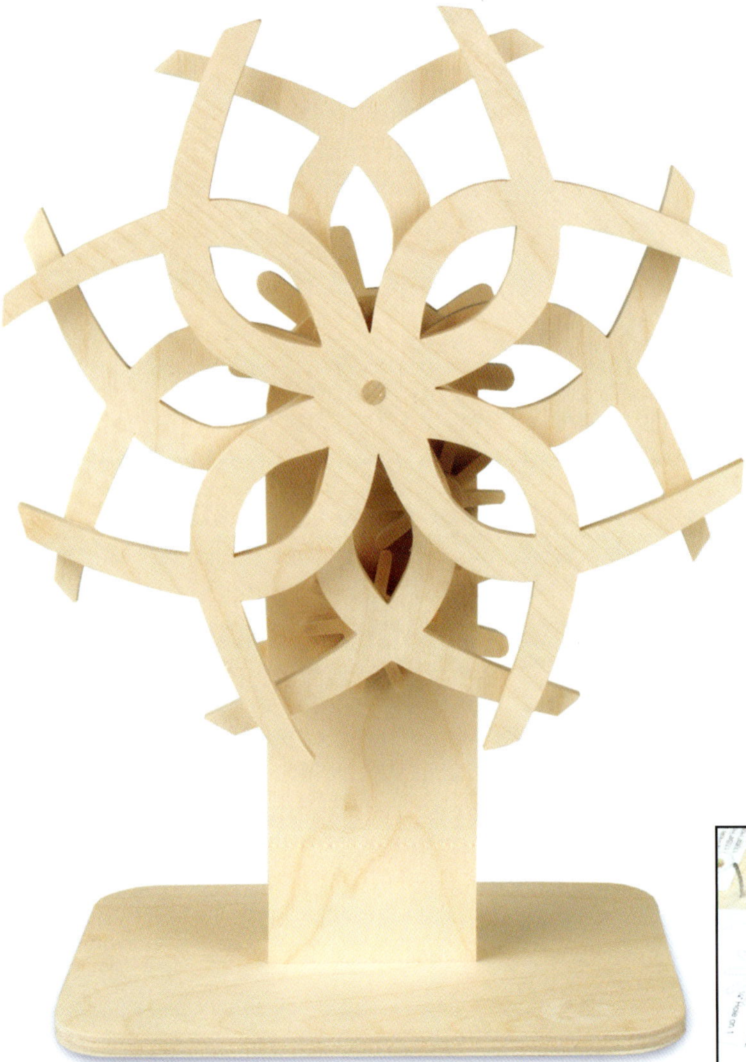

Zahnrad-spielzeug

Bauen Sie dieses tolle Ding einfach nur zum Spaß!

Von Rick Hutcheson

Die hölzernen Zahnräder auszusägen, ist eine schöne, herausfordernde Arbeit. Und wenn das „tolle Ding" fertig ist, werden Sie staunen, wie viel Aufmerksamkeit es bei Kindern und Erwachsenen erregt. Jeder will es in die Hand nehmen und daran herumspielen. Mit ein bisschen Farbe für die Verzierung und die Zahnräder können Sie den optischen Eindruck variieren.

Anm.: Zahnräder funktionieren nur, wenn sie ganz genau gearbeitet werden. Es ist besser, etwas außerhalb der Vorlagelinien zu schneiden und das Werkstück nachher abzuschleifen, als zum Schluss mit Zahnrädern dazustehen, die nicht zusammenpassen. Bei diesem Projekt müssen Sie herumprobieren – und Geduld haben.

Schritt 1: Schneiden Sie die Dübel (6 mm Ø) auf die auf Seite 39 angegebenen Längen zu.

Schritt 2: Jene Teile, von denen zwei Stück benötigt werden, stelle ich im Stapelschnitt her. Es werden also immer zwei Sperrholzteile auf einmal gesägt. Dadurch passen auch die Bohrlöcher zueinander. Sprühen Sie die Vorlagen mit ablösbarem Sprühkleber ein und kleben Sie sie auf das Sperrholz.

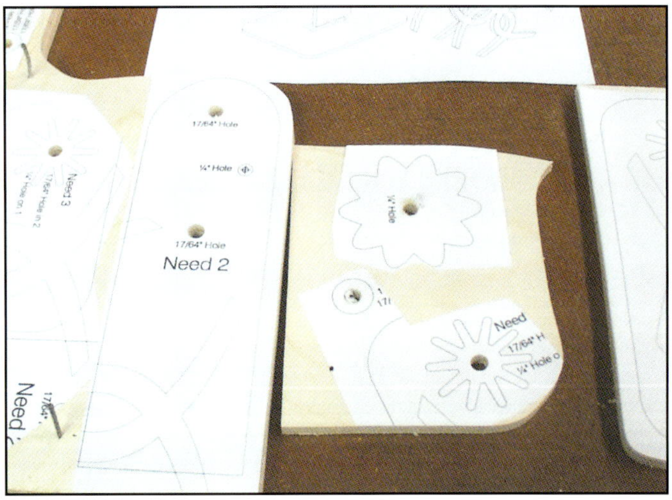

Schritt 3: Bohren Sie alle Löcher, wie auf den Vorlagen angegeben.

STAPELSCHNITT TIPP

Um die Rohlinge aneinander zu fixieren, nagle ich sie an den Abfallbereichen zusammen. Sie können aber auch doppelseitiges Teppichklebeband verwenden, im Randbereich Heißkleber aufbringen, den Rand des Stapels mit transparentem Paketklebeband umwickeln u. a.

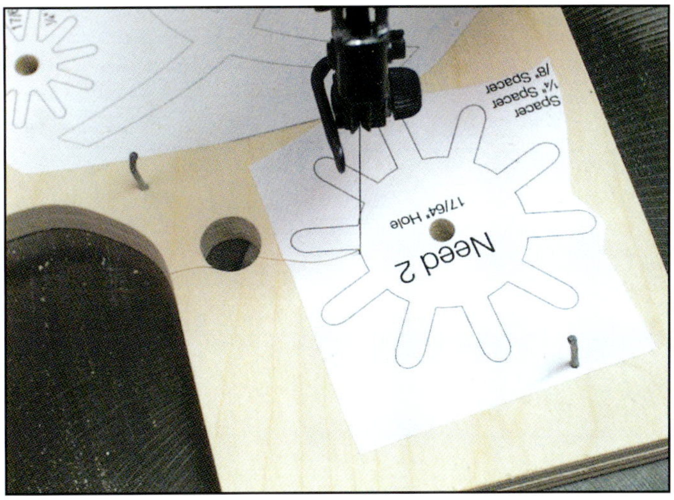

Schritt 4: Sägen Sie die Teile mit einem Sägeblatt Nr. 2/0 mit Gegenzähnen aus. Bei den Zahnrädern müssen vor allem die Spitzen und die Seiten jedes einzelnen Zahnes glatt sein. Ich beginne immer am Ansatz des Zahnes, um einen durchgängigen, fließenden Schnitt zu erzielen.

Schritt 5: Schleifen Sie alle Teile mit Schleifpapier der Körnung 180 ab. Wenn Sie Teile lackieren oder beizen wollen, tun Sie es jetzt (d. h. vor dem Zusammenstellen).

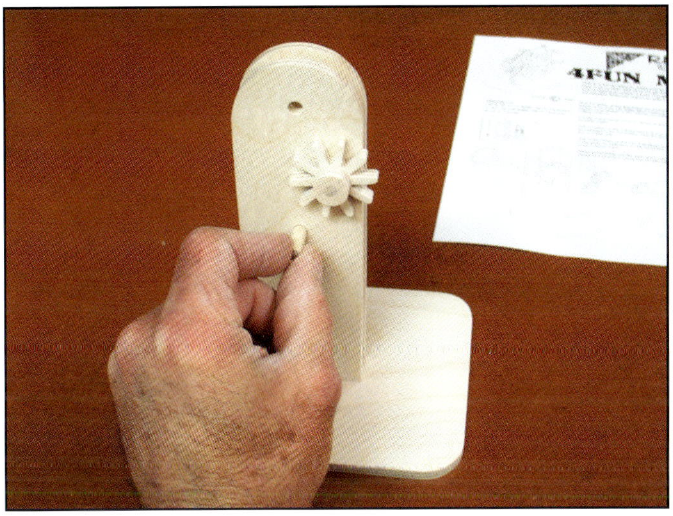

Schritt 6: Leimen Sie eine 6 mm starke Abstandsscheibe mit einem 6-mm-Loch am Ende des 19 mm langen Dubels fest. Dann fügen Sie das kleine Zahnrad mit dem 6,5 mm großen Loch zu der Anordnung hinzu. Leimen Sie die Dübel-Zahnrad-Anordnung in dem 6-mm-Loch in der vorderen Stütze fest.

Schritt 7: Leimen Sie die Stützen in den entsprechenden Öffnungen in der Bodenplatte fest. Achten Sie darauf, dass die Bohrlöcher sich in einer Linie befinden. Zu diesem Zweck können Sie einen Dübel in die Löcher schieben und überprüfen, ob er frei drehbar ist und rechte Winkel mit den Stützen bildet.

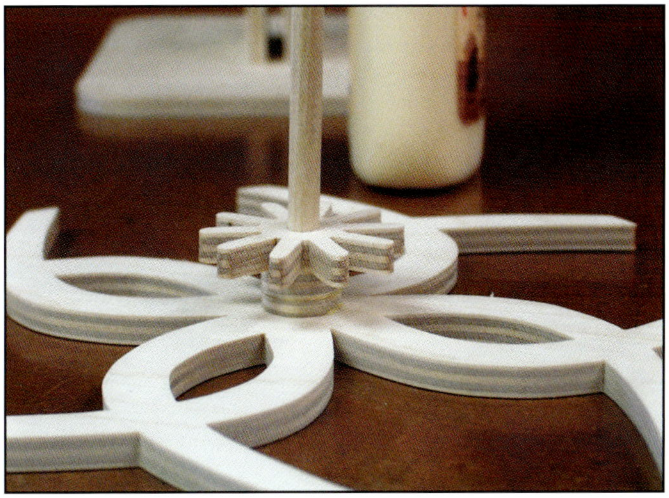

Schritt 8: Legen Sie den Propeller mit dem 6,5-mm-Loch auf den Tisch. Leimen Sie 2 Abstandsscheiben mit 6,5-mm-Löchern (eine 6 mm starke, eine 3 mm starke) und 1 kleines Zahnrad mit 6,5-mm-Loch zusammen (s. Foto). Dabei können Sie zum Ausrichten ein Stück Dübel in das Loch einführen. Die Teile müssen auf dem Dübel frei drehbar sein. Bohren Sie bei Bedarf das Bohrloch nach, sobald der Leim getrocknet ist.

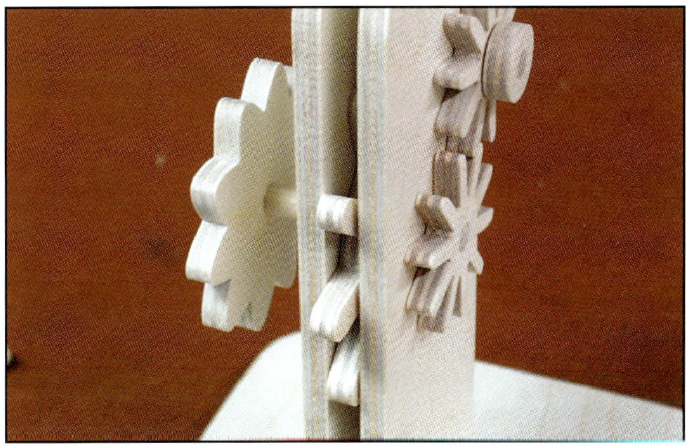

Schritt 9: Leimen Sie das Griffrad am Ende eines 53 mm langen Dübels fest. Stecken Sie den Dübel durch die hintere Stütze. Leimen Sie eines der 2 größeren Zahnräder zwischen den 2 Stützen am Dübel fest. Schieben Sie den Dübel durch die vordere Stütze. Leimen Sie eines der kleinen Zahnräder mit 6-mm-Loch am Ende des Dübels fest. Lassen Sie dabei genug Abstand zwischen Zahnrädern und Stützen, damit die Anordnung frei drehbar ist.

DEN RICHTIGEN BOHRER WÄHLEN **TIPP**

Manche „6-mm-Dübel" sitzen zu locker in einem 6-mm-Bohrloch, weil sie zu klein geraten sind. Bohren Sie ein 6-mm-Loch in ein Stück Abfallholz und überprüfen Sie, ob Ihr Dübel fest oder locker darin sitzt. Probieren Sie gegebenenfalls kleinere Bohrer aus, bis Ihr Dübel in das Bohrloch genau hineinpasst. Wenn Sie laut Anleitung ein 6-mm-Loch für einen Dübel bohren sollen, dann nehmen Sie den so ermittelten Bohrer.

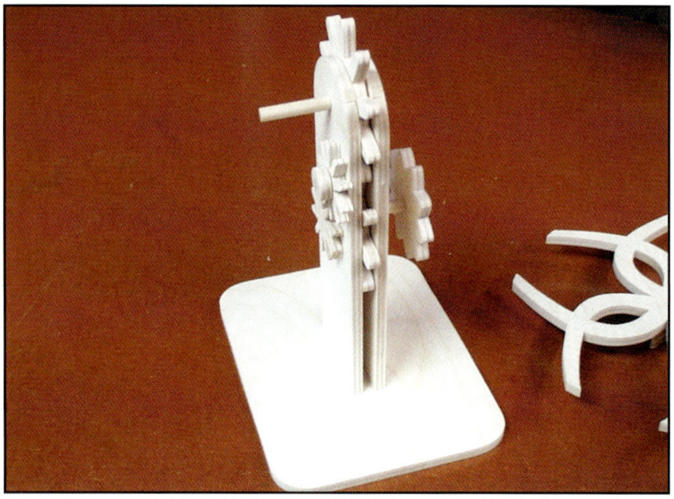

Material & Werkzeug

Material

- Birkensperrholz, 6 x 400 x 400 mm
- Birkensperrholz, 3 x 25 x 25 mm
- Ablösbarer Sprühkleber
- 6 mm starke Dübelstange, 125 mm lang
- Schleifpapier, 180er-Körnung
- Holzleim
- Oberflächenbehandlungsmittel nach Wahl

Werkzeug

- Bohrmaschine mit 6,5-mm- und 6-mm-Bohrern
- Sägeblatt Nr. 2/0 mit Gegenzähnen

Schritt 10: Leimen Sie das andere große Zahnrad zwischen den Stützen so am 53 mm langen Dübel fest, dass dieser bündig mit der Rückseite der hinteren Stütze abschließt. Auch diese Anordnung muss frei drehbar sein.

Schritt 11: Platzieren Sie die Dübel-Zahnrad-Anordnung (siehe Schritt 8) auf diese Achse. Sie muss frei drehbar sein. Platzieren Sie eine 3 mm starke Abstandsscheibe mit einem 6,5-mm-Loch vor die Anordnung auf die Achse.

Schritt 12: Zuletzt leimen Sie den Propeller mit dem 6-mm-Loch an der Spitze der oberen Achse an.

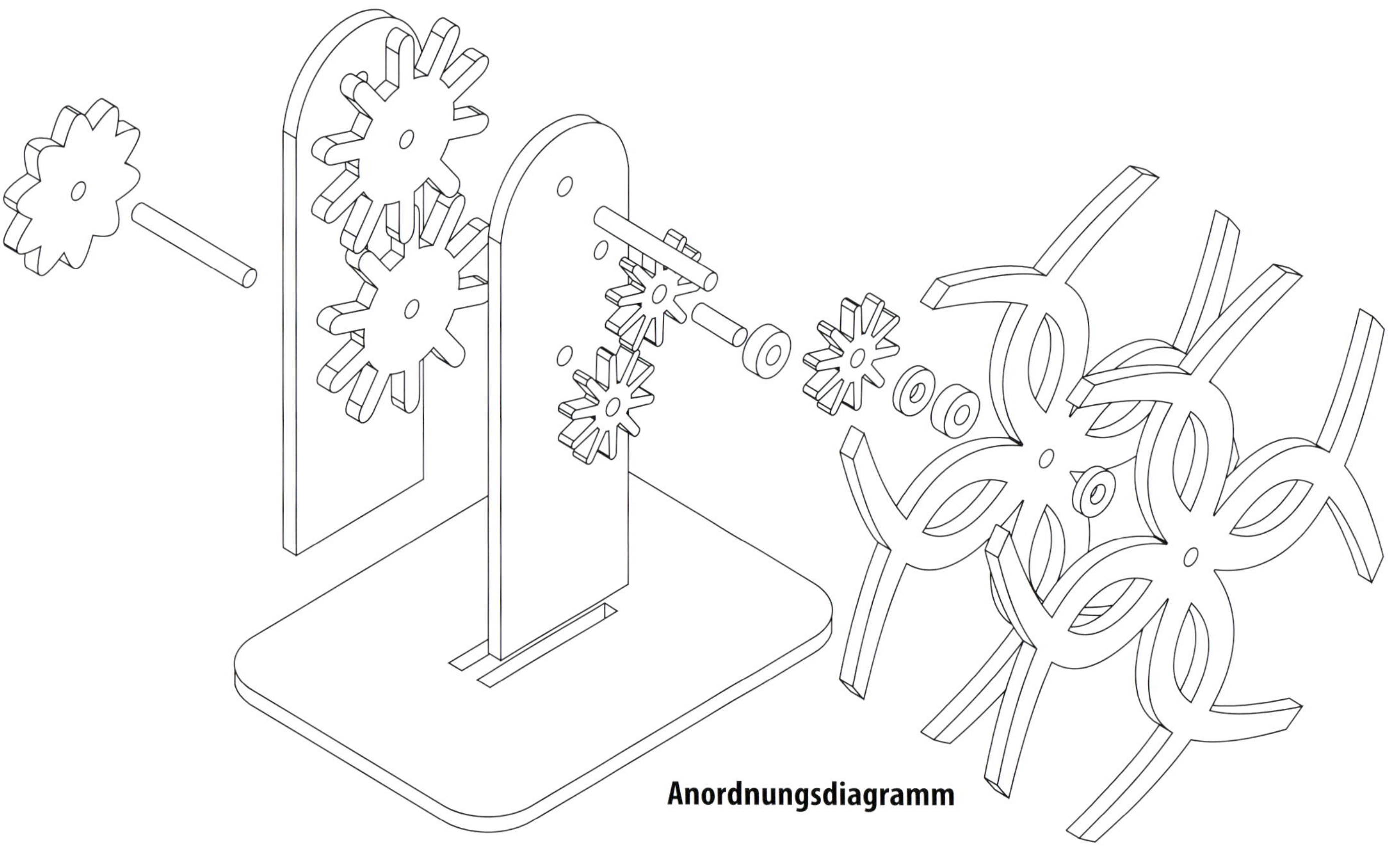

Anordnungsdiagramm

Fotokopie 100 %

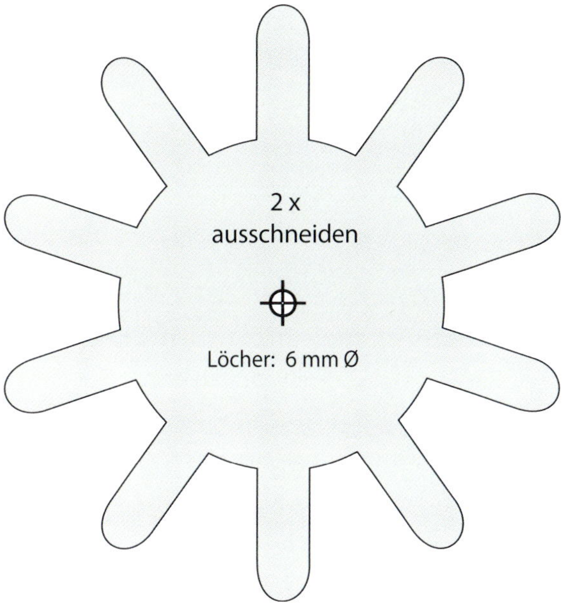

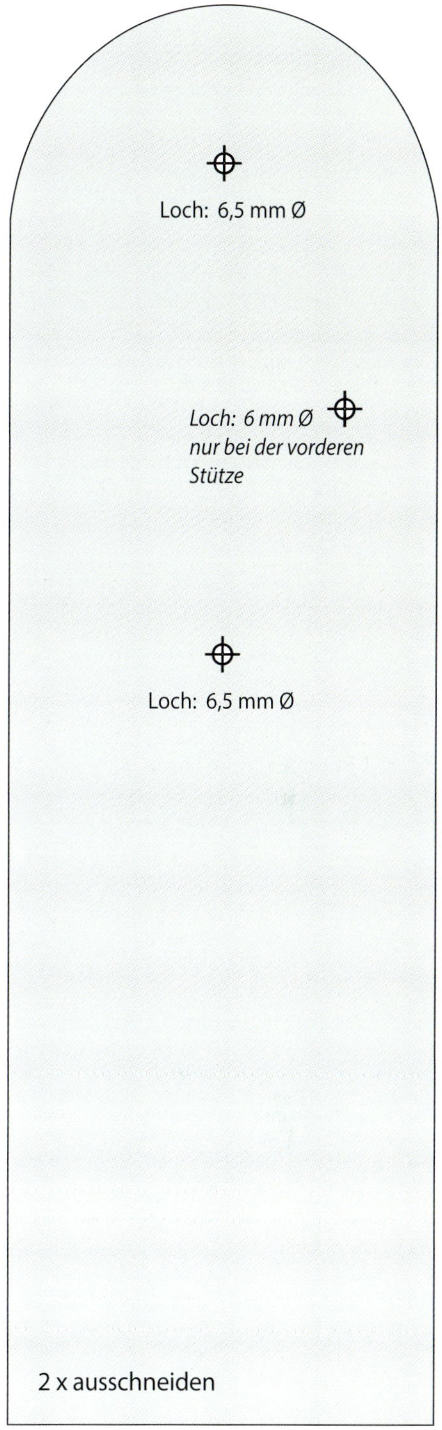

Abstandsscheibe, 6 mm stark –
2 x ausschneiden

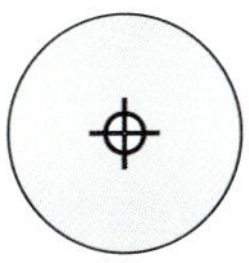

Löcher: 6 mm Ø (1 x)
6,5 mm Ø (1 x)

3 x ausschneiden

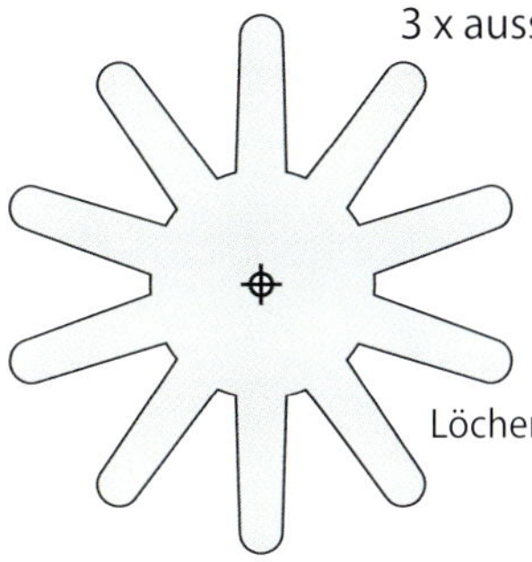

Löcher: 6,5 mm Ø (2 x)
6 mm Ø (1 x)

Abstandsscheibe, 3 mm stark –
2 x ausschneiden

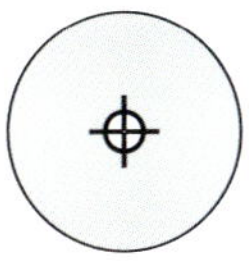

Löcher: 6,5 mm Ø

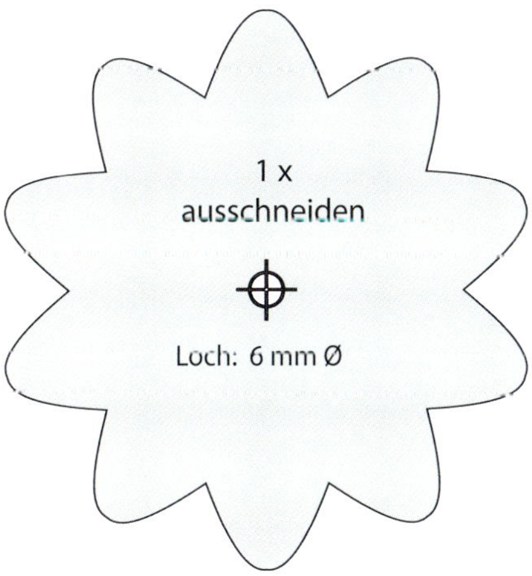

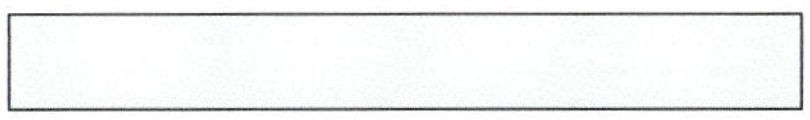

Dübel, 6 mm stark, 53 mm lang – 2 x zuschneiden

Dübel, 6 mm stark, 19 mm lang – 1 x zuschneiden

Fotokopie 100 %

Bodenplatte

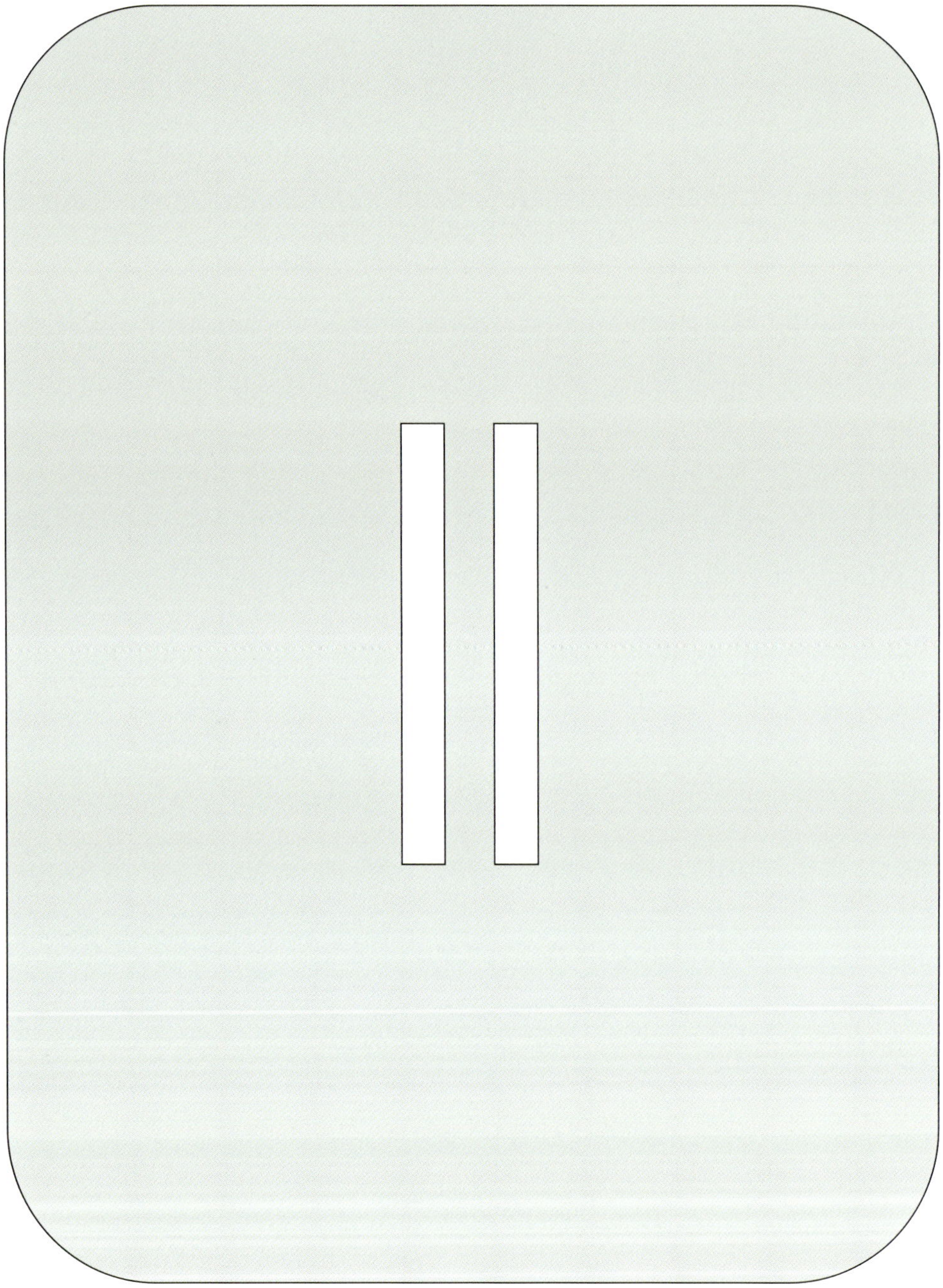

Fotokopie 100 %

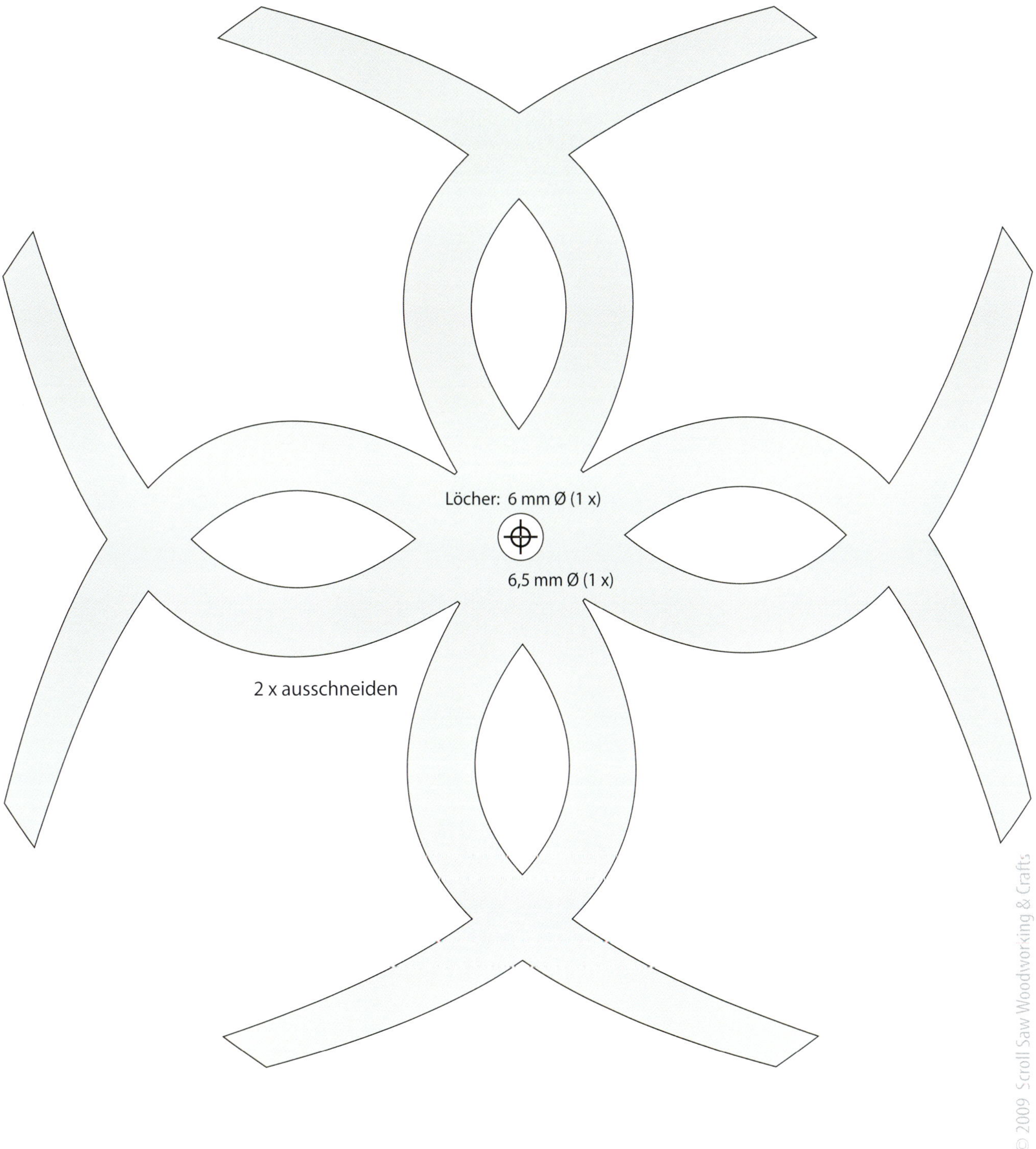

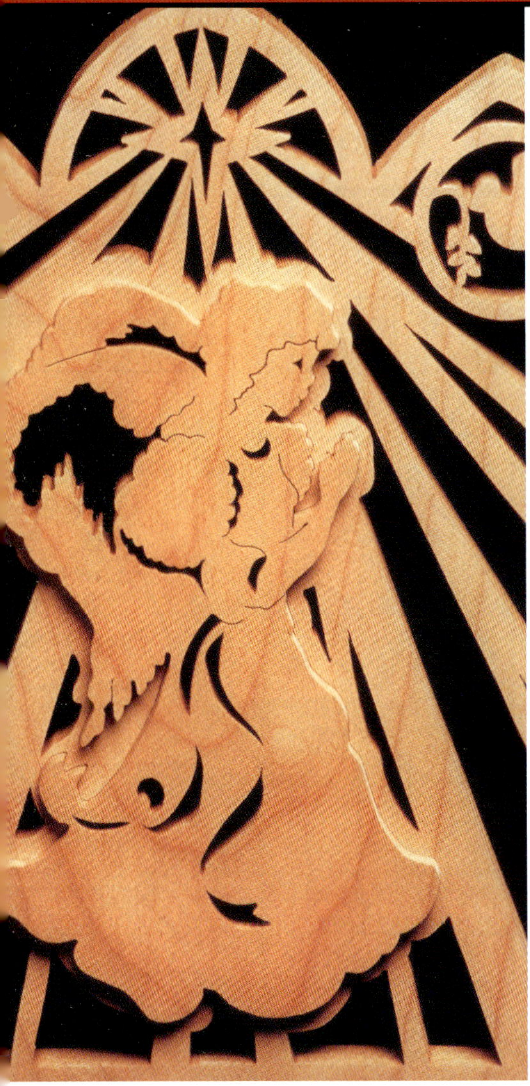

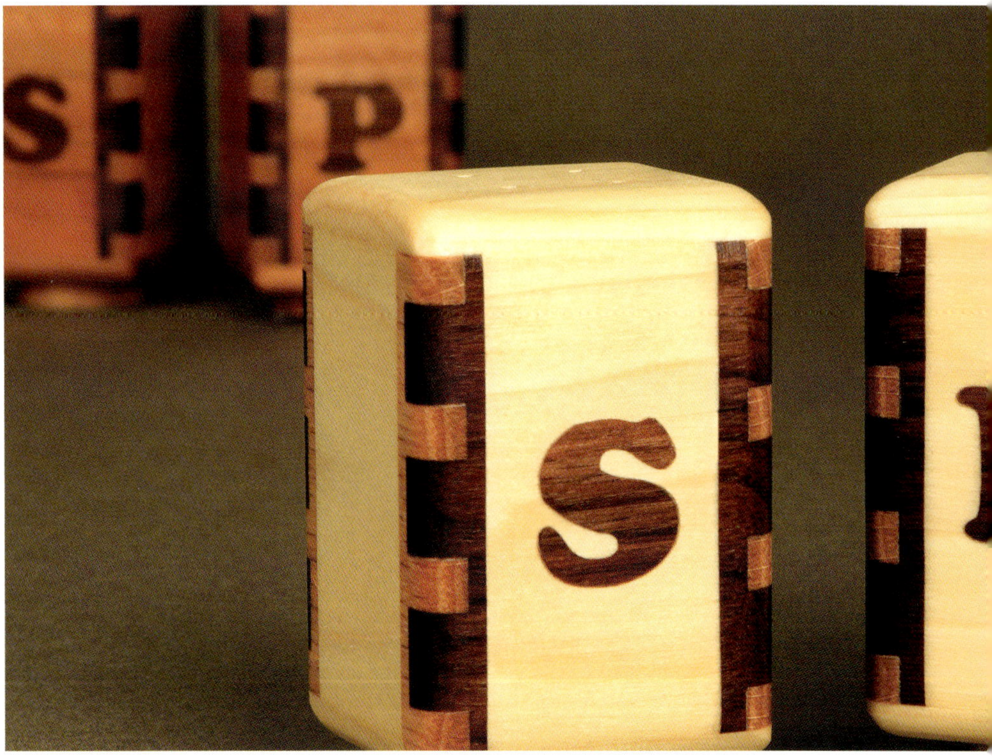
S
P

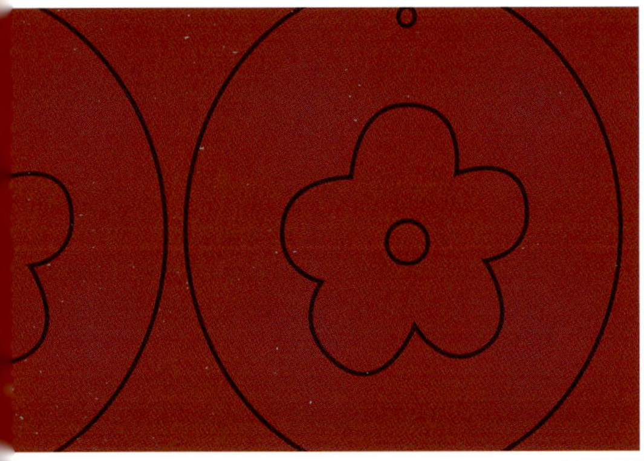

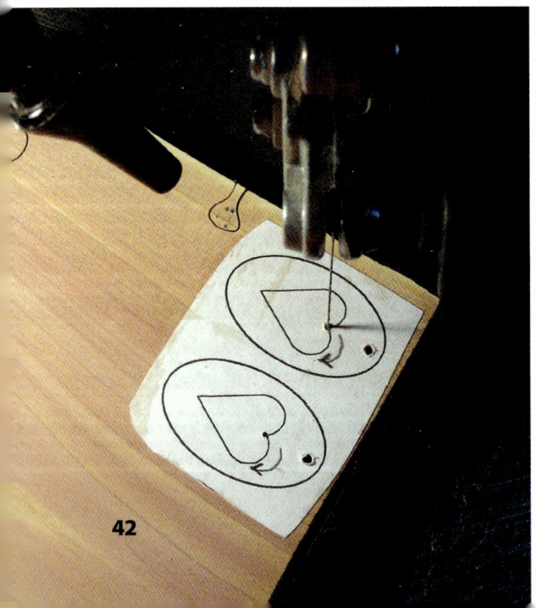

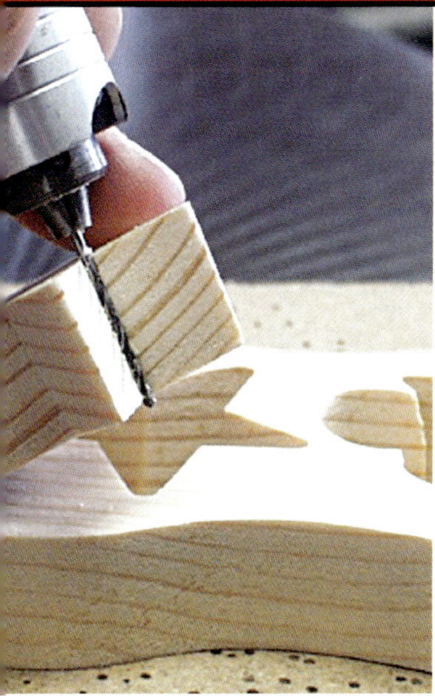

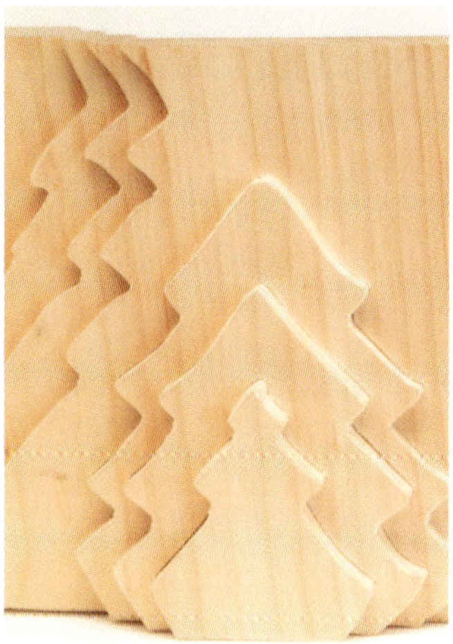

Einlege- und Reliefarbeiten

Bei Einlegearbeiten wird ein Stück kontrastierendes Holz ausgeschnitten und in ein Grundbrett eingefügt. Bei Reliefarbeiten ragen manche Bereiche über die Oberfläche hinaus, andere können hinter die Oberfläche zurücktreten. Für Einlege- und Reliefarbeiten brauchen Sie einen Sägetisch, der sich nach links und nach rechts neigen lässt. Ob das Holz bei einem Relief über die Oberfläche hinausragt oder dahinter zurücktritt, hängt vom Neigungswinkel und der Neigungsrichtung des Sägetisches ab.

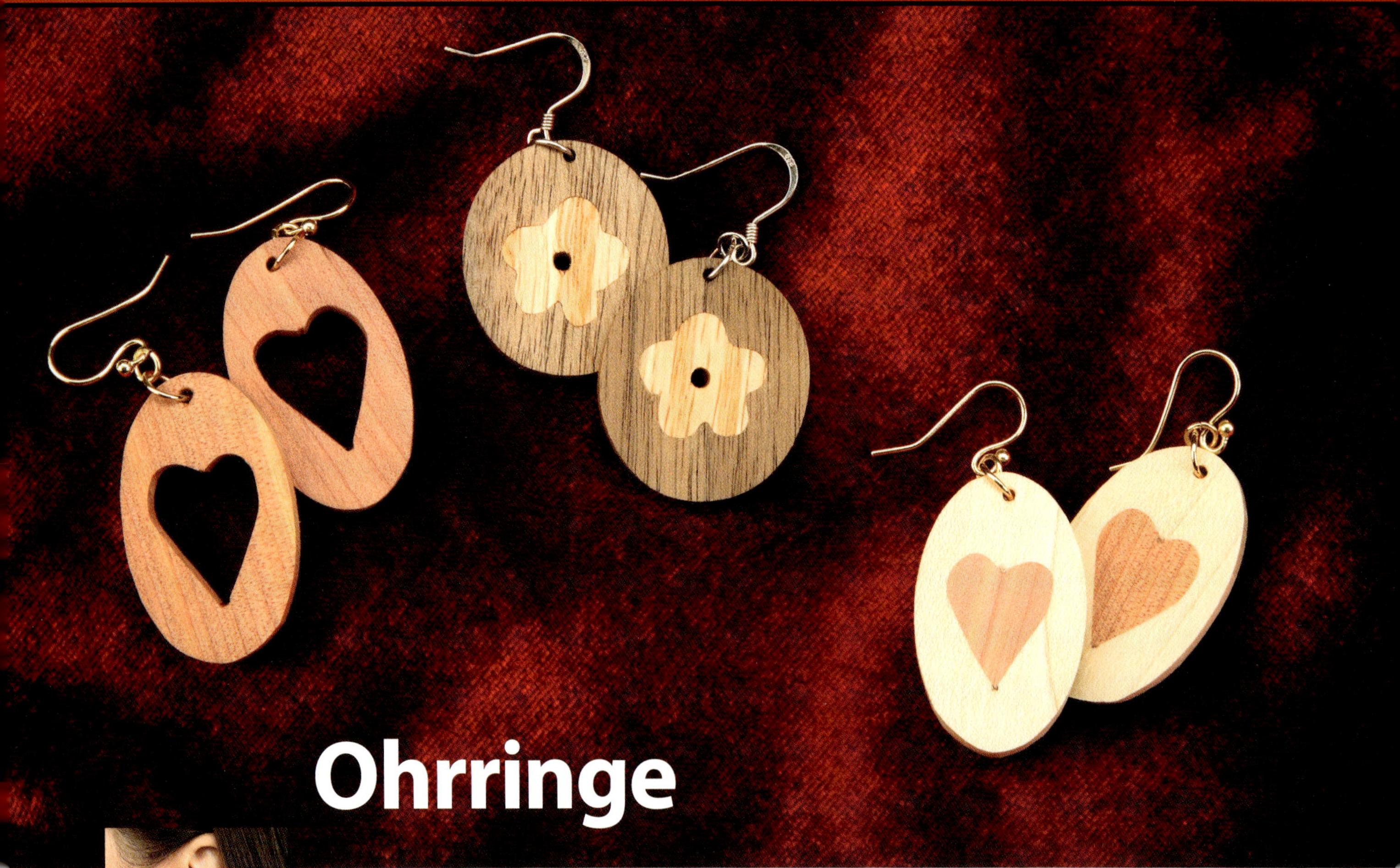

Ohrringe

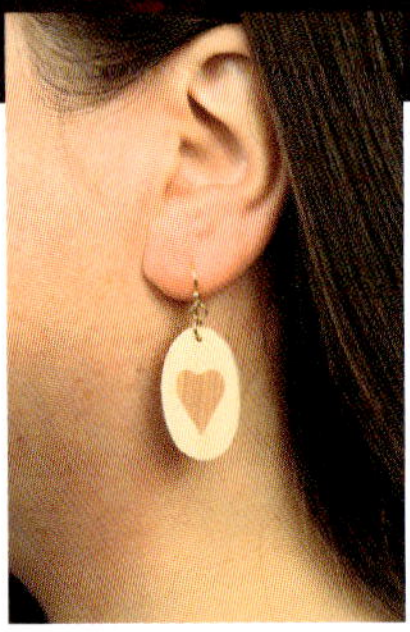

Üben Sie Ihre Fertigkeiten und brauchen Sie Ihre Hartholzreste auf!

Von Theresa Ekdom

Zum Aufbrauchen der Hartholzreste, die beim Aussägen von Weihnachtsschmuck übrig geblieben sind, bieten sich diese Ohrringe geradezu an. Sie können mehrere Paar Ohrringe an einem Tag anfertigen und damit Familienmitglieder, Freundinnen – und sich selbst beschenken!

Bereiten Sie zwei kontrastierende Hartholzschichten für den Stapelschnitt vor. Fixieren Sie die Schichten mit einem Tropfen Heißkleber, den Sie am äußeren Rand entlang verteilen. Verwenden Sie kein doppelseitiges Klebeband – die Schichten müssen eng aneinanderliegen, damit die Einlegearbeit professionell aussieht.

Befestigen Sie die Vorlage am Werkstück. Bohren Sie mit einem 0,9-mm-Mini-Bohrer Startlöcher für den Ausschnitt. Dann bohren Sie mit einem 1,5-mm-Bohrer die Löcher für die Ohrringhaken.

PROBESCHNITTE MACHEN **TIPP**

Kippen Sie den Sägetisch um 3,5° nach links. Sägen Sie mit einem Sägeblatt Nr. 3 im Abfallbereich einen kreisförmigen Schnitt im Uhrzeigersinn. Die obere Schicht sinkt in das Grundbrett hinein. Wenn Sie die beiden Teile trennen, sollte die kontrastierende Einlage bündig in den Ohrring hineinpassen. Wenn die Einlage aus dem Grundbrett hervorsteht, reduzieren Sie den Neigungswinkel des Tisches ein wenig. Wenn die Einlage zu tief in das Grundbrett hineinsinkt, neigen Sie den Tisch stärker. Machen Sie im Abfallbereich weitere Probeschnitte, bis die Teile möglichst genau ineinanderpassen – kleinere Abweichungen können durch Abschleifen korrigiert werden.

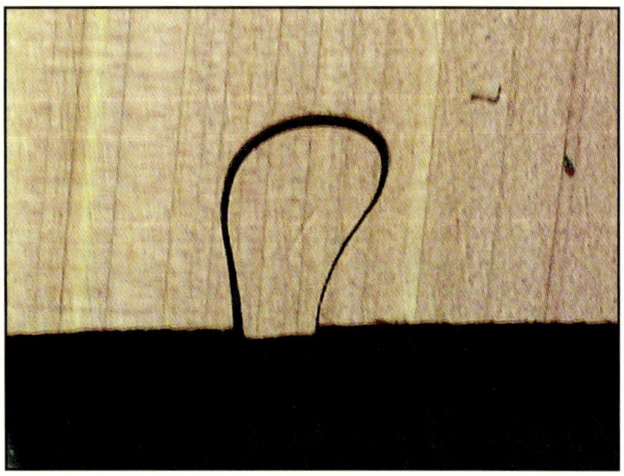

Schneiden

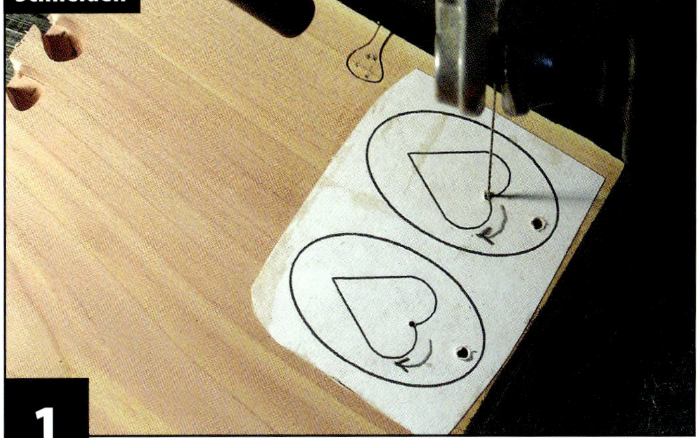

1 **Kippen Sie den Sägetisch und schneiden Sie die Einlagen.** Wenn Sie von der Vorlagelinie abkommen, steuern Sie allmählich wieder auf die Linie zu. Um die Spitze der Herzform zu sägen, halten Sie das Holz mit dem Zeigefinger fest, ziehen Sie es vorsichtig gegen die Rückseite des Sägeblattes und drehen Sie es gleichzeitig.

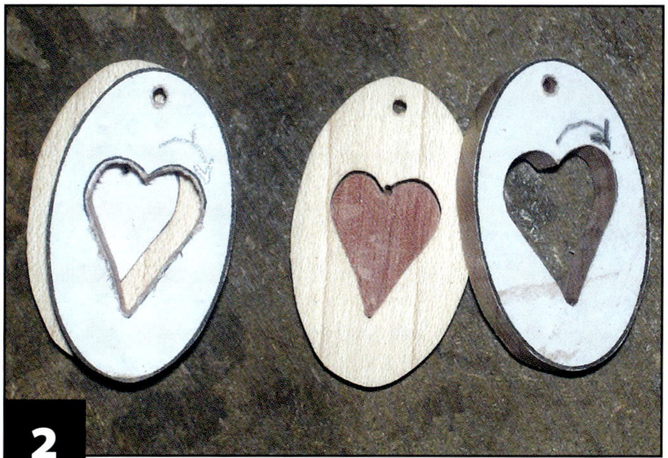

2 **Stellen Sie den Sägetisch wieder waagrecht und schneiden Sie die Außenschnitte.** Sie erhalten ein Paar Einlege-Ohrringe und ein Paar Ohrringe mit einem herzförmigen Ausschnitt. Nehmen Sie das Vorlagepapier von allen Teilen ab und trennen Sie die Holzschichten. Schleifen Sie die Außenkanten zu einem schönen Oval.

Fertigstellung

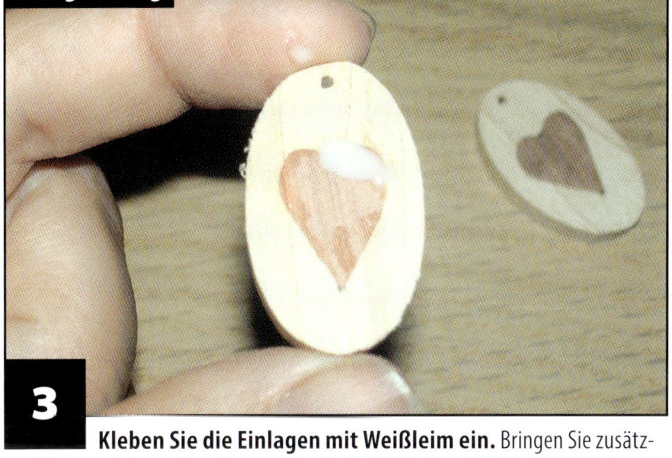

3 **Kleben Sie die Einlagen mit Weißleim ein.** Bringen Sie zusätzlich etwas Leim auf, wo immer eine Lücke bleibt oder die Teile nicht bündig sind. Schleifen Sie die Scheiben von beiden Seiten auf eine Dicke von etwa 1,5 mm zurück, solange der Leim noch nass ist. Lassen Sie den Leim trocknen. Tauchen Sie jeden Ohrring in Tungöl, lassen Sie es anziehen und wischen Sie es mit einem faserfreien Tuch ab. Zum Trocknen legen Sie jeden Ohrring einzeln in einen Eierkarton und stützen Sie ihn mit einem Zahnstocher ab.

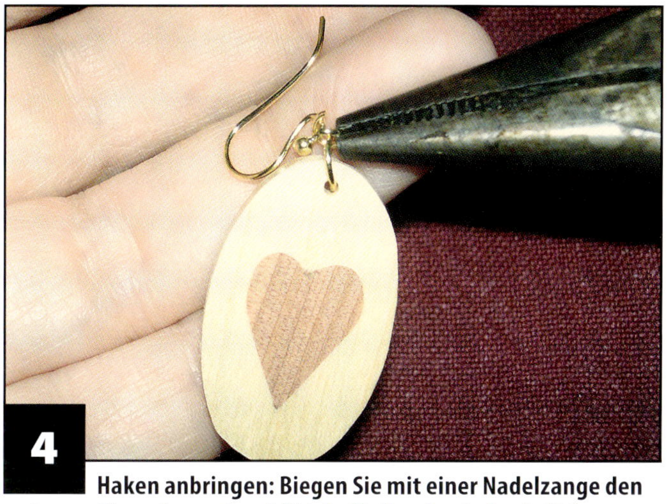

4 **Haken anbringen: Biegen Sie mit einer Nadelzange den 6-mm-Biegering auf und fädeln Sie ihn durch das Aufhängungsloch.** Schließen Sie den Biegering. Dann biegen Sie den 4-mm-Biegering auf und fädeln Sie ihn durch den 6-mm-Ring. Führen Sie das Ende des Ohrhakens durch den 4-mm-Ring und schließen Sie ihn.

Material & Werkzeug

Material

- 2 kontrastierende Hartholzbretter, 6 x 75 x 75 mm
- Heißklebepistole, Klebesticks (für den Stapelschnitt)
- Ablösbarer Klebestift oder ablösbarer Sprühkleber
- Weißleim
- Schleifpapier, 120er-Körnung
- Tungöl, faserfreies Tuch
- 6-mm-Biegeringe (1 Stk. pro Ohrring)
- 4-mm-Biegeringe (1 Stk. pro Ohrring)
- Ohrhaken aus Draht (1 Stk. pro Ohrring)

Werkzeug

- Standardsägeblatt Nr. 3 oder beliebiges Sägeblatt
- Bohrmaschine mit 1,5-mm- und 0,9-mm-Bohrer
- Schleifgerät
- Nadelzange

TIPP

Ohrhaken und Biegeringe bekommt man in Bastelbedarfgeschäften oder in Kaufhäusern mit Bastelabteilung.

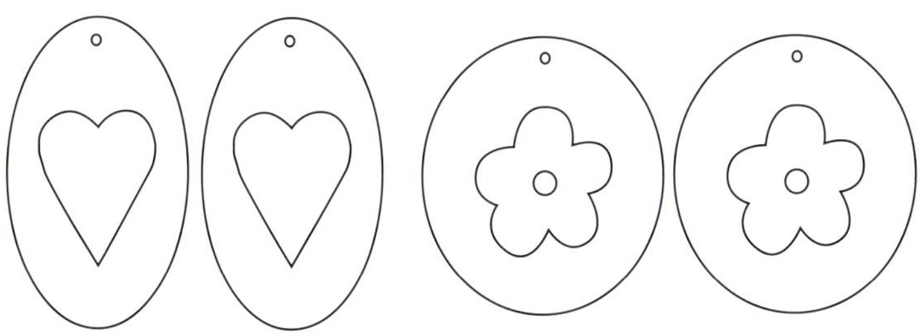

Fotokopie 100 %

Salz- und Pfefferstreuer

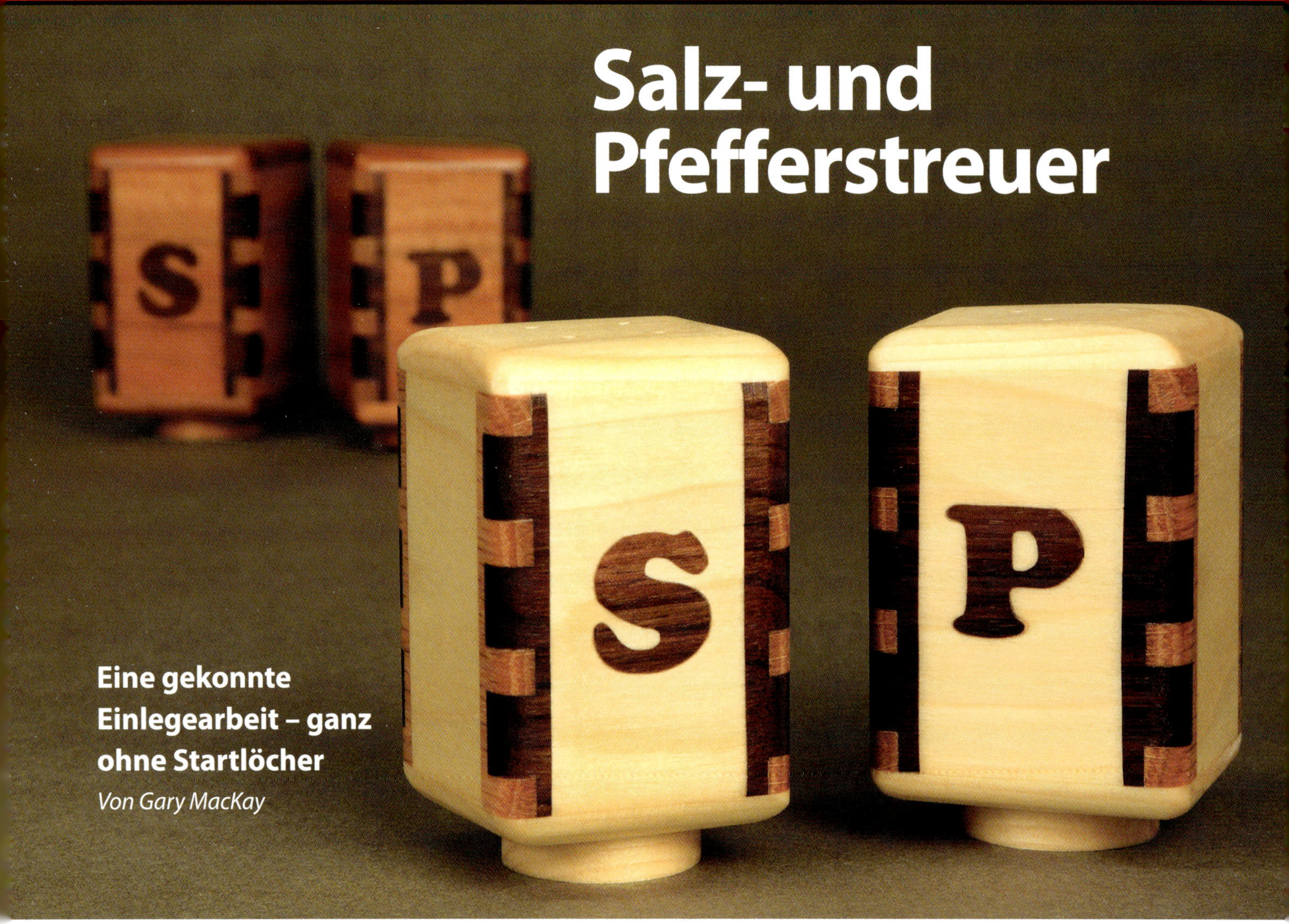

Eine gekonnte Einlegearbeit – ganz ohne Startlöcher

Von Gary MacKay

Diese edlen und doch robusten Salz- und Pfefferstreuer sind eine Zierde für den festlich gedeckten Tisch und eignen sich auch als ganz persönliches Geschenk.

Die Idee für dieses Projekt kam mir beim Anfertigen von Christbaumschmuck aus hellem Hartholz mit dunklen Einlagen. Was ich auch tat – das Startloch ließ sich nicht ganz kaschieren. Mir fiel ein, dass ich bei anderen Sägearbeiten in Faserrichtung geschnitten, den Sägeschlitz zugeleimt und mit Klemmen geschlossen hatte. Ich versuchte, diese Technik bei Einlegearbeiten anzuwenden. Es funktionierte – ganz ohne Startloch.

Die kontrastfarbigen Zinken werden im Stapelschnitt hergestellt. Mit kleinen Mengen kostbarer Holzarten lassen sich besonders schöne Ergebnisse erzielen.

Aussägen

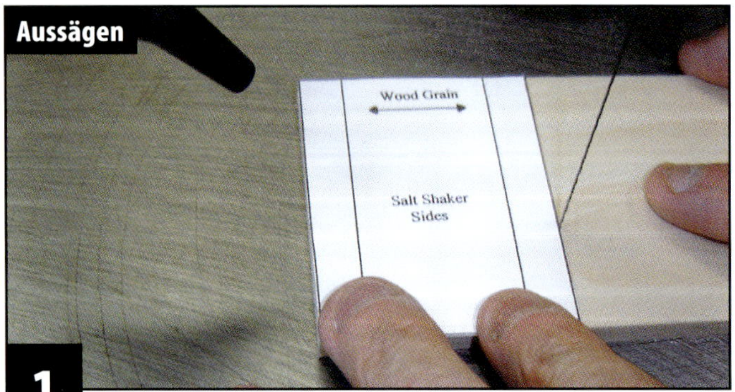

1 **Sie benötigen 4 Seitenwände für den Salzstreuer und 4 Seitenwände für den Pfefferstreuer.** Kleben Sie immer eine Papiervorlage auf einmal mit Sprühkleber auf den Pappelrohling für die Seitenwände. Sägen Sie die Seitenwände aus. Nehmen Sie das Vorlagepapier nicht ab. Legen Sie die „Salz"- und die „Pfeffer"-Seitenwände getrennt mit der Papierseite nach unten auf.

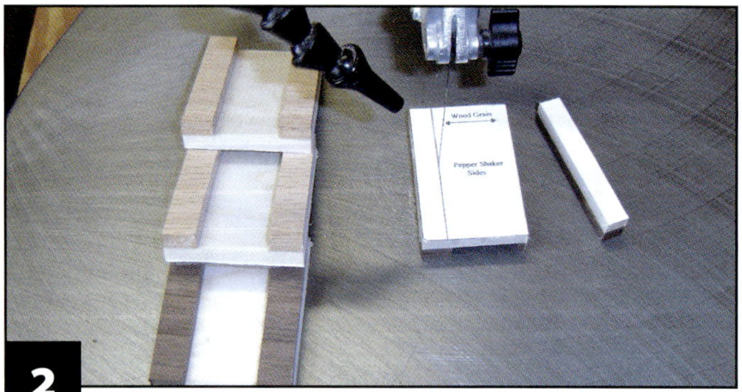

2 **Schneiden Sie je 8 12 mm breite Zierleisten aus Walnuss- und aus Eichenholz zu.** Kleben Sie die Zierleisten mit doppelseitigem Klebeband auf die Seitenwände (für beide Gefäße je 2 Seitenwände mit Eichen- und 2 Seitenwände mit Walnuss-Zierleisten). Sägen Sie bei jeder Seitenwand an den beiden Vorlagelinien entlang. Heben Sie die Abschnitte zusammen mit der jeweiligen Seitenwand auf.

Leimen

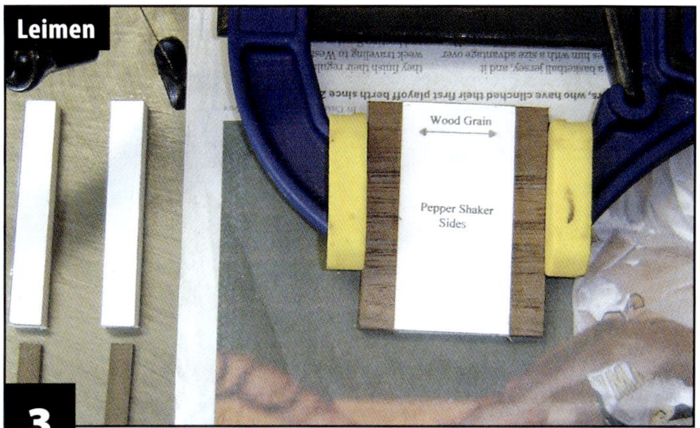

3 **Lösen Sie die Zierleisten ab.** Leimen Sie die Walnuss- und Eichenleisten seitlich an den Pappelholzteilen fest (die Teile sollen bündig zusammenpassen!) und fixieren Sie sie mit Schnellklemmen. Wischen Sie etwaigen überschüssigen Leim ab und lassen Sie die Teile 30 Minuten in den Klemmen. Lassen Sie sie über Nacht trocknen und entfernen Sie erst dann die Papiervorlagen.

„S", „P"

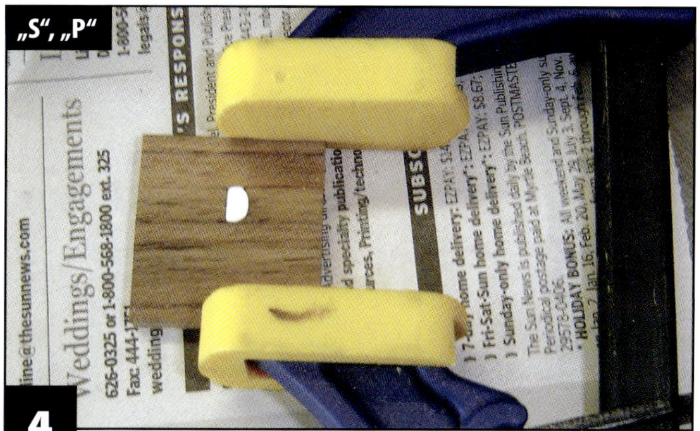

4 **Richten Sie den Faserverlauf nach dem Pfeil auf der Vorlage aus.** Stapeln Sie den Walnuss- und den Pappelrohling für das „P" (Pappel zuoberst). Neigen Sie den Sägetisch (s. Tipp S. 44). Sägen Sie an der gestrichelten roten Linie entlang. Trennen Sie die Teile voneinander. Bringen Sie mit einer Nadel Leim in den Sägeschlitz und in den Ausschnitt des Walnussrohlings ein. Drücken Sie mit Schnellklemmen den Sägeschlitz zu, fügen Sie die Innenfläche des „P" in den Ausschnitt ein und lassen Sie den Leim trocknen.

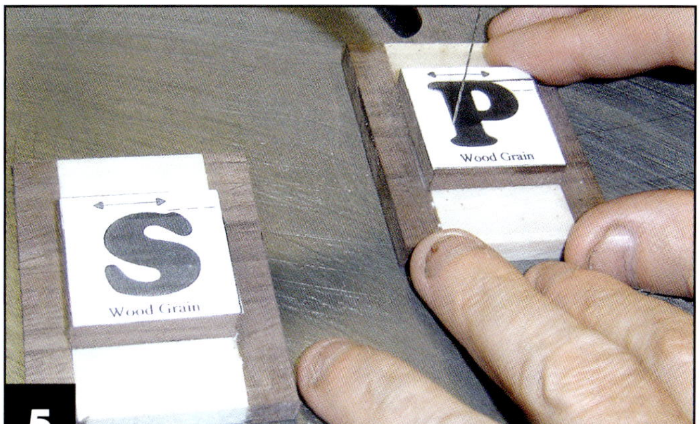

5 **Befestigen Sie die Buchstaben-Vorlagen an den Buchstaben-Rohlingen.** Richten Sie mit einer Nadel die Vorlage mit der intarsierten Innenfläche des Buchstaben P aus. Ziehen Sie auf 2 Seitenwänden mit Walnussleisten eine Linie 16 mm oberhalb der unteren Kante. Legen Sie die Unterkante der Buchstaben-Rohlinge an diesen Linien an und befestigen Sie sie mit doppelseitigem Klebeband. Neigen Sie den Sägetisch und schneiden Sie an den gestrichelten Linien entlang.

Zusammenstellen

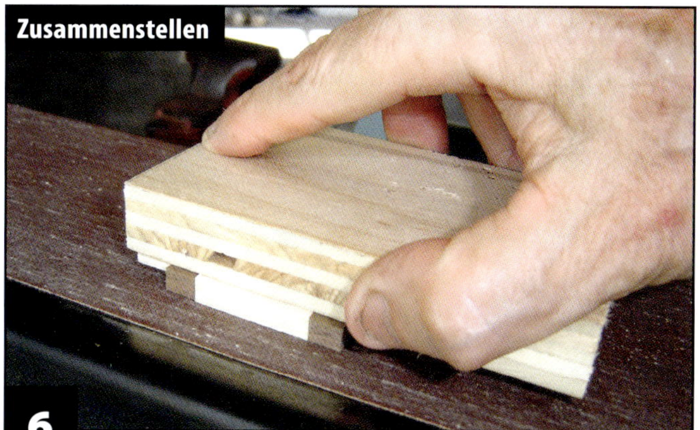

6 **Bringen Sie Leim in die Sägeschlitze ein, drücken Sie sie mit Klemmen zu, leimen Sie die Einlagen in die Ausschnitte und lassen Sie den Leim trocknen.** Fertigen Sie eine Halterung an, indem Sie ein 3 mm dickes Stück Restholz am Ende eines größeren Restholzstückes anleimen (damit das Werkstück nicht herunter rutscht). Mithilfe eines Bandschleifers und der Halterung schleifen Sie die Vorder- und die Rückseite aller Seitenflächen ab.

Eckverbindungen

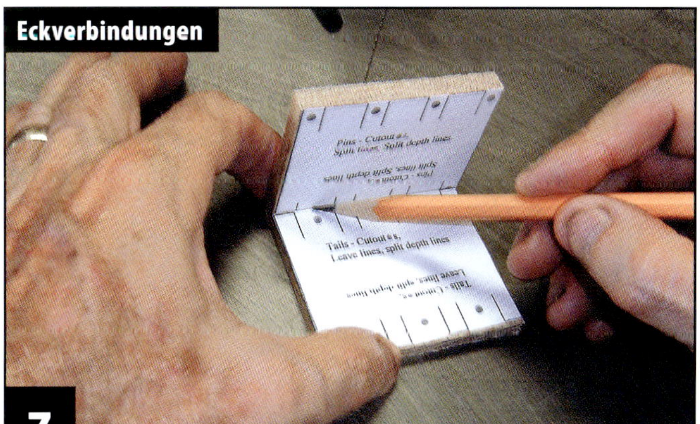

7 **Bevor Sie die Zinken sägen, üben Sie mit Abfallholz.** Kleben Sie je eine Schlitz- und eine Zapfenvorlage auf zwei Abfallholzstücke. Legen Sie das eine Holzstück auf eine ebene Oberfläche, stellen Sie das andere Holzstück senkrecht an der Kante auf und markieren Sie die Tiefe mit einer Bleistiftlinie. Wiederholen Sie den Vorgang (nun haben Sie 4 Probe-Seitenwände). Stellen Sie das Sägeblatt senkrecht zum Sägetisch.

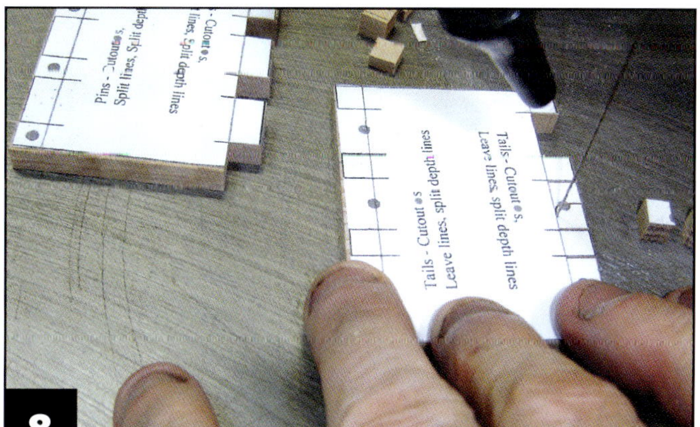

8 **Schneiden Sie bis zur Bleistiftlinie.** Bei den Schlitzen schneiden Sie innerhalb der Vorlagelinien, bei den Zapfen genau mittig auf den Vorlagelinien und direkt auf den Bleistiftlinien. Schneiden Sie die mit Punkten markierten Abfallbereiche aus. Überprüfen Sie die Passgenauigkeit, markieren Sie die Bereiche, wo die Zinken klemmen, mit Bleistift und „hobeln" Sie die markierten Bereiche mit der Säge weg, bis die Teile passen.

Schleifen

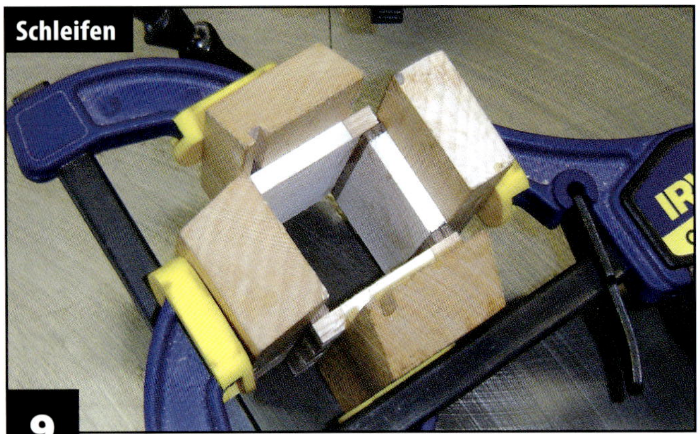

9 **Nun kleben Sie die Zinken-Vorlagen auf die richtigen Seitenwände.** Markieren Sie die Tiefe. Sägen Sie die Zinken aus. Entfernen Sie die Papiervorlage und überprüfen Sie die Passgenauigkeit. Bringen Sie Leim auf die Zinken auf, schieben Sie die Seitenwände ineinander und fixieren Sie sie mit Klemmen. Nach 10 Minuten wischen Sie etwaigen überschüssigen Leim ab. Lassen Sie die Werkstücke über Nacht trocknen.

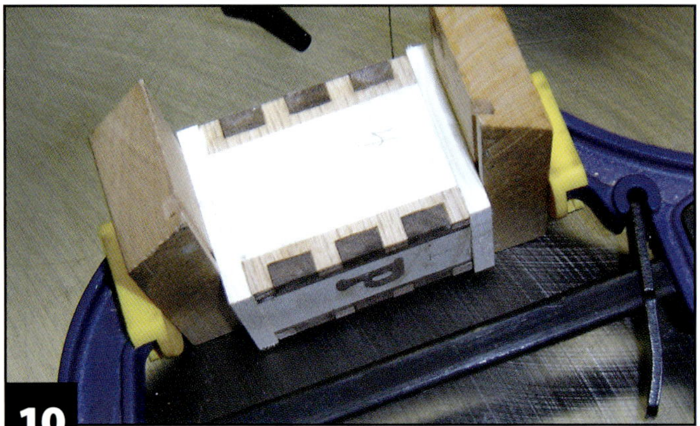

10 **Schneiden Sie ein Probe-Loch in der Größe des Korkens in ein Stück Restholz.** Der Korken sollte weniger als 6 mm vorstehen. Kleben Sie die Papiervorlagen für beide Böden auf, bohren Sie Startlöcher und schneiden Sie Löcher für die Korken aus. Schneiden Sie beide Böden zu. Bohren und sägen Sie die Ständer und Deckel. Flachen Sie mit einem Bandschleifer die Ober- und Unterkanten der Seitenwände ab. Leimen Sie die Böden und die Deckel an, fixieren Sie sie mit Klemmen und lassen Sie die Werkstücke trocknen.

Lackieren

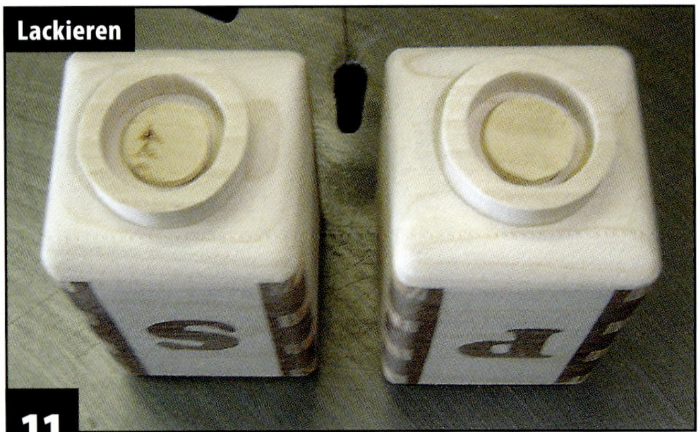

11 **Kleben Sie transparentes Klebeband über die Streu- und Korklöcher, damit kein Schleifstaub ins Innere dringt.** Schleifen Sie mit einem Bandschleifer die Seitenflächen ab und runden Sie alle Ecken ab. Leimen Sie die Ständer an den Böden an. Bringen Sie ein transparentes Finish nach Wahl auf.

EINLAGEN-PROBESTÜCKE — TIPP

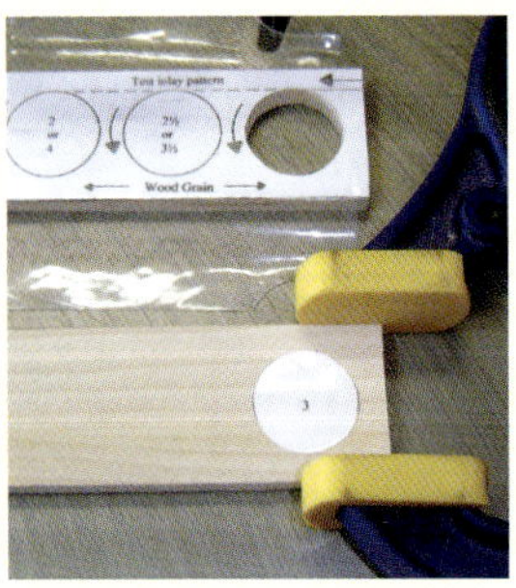

Stapeln Sie die Rohlinge und fixieren Sie sie mit doppelseitigem Klebeband. Kleben Sie die Vorlage auf den Stapel. Kippen Sie die rechte Seite des Tisches um 3° nach unten. Schneiden Sie mit einem Sägeblatt Nr. 5 gegen den Uhrzeigersinn den Kreis entlang der gestrichelten Linie aus. Der untere Kreis sollte herausfallen. Trennen Sie die Rohlinge und schließen Sie den Sägeschlitz am unteren Rohling mit Klemmen. Probieren Sie, ob der obere Kreis in den unteren Ausschnitt passt. Wenn dieser zu knapp (nicht bündig) ist, korrigieren Sie den Winkel auf 2,5° und wiederholen Sie den Test. Wenn der Kreis zu locker sitzt, korrigieren Sie den Winkel auf 3,5° und wiederholen Sie den Test. Ich neige den Tisch um 3°.

Material & Werkzeug

Material

- 1 Stück Pappelholz, 6 x 62 x 425 mm (Seitenwände)
- 1 Stück Walnussholz, 6 x 62 x 100 mm (Zinken)
- 1 Stück Eichenholz, 6 x 62 x 100 mm (Zinken)
- 2 Stücke Abfallholz, 6 x 37 x 100 mm (Einlagen-Probestücke)
- 2 Stücke Walnussholz, 6 x 31 x 31 mm („S“ und „P“)
- 1 Stück Pappelholz, 6 x 31 x 31 mm (Innenfläche für das „P“)
- 2 Stücke Abfallholz, 6 x 50 x 62 mm (Zinken-Probestücke)
- 1 Stück Abfallholz, 6 x 50 x 50 mm (Boden-Probestück)
- 4 Stücke Pappelholz, 6 x 50 x 50 mm (Deckel und Böden)
- 2 Stücke Pappelholz, 6 x 50 x 50 mm (Ständer)
- Holzleim
- 2 Korken, 16 mm Ø (in Baumärkten und Bastelläden erhältlich)
- 4 Stücke Abfallholz, 19 x 25 x 75 mm (Klemmblöcke)
- Sprühkleber
- Doppelseitiges Klebeband
- Transparentes Paketklebeband
- Schleifpapier in verschiedenen Körnungen
- Transparentes Finish nach Wahl

Werkzeug

- Sägeblatt Nr. 5 mit Gegenzähnen oder Sägeblatt nach Wahl
- Bohrmaschine mit 2-mm-Bohrer
- Bandschleifer
- Ahle zum Entfernen von überschüssigem Leim
- Stecknadel zum Ausrichten der Vorlage
- Zahnstocher
- 2 Schnellklemmen

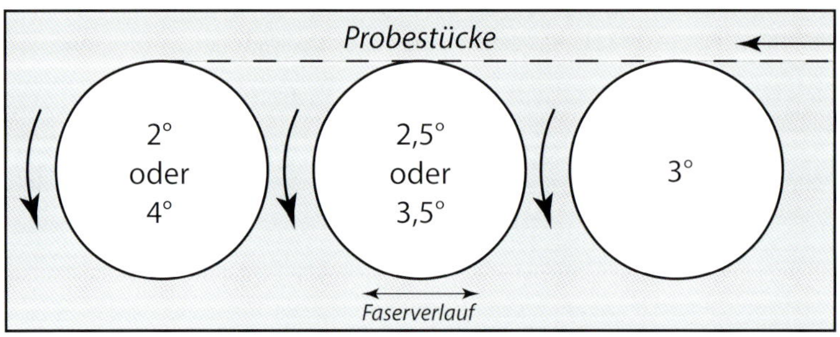

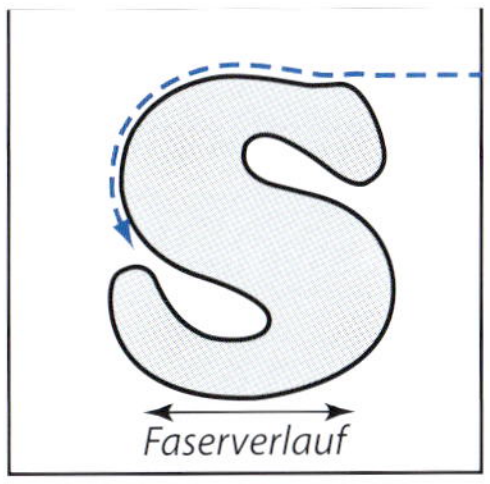

Einlage,
1 x ausschneiden

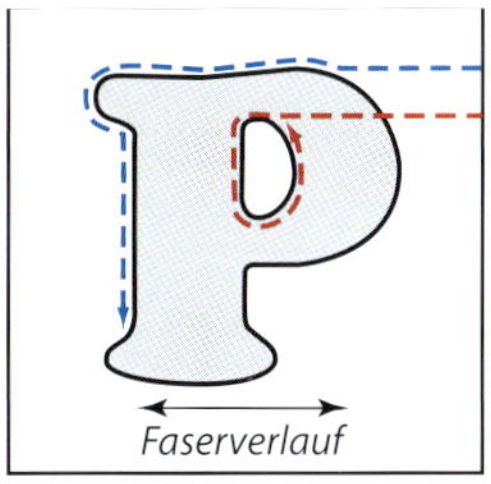

Einlage,
1 x ausschneiden

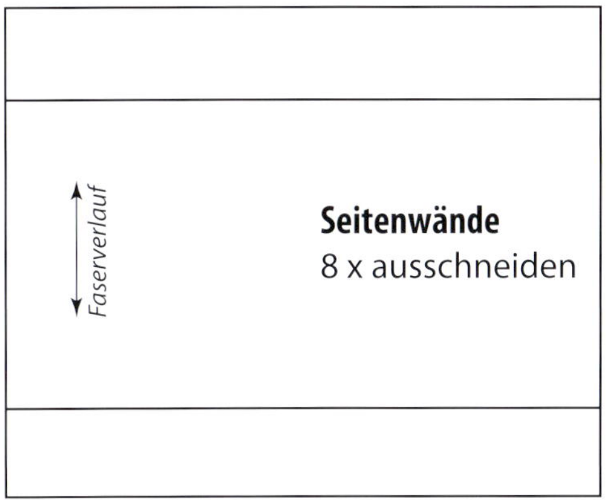

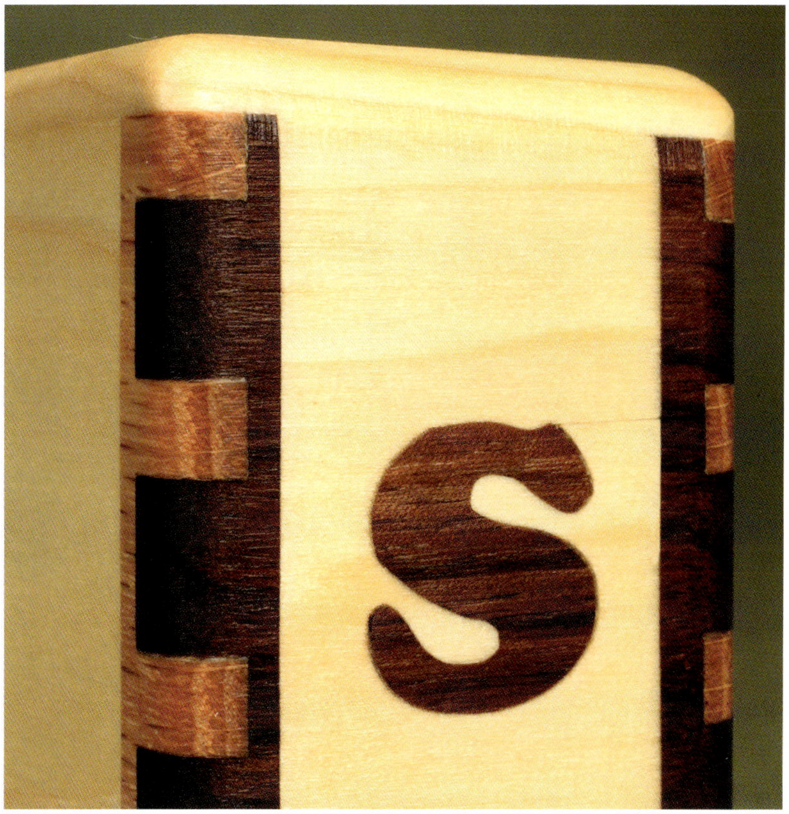

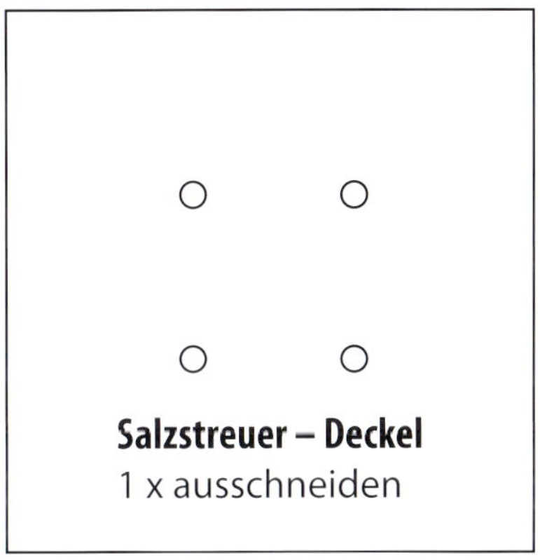

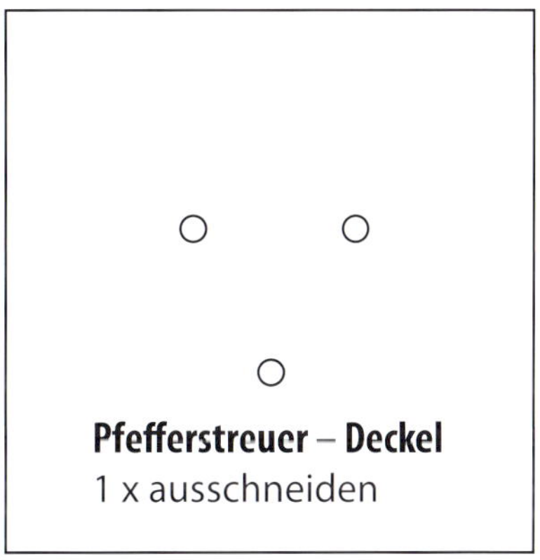

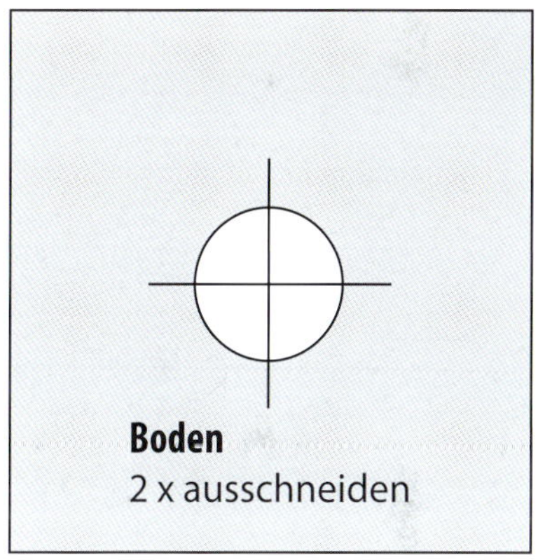

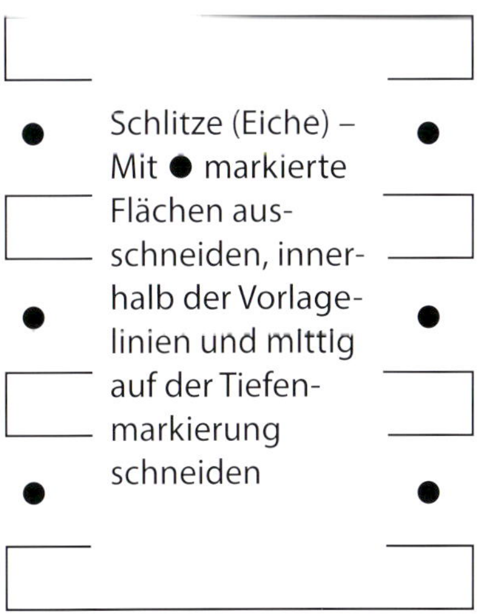

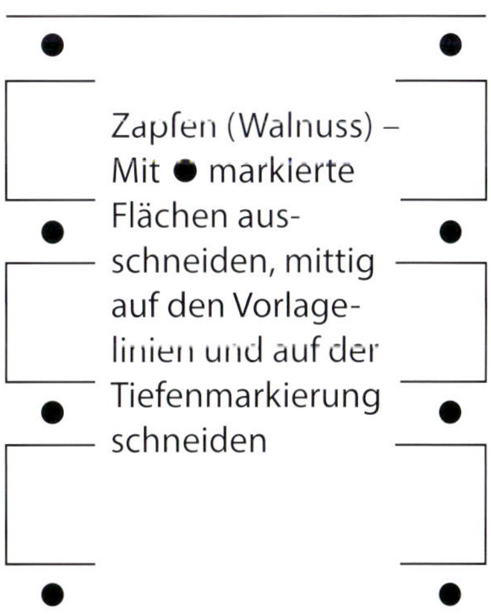

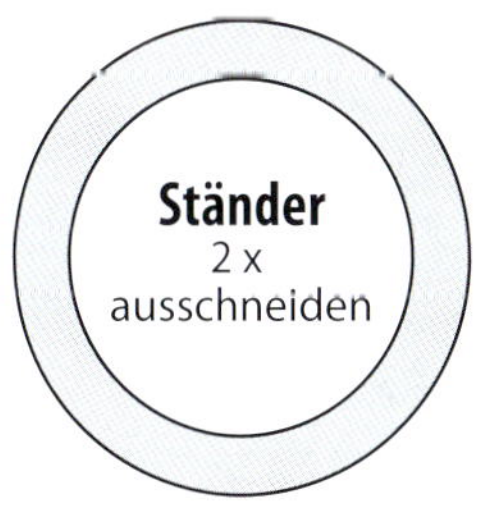

Fotokopie 100 %

Schlitze und Zapfen – je 5 x ausschneiden (inkl. 1 Probestück)

Tipps für den Reliefschnitt

Kleiner Neigungswinkel – große Wirkung

Von Rick Hutcheson   Fotos: Hetherington Photography

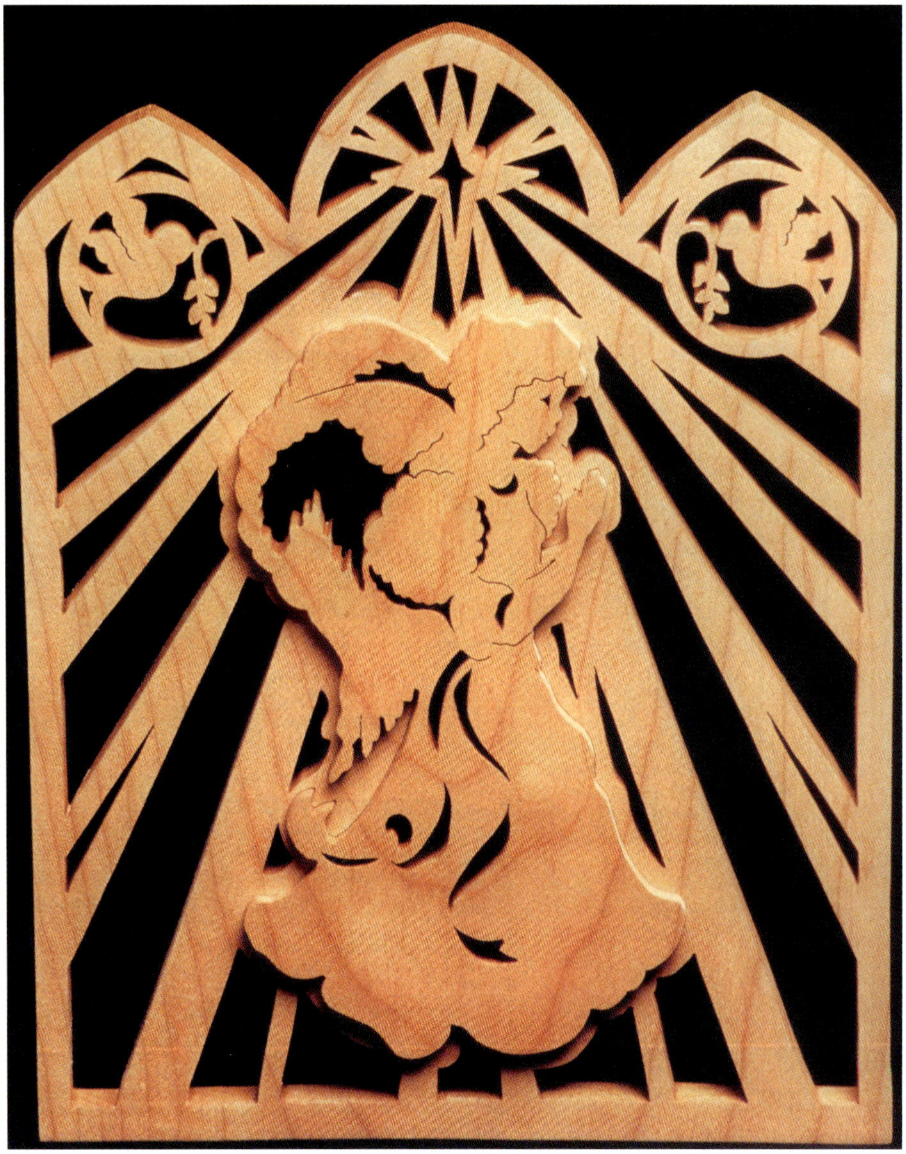

Diese wunderschöne Engelfigur von Marilyn Carmin zeigt, wie effektvoll sich Reliefschnitt, durchbrochen gearbeitete Elemente und „Veining“ kombinieren lassen. Das Foto stammt aus dem Buch „Scroll Saw Relief“ von Marilyn Carmin.

Der Reliefschnitt ist eine faszinierende Technik, bei der durch die Neigung des Sägetisches erhabene und vertiefte Bereiche entstehen. Im Folgenden erkläre ich die Faktoren, die das Ausmaß der Erhebung oder Vertiefung bestimmen, und gebe einige Tipps, wie Sie Ihre Fertigkeiten perfektionieren können. Da vier miteinander zusammenhängende Faktoren für das Ergebnis ausschlaggebend sind, können Sie den gewünschten Effekt nur durch Ausprobieren erzielen. Machen Sie anhand der Übungsvorlage auf Seite 53 mehrere Werkstücke und experimentieren Sie – Übung macht den Meister!

Grundlegendes

Beginnen wir mit den Grundlagen des Reliefschnitts. Bei einem Relief gibt es erhabene und vertiefte Bereiche. Zum Unterschied von anderen Techniken gibt es hier keinen „Abfallbereich“.

Ob der bearbeitete Bereich erhaben oder vertieft ist, hängt von der Richtung, in die der Sägetisch geneigt wird (rechts oder links), und von der Richtung des Schnittes (im Uhrzeigersinn oder gegen den Uhrzeigersinn) ab. Die Tabelle auf Seite 53 zeigt Ihnen, welche Effekte das Zusammenwirken dieser beiden Faktoren bewirkt. Der Neigungswinkel (in Grad gemessen) und die Art des Sägeblattes wirken sich ebenfalls auf das Ergebnis aus. Die Auswirkungen der ersten beiden Faktoren werden durch die Tabelle anschaulich dargestellt.

Die anderen beiden Faktoren müssen etwas genauer erläutert werden. Ich beginne mit dem Neigungswinkel. Fast alle Dekupiersägen haben eine Winkelskala, aber wie steht es mit der Genauigkeit? Es ist immer eine Feinabstimmung notwendig, um einen exakten Winkel zu schneiden. Winkelmesser und Keile sind eine Hilfe, um die richtige Fase zu schneiden, aber die besten Ergebnisse erzielen Sie doch, wenn Sie einen Probeschnitt nachmessen. Schließlich und endlich kommt es auf den tatsächlich geschnittenen Winkel an, nicht darauf, was die Winkelskala anzeigt.

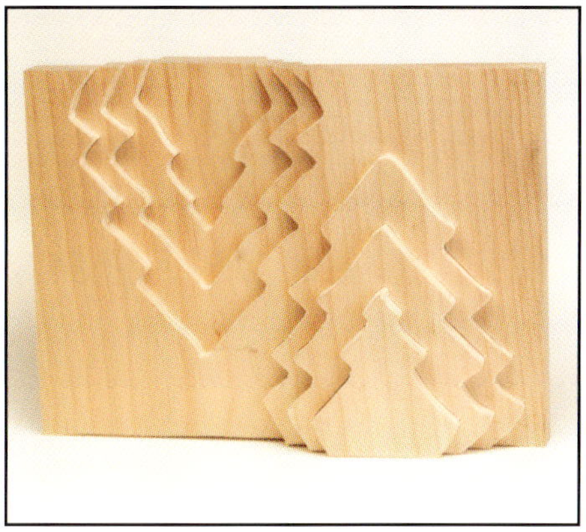

Wenn Sie die Schnittrichtung ändern, erhalten Sie eine Vertiefung (links) oder eine Erhebung (rechts).

Die Bedeutung des Sägeblatts bei der Erzielung von Reliefeffekten hängt mit der Breite des Sägeschlitzes zusammen. Je breiter der Sägeschlitz, desto stärker der Effekt. Die Abmessungen des Sägeblattes wirken sich auf die Breite des Sägeschlitzes aus. Auch das Alter des Sägeblattes spielt eine Rolle: Je mehr sich der Grat des Sägeblattes abschleift, desto schmäler wird der Sägeschlitz. Der Unterschied beträgt vielleicht nur Millimeterbruchteile, er wirkt sich aber auf das Ausmaß der Erhebung oder Vertiefung aus: Auf dem Foto unten links wurde das Kleeblatt mit einem Sägeblatt geschnitten, das einen schmalen Sägeschlitz erzeugt, der Stern mit einem Sägeblatt, das einen breiteren Sägeschlitz erzeugt.

Tipps und Tricks für Profis

Werfen Sie noch einen Blick auf das Foto links unten: Ist Ihnen aufgefallen, dass keine Schnittlinie vom äußeren Rand ins Innere zu sehen ist? Um das Sägeblatt direkt an der Umrisslinie des Sterns und des Kleeblattes ansetzen zu können, wurde ein Startloch im selben Winkel wie die Neigung des Sägetisches gebohrt. Wenn das ausgeschnittene Stück in das Grundbrett hineinsinkt, wird ein Teil der Fase am Grundbrett sichtbar. Das Startloch sollte in diesem Fall nicht in das Grundbrett gebohrt werden.

Auch unsere Arbeitsgewohnheiten können sich auf das Ergebnis auswirken. Wenn wir den Sägetisch kippen und Druck auf das Holz ausüben, um es am Tisch festzuhalten, neigen wir dazu, es senkrecht nach unten zu drücken statt im rechten Winkel zur Neigung des Tisches. Deshalb rutscht das Holz beim Schneiden meist auf die niedrigere Seite des Tisches zu. Dadurch fällt es schwerer, einen exakten Winkel zu schneiden. Von Extremfällen abgesehen wird der Schnittwinkel dadurch aber nicht verändert.

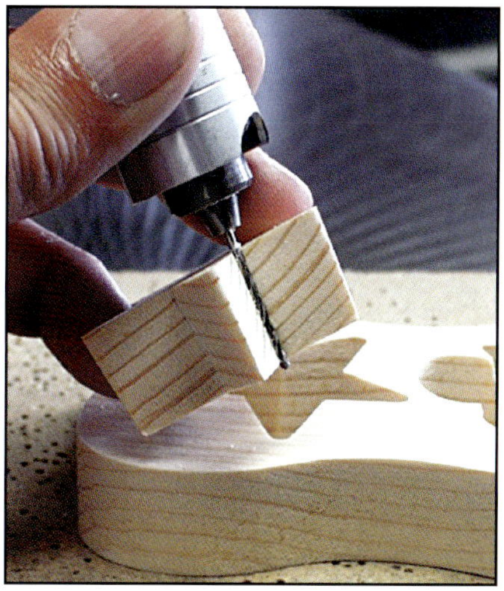

Der Stern wird in das Grundbrett versenkt. Daher gehört das Startloch in den auszuschneidenden Bereich. Es sollte so klein sein, dass es nicht auffällt.

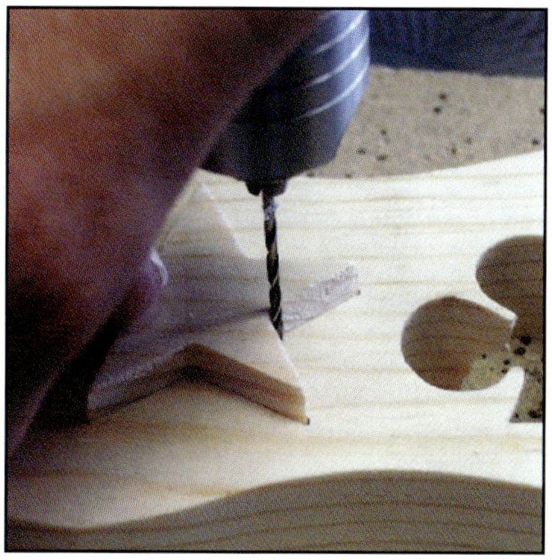

Hier soll der Stern aus dem Grundbrett hervorstehen. Das Startloch wird daher in das Grundbrett gebohrt.

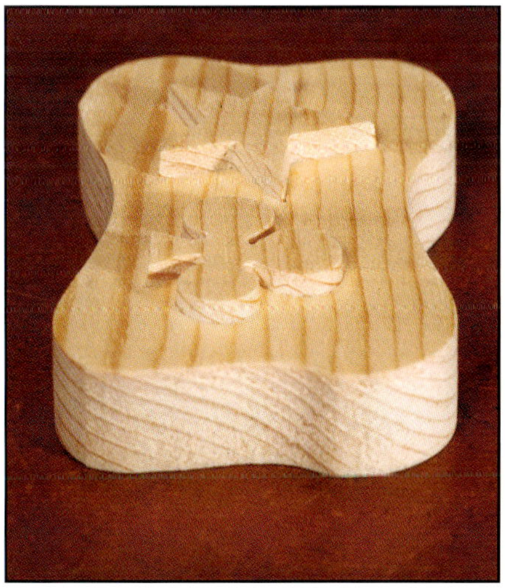

Beim Aussägen dieser beiden Motive war der Neigungswinkel gleich. Der Unterschied liegt in der Breite des Sägeschlitzes. Der Stern wurde mit einem Sägeblatt Nr. 7 mit Gegenzähnen gearbeitet, das Kleeblatt mit einem Sägeblatt Nr. 5 mit Gegenzähnen.

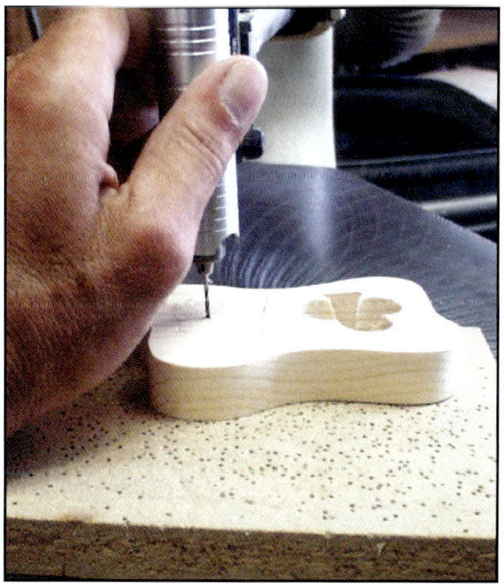

Bevor Sie das Startloch bohren, platzieren Sie das Holz so, dass es in dieselbe Richtung geneigt ist wie nachher beim Schneiden. Stellen Sie den Bohrer parallel zum Sägeblatt und bohren Sie das Loch. Mit dem Multifunktionswerkzeug fällt mir persönlich diese Arbeit leichter.

GRUNDBEGRIFFE **TIPP**

Sägeschlitz, Fase

Der Sägeschlitz ist der Zwischenraum, den das Sägeblatt im Holz hinterlässt. Die Fase ist das Randprofil des Holzes.

AUSRICHTEN DES SÄGETISCHES

TIPPS

Um zu überprüfen, ob Ihr Sägeblatt auch wirklich in einem rechten Winkel zum Sägetisch steht, können Sie einen teuren, aber genauen Mechaniker-Winkel, aber auch eine normale Visitenkarte benutzen. Eine weitere Methode besteht darin, in einen Holzklotz hineinzuschneiden, dann den Klotz zurückzuziehen und an der Rückseite des Sägeblattes zu platzieren, um zu überprüfen, ob der Schnitt parallel zum Sägeblatt ist.

Leider kann es passieren, dass der Tisch trotz des „Ausrichtens" nicht im rechten Winkel zum Sägeblatt steht! Am besten fahren Sie mit der folgenden „Ausschnitt-Methode". Verwenden Sie dasselbe Material und dasselbe Sägeblatt wie bei dem Projekt, das Sie sich vorgenommen haben.

1) Schneiden Sie etwa 37 mm tief in ein Stück Abfallholz hinein und sägen Sie ein Quadrat mit ca. 25 mm Seitenlänge aus. (Die Maße müssen nicht genau sein.)

2) Fahren Sie mit dem Sägeblatt zurück und aus dem Schnitt heraus.

3) Lassen Sie den quadratischen Ausschnitt nach oben und dann nach unten aus dem Holz gleiten. Wenn er sich nach oben ebenso wie nach unten herausnehmen lässt, dann steht der Sägetisch senkrecht zum Schneideweg des Sägeblattes und Sie können sicher sein, dass das Sägeblatt senkrecht schneidet. Wenn Ihr Sägetisch Stopper hat, so stellen Sie sie jetzt ein, damit Sie den Tisch nach jeder Neigung leicht wieder gerade stellen können. Führen Sie diesen einfachen Test während der Arbeit hin und wieder durch, um sicherzugehen, dass der Tisch immer richtig ausgerichtet ist. Bei Bedarf stellen Sie ihn nach.

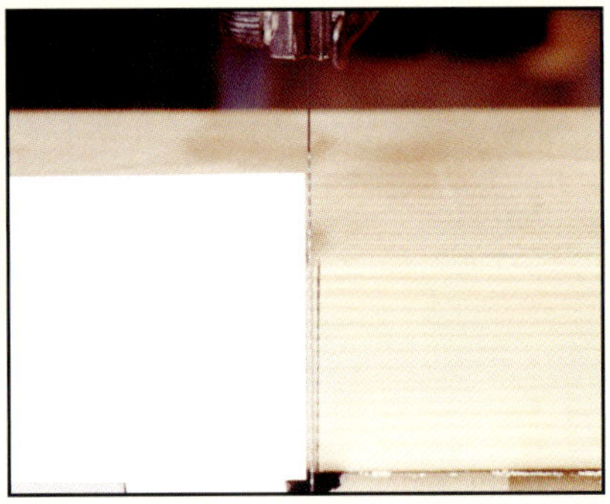

Das Sägeblatt ist nicht parallel zur Schnittlinie im Holz und zur Kante der Visitenkarte. Man müsste also annehmen, dass der Sägetisch nicht rechtwinklig ausgerichtet ist.

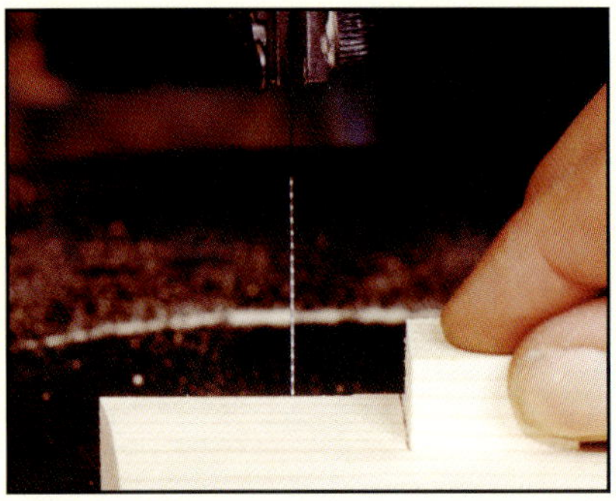

Ohne die Einstellung des Tisches zu korrigieren, habe ich die „Ausschnitt-Methode" angewendet. Der Klotz fällt nach unten heraus und lässt sich nach oben herausheben.

Der Tisch ist genauso eingestellt wie auf dem ersten Foto. An dem ausgesägten Klotz sieht man jedoch, dass die Säge genau senkrecht zum Tisch schneidet.

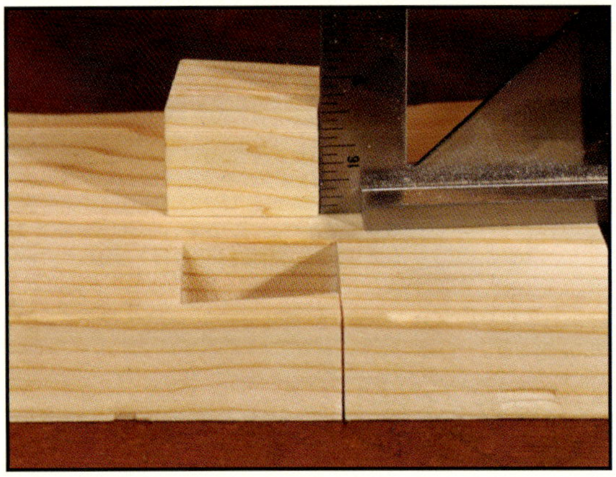

Die besten Ergebnisse erzielen Sie mit einem gleichförmigen Schnitt. Zu diesem Zweck reduziere ich die Schiebegeschwindigkeit ungefähr alle 12 mm. Gleichzeitig reduziere ich den Druck nach unten gerade so weit, dass das Holz beweglich ist. Dadurch wird das Holz von der Seitenfläche des Sägeblattes zurückgezogen. Diese Technik funktioniert, weil das Sägeblatt unter Spannung steht und sich dadurch zur Seite verbiegt. Wenn der seitliche Druck nachlässt, stellt sich das Sägeblatt wieder gerade und zieht dabei das Holz zurück zur Mitte.

Fast alle Arbeitsbücher zum Thema Dekupiersäge empfehlen, einen Winkeltester anzufertigen, um die Interaktion der vier Faktoren (Neigungsrichtung, Schnittrichtung, Neigungswinkel und Sägeblatt) zu veranschaulichen, die das Ausmaß der Erhebung oder Vertiefung bestimmen. Experimentieren Sie, machen Sie Notizen – geben Sie Ihrer Arbeit im wahrsten Sinn des Wortes eine neue Dimension!

FEINE UNTERSCHIEDE

TIPP

Vom Neigungswinkel hängt es ab, wie weit der Ausschnitt aus dem Grundbrett hervorsteht. Je größer der Winkel, desto weniger tritt der Ausschnitt hervor. Zum Vergleich: Wenn der Tisch waagrecht steht (um 0 Grad geneigt ist), tritt der Ausschnitt zur Gänze hervor.

RELIEFSCHNITT: WEIHNACHTSBAUM

TIPP

Von John A. Nelson

Das folgende praktische Anwendungsbeispiel soll die Technik des Reliefschnitts veranschaulichen. Anhand der einfachen Vorlage können Sie mit verschiedenen Neigungsrichtungen, Schnittrichtungen und Neigungswinkeln experimentieren. Machen Sie genügend Kopien von der Vorlage!

Schritt 1: *Befestigen Sie eine Fotokopie der Vorlage mit Sprühkleber auf dem Holz.*

Schritt 2: *Neigen Sie den Sägetisch mit der linken Seite um 3° abwärts.*

Anm.: Wenn sich Ihr Sägetisch nicht nach links neigen lässt, neigen Sie ihn nach rechts und führen Sie alle Schnitte in den Schritten 3–5 in der umgekehrten Richtung aus.

Schritt 3: *Beginnen Sie bei dem mit 1 markierten Pfeil zu schneiden. Schneiden Sie gegen den Uhrzeigersinn.*

Schritt 4: *Wiederholen Sie Schritt 3. Beginnen Sie bei „2" zu schneiden.*

Schritt 5: *Wiederholen Sie Schritt 3. Beginnen Sie bei „3" zu schneiden.*

Alle drei Bäume werden aus dem Grundbrett hervorstehen. Wenn alle drei Bäume in das Grundbrett zurücktreten sollen, beginnen Sie jeweils auf der linken Seite der Vorlage und schneiden Sie im Uhrzeigersinn. Kombinieren Sie beide Effekte, indem Sie beim ersten und dritten Schnitt rechts und beim zweiten Schnitt links zu schneiden beginnen. Probieren Sie andere Kombinationen und Neigungswinkel aus. Der beste Weg, um sich diese Techniken anzueignen, heißt: üben, üben, üben!

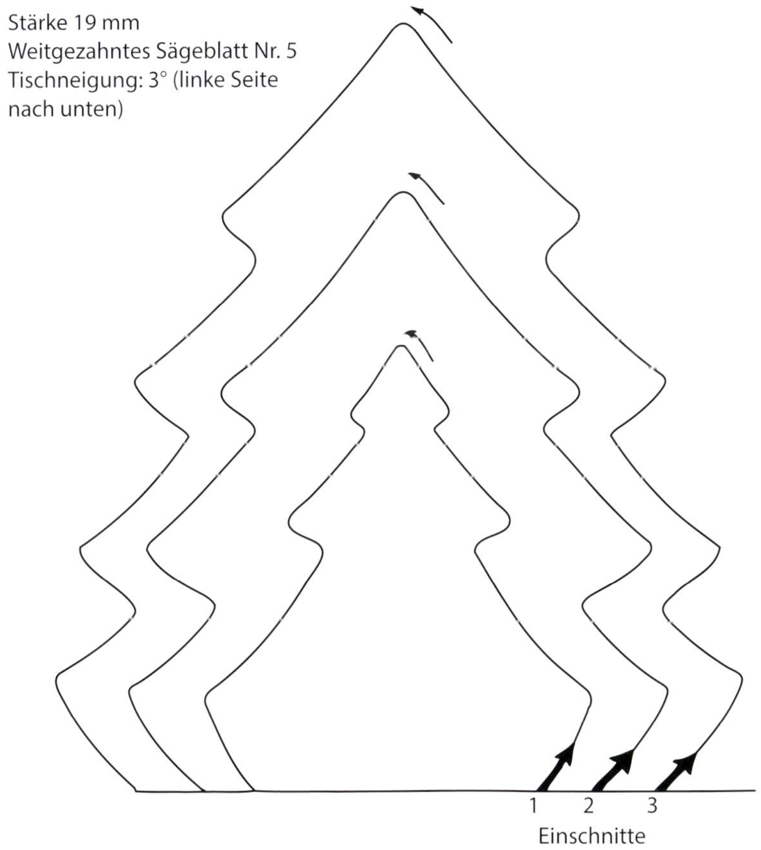

Material & Werkzeug

Material

- 1 Stück astfreies Holz, 19 x 112 x 137 mm
- Weitgezahntes Sägeblatt Nr. 5
- Ablösbarer Sprühkleber

EFFEKTE

TIPP

Tischneigung	Erhebung	Vertiefung
rechts	Im Uhrzeigersinn schneiden	Gegen den Uhrzeigersinn schneiden
links	Gegen den Uhrzeigersinn schneiden	Im Uhrzeigersinn schneiden

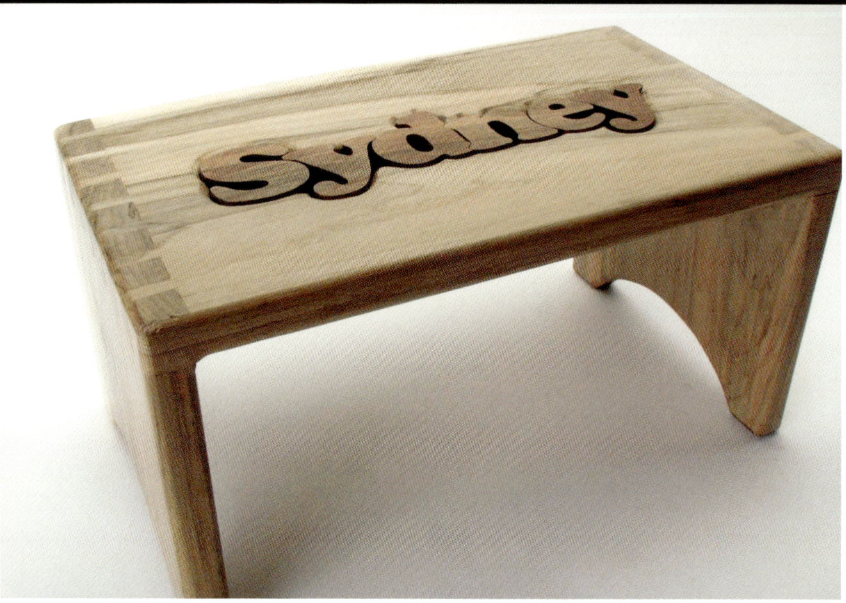
Sydney
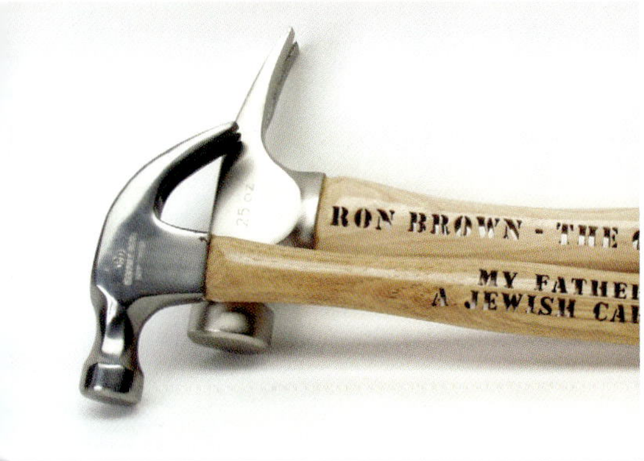
RON BROWN -
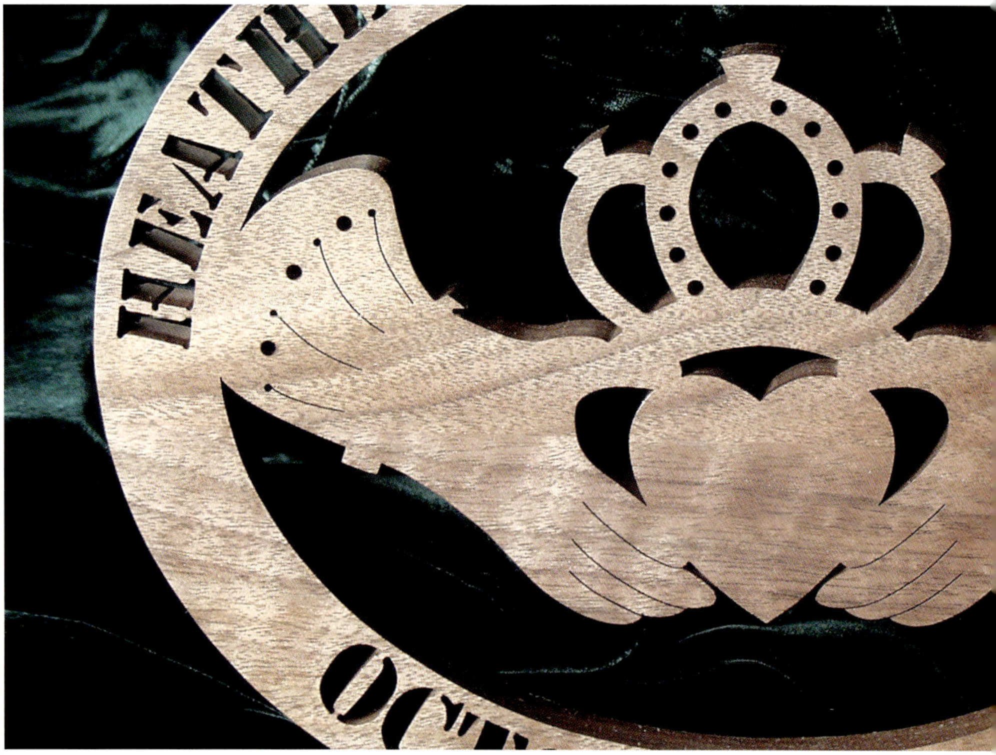
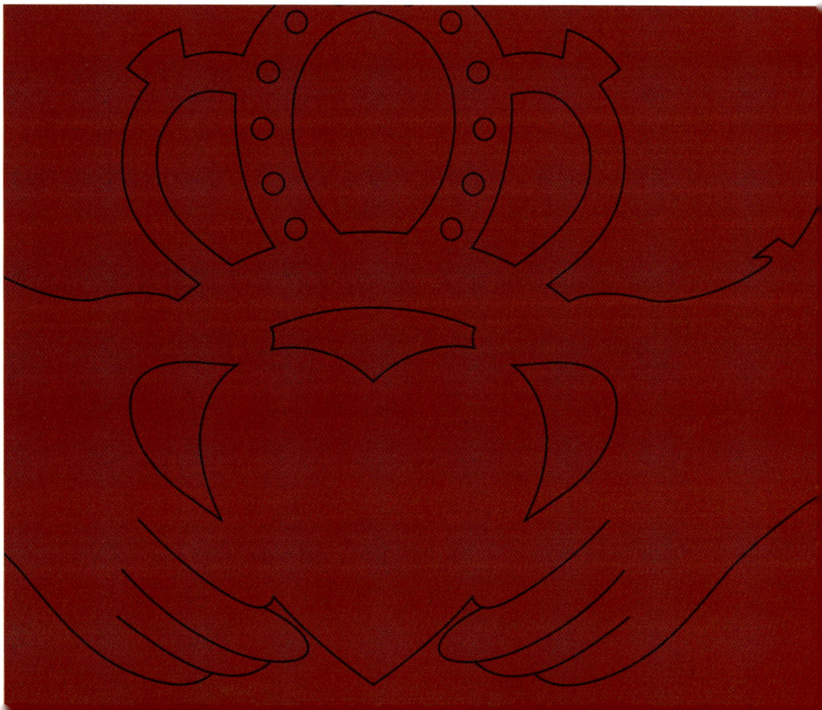

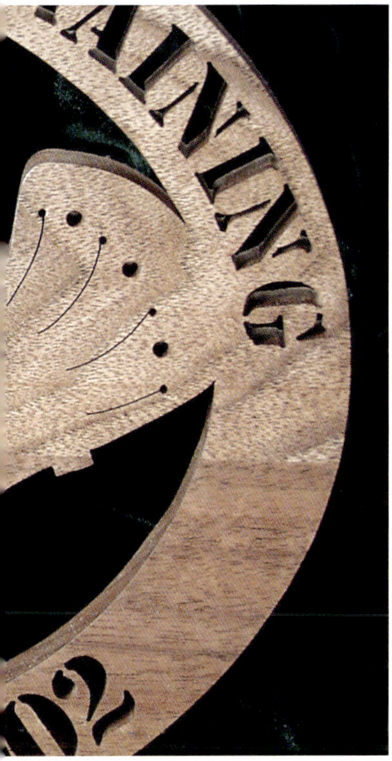

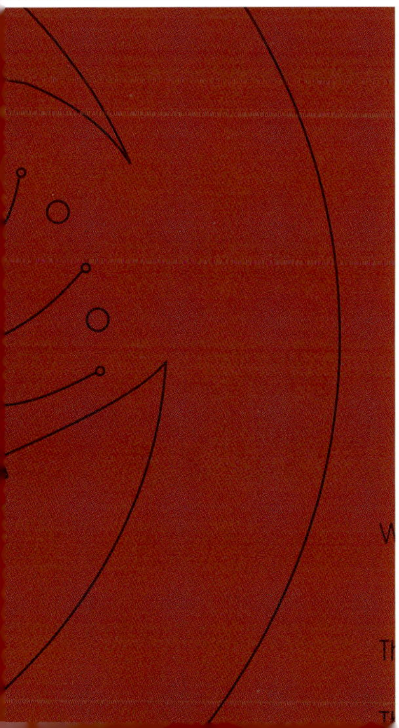

„Für Dich“

Die Dekupiersäge ist hervorragend dazu geeignet, einem selbst gemachten oder gekauften Geschenk eine ganz persönliche Note zu geben. Auf den folgenden Seiten finden Sie ein paar Ideen zu diesem Thema. Lassen Sie Ihrer Fantasie freien Lauf – die Möglichkeiten sind unbegrenzt.

Beschriften

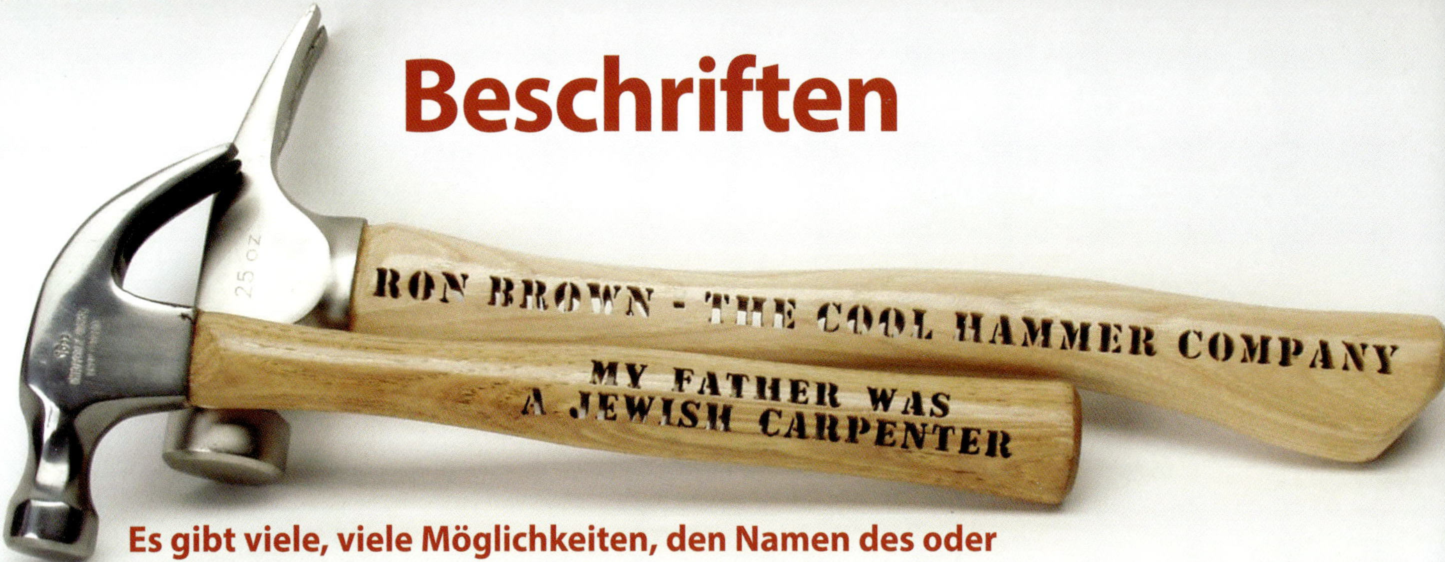

Es gibt viele, viele Möglichkeiten, den Namen des oder der Beschenkten schön ins Bild zu setzen.

Von Ron Brown

Sowohl für Familienmitglieder als auch für Freunde und Arbeitskollegen ist ein Geschenk mit „gesägter" Namensaufschrift etwas ganz Besonderes. Noch dazu sind die hier gezeigten Geschenke im Nu fertig!

Zunächst möchte ich eine unkonventionelle Technik vorstellen, mit deren Hilfe Sie einen Hammer beschriften können. Weniger ungewöhnlich ist das beliebte Namenspuzzle, das auf den folgenden Seiten zur Gestaltung eines Namensschilds und zur Beschriftung eines Trittschemels und einer Wandgarderobe eingesetzt wird.

Ein Hammer mit Pfiff

Schritt 1: Stellen Sie die Vorlage am Computer her und wählen Sie dazu eine Stencil-Schriftart. Wenn eine solche Schrift in Ihrem Textverarbeitungsprogramm nicht enthalten ist, suchen Sie im Internet danach (auf meinem PC arbeite ich mit einer Schrift, die ich unter folgender URL gefunden habe: http://www.pcworld.com/downloads/file_description/0,fid,2518,00.asp). Wenn Sie einen Macintosh haben, ist vielleicht eine etwas umfangreichere Suche erforderlich.

Schritt 2: Wählen Sie eine Schriftgröße von mindestens 30 Punkt. Um eine einzeilige Beschriftung auf einem Hammer in Standardgröße anzubringen, ist eine Größe von 48 Punkt am besten geeignet. Für eine zweizeilige Beschriftung nehmen Sie 30 bis 36 Punkt, für einen Zimmermannshammer (Klauenhammer) 54 bis 72 Punkt.

Schritt 3: Vergrößern Sie den Abstand zwischen den Buchstaben auf 4–8 Punkt.

Schritt 4: Wandeln Sie die Schrift in eine Outline-Schrift um (aktivieren Sie den Outline-Modus). Die Buchstaben werden damit zu Hohlbuchstaben. Beim Ausschneiden müssen Sie der dünnen Umrandungslinie folgen.

Schritt 5: Schneiden Sie die Papiervorlage aus und befestigen Sie sie am Hammerstiel. Ich verwende dazu ablösbaren Sprühkleber.

Schritt 6: Auf dem abgerundeten Hammerstiel müssen Sie die Startlöcher vor der Bohrung mit einer Ahle oder einem ähnlichen Gerät vorstanzen, sonst rutscht der Bohrer ab und die Bohrung wird ungenau. Stanzen Sie in jedem Buchstaben pro Element ein Startloch (z. B. besteht das „E" in einer Stencil-Schriftart aus 4 Elementen).

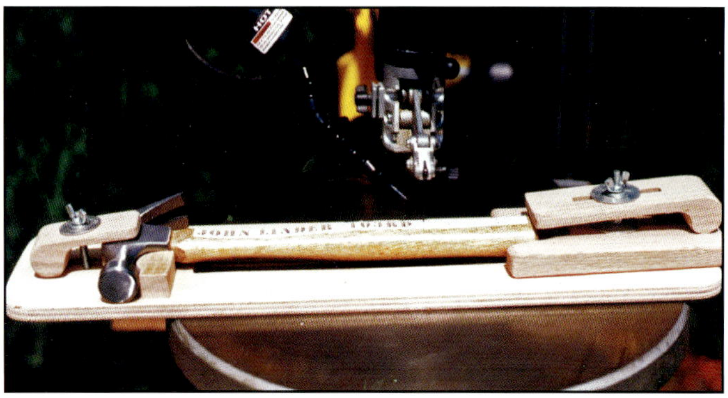

Schritt 7: Wenn Sie eine Halterung zur Befestigung des Werkstücks haben, befestigen Sie den Hammer darin, bevor Sie zu bohren beginnen. Wenn Sie für die Dekupiersäge eine Hilfsplatte verwenden, brauchen Sie auch für die Standbohrmaschine eine solche. (Wenn Sie eine Hilfsplatte mit den Maßen 12 x 450 x 750 mm zur Verfügung haben, brauchen Sie keine Halterung.)

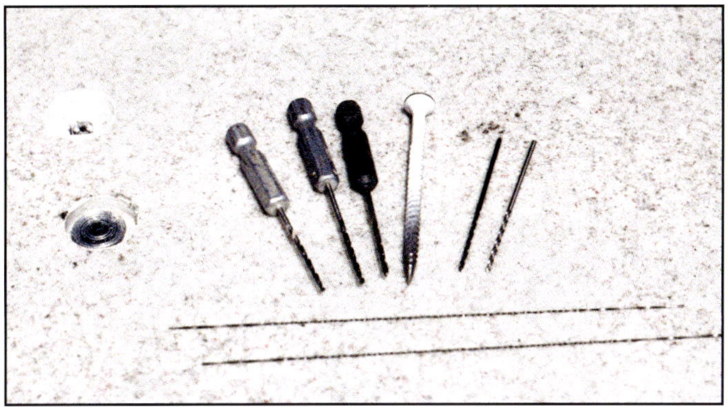

Schritt 8: Nehmen Sie für die Startlöcher einen 1,5-mm-Sechskantbohrer mit Schaft und bohren Sie ganz durch den Hammerstiel durch. Wichtig: Versuchen Sie nicht, in einem Zug durchzubohren, sondern unterbrechen Sie die Bohrung öfters und entfernen Sie die Späne. Wählen Sie eine niedrige Geschwindigkeit (ich bohre bei ca. 850 Umdrehungen/Minute). Auf dem Foto oben sehen Sie links von der weißen Gipskartonschraube (die ich als Stanzgerät verwende) drei Sechskantbohrer mit Schaft, rechts von der Gipskartonschraube zwei normale 3-mm-Bohrer und unten zwei Spiralsägeblätter.

Schritt 9: Zum Aussägen der Buchstaben nehmen Sie ein Spiralsägeblatt: Größe 0 für mittlere Schriftgrößen, Nr. 2/0 für 30 bis 36 Punkt, Nr. 2 für 72 Punkt und darüber. Wenn Sie eine Halterung verwenden, müssen Sie eine große Masse bewegen, also arbeiten Sie langsam. Fädeln Sie das Sägeblatt durch das erste Startloch und reduzieren Sie die Geschwindigkeit auf ca. 900 SPM (*strokes per minute*). So hält das Sägeblatt viel länger und Sie können den Vorlagelinien leichter folgen.

Schritt 10: Schleifen Sie den Ausriss auf der Rückseite des Stiels zunächst mit 80er- oder 100er-, dann mit 150er-, zuletzt mit 220er-Körnung ab. Entfernen Sie vorhandene Aufschriften mit einer Rasierklinge und Mineralspiritus. Schleifen Sie den gesamten Griff zunächst mit Schleifpapier der Körnung 100, dann mit 220er-Körnung ab. Dabei wird die ursprüngliche Lackierung größtenteils entfernt.

Schritt 11: Bringen Sie Sprühlack auf die Oberfläche auf, sechs Überzüge auf den Stiel und einen Überzug auf den Hammerkopf. Zwischen dem fünften und sechsten Überzug werden Sie den Stiel eventuell leicht abschleifen müssen. Wenn der letzte Lacküberzug gut getrocknet ist, signieren und datieren Sie den Stiel auf der Rückseite mit einem feinen Permanentmarkierstift.

Eine Halterung bauen

Es gibt verschiedene einfache Vorrichtungen, die Ihnen helfen können, mehr aus Ihren Holzbearbeitungswerkzeugen herauszuholen, bestimmte Arbeiten sicherer und genauer durchzuführen. Im Folgenden wird die Herstellung einer Haltevorrichtung für einen Hammer erklärt.

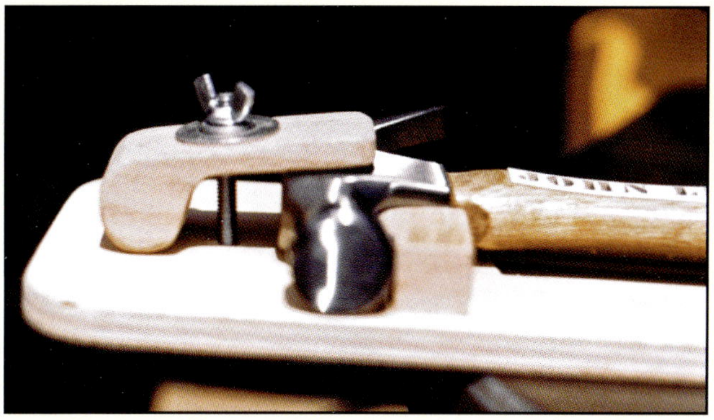

Schritt 1: Als Material verwenden Sie 12 mm starkes hochwertiges Sperrholz (ich nehme am liebsten Birkenholz). Legen Sie den Hammer auf das Brett. Die Auflagefläche sollte etwa 150 mm länger sein als das Werkstück, weil Sie auf jeder Seite 75 mm Platz für die Klemmen brauchen.

Schritt 2: Umfahren Sie den Hammerstiel und markieren Sie so den Bereich unter dem Stiel zum Aussägen eines Schneidspalts, sodass nur unter dem Ende des Stiels etwa 12 mm als Stützfläche verbleiben. (Bedenken Sie dabei, dass ein Klauenhammer die Auflagefläche normalerweise nur an 3 Stellen berührt: am Rand des Schlagkopfes, an der Spitze der Klaue und am äußersten Ende des Stieles.) Sägen Sie den markierten Bereich mit der Dekupiersäge mit einem Standardsägeblatt Nr. 7 aus. Der Hammer muss nicht ganz flach aufliegen, aber er muss während des Bohrens und Sägens in derselben Position auf der Halterung verbleiben. Sie können nach Wunsch einige Stopper rund um den Hammerkopf anbringen (Torbandschrauben, 6 x 100 mm, mit passenden Flügelmuttern und Beilagscheiben), dies ist aber nicht notwendig.

Schritt 3: Stellen Sie einen v-förmigen Block zum Festhalten des Stielendes her. Sägen Sie einen Schlitz in der Mitte, um ihn adjustieren zu können.

Schritt 4: Fertigen Sie zwei Klemmen in Trillerpfeifenform mit Längsschlitzen für die Schrauben an. Wenn die Flügelmutter angezogen wird, hält die Klemme das Werkstück fest.

Mit derselben Technik können auch Halterungen für andere Werkstücke bis zu einer Dicke von etwa 37 mm hergestellt werden, z. B. für Billardqueues, normal große und Mini-Baseballschläger, Handstichsägen, Tischtennisschläger, Griffe für Laubsägen usw.

Trittschemel mit Namenspuzzle

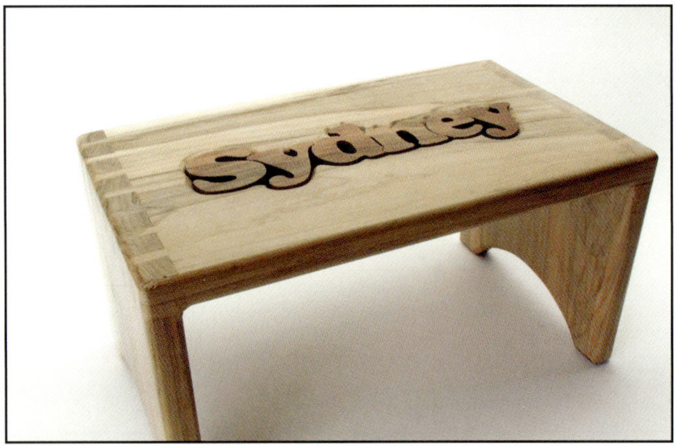

Für meine Enkelkinder wollte ich mir ein ganz besonderes Geschenk überlegen, das sie auch viele Jahre lang begleiten sollte. Die Lösung: Jedes Kind bekam einen Schemel mit Schwalbenschwanzverbindungen, der mit seinem Vornamen beschriftet war. Jeder Buchstabe war als Puzzleteil ausgestaltet. Auch die Dreijährigen hatten das Puzzle im Nu zusammengesetzt. Bei den Kindern war das Geschenk ein voller Erfolg. Dabei halten sich die Materialkosten für den Schemel in Grenzen, auch wenn Sie hochwertiges Hartholz verwenden.

Schritt 1: Erstellen Sie zunächst die Vorlage. Ich erstelle sie mithilfe des Computers. Dazu wähle ich eine Copper-Black-Schrift im Outline-Modus in einer Schriftgröße von ca. 220 Punkt und reduziere den Abstand zwischen den Buchstaben, sodass sie einander teilweise überlappen (siehe Fotos).

Schritt 2: Befestigen Sie die Vorlage am Werkstück und bohren Sie mit einem beliebig großen Bohrer die Startlöcher für die Innenschnitte. Nun bohren Sie ein Loch in den Abfallbereich, sodass Sie den ersten Buchstaben aussägen können. Die Schnitte werden außerhalb der Buchstabenkörper gesetzt, daher ist die Position des Startloches nicht so wichtig, solange es am fertigen Werkstück nicht sichtbar ist.

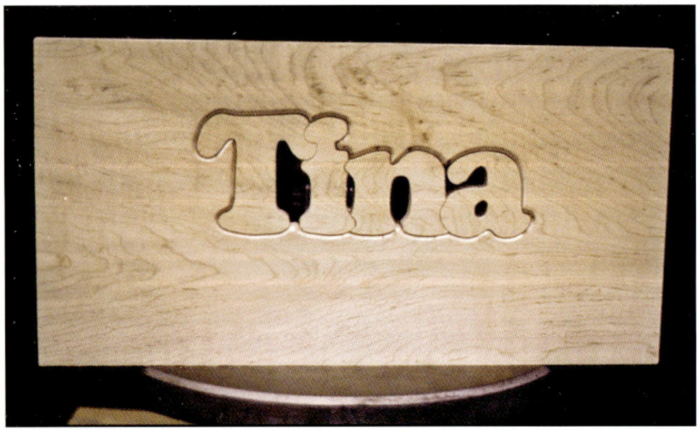

Schritt 3: Sägen Sie zuerst alle Innenschnitte. Ich nehme dazu ein Sägeblatt Nr. 7 mit Gegenzähnen, Sie können jedoch ein Sägeblatt Ihrer Wahl nehmen.

Schritt 4: Sägen Sie den ersten Buchstaben vollständig aus und nehmen Sie ihn heraus. Sägen Sie die übrigen Buchstaben einzeln (jeden als separates Werkstück) vollständig aus.

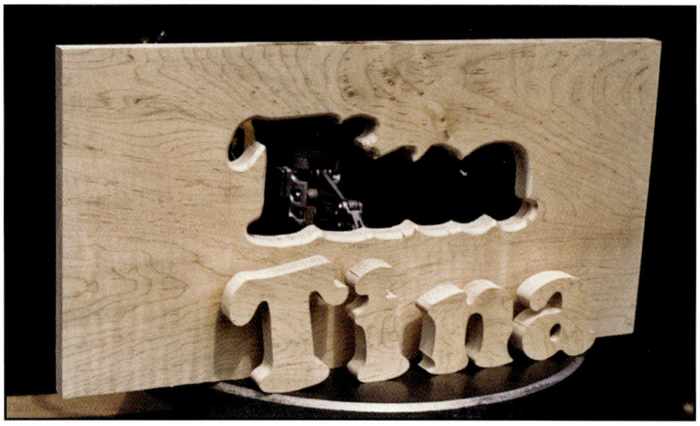

Schritt 5: Versäubern Sie den Umriss, der durch das Herausnehmen der Buchstaben entstanden ist. Entfernen Sie die langen, dünnen wegstehenden Teile, die ansonsten früher oder später abbrechen würden.

Schritt 6: Runden Sie den Umriss mit einem 6-mm-Rundungsfräser ab. Wichtig: Versuchen Sie nicht, die Buchstaben abzurunden, wenn diese nicht höher als 75 mm sind.

Schritt 7: Sägen Sie die Schwalbenschwanzverbindungen aus. Wenn Sie keine Schwalbenschwanzverbindung arbeiten wollen, bohren Sie die Löcher für die Schrauben.

Schritt 8: Stellen Sie den Schemel zusammen.

Schritt 9: Befestigen Sie eine 6 mm oder 3 mm starke Trägerplatte an der Unterseite, damit die Buchstaben nicht durchfallen.

Schritt 10: Behandeln Sie die Oberfläche. Öl eignet sich ebenso wie Polyurethan und Lack.

ZWISCHENRÄUME VERSÄUBERN — TIPP

Zum Versäubern kleiner Zwischenräume verwende ich einen Stahl-Rundungsfräser mit einem Radius von 3 mm oder 6 mm und einem ganz kleinen Führungsstift. Solche Fräser sind einzeln oder im Set preisgünstig zu erwerben. Wenn Sie eine Oberfräse mit variabler Geschwindigkeit oder einem Geschwindigkeitsregler haben, stellen Sie die geringste Geschwindigkeit ein, um ein Verbrennen des Holzes zu vermeiden.

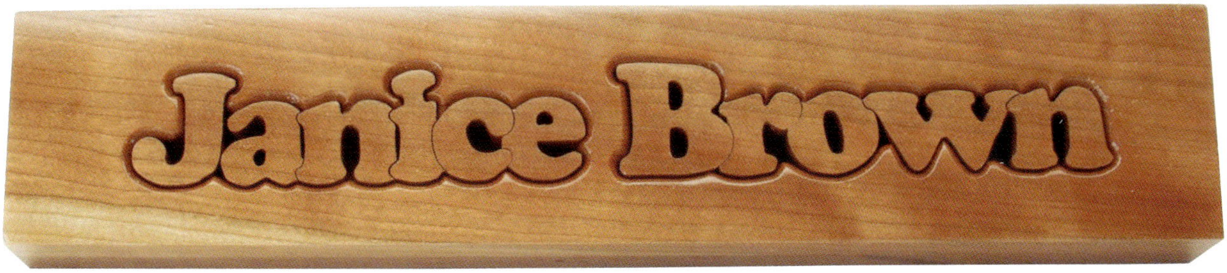

Ein Puzzle als Schreibtischschild

Die Herstellung ist ganz ähnlich wie bei dem Schemel. Das Schild misst ungefähr 75 x 400 mm und besteht aus zwei 19 mm starken Brettern.

Schritt 1: Erstellen Sie die Vorlage (siehe Anleitung für den Schemel, Schritt 1). Schneiden Sie aus der Mitte eines der Bretter den Namen aus und runden Sie den Umriss wie in Schritt 6 beschrieben ab.

Schritt 2: Leimen Sie das zweite Brett an der Rückseite des ersten an. Dabei darf kein Leim auf den Umriss kommen, sonst bleibt er sichtbar. Richten Sie den so entstandenen Block an der oberen, unteren und an den seitlichen Kanten mit einem Schleifgerät, einer Abricht- oder Dickenhobelmaschine, einer Oberfräse mit Bündigfräser oder einem sonstigen geeigneten Werkzeug ab. Das rückwärtige Brett sorgt dafür, dass die Buchstaben nicht nach hinten herausfallen.

Material & Werkzeug

Material

- Hammer mit Holzgriff
- Brett aus Eiche oder Ahorn, 19 bis 37 mm stark, in ausreichender Größe für das Namenspuzzle (für Schemel, Schild oder Wandgarderobe)
- Ablösbarer Sprühkleber
- Schleifpapier, Körnungen: 80 bzw. 100, 150, 220
- Mineralspiritus
- Glänzender Sprühlack
- Feiner Permanentmarkierstift

Werkzeug

- Ahle
- 1,5-mm-Sechskantbohrer mit Schaft (für den Hammer)
- Spiralsägeblatt Nr. 2/0, 0, 2 (für den Hammer)
- Sägeblatt Nr. 7 mit Gegenzähnen (für den Schemel)
- Rasierklinge
- Oberfräse mit 6-mm-Rundungsfräser (für den Schemel)

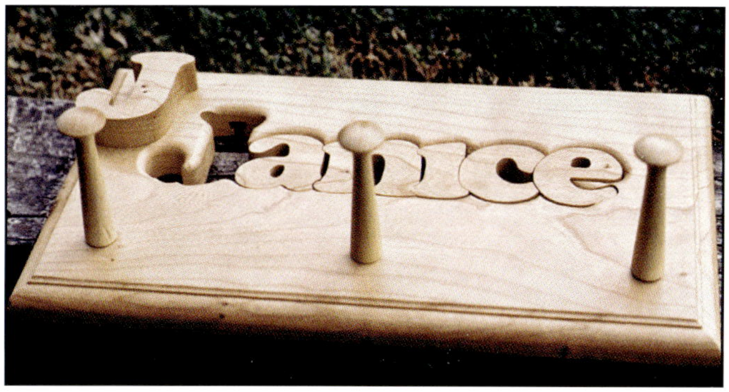

Wandgarderobe mit Namenspuzzle

Die Herstellung des Namenspuzzles erfolgt wieder ganz ähnlich wie beim Schemel und beim Namensschild, allerdings sind die Buchstaben größer und daher leichter auszusägen. Der Rohling muss mindestens 19 x 150 x 300 mm messen. Besser wäre ein noch größerer Rohling, der etwa 225 mm breit und 400 mm lang ist. Eine Trägerplatte an der Rückseite ist nicht notwendig, weil die Garderobe an der Wand aufgehängt wird. Statt der hölzernen Shaker-Haken, die ich verwendet habe, können Sie auch Metallhaken nehmen. Mit einem Schlüssellochfräser bringe ich an der Rückseite zwei senkrechte Schlitze zum Aufhängen an (einen rechts und einen links), die vom Umriss des Namenspuzzles beginnend bis etwa 25 mm unter der Oberkante reichen.

Zum Hochzeitstag

Ein keltisches Symbol der Liebe und Treue

Von Rick Hutcheson
Entwurf von Chuck Bookbinder

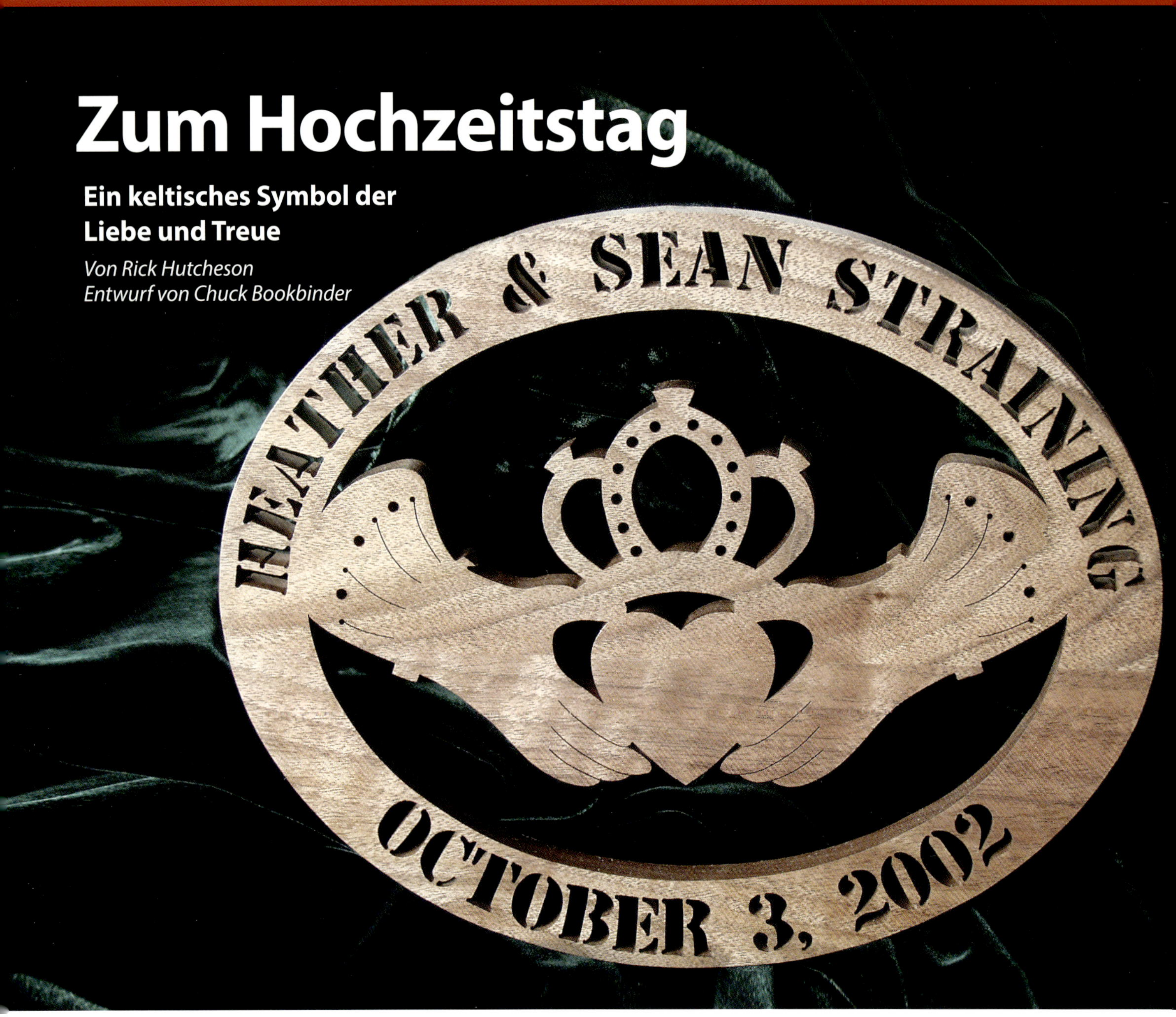

Zwei Hände halten ein Herz, darüber schwebt eine Krone: Dieses romantische, ausdrucksstarke Symbol ziert den traditionell irischen Claddagh-Ring, der oft als Verlobungs- oder Ehering getragen wird. Hier wurde das Symbol zur Gestaltung einer Wandplakette verwendet, die als Überraschungsgeschenk für die Partnerin oder den Partner gedacht ist.

Bevor Sie mit der Arbeit an diesem schönen Stück beginnen, vergewissern Sie sich, dass „die Luft rein ist", und überlegen Sie sich ein gutes Versteck!

Schritt 1: Bevor Sie die Vorlage am Rohling befestigen, sollten Sie die Oberfläche mit Schleifpapier der Körnung 180 fein schleifen. Das funktioniert besser als das Abschleifen heikler Bereiche an der fertigen Arbeit.

Schritt 2: Befestigen Sie die Vorlage mit ablösbarem Sprühkleber am Werkstück.

Material & Werkzeug

Material

- Walnussholz, 12 x 300 x 225 mm
- Ablösbarer Sprühkleber
- Holzleim
- Glänzender Holz-Klarlack
- Schleifpapier, Körnungen: 180, 220
- Klebetuch

Werkzeug

- Tischsäge
- Sägeblatt Nr. 2
- 3- und 1,5-mm-Bohrer

Schritt 3: Bohren Sie mit einem 3-mm-Bohrer die Startlöcher (in den Handschuhen und in der Krone). Für die kleinen Löcher an den Enden der Falten an den Handschuhen nehmen Sie einen 1,5-mm-Bohrer. Die kleinen Startlöcher bohre ich lieber mit dem Multifunktionswerkzeug als mit der Standbohrmaschine.

Schritt 4: Sägen Sie mit einem Sägeblatt Nr. 2 die Innenschnitte. Ich beginne mit den kleinteiligen, bruchanfälligen Bereichen, solange noch genügend Holzfläche als Stütze da ist. Vorsicht beim Festhalten des Werkstücks während des Schneidens: Kleinteilige Bereiche können dabei leicht brechen. Ich halte das Brett nach Möglichkeit an den äußeren Kanten fest, um die bruchanfälligen Teile nicht zu beschädigen.

Schritt 5: Sägen Sie die Buchstaben, die Zahlen und ggf. Komma oder Punkt aus. Für jeden Teil der einzelnen Buchstaben und Zahlen sowie für Komma oder Punkt brauchen Sie ein Startloch. Machen Sie während dieses Arbeitsschritts immer wieder Pausen und vergleichen Sie die einzelnen Buchstaben und Zahlen, denn für den Gesamteindruck ist es sehr wichtig, dass gleiche Zahlen und Buchstaben möglichst identisch aussehen. Wenn alle Innenschnitte fertig ausgeführt sind, sägen Sie den Umriss der Plakette.

Schritt 6: Geben Sie dem Projekt mit feinem Schleifpapier (Körnung 220) einen Feinschliff. Die Innenseiten der durchbrochenen Bereiche müssen nicht geschliffen werden, da das Sägeblatt in diesen Bereichen glatte Schnittflächen hinterlässt.

Schritt 7: Wischen Sie mit Klebetuch allfällige Sägestaubreste ab. Als Oberflächenbehandlung brachte ich zwei Schichten Klarlack (in Sprayform) auf.

GELEIMTER ROHLING — TIPP

Um einen 225 mm langen Rohling zu erhalten, können Sie auch zwei kleinere Bretter zusammenfügen. Für eine durchbrochene Arbeit sollten Sie diese unbedingt zusammenleimen, anstatt Dübel oder Verbindungsplättchen zu verwenden. Diese wären am fertigen Werkstück sichtbar.

CLADDAGH – DIE LEGENDE — TIPP

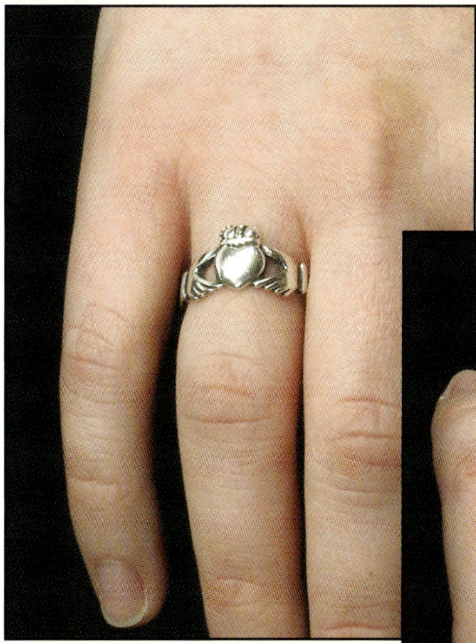

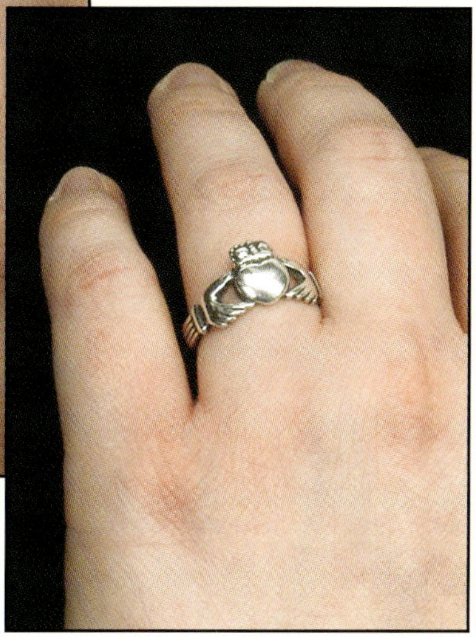

Wenn Sie eine solche Holzarbeit verschenken oder zum Verkauf anbieten, bietet eine beigelegte schriftliche Darstellung über ihre Bedeutung, ihren kulturellen Hintergrund und den Ursprung der Legende eine interessante Information und wertet das Stück noch zusätzlich auf. Wählen Sie ein ansprechendes Papier in einer passenden Farbe und vergessen Sie nicht, Ihre Arbeit zu signieren.

Die Geschichte soll sich im 16. Jahrhundert im Dorf Claddagh an der irischen Westküste zugetragen haben. Ein Schiff stach eines Morgens in See und wurde zur Beute von Piraten, die die Seeleute gefangen nahmen und als Sklaven verkauften. Dieses Schicksal traf auch einen jungen Seemann, der verlobt war und nun keine Hoffnung hatte, seine Braut jemals wiederzusehen. Die Piraten verkauften den Mann einem reichen maurischen Goldschmied, in dessen Diensten er selbst ein Meister dieses Handwerks wurde. Im Gedanken an seine geliebte Braut schuf er für sie einen Ring, verziert mit einem Herzen, das von zwei Händen gehalten wurde und über dem eine Krone schwebte. Das Herz sollte die Liebe symbolisieren, die beiden Hände die Freundschaft und die Krone die Treue. Nach Jahren in der Sklaverei kam der Mann in sein Heimatdorf zurück, suchte nach seiner Geliebten und fand sie schließlich. Sie hatte ihm die Treue gehalten und war unverheiratet geblieben. Seine Freude war übergroß. Er schenkte ihr den Ring, bald waren sie Mann und Frau und sie wurden nie mehr getrennt.

Der Claddagh-Ring ist auch heute als Zeichen der Liebe, der Freundschaft und der Treue sehr beliebt. Wenn man ihn an der rechten Hand trägt und die Krone zur Körpermitte zeigt, bedeutet dies, dass man sein Herz noch nicht verschenkt hat. Trägt man den Ring an der rechten Hand mit der Krone zur Fingerspitze hin, so fühlt man sich einem bestimmten Menschen besonders verbunden. Wer ihn an der linken Hand trägt, ist mit dem geliebten Menschen für immer vereint.

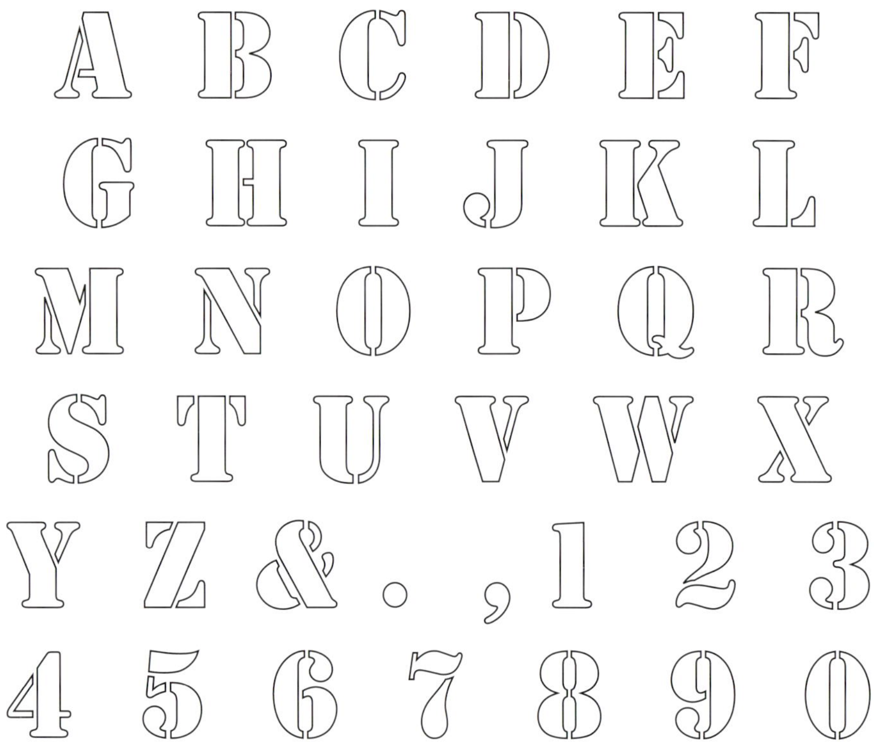

Fotokopie auf 150 % vergrößern

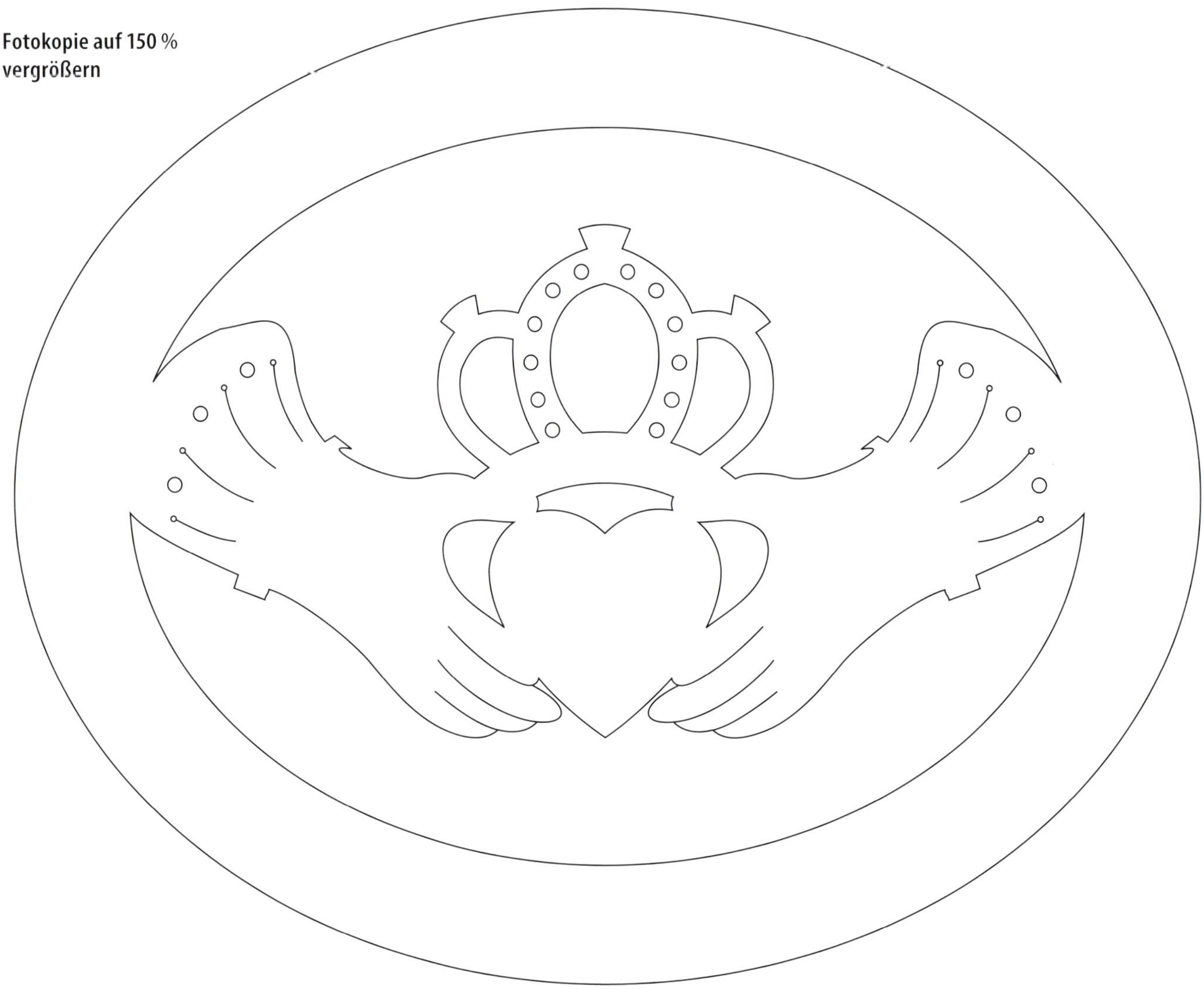

Kleine Standuhr

Zum Einbauen eines preisgünstigen Uhrwerks ist dieses Projekt bestens geeignet. Vier prachtvolle Tiermotive stehen zur Auswahl.

Von Rick und Karen Longabaugh
Umgesetzt von Ernest Lang

Für das Arbeiten mit der Dekupiersäge sind Uhrenprojekte sehr beliebt. Bei diesem Entwurf ist das Tiermotiv austauschbar. Wenn die Uhr als Geschenk gedacht ist, können Sie sie auf den persönlichen Geschmack des Beschenkten abstimmen.

Die Vorlage enthält vier verschiedene Tiermotive. Wählen Sie zwischen dem Adler, dem Elch, dem Wolf und dem Fasan – und wenn Ihnen die Entscheidung zu schwer fällt, bauen Sie alle vier Uhren!

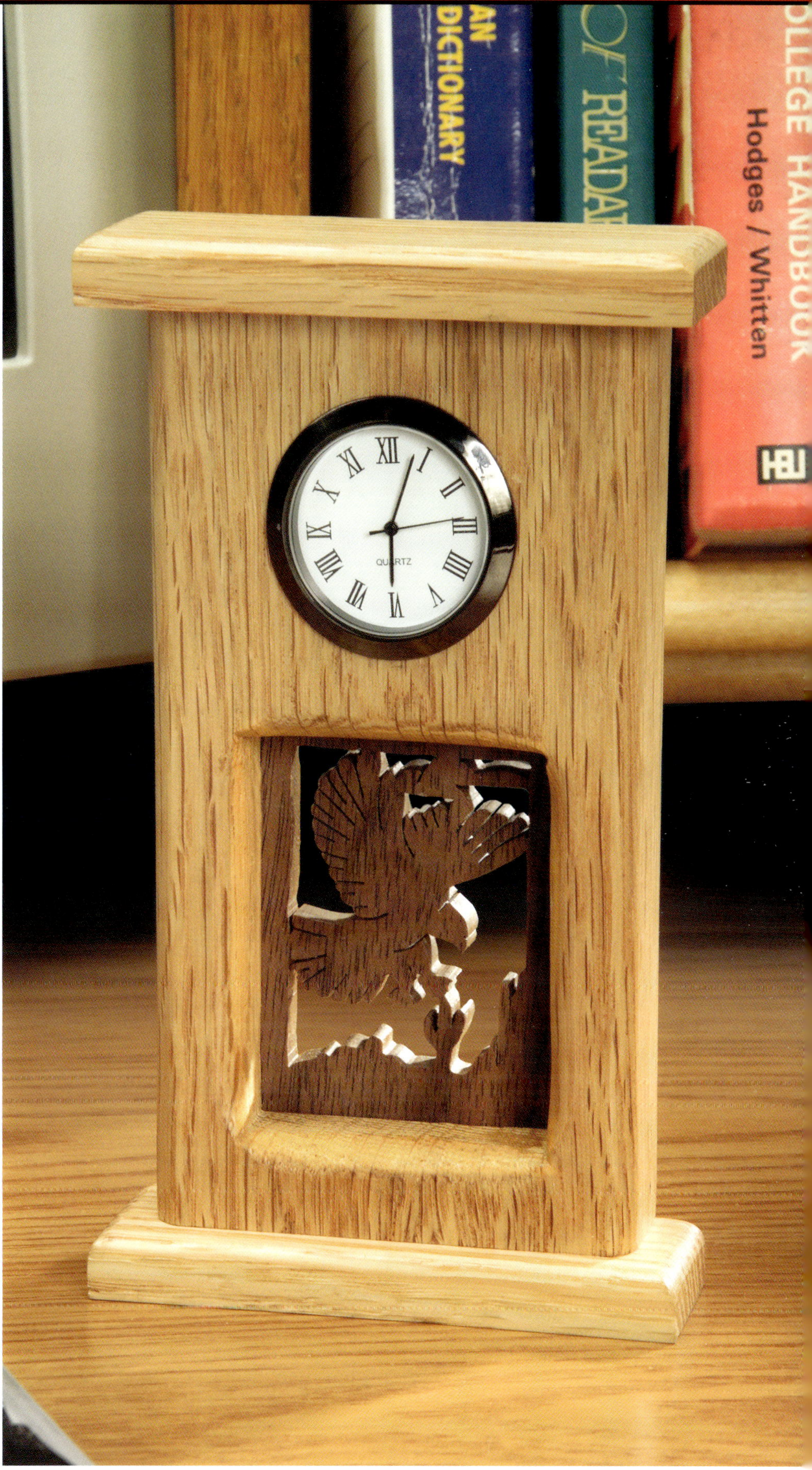

Der Adler ist ein Sinnbild für die Fähigkeit des Menschen, über den Dingen zu schweben.

Schritt 1: Schleifen Sie die Teile zuerst mit mittlerem (Körnung 100), nach und nach mit feinerem und zuletzt mit ganz feinem Schleifpapier (220er-Körnung) ab.

Schritt 2: Kopieren Sie die Vorlagen und befestigen Sie sie mit ablösbarem Sprühkleber an den Holzteilen. Sprühen Sie den Kleber auf die Rückseite des Papiers und nicht auf das Holz.

Schritt 3: Bohren Sie Startlöcher für alle Innenschnitte (nach Möglichkeit mit einer Standbohrmaschine, damit die Löcher auch wirklich senkrecht sind).

Schritt 4: Sägen Sie mit einem Sägeblatt Nr. 3 das Tiermotiv. Beginnen Sie innen und arbeiten Sie sich nach außen vor.

Schritt 5: Sägen Sie mit einem Sägeblatt Nr. 3 sorgfältig die Veining-Schnitte (Details am Körper, Federn). Sägen Sie jeweils an der Linie entlang und fahren Sie dann mit dem Sägeblatt zurück.

Schritt 6: Sägen Sie den Außenschnitt mit einem Sägeblatt Nr. 7 oder verwenden Sie dazu eine Tischsäge, da der Außenschnitt genau rechtwinklig sein muss, damit die Arbeit in den Ausschnitt passt.

Schritt 7: Bohren Sie mit einem Forstnerbohrer die Aussparung für das Uhrwerk. (Sie können sie auch mit der Dekupiersäge ausschneiden und gegebenenfalls etwas nachschleifen, damit das Uhrwerk hineinpasst.)

Schritt 8: Schneiden Sie den Körper der Uhr, die Bodenplatte und die Deckplatte aus. Mit einer Tischsäge sind die langen, geraden Schnitte leichter auszuführen. Sie können aber auch die Dekupiersäge nehmen. Verwenden Sie ein großes Sägeblatt (Nr. 7 oder Nr. 9) und korrigieren Sie Unebenheiten nachträglich durch Abschleifen.

DIE UHR OHNE FALZ BAUEN — TIPP

Ernest Lang schlägt folgende Variante vor: Verwenden Sie für den Uhrenkörper ein 12 mm starkes und ein 6 mm starkes Brett. Schneiden Sie den Ausschnitt für den Tiermotiv-Einsatz in das 6 mm starke Brett. Dann schneiden Sie einen um 6 mm kleineren Ausschnitt in das 12 mm starke Brett, auf dem der Einsatz aufrasten wird. Leimen Sie beide Bretter aufeinander. Sie erhalten ein 19 mm starkes Brett, ohne einen Falz schneiden oder Ecken versäubern zu müssen.

Schritt 9: Bohren Sie Startlöcher knapp an einem Seitenrand des Ausschnitts für den Tiermotiv-Einsatz. Sägen Sie den Ausschnitt mit einem großen Sägeblatt aus. Danach runden Sie die Kanten des Ausschnitts mit einem Rundungsfräser mit 6 mm Durchmesser ab. Runden Sie die Kanten der Deckplatte, des Uhrenkörpers und der Bodenplatte mit demselben Fräser ab.

Schritt 10: Schneiden Sie den 6 mm breiten und 6 mm tiefen Falz für den Tiermotiv-Einsatz (siehe Vorlage). Am leichtesten geht dies mit einer Falzfräse. Stellen Sie die Fräse auf eine Frästiefe von 6 mm ein und stellen Sie mithilfe des Fräsanschlags eine Falzbreite von 6 mm ein. Versäubern Sie mit einem Stemmeisen die Ecken, damit der Einsatz auch gut hineinpasst. Stattdessen können Sie den Falz mit einer Tischsäge aussägen. Versäubern Sie auch hier mit einem Stemmeisen die Ecken (es gibt noch eine dritte Möglichkeit: siehe Tipp).

Schritt 11: Schleifen Sie die Teile nochmals leicht ab. Entfernen Sie etwaige Sägespuren mit Schleifpapier der Körnung 220.

Schritt 12: Leimen Sie die Teile des Uhrenkörpers mit Holzleim zusammen, fixieren Sie sie mit Klemmen und lassen Sie den Uhrenkörper über Nacht trocknen. Dann leimen Sie den Einsatz mit dem Tiermotiv in den Ausschnitt, fixieren ihn mit Klemmen und lassen die Uhr über Nacht trocknen.

Material & Werkzeug

Material

- Hartholzbrett nach Wahl, 6 x 62 x 75 mm (Einsatz mit Tiermotiv)
- Hartholzbrett nach Wahl, 9 x 25 x 87 mm (Boden- und Deckplatte)
- Hartholzbrett nach Wahl, 19 x 75 x 125 mm (Uhrenkörper)
- Uhrwerk, passende Größe nach Wahl
- Holzleim
- Öl zur Oberflächenbehandlung
- Sprühlack

Werkzeug

- Sägeblatt Nr. 3 mit Gegenzähnen
- Sägeblatt Nr. 7 oder 9 mit Gegenzähnen
- Mehrere Klemmen
- Schleifpapier, Körnungen: 100, 150, 180, 220
- Forstnerbohrer, passend zur Größe des Uhrwerkes
- Tischsäge oder Tischfräse (zum Schneiden des Falzes und zum Abrichten der Seitenkanten)

Schritt 13: Behandeln Sie die Oberfläche mit einem geeigneten Öl. Um ein optimales Ergebnis zu erzielen, folgen Sie der Herstelleranweisung.

Schritt 14: Überziehen Sie das fertige Projekt mit Sprühlack.

Schritt 15: Fügen Sie das Uhrwerk nach der Anleitung des Herstellers ein.

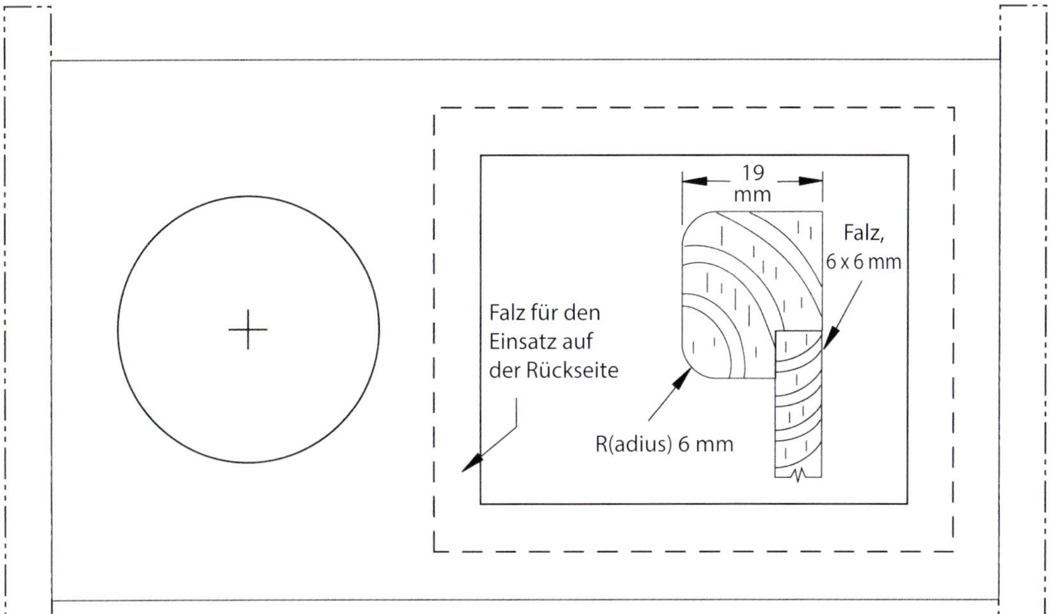

Uhrenkörper
Holzbrett, 19 mm stark

Boden- und Deckplatte
Holzbrett,
9 mm stark
2 x ausschneiden

Fotokopie 100 %

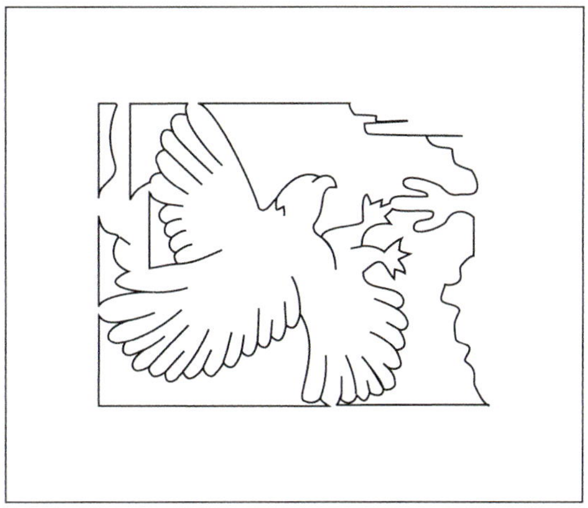

Adler

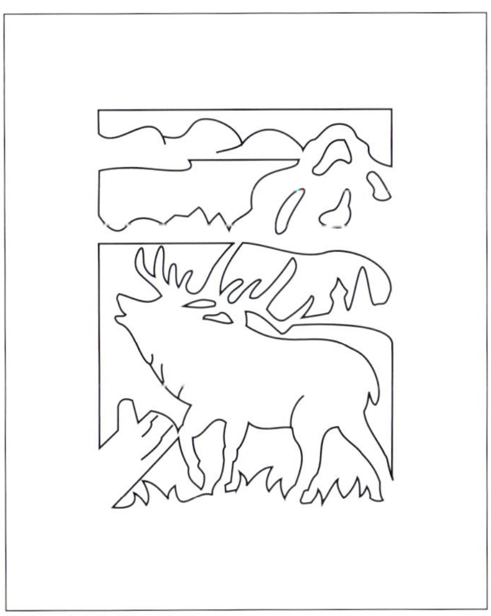

Elch

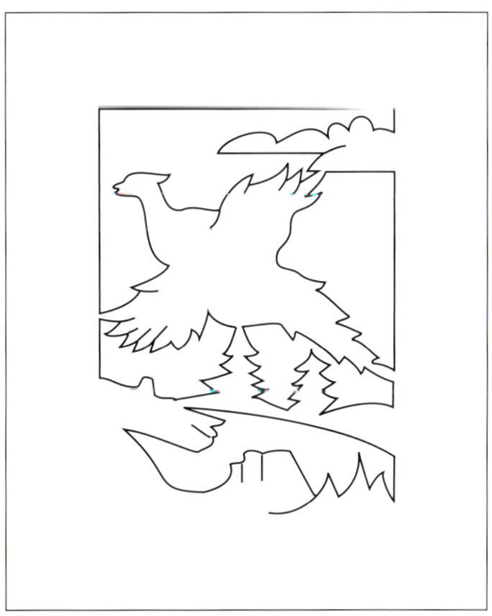

Fasan

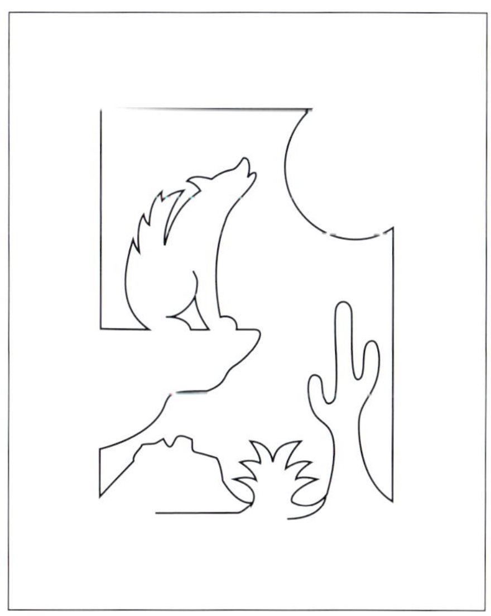

Wolf

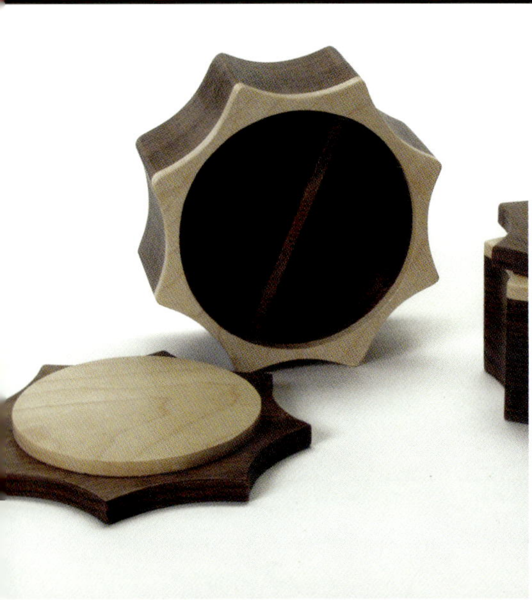

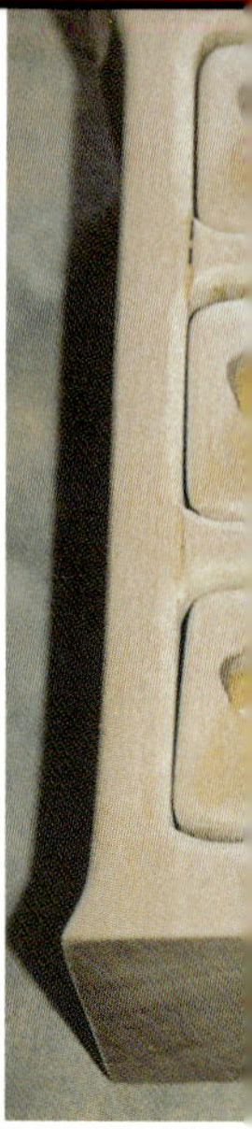

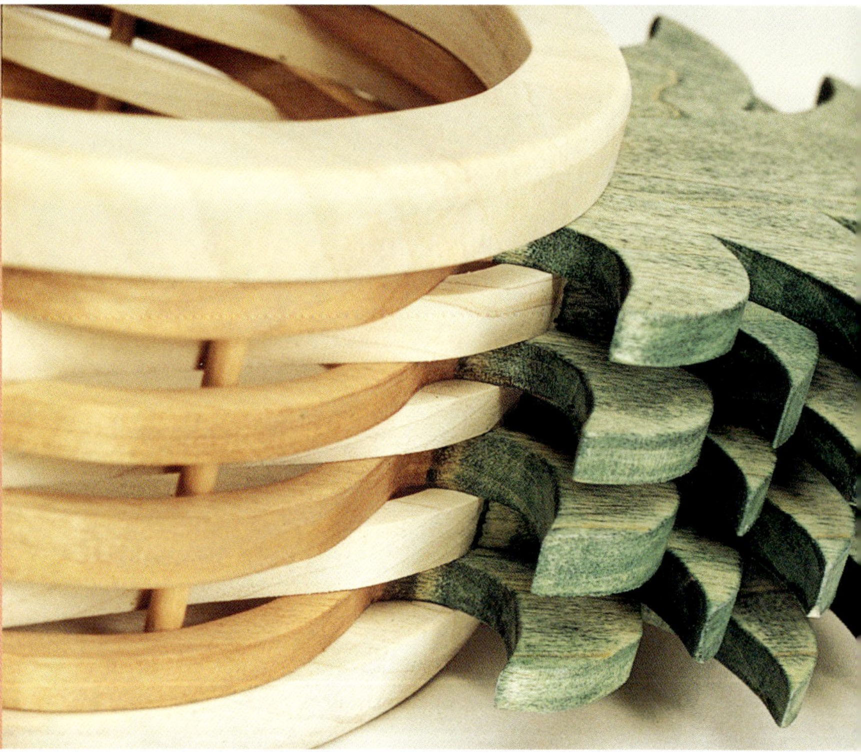

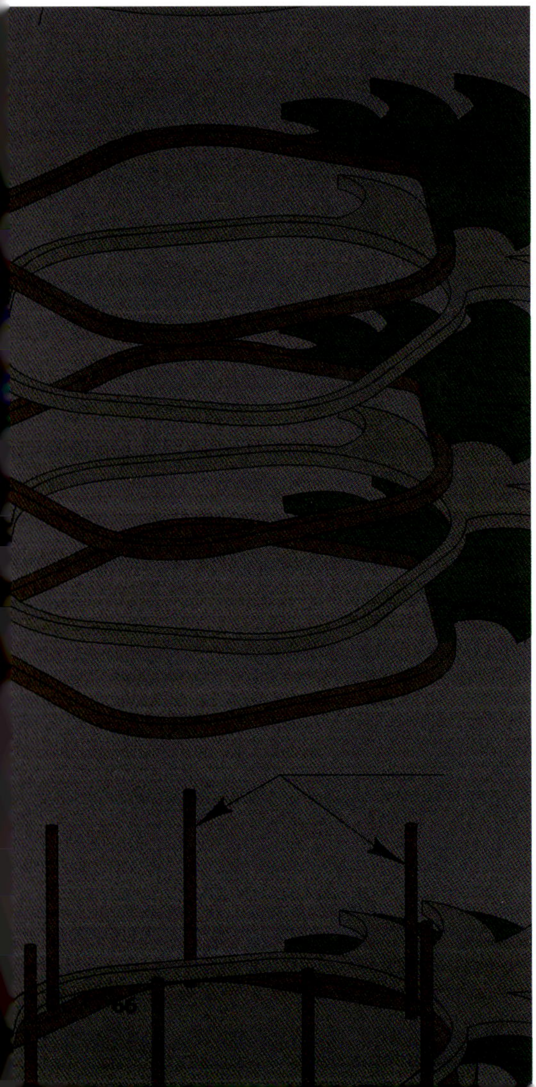

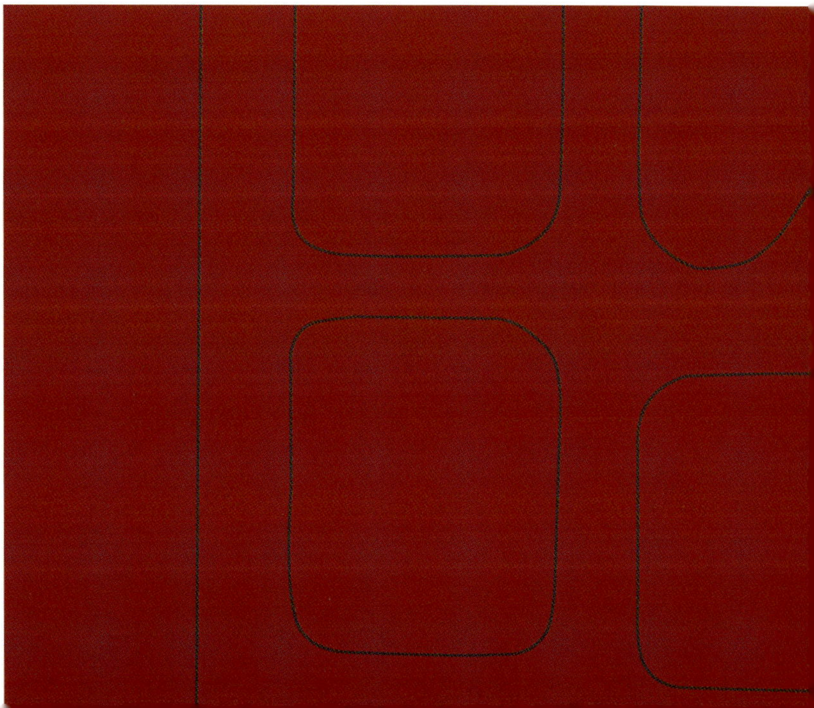

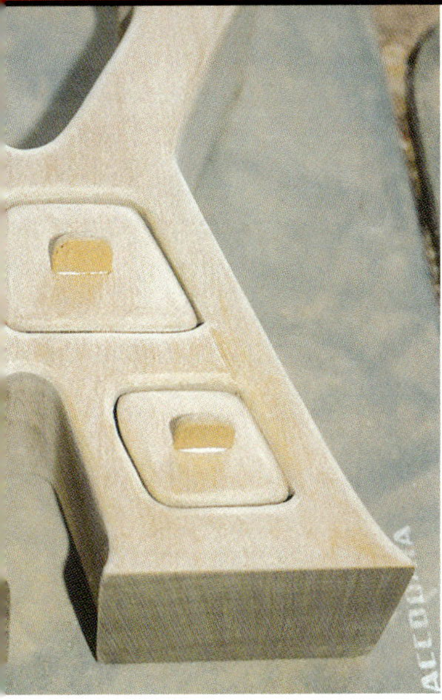

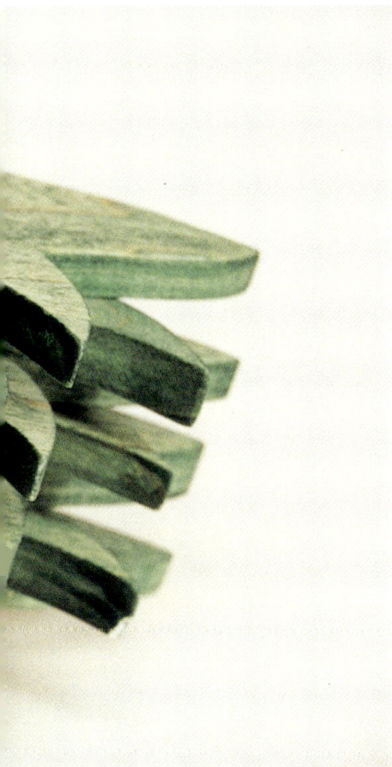

Kassetten und Körbe

Körbe sind zwar keine typischen, aber sehr lohnende Dekupiersägenprojekte. Einzelne Holzschichten werden ausgesägt und dann übereinander gestapelt und ergeben einen ebenso robusten wie formschönen Korb. Auch Kassetten sind beliebte Holzarbeiten, die sich für die Arbeit mit der Dekupiersäge eignen. Das Spektrum reicht von schlichter Eleganz bis zu komplizierteren Projekten. Lernen Sie anhand der Beispiele in diesem Kapitel die Möglichkeiten kennen, die Ihnen die Dekupiersäge bietet. Wenn Sie den Trick einmal heraus haben, können Sie alle Arten von Kassetten herstellen. Durch die Wahl des Holzes, die Gestaltung von Laden und Handgriffen haben Sie viele Variationsmöglichkeiten.

Ananas-Korb

Von Laura Brubaker

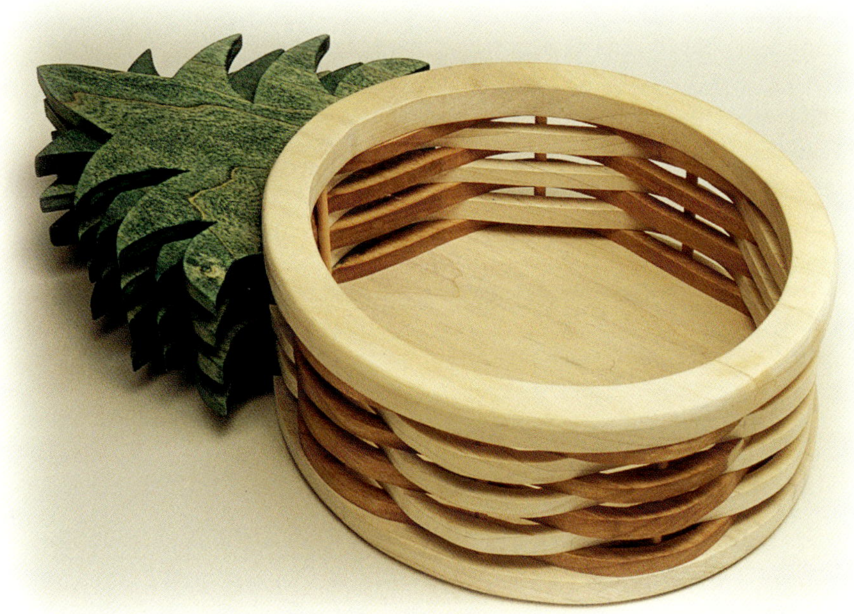

Dieser Korb sieht prachtvoll aus und die Sägearbeit ist ganz einfach auszuführen. Allerdings muss das Holz auch gebeizt und geleimt werden. Dadurch kann der Herstellungsprozess insgesamt zwei bis drei Tage dauern. Ich hatte die Gelegenheit, einem Meister der Dekupiersäge, Jim Gress aus Bowmansville in Pennsylvania, bei den einzelnen Arbeitsschritten zuzusehen.

Vorlage vorbereiten

Stellen Sie Kopien von der Vorlage her und heben Sie die Originale für den weiteren Gebrauch auf. Sie brauchen je zwei Kopien von den Vorlagen 1 und 2 sowie zwei Kopien von der Vorlage für die Bodenplatte und den Korbrand.

Die Vorlagen 1 und 2 werden aus 9 mm starkem Holz ausgeschnitten, die Bodenplatte und der Korbrand aus 19 mm starkem Holz. Da Pappelholz sehr weich ist, können bei den Vorlagen 1 und 2 je zwei Stück aufeinander gestapelt und zusammen gesägt werden. Sie brauchen vier Teile nach Vorlage 1, drei Teile nach Vorlage 2 und zwei Teile nach der Vorlage für Bodenplatte und Korbrand.

Bevor Sie zu arbeiten beginnen, untersuchen Sie das Holz genau nach Astlöchern, um hässliche Stellen am fertigen Projekt zu vermeiden. Schneiden Sie die Bretter auf die ungefähr benötigten Maße zu und befestigen Sie die Vorlage mit ablösbarem Sprühkleber an den Holzteilen.

Sägen

Sägen Sie zuerst die mittleren Schichten des Ananas-Korbes (Vorlage 1 und 2) aus. Stapeln Sie zwei Teile nach Vorlage 1 (9 mm starkes Holz) übereinander und befestigen Sie sie mit Abdeckband gut aneinander. Sägen Sie mit einem Sägeblatt Nr. 5 mit Gegenzähnen die äußeren Umrisslinien beider Teile gleichzeitig. Als Nächstes sägen Sie ebenso die inneren Umrisslinien.

Wiederholen Sie diese Arbeitsschritte bei den anderen beiden Teilen nach Vorlage 1 (im Stapelschnitt), dann ebenso bei zwei Teilen nach Vorlage 2 (ebenfalls im Stapelschnitt). Der dritte Teil nach Vorlage 2 wird separat (nicht im Stapelschnitt) ausgesägt.

Bevor Sie die Bodenplatte und den Korbrand aussägen, markieren Sie mit einer Ahle die Löcher auf diesen beiden Teilen (je 8 Löcher in der Bodenplatte und im Korbrand). Klopfen Sie dazu leicht auf die Ahle. Nun befestigen Sie die Bodenplatte und den Rand fest aneinander. Schneiden Sie die äußeren Umrisslinien der Bodenplatte. Anschließend trennen Sie die beiden Teile und schneiden Sie nur beim Korbrand die innere Umrisslinie.

Wenn alle Teile fertig ausgeschnitten sind, entfernen Sie das Vorlagepapier von den Teilen.

Material & Werkzeug

Material

- Pappelholz, 9 und 19 mm stark
- Grüne Beize
- Beliebige braune Beize

Werkzeug

- Sägeblatt Nr. 5 mit Gegenzähnen
- 4-mm-Bohrer
- 4-mm-Dübelstange
- Ahle
- Klemmen
- Ablösbarer Sprühkleber
- Leim

Beizen

Wenn die mittleren Schichten fertig gesägt sind, können die Blätter der Teile nach Vorlage 1 gebeizt werden. Tragen Sie eine grüne Beize mit dem Pinsel auf.

Nun beizen Sie bei denselben Teilen (nach Vorlage 1) den Fruchtkörper mit einer beliebigen braunen Beize.

Lassen Sie die Beize 8–10 Minuten einwirken und wischen Sie sie dann mit einem Tuch ab. Lassen Sie die gebeizten Teile über Nacht trocknen.

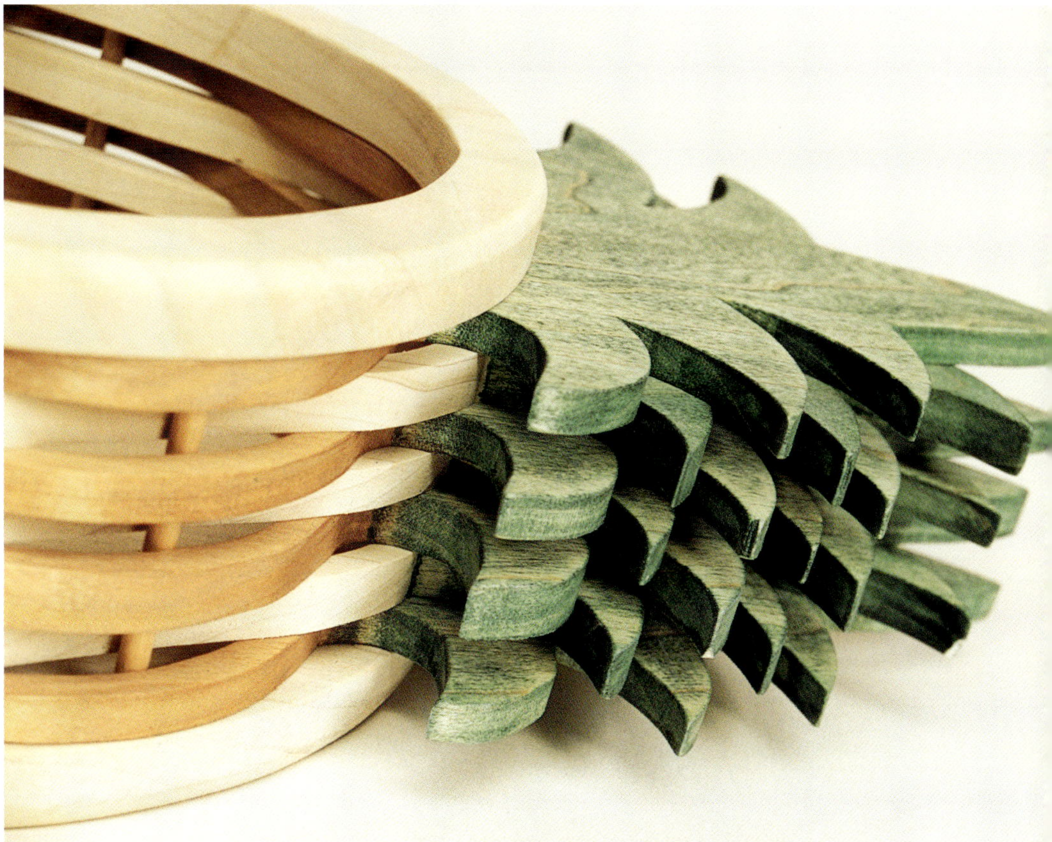

Bohren

Bohren Sie mit dem 4-mm-Bohrer bei den acht Markierungen, die Sie vorher an der Bodenplatte angebracht haben, bis zur halben Holzstärke (9 mm tief).

Wiederholen Sie den Vorgang am Korbrand.

Oben sehen Sie den fertigen Korb, unten wird er zusammengebaut.

Zusammenstellung

Wenn die Teile über Nacht getrocknet sind, stapeln Sie die Schichten probeweise ohne Dübelstangen aufeinander. Nun messen Sie den Abstand zwischen den Innenkanten der Bodenplatte und des Korbrandes. Fügen Sie für die Bodenplatte und den Korbrand jeweils etwa 9 mm hinzu (weil Sie etwa zur Hälfte durch beide Schichten gebohrt haben). Die Gesamtsumme entspricht der Länge der Stücke, die Sie von der Dübelstange abschneiden müssen. Sie brauchen insgesamt acht Stücke.

Wenn Sie acht gleich lange Stangen zugeschnitten haben, geben Sie etwas Leim in die Löcher in der Bodenplatte. Führen Sie die Stangen in die Löcher ein. Nun stapeln Sie die Schichten der Ananas aufeinander, beginnend mit einem gebeizten Teil. Jetzt geben Sie Leim in die Löcher am Korbrand und setzen Sie den Korbrand oben auf die Stangen. Fixieren Sie den Korb mit etwa fünf kleinen Klemmen. Nach dem Fixieren richten Sie die Blätter unbedingt genau übereinander aus. Lassen Sie den Korb über Nacht trocknen.

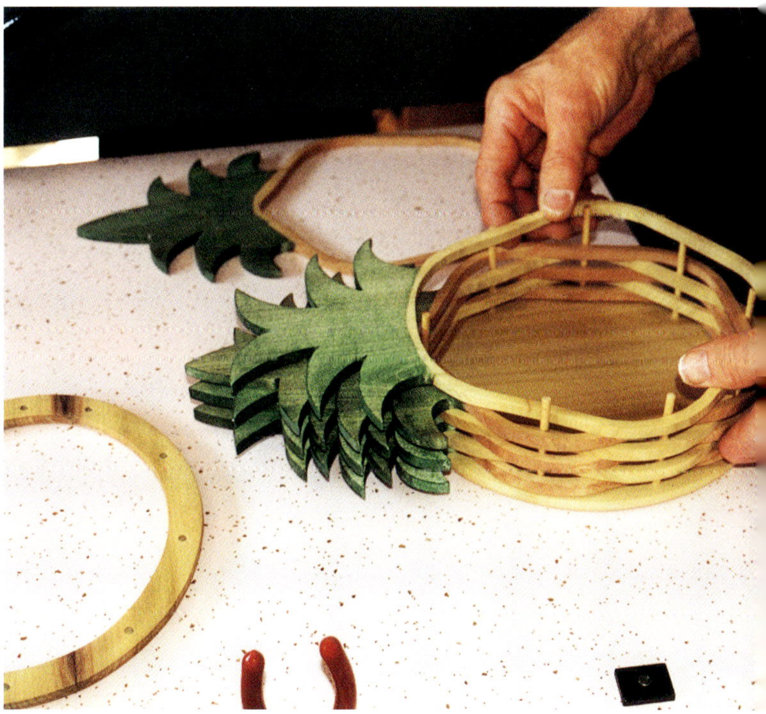

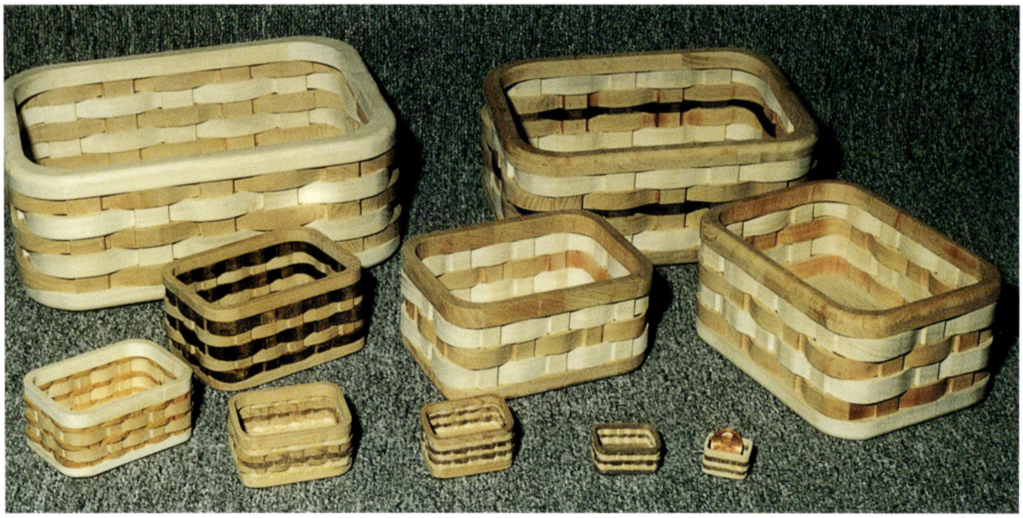

Auch diese Körbe hat Jim Gress mit der Dekupiersäge hergestellt.

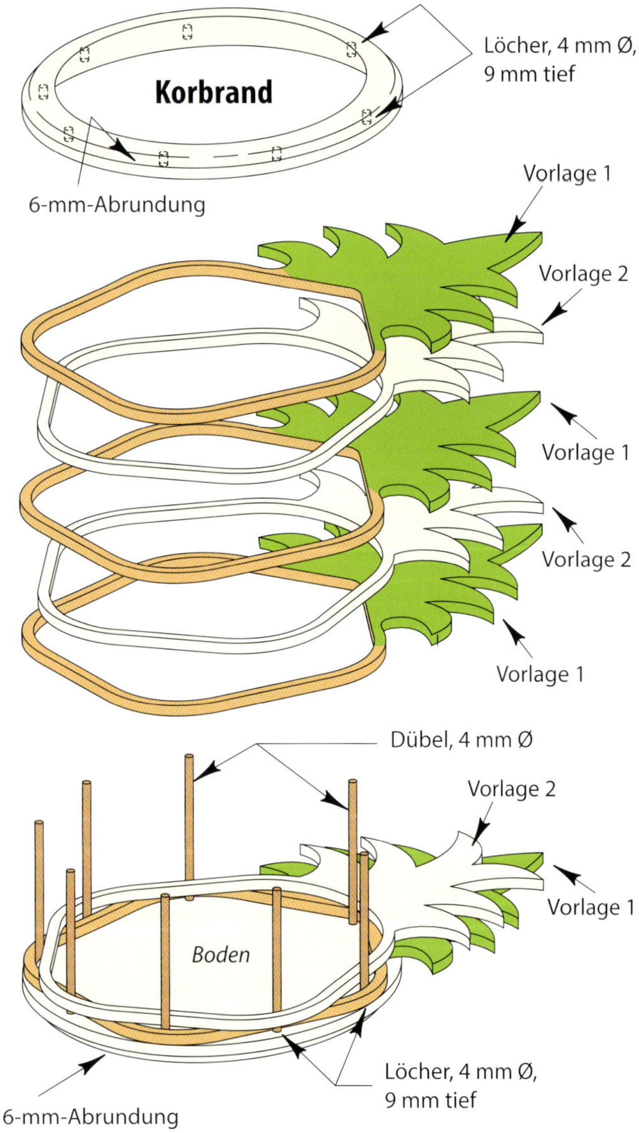

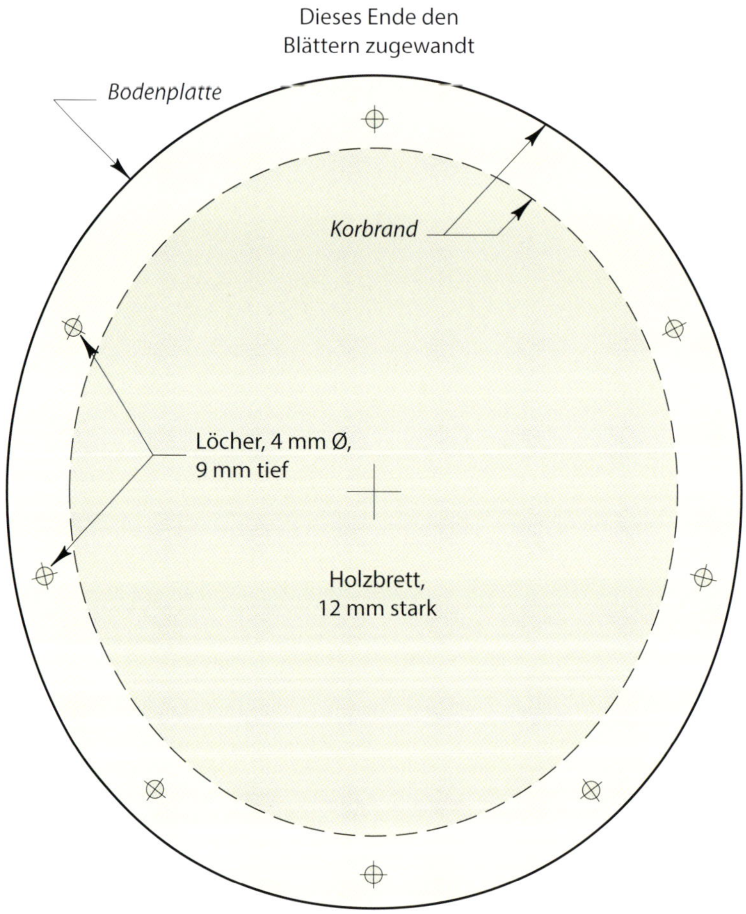

Fotokopie auf 180 % vergrößern

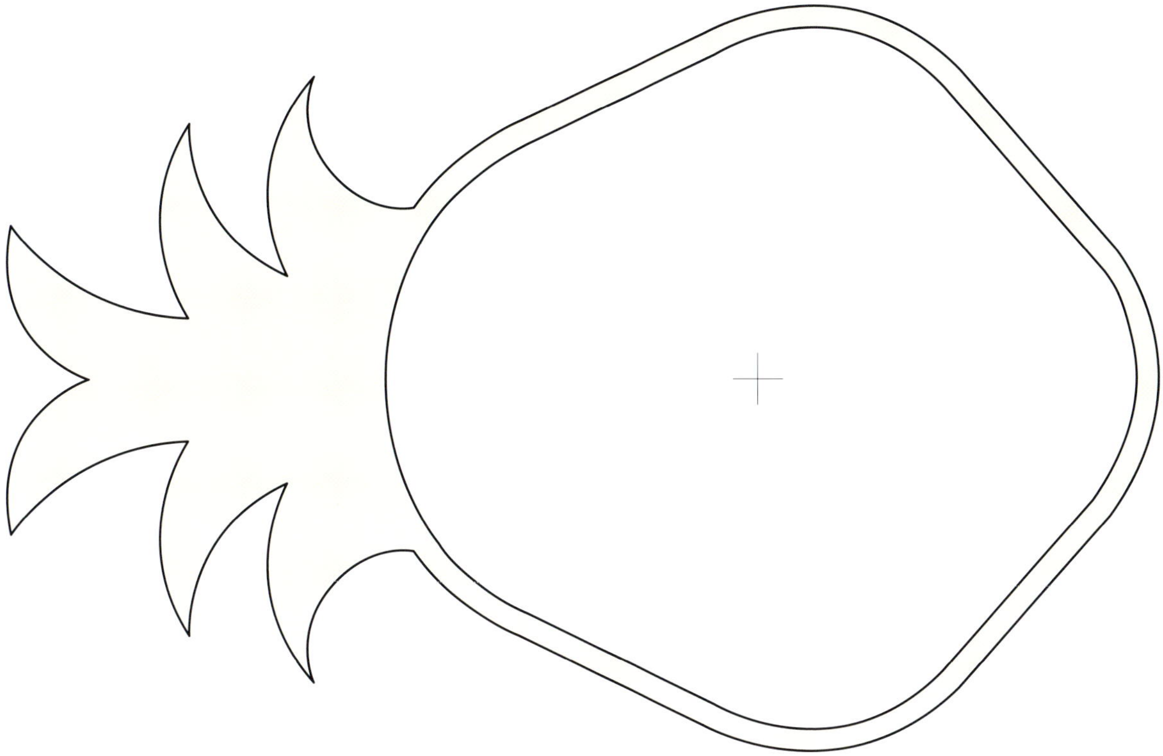

Fotokopie 180 %

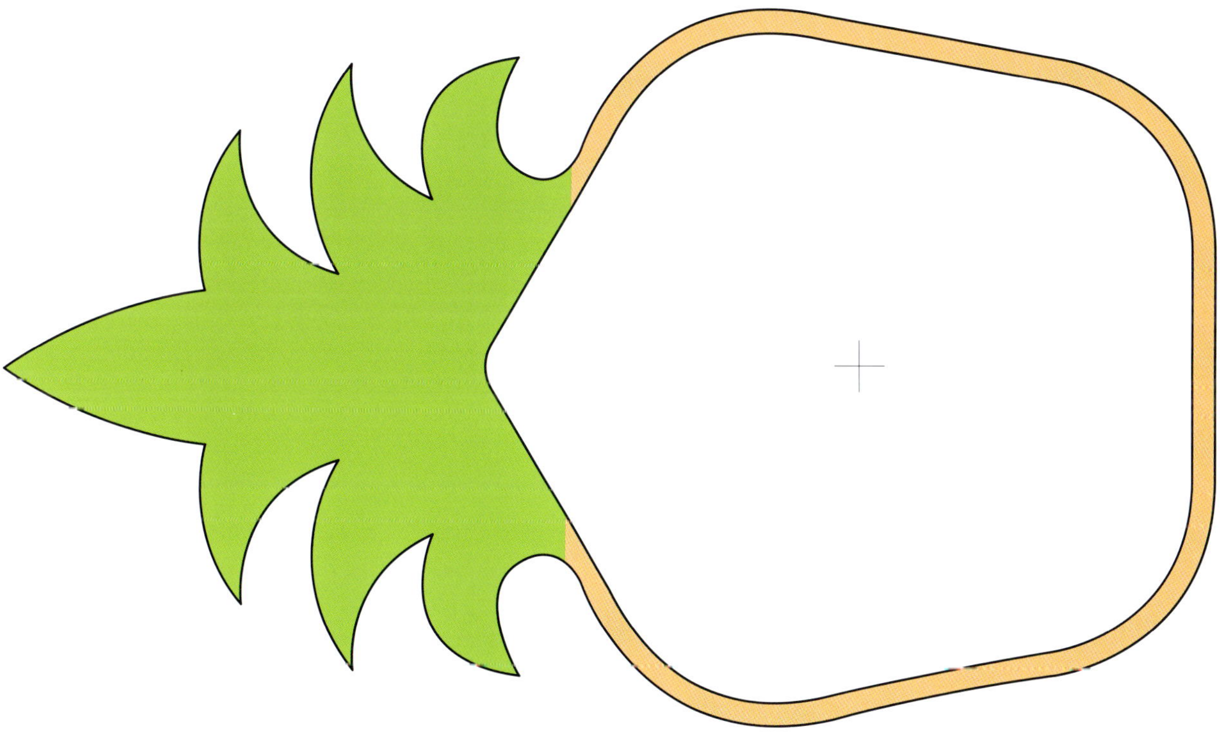

Spieluhr

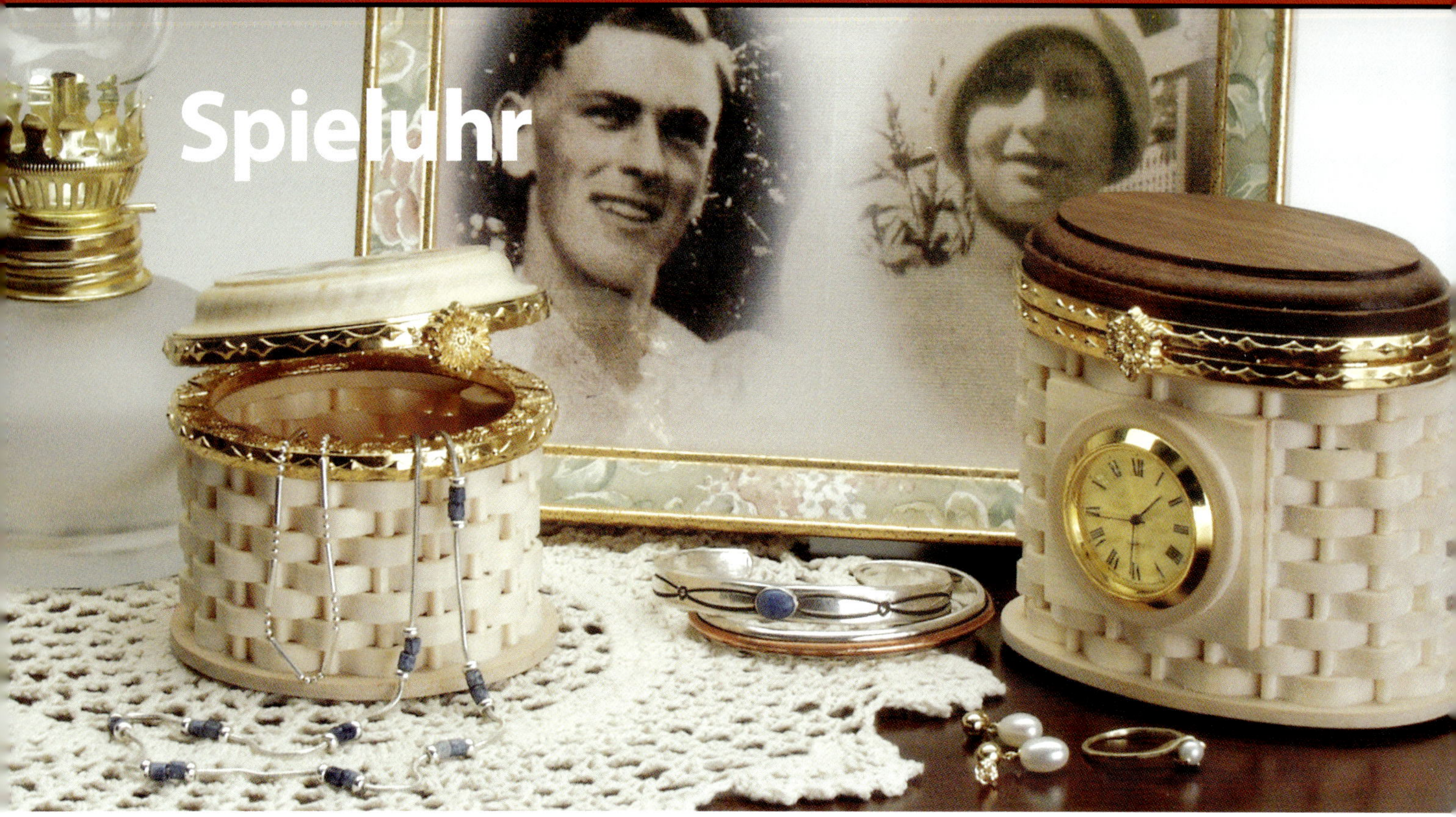

Dieser Korb ist ein Tausendsassa!

Von John A. Nelson Umgesetzt von Bill Guimond

Vor einiger Zeit hatte ich eine Idee für einen Entwurf, der auf einem simplen Grundprinzip beruhte und auch ganz leicht umzusetzen war. Es handelte sich um einen hölzernen Korb, der aus ausgesägten und aufeinander gestapelten Ringen sozusagen „scheibchenweise" aufgebaut wurde und einem richtigen Korbgeflecht täuschend ähnlich sah. Das Grundprinzip wurde in mehreren Büchern und Artikeln behandelt. Eigentlich hatte ich schon länger nicht mehr daran gedacht, als ich eines Tages einen ovalen Scharnierbügel entdeckte, der ursprünglich für Dosen aus Keramik gedacht war. Ich entwarf einen Korb, der zu diesem Scharnierbügel passte. Mein Dank gilt Bill Guimond, der nach meinem Entwurf diese wunderschönen Spieluhren gebaut hat.

Aufgrund von Rückmeldungen meiner Leser habe ich den Herstellungsprozess etwas abgeändert. Die einzelnen aufeinander gestapelten Ringe (Schichten) genau auszurichten, erwies sich als schwierig. Um die einzelnen Schichten rasch und genau ausrichten zu können, wurden sie mit Löchern versehen. Wenn die Schichten fertig aufeinander gestapelt sind, werden in diese Löcher Dübelstangen platziert. So passt alles exakt zusammen und hält auch tadellos.

Schritt 1: Schneiden Sie die 14 Bretter so zu, dass am Rand etwa 3–6 mm Platz bleibt. Schleifen Sie die obere und die untere Oberfläche ab.

Schritt 2: Kopieren Sie die Vorlagen und befestigen Sie sie mit ablösbarem Sprühkleber auf den Holzteilen. (Manche Vorlagen müssen einmal, andere zweimal kopiert werden.)

Schritt 3: Bohren Sie sorgfältig alle 3-mm-Löcher an den angegebenen Stellen. Dort, wo 4-mm-Löcher vorgesehen sind, bohren Sie zunächst 3-mm-Löcher. In Schritt 9 werden sie auf 4 mm Durchmesser nachgebohrt.

Schritt 4: Sägen Sie mit einem Sägeblatt Nr. 2 oder 0/2 sorgfältig alle Teile aus. Schleifen Sie sie leicht ab. Bohren Sie die 2- und 9-mm-Löcher in Schicht 3. Die Löcher müssen groß genug sein, damit sich der Dübel frei bewegen lässt.

ZEITSPAREND LEIMEN MIT SUPER T **TIPP**

Dieser Leim braucht maximal 30 Sekunden zum Trocknen und ist für große Projekte bestens geeignet. Sie brauchen die Teile nicht mit Klemmen oder Gummibändern fixieren – Sie können einfach leimen und weiterarbeiten. Aber dieser Vorteil hat auch seinen Preis: Super T ist teurer als herkömmlicher Leim und strömt Dämpfe aus, die bei Asthmatikern wie mir eine Spitalsbehandlung notwendig machen können – ich spreche da leider aus eigener Erfahrung! Der Arbeitsbereich muss daher unbedingt gut belüftet sein.

Schritt 5: Nehmen Sie zwei 75 mm lange, 3 mm starke Dübelstangen als vorläufige Orientierungshilfe und leimen Sie die Schichten, mit Schicht 1 beginnend, aneinander fest (Schicht 1 an Schicht 2, Schicht 2 an Schicht 3, Schicht 3 an Schicht 4 usw.). Der Leim darf dabei nicht in die Nähe des 3 mm starken Dübels auf der rechten Seite geraten!

Schritt 6: Wenn der Leim getrocknet ist, entfernen Sie die Dübelstange auf der rechten Seite (für Angaben wie „links" und „rechts": siehe Anordnungsdiagramm). Bohren Sie mit einer Standbohrmaschine ein 4 mm starkes Loch bis hinunter zu Schicht 7. Wenn Sie keine Standbohrmaschine haben, schleifen Sie den Dübel ab, damit er sich frei bewegen kann.

Schritt 7: Wenn nötig, leimen Sie den linken 3-mm-Dübel fest.

Schritt 8: Leimen Sie unten rechts (siehe Anordnungsdiagramm) einen 19 mm langen, 3 mm starken Dübel so fest, dass er durch die Teile 1, 2 und 3 hindurchgeht.

Schritt 9: Bohren Sie das 3-mm-Loch auf der rechten Seite mit 4 mm Durchmesser nach. Bohren Sie dabei durch die Teile 12 bis 7, auch durch Teil 7 hindurch. Warum? Sehen Sie sich auf dem Anordnungsdiagramm die rechte Seite an. Der große Doppelpfeil zeigt die Position des 3 mm starken Dübels zum Ein- und Ausschalten der Musik an. In dem 4-mm-Loch lässt sich dieser Dübel locker auf- und abbewegen.

Schritt 10: Schneiden Sie 2-mm-Löcher in das Plexiglasfenster und schneiden Sie es nach der Vorlage aus.

Schritt 11: Schneiden Sie den Abstandsring für das Uhrwerk aus.

Schritt 12: Bohren Sie mit einem Forstnerbohrer sorgfältig die Aussparung für das Uhrwerk (etwa 3 mm tief, 30 bis 40 mm Durchmesser, der Größe des Uhrwerks angepasst). Lassen Sie sich bei dieser heiklen Arbeit Zeit und üben Sie beim Bohren nur mäßig Druck aus, um die Vorderfront nicht einzudrücken. Sie können die Vorderfront auch von hinten mit einem Stück Abfallholz abstützen.

Schritt 13: Leimen Sie den Abstandsring mit Holzleim fest. Überprüfen Sie, ob das Uhrwerk auch richtig sitzt.

Schritt 14: Passen Sie den Deckel und den Deckelrand in den Scharnierbügel ein. Achten Sie auf einen festen Sitz.

Schritt 15: Profilieren Sie den Deckel mit einem Profilfräser (siehe Abbildung S. 77).

Schritt 16: Kleben Sie den Scharnierbügel mit Epoxykleber an Deckelrand und Deckel an.

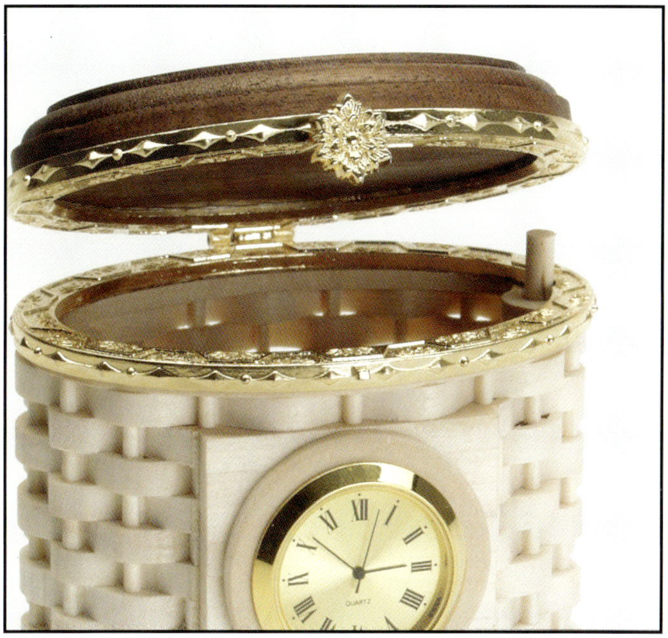

Rechts ist der Dübel zum Ein- und Ausschalten zu sehen.

Schritt 17: Schrauben Sie das Musikwerk fest. Kürzen Sie nach Bedarf den Draht des Ein-Aus-Schalters und biegen Sie ihn zurecht (siehe Diagramm). Achten Sie darauf, dass sich der Draht frei auf- und abbewegen lässt.

Schritt 18: Befestigen Sie das Plexiglasfenster mit zwei kleinen Schrauben oder Drahtstiften.

Schritt 19: Bringen Sie einen Dübel als Ein-Aus-Schalter an (etwa 59 mm lang). Prüfen Sie, ob er sich frei auf- und abbewegen lässt und die Musik beim Öffnen des Deckels eingeschaltet wird. Bringen Sie eine Kerbe am Ende des Dübels an, um den Draht zu fixieren.

Schritt 20: Feilen Sie bei Bedarf den Scharnierbügel nach. Feilen Sie gegebenenfalls eine Kerbe in die Innenseite des Bügels, sodass sich der Dübel frei auf- und abbewegen lässt.

Schritt 21: Bringen Sie ein geeignetes Finish auf. Kleben Sie Filzscheiben am Boden an.

HANDVERRIEBENES FINISH **TIPP**

Um die Schönheit des Holzes zu betonen und seine angenehme Haptik zu erhalten, verwende ich Tungöl oder Danish Oil. Beides kann man von Hand auftragen. Während Lack das Holz mit einer Außenschicht überzieht, dringt das Öl in die Oberfläche ein, ohne die Poren zu versiegeln. Das Holz kann atmen und erhält mit der Zeit eine natürliche Patina. Ein- oder zweimaliges Einölen ergibt eine matte Oberfläche. Ein schöner Glanz entsteht, wenn Sie fünf oder sechs Schichten Tungöl oder Danish Oil auftragen.

Musikwerk von oben

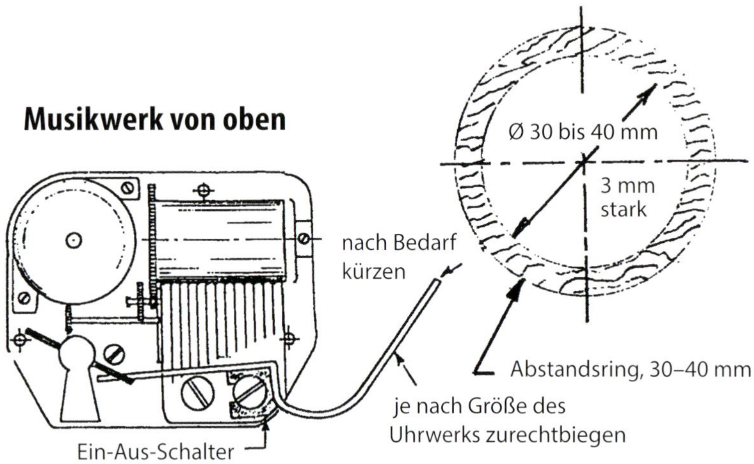

Fenster

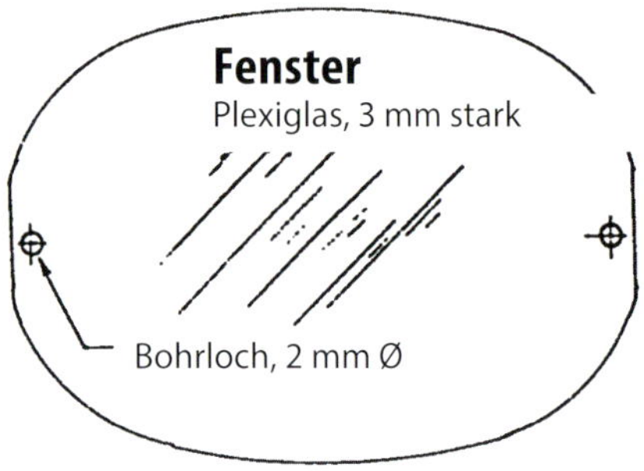

Vorschlag: Bringen Sie eine Kerbe am Ende des 3 mm starken Dübels an, um den Ein-Aus-Draht zu fixieren.

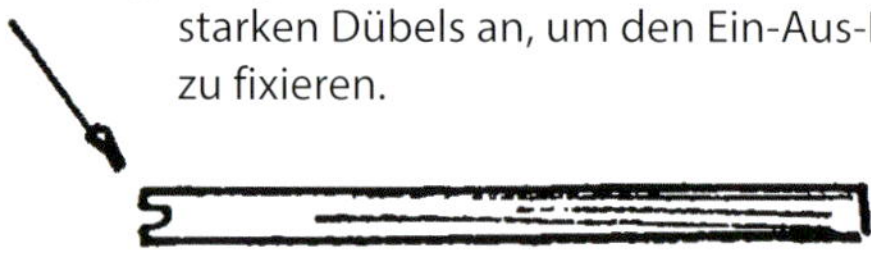

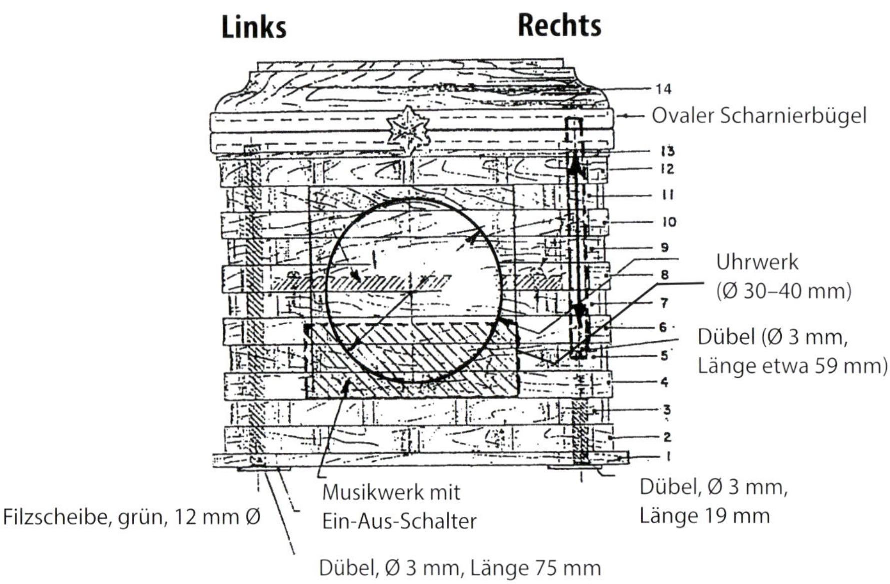

Anordnungsdiagramm

Material & Werkzeug

Material

Anmerkung: Das abgebildete Projekt ist aus Walnuss- und Espenholz gefertigt. Sie können auch andere Hölzer wählen. Harthölzer, wie z. B. Espe, Mahagoni, Pappel und Walnuss, eignen sich am besten. Kirsche ist nicht zu empfehlen, weil bei engen Kurvenschnitten leicht Brandspuren entstehen. Kontrastierende Hölzer für Deckel und Gehäuse (z. B. Mahagoni/Walnuss oder Ahorn/Walnuss) wirken besonders schön.

- 1 Stück Holz, 12 x 112 x 75 mm (Deckel)
- 1 Stück Holz, 3 x 112 x 75 mm (Deckelrand)
- 11 Stücke Holz, 6 x 112 x 75 mm (Korbschichten)
- 1 Stück Holz, 3 x 112 x 87 mm (Boden)
- 3 mm starke Dübel, Länge 75, 75, 59 und 19 mm
- Ablösbarer Sprühkleber
- Feines Schleifpapier (200er-Körnung)
- Ovaler Scharnierbügel (hier: von National Artcraft)
- Gelber Holzleim (PUR-Leim)
- Epoxykleber
- Musikwerk
- Uhrwerk
- Plexiglas, 3 x 87 x 62 mm (erhältlich bei Firmen, die Fensterglas verkaufen)
- 2 Filzscheiben, 12 mm Ø
- 2 Filzscheiben, 6 mm Ø
- Oberflächenbehandlung nach Wahl

Werkzeug

- Bohrmaschine mit verschiedenen Bohreinsätzen (2, 3, 4, 9 mm)
- Sägeblatt Nr. 2 oder 2/0
- Forstnerbohrer, Durchmesser je nach Größe des Uhrwerks (siehe auch den in der Herstelleranleitung für das Uhrwerk empfohlenen Durchmesser)

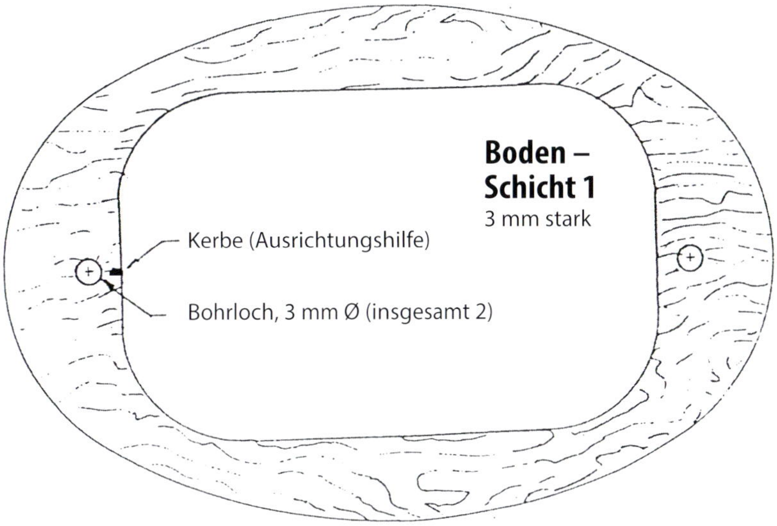

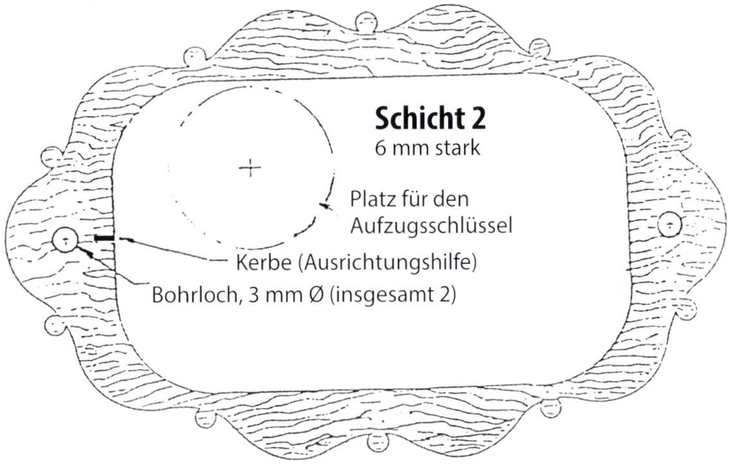

Fotokopie 100 %

WICHTIG: Bohren Sie zuerst alle Löcher, bevor Sie zu sägen beginnen!

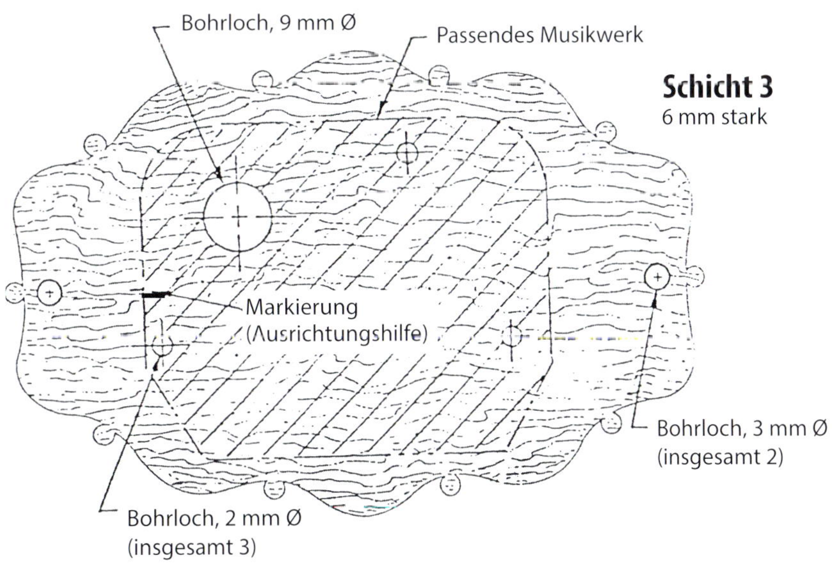

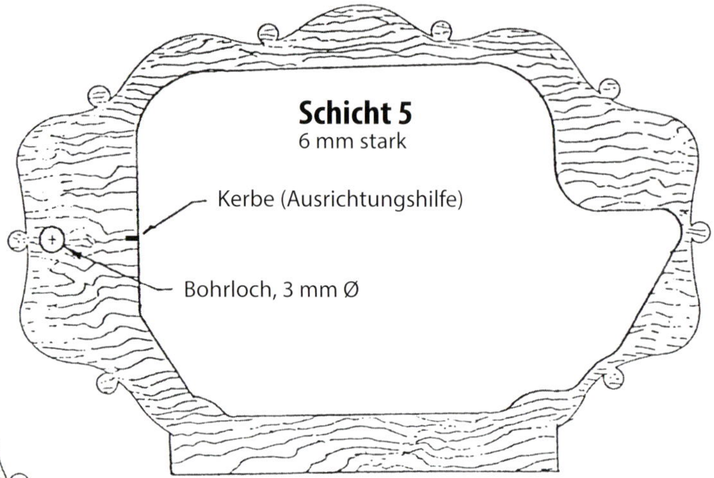

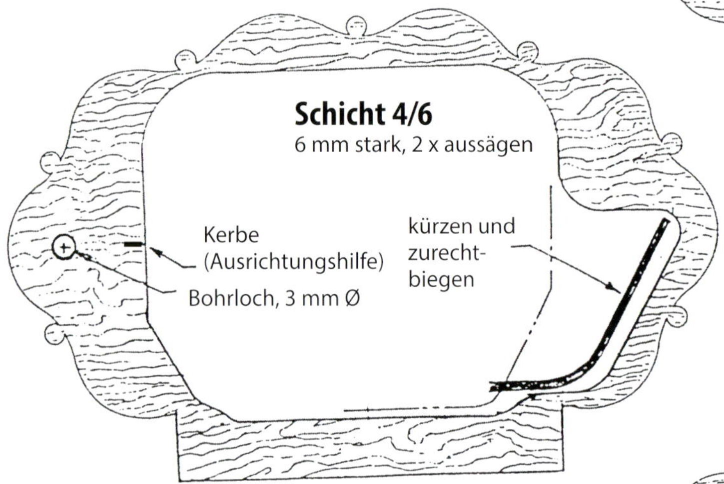

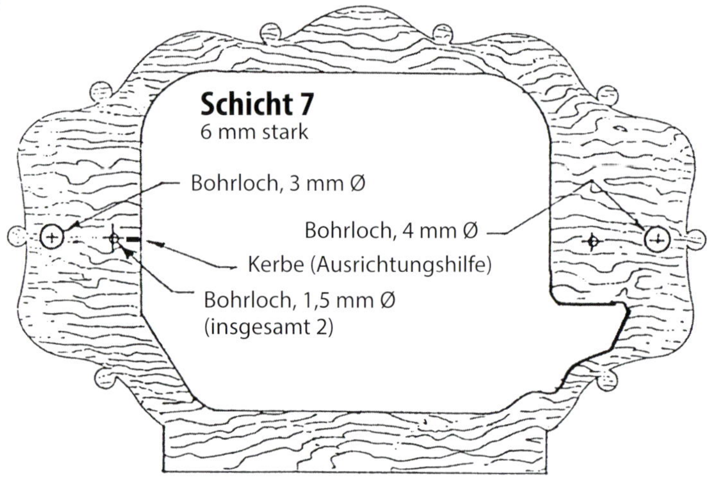

Bringen Sie eine Kerbe am Scharnierbügel an, sodass das 3-mm-Loch für den Dübel frei bleibt.

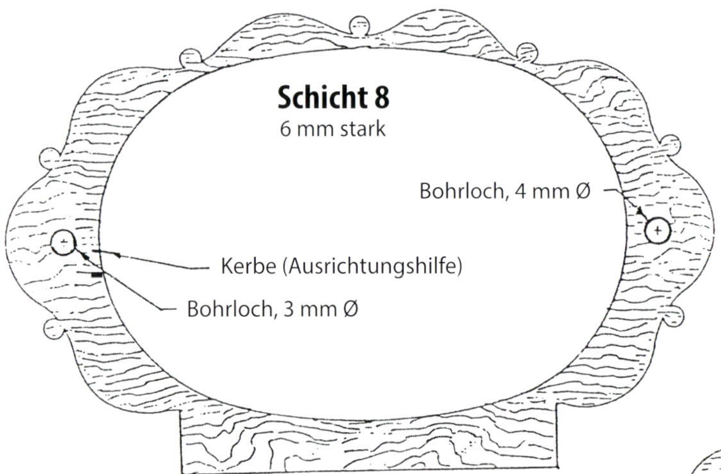

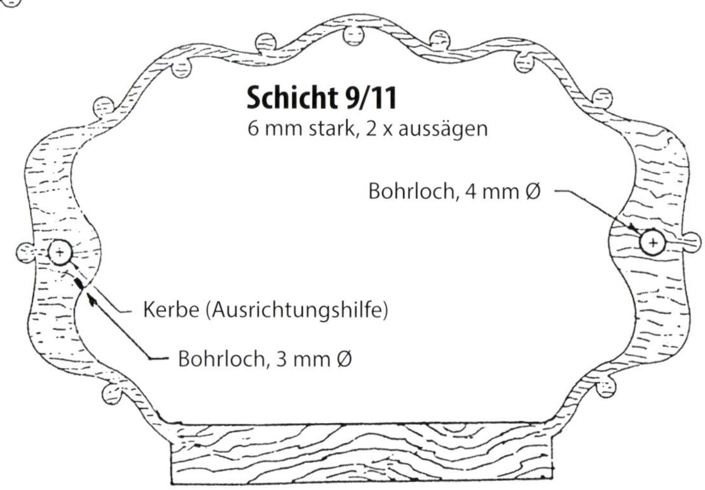

Fotokopie 100 %

WICHTIG: Bohren Sie zuerst alle Löcher, bevor Sie zu sägen beginnen!

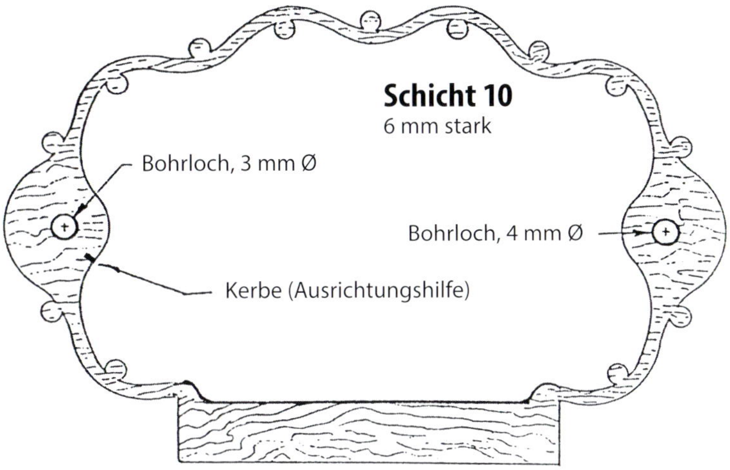
Schicht 10
6 mm stark
Bohrloch, 3 mm Ø
Bohrloch, 4 mm Ø
Kerbe (Ausrichtungshilfe)

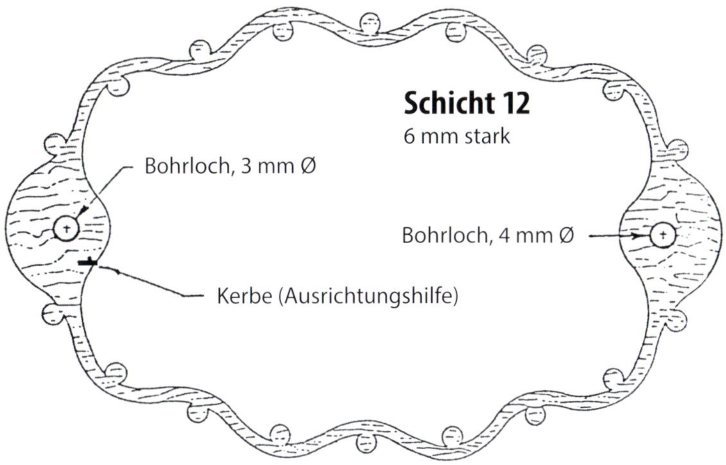
Schicht 12
6 mm stark
Bohrloch, 3 mm Ø
Bohrloch, 4 mm Ø
Kerbe (Ausrichtungshilfe)

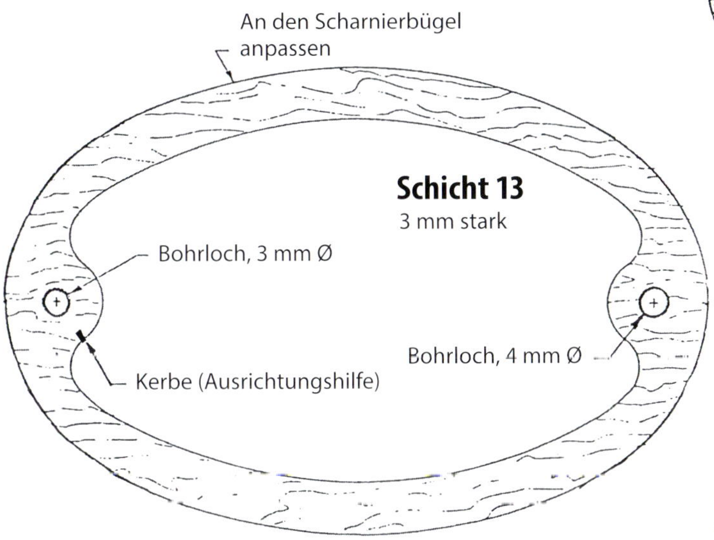
An den Scharnierbügel anpassen
Schicht 13
3 mm stark
Bohrloch, 3 mm Ø
Bohrloch, 4 mm Ø
Kerbe (Ausrichtungshilfe)

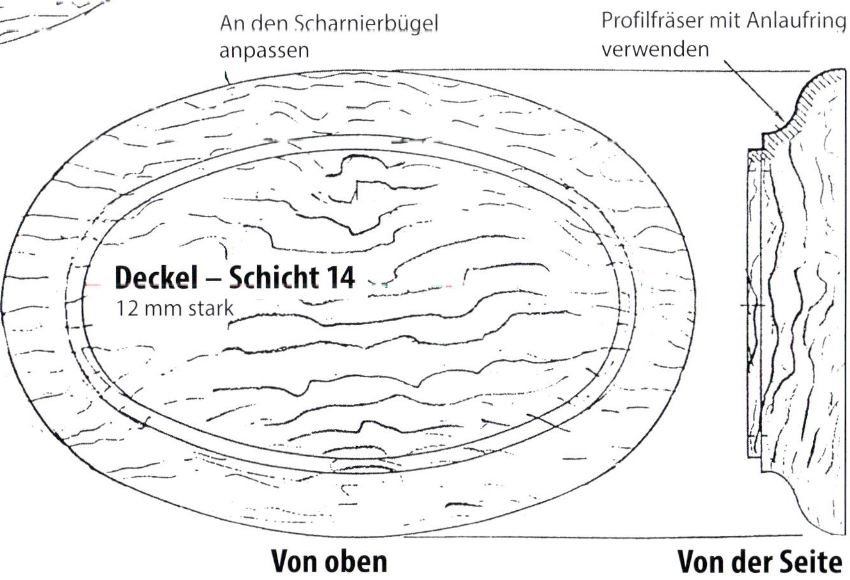
An den Scharnierbügel anpassen
Profilfräser mit Anlaufring verwenden
Deckel – Schicht 14
12 mm stark
Von oben
Von der Seite

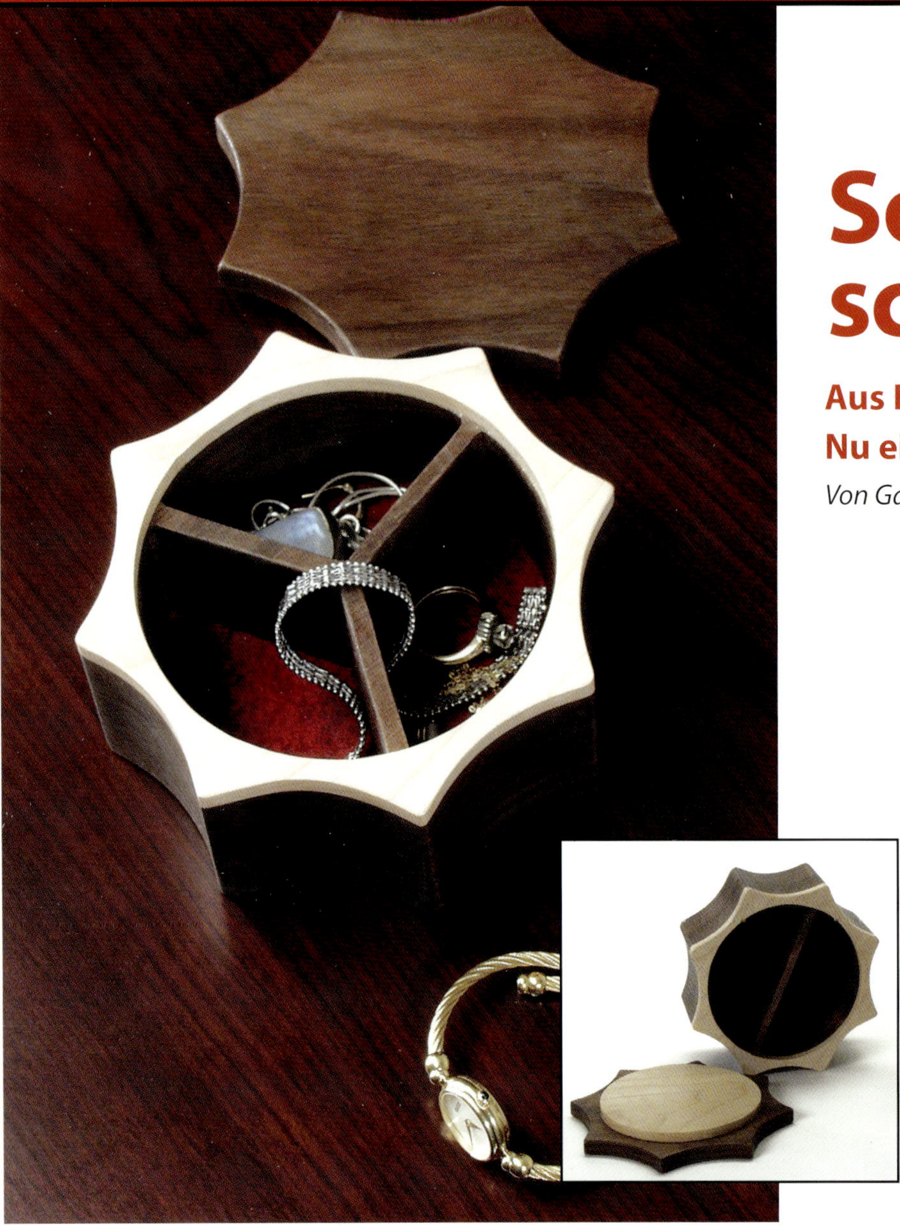

Schmuckschatulle

Aus Hartholzresten wird im Nu eine schöne Kassette

Von Gary MacKay

Diese Kassette verbindet Schlichtheit und Eleganz und ist auch für sich allein ein schönes Geschenk. Wenn Sie einem ganz besonderen Menschen ein ganz besonderes Schmuckstück schenken wollen, wird die Schatulle zur Luxus-Verpackung.

In Baumärkten bekommen Sie kleine Mengen an gehobeltem Pappel- und Eichenholz zu günstigen Preisen. Die Kassette wirkt noch hochwertiger, wenn Sie die Fächer mit Filz auskleiden. Filz, Holzleim und Zeichenkarton sind in Heimwerkerläden problemlos erhältlich. Experimentieren Sie mit verschiedenen Holzarten. Auch Hartholzreste eignen sich für dieses schöne und dabei ganz leicht umzusetzende Projekt.

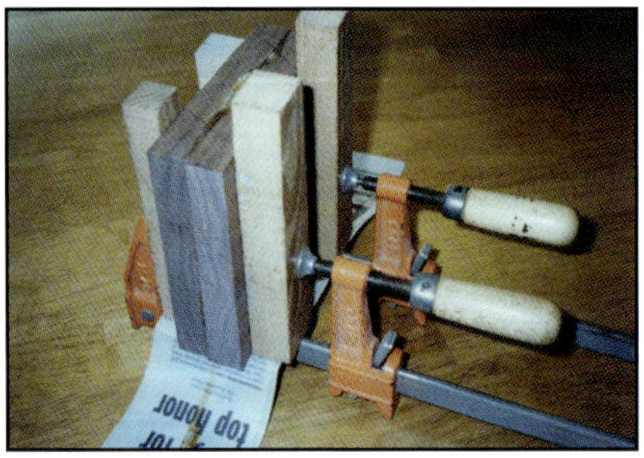

Schritt 1: Für die Kassettenwände halbieren Sie mit der Dekupiersäge (Sägeblatt Nr. 5 mit Gegenzähnen) das 19 mm starke Brett aus Walnussholz (ergibt 2 Bretter von je 137 x 137 mm). Bevor Sie diese Bretter zusammenleimen, entfernen Sie mit feinem Schleifpapier (Körnung 220) alle Holzfasern, die den erforderlichen Holz-zu-Holz-Kontakt verhindern könnten. Vor dem Leimen schützen Sie die Klemmen mit

Material & Werkzeug

Material

- Walnussholz, 19 x 275 x 137 mm, für die Wände (Alternativen: z. B. Kirsche, Pappel)
- Walnussholz, 6 x 137 x 137 mm, für den Boden (Alternativen: z. B. Kirsche, Pappel)
- Walnussholz, 12 x 137 x 137 mm, für den Deckel (Alternativen: z. B. Kirsche, Pappel)
- Pappelholz, 6 x 137 x 137 mm, für den Deckelboden (Alternativen: z. B. Walnuss, Kirsche, Ahorn, Eiche)
- Bleistift
- Ablösbarer Sprühkleber
- Holzleim
- Zeitungspapier
- Abdeckband
- Transparentes Paketklebeband
- Transparente Oberflächenbehandlung nach Wahl
- Zeichenkarton, 212 x 275 mm (optional)
- Filz oder Samt, 212 x 275 mm (optional)
- Schleifpapier mit 80er- und 220er-Körnung

Werkzeug

- Sägeblatt für dickes Holz, 7 TPI, oder gleichartiges Sägeblatt Nr. 12
- Sägeblatt Nr. 5 mit Gegenzähnen
- Bohrmaschine mit 1,5-mm-Spiralbohrer sowie mit 3-mm- oder größerem Spiralbohrer
- 2 Schraubzwingen, Breite 150 mm
- 4 Klemmblöcke aus Restholz, 25 x 150 x 25 mm
- Schere
- Alter Flachschraubenzieher

einem einzelnen Blatt Zeitungspapier vor überschüssigem Leim. Tragen Sie auf beide Holzteile je eine dünne Schicht Holzleim auf und fixieren Sie sie mit den Schraubzwingen und vier Klemmblöcken aus Restholz.

Ziehen Sie die Schraubzwingen nur so fest an, wie es mit Daumen und zwei Fingern möglich ist – auf keinen Fall so fest, dass der ganze Leim aus der Fuge gedrückt wird. Überschüssiger Leim muss nicht abgewischt werden. Lassen Sie die beiden Teile über Nacht in den Schraubzwingen trocknen.

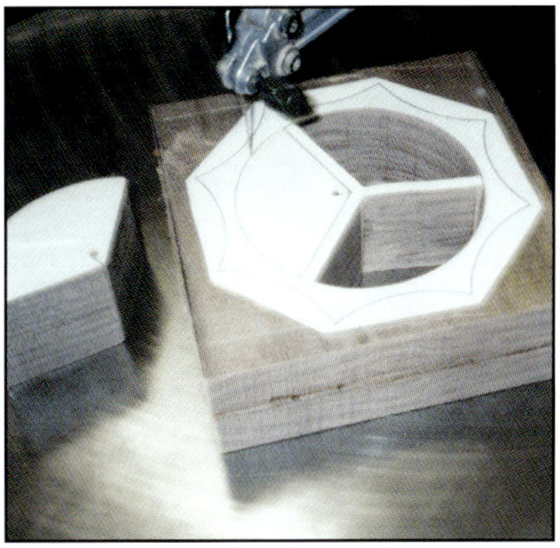

Schritt 2: Lösen Sie die Schraubzwingen. Bringen Sie ablösbaren Sprühkleber auf die Rückseite der Papiervorlage auf und kleben Sie sie auf den Rohling. Kleben Sie transparentes Paketklebeband über die Papiervorlage. Bohren Sie in jedes der drei Unterteilungsfächer ein Startloch (3 mm Ø oder größer). Sägen Sie mit einem Sägeblatt für dickes Holz, 7 TPI, oder einem gleichartigen Sägeblatt Nr. 12 die drei Unterteilungsfächer aus. Wenn Sie die Schatulle mit Filz oder Samt auskleiden wollen, heben Sie eines der ausgeschnittenen Segmente auf und lösen Sie auch das Vorlagepapier nicht davon ab.

Schritt 3: Bestreichen Sie die Unterseite des Werkstücks dünn mit Holzleim. Platzieren Sie den Boden (6 x 137 x 137 mm) auf die leimüberzogene Oberfläche und befestigen Sie ihn mit je einem Stück Abdeckband auf beiden Seiten der Kassette. Fixieren Sie die Teile ca. 10 Minuten lang mit 2 Schraubzwingen und 4 Klemmblöcken. Lösen Sie die Schraubzwingen. Entfernen Sie den herausgedrückten Leim am Boden der drei Fächer mit einem Schraubenzieher. Bringen Sie die Klemmblöcke und Schraubzwingen wieder an. Lassen Sie das Werkstück über Nacht trocknen.

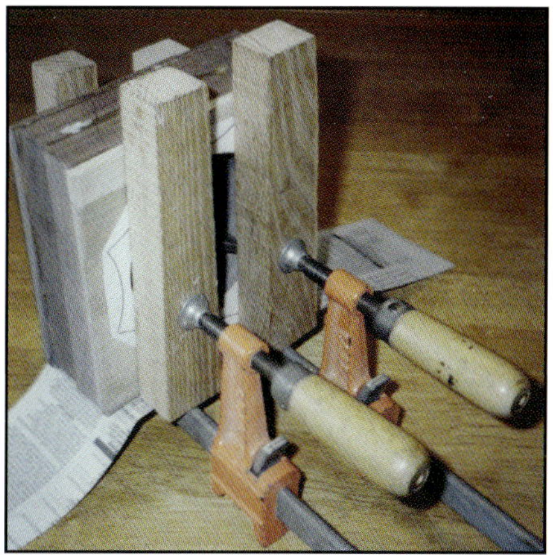

Schritt 4: Lösen Sie die Schraubzwingen, nehmen Sie Abdeckband und Vorlagepapier ab. Sprühen Sie ablösbaren Kleber auf die Rückseite der Papiervorlage für den Deckelboden, kleben Sie sie auf den 6 x 137 x 137 mm großen Deckelboden-Rohling und bedecken Sie sie mit transparentem Paketklebeband. Bohren Sie zwischen den konzentrischen Kreisen auf der Vorlage ein Startloch mit 1,5 mm Durchmesser. Fädeln Sie ein Sägeblatt Nr. 5 durch dieses Loch und sägen Sie den äußeren Ring aus, dann fädeln Sie das Sägeblatt nochmals durch das Loch und sägen den inneren Ring aus. Schleifen Sie mit feinem Schleifpapier (Körnung 220) die Zwischenwände oben ab und entfernen Sie alle Holzfasern von der Oberseite des Werkstücks.

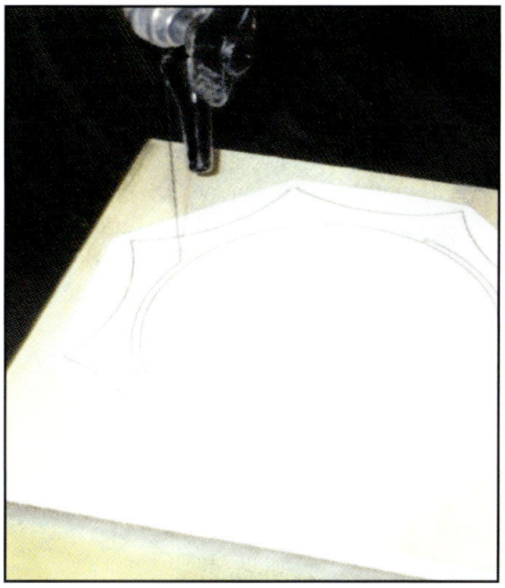

Schritt 5: Bringen Sie eine dünne Holzleimschicht auf die Oberseite des Werkstücks auf. Achten Sie darauf, dass kein Leim auf die drei Zwischenwände kommt. Platzieren Sie den 6 x 137 x 137 mm großen Deckelboden auf die leimüberzogene Oberfläche. Fixieren Sie die Teile ca. 10 Minuten lang mit Schraubzwingen und Klemmblöcken. Lösen Sie die Schraubzwingen und entfernen Sie den herausgedrückten Leim. Bringen Sie die Schraubzwingen wieder an und lassen Sie das Werkstück über Nacht trocknen.

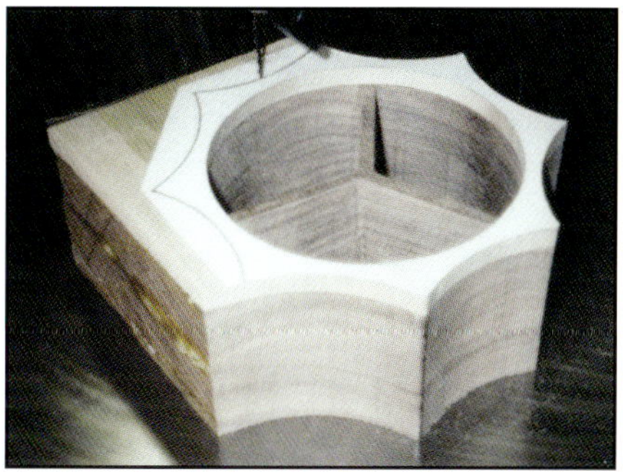

Schritt 6: Lösen Sie die Schraubzwingen. Sägen Sie mit einem 7-TPI-Sägeblatt oder einem gleichartigen Sägeblatt Nr. 12 den äußeren Umriss der Schatulle aus und entfernen Sie die Papiervorlage von der Oberseite.

LEIM ANZIEHEN LASSEN **TIPP**

Halten Sie den angeleimten runden Deckelboden etwa eine Minute in der richtigen Position fest, bevor Sie die Schraubzwingen anbringen. So hat der Leim Zeit anzuziehen und der Deckelboden kann beim Anbringen der Schraubzwingen nicht verrutschen.

Aus eins mach vier

Die Abbildung rechts zeigt die Entstehung dieses Projekts und drei Varianten. Erstellen Sie Ihren eigenen Entwurf!

Der Quadrant A zeigt eine achteckige Kassette (Winkel zwischen den Achsen = 45°). Nehmen Sie den Abstand zwischen 2 Ecken in den Zirkel und ziehen Sie außerhalb des Umkreises einen Kreisbogen, dann von der nächsten Ecke aus einen zweiten. Nun stechen Sie in den Schnittpunkt der beiden Kreisbogen ein und ziehen Sie jenen Kreisbogen zwischen den beiden Ecken, der die Umrisslinie der Kassette bildet.

Im Quadranten B sehen Sie eine Kassette mit 16 Ecken. Der Winkel zwischen den Achsen beträgt 22,5°. Der Quadrant C zeigt ein Zwölfeck. Hier beträgt der Winkel 30°. Im Quadranten D sehen Sie eine blütenartige Form, die auf 15- und 30-gradigen Winkeln basiert. Die Kreisbogen, die die Umrisslinie bilden, werden vom inneren Kreis aus gezogen.

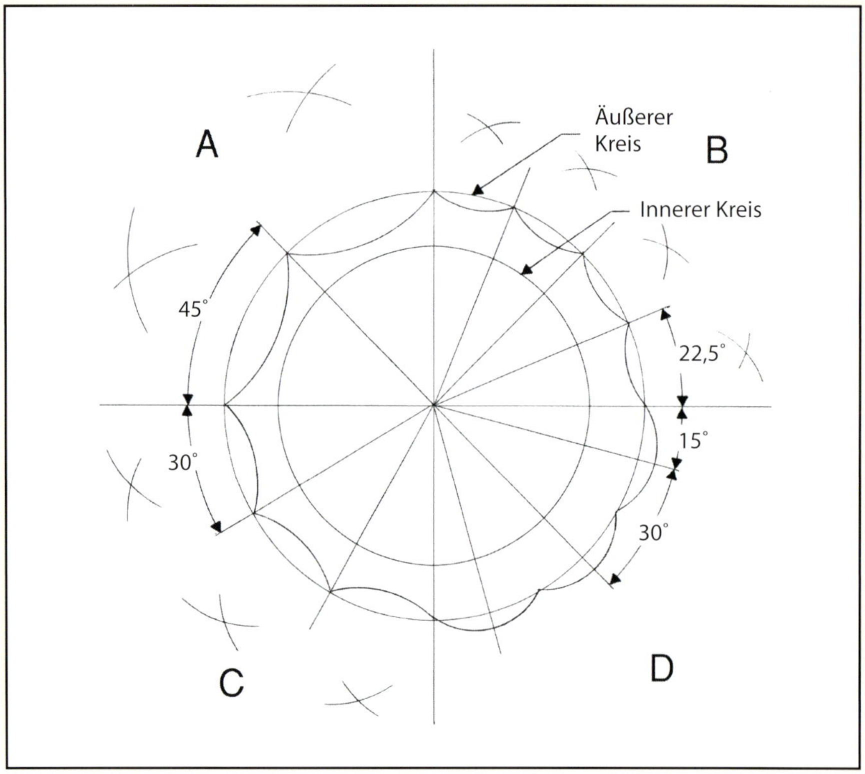

Schritt 7: Sprühen Sie ablösbaren Kleber auf die Rückseite der Papiervorlage für den Deckel, kleben Sie sie auf den 12 x 137 x 137 mm großen Deckel-Rohling und bedecken Sie sie mit transparentem Paketklebeband. Sägen Sie mit einem Sägeblatt Nr. 5 an der Umrisslinie des Deckels entlang. Schleifen Sie mit feinem Schleifpapier (220) die Holzfasern vom Deckel und vom Deckelboden ab.

Fotokopie 100 %

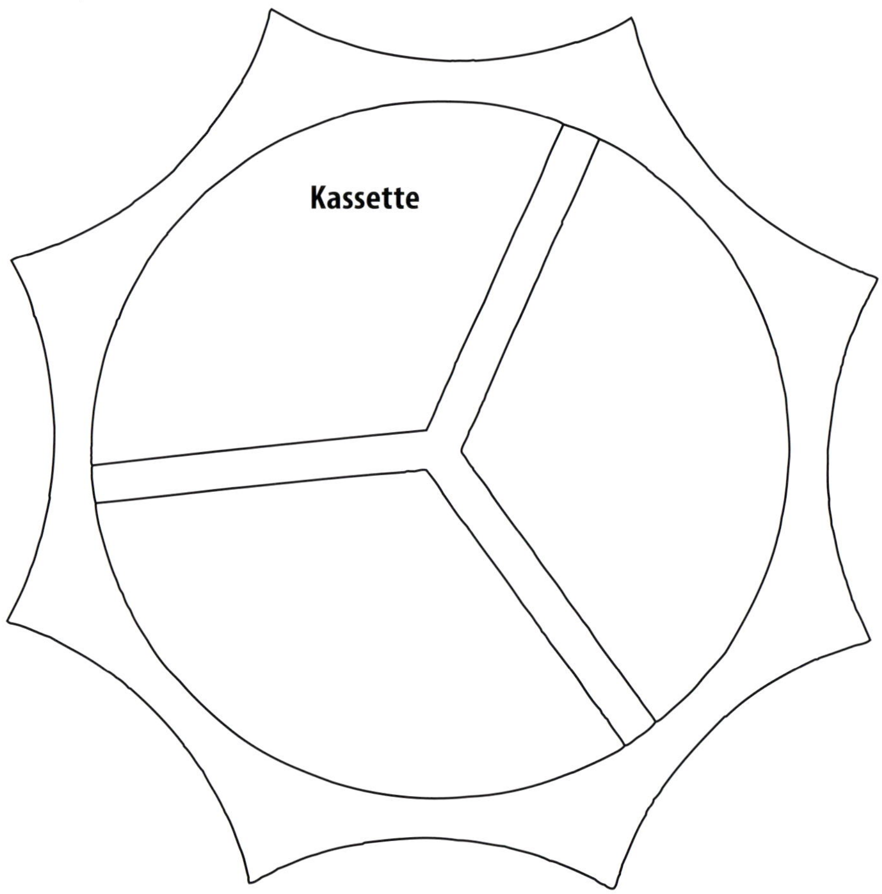

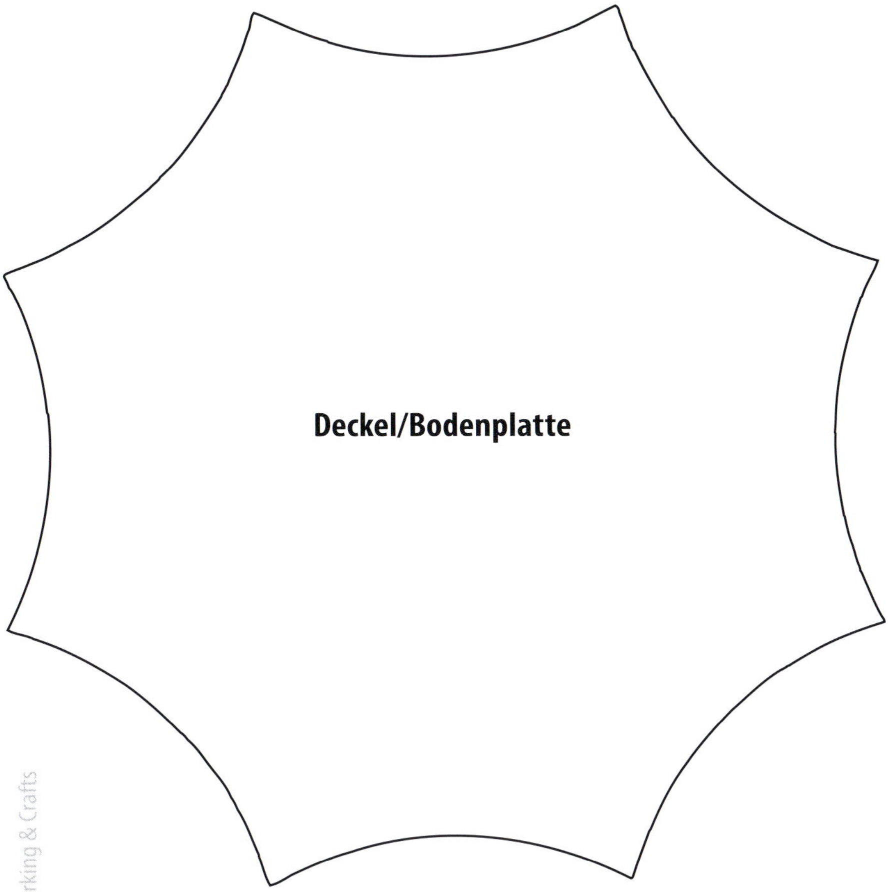

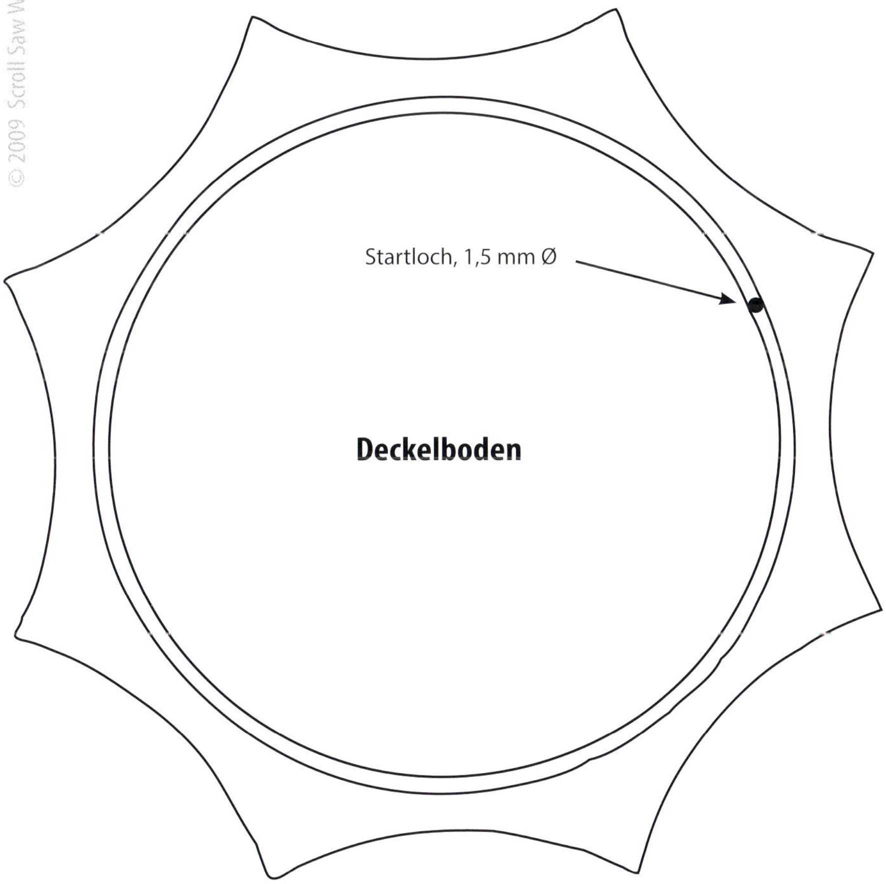

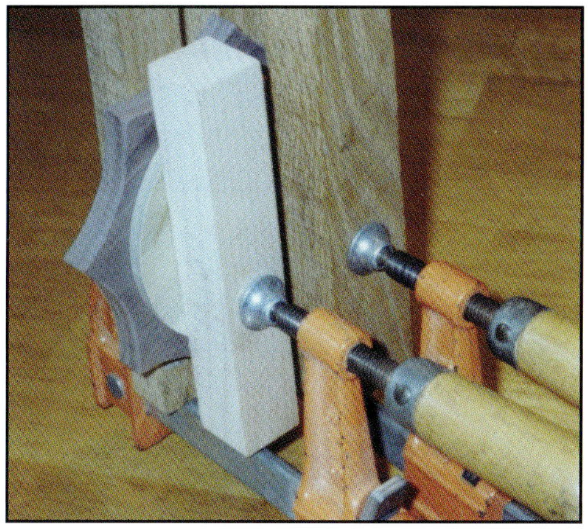

Schritt 8: Bringen Sie eine ganz dünne Holzleimschicht auf einer Seite des runden Deckelbodens auf und platzieren Sie ihn mittig auf dem Deckel. Fixieren Sie die Teile mit Schraubzwingen und Klemmblöcken. Entfernen Sie den herausgedrückten Leim mit einem Schraubenzieher. Lassen Sie das Werkstück über Nacht trocknen.

Schritt 9: Lösen Sie die Schraubzwingen, entfernen Sie die Papiervorlage und schleifen Sie die Kassette und den Deckel mit Schleifpapier der Körnung 220 ab. Bringen Sie eine transparente Oberflächenbehandlung nach Ihrer Wahl auf (die abgebildete Kassette erhielt einen einfachen Schellack-Überzug).

Schritt 10 (optional): Um die Fächer mit Filz oder Samt auszukleiden, legen Sie zunächst ein halbes Blatt Zeitungspapier auf eine ebene Arbeitsfläche. Legen Sie ein 216 x 279 mm großes Stück Zeichenkarton darauf. Bestreichen Sie eine Seite des Zeichenkartons mit Holzleim. Rollen Sie ein 216 x 279 mm großes Stück Filz oder Samt ein. Beginnen Sie an einer Kante des Zeichenkartons und entrollen Sie den Stoff über den mit Leim bestrichenen Karton. Legen Sie ein einzelnes Blatt Zeitungspapier auf den Stoff, beschweren Sie ihn mit einigen Telefonbüchern und lassen Sie das Ganze über Nacht trocknen. Legen Sie eines der Restholz-Segmente (vom Aussägen der Unterteilungsfächer) mit der Papierseite nach unten auf die Rückseite des Kartons und ziehen Sie den Umriss mit einem spitzen Bleistift nach (1 x für jedes Unterteilungsfach). Schneiden Sie die drei Segmente mit einer scharfen Schere aus und platzieren Sie je eines in die drei Unterteilungsfächer.

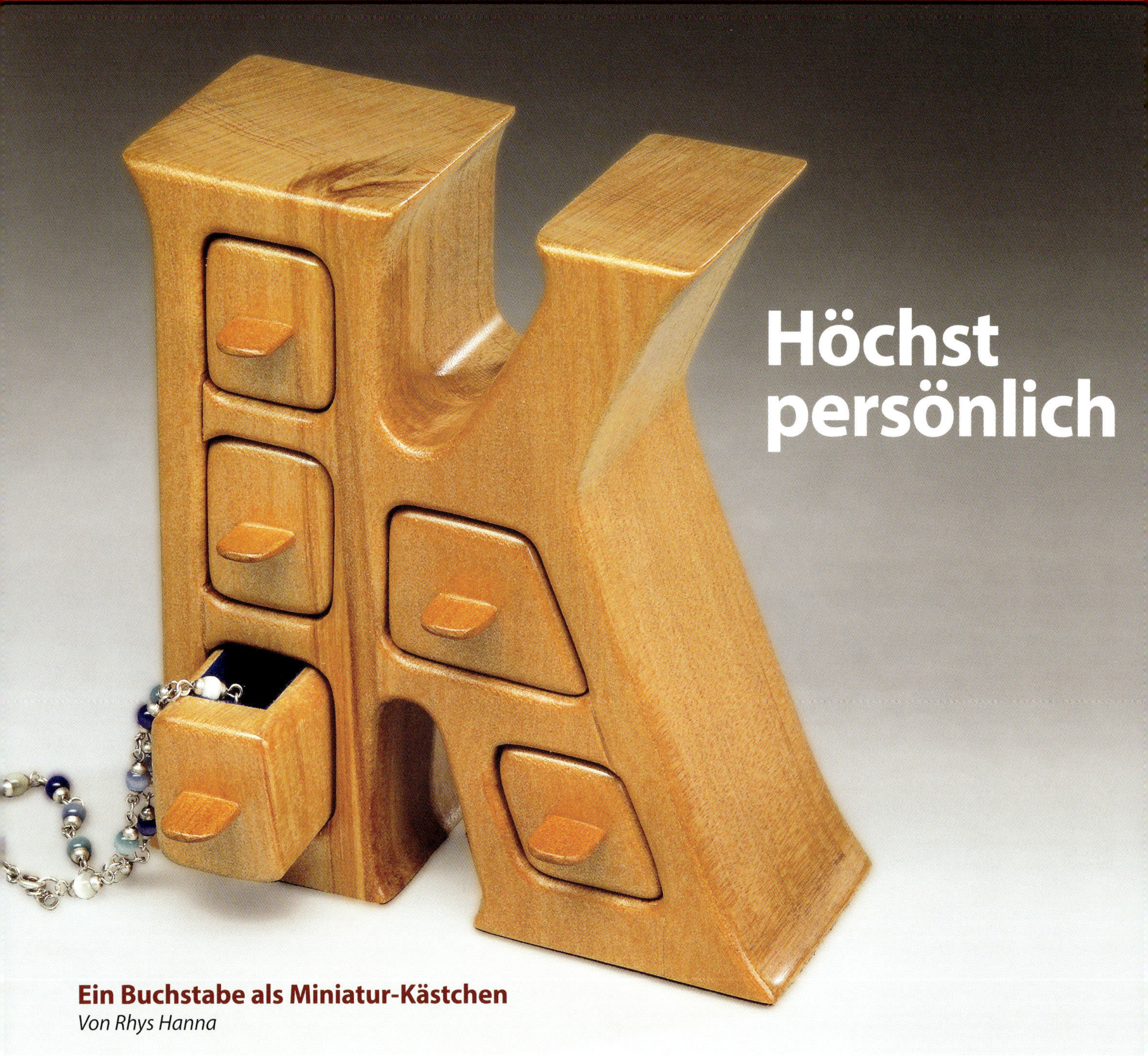

Höchst persönlich

Ein Buchstabe als Miniatur-Kästchen

Von Rhys Hanna

Jeder Mensch hat eine besondere Beziehung zu seinem Namen. Der Anfangsbuchstabe des Namens als Miniatur-Kästchen ist im wahrsten Wortsinn ein persönliches Geschenk. Dieses Schmuckkästchen war mein Promotionsgeschenk für meine Tochter Kirsten. In jeder der fünf Laden war außerdem ein Schmuckstück für die frischgebackene Frau Doktor versteckt.

Meistens nehme ich zwar die Bandsäge, wenn ich eine Kassette herstellen will, aber dieser Entwurf ist speziell für die Arbeit mit der Dekupiersäge gedacht. Ich zeichne zuerst die Vorlage auf ein 3 mm starkes Stück MDF. Anhand dieses Probestücks kann ich mit verschieden geformten Laden experimentieren und sichergehen, dass die fertigen Laden sich auch öffnen und schließen lassen.

Holz vorbereiten

Die Kassette ist 50 mm tief – obwohl das für die meisten Dekupiersägen eine Herausforderung ist. Als Alternative kann man zwei 25 mm starke Hölzer aussägen und dann zusammenleimen. Eine 8 mm starke Trägerplatte dient als Rückwand.

Zeichnen Sie die Vorlage auf das Holz. Bei den Ausschnitten für die Laden zeichnen Sie einen nach oben gerichteten Pfeil ein, damit die Laden richtig zugeschnitten werden.

Hauptwerkstück aussägen

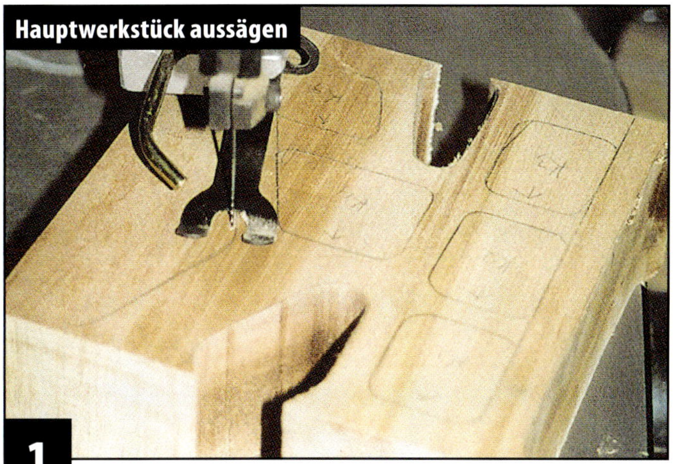

1

Sägen Sie den Umriss des Hauptwerkstückes aus. Richten Sie die Faserrichtung der Trägerplatte nach jener des Hauptwerkstücks aus, ziehen Sie den Umriss des Hauptwerkstücks auf der Platte nach und sägen Sie diese aus (ich nehme für beides ein weitgezahntes Sägeblatt Nr. 12).

Laden aussägen

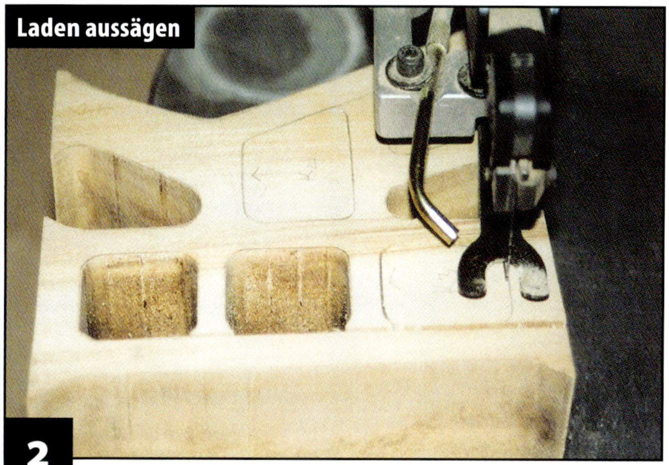

2

Schneiden Sie von unten der Länge nach hinauf bis zur oberen Lade und um diese herum. Dann schalten Sie die Säge aus, lassen Sie das Sägeblatt zurück zur nächsttieferen Lade gleiten, schalten Sie die Säge wieder ein und schneiden Sie um diese Lade herum.

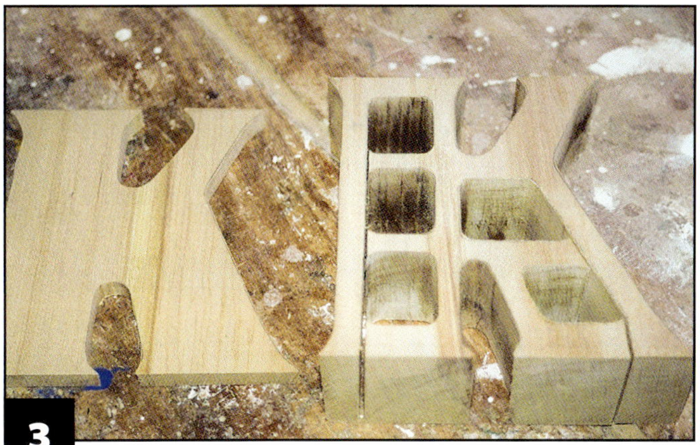

3

Sägen Sie die restlichen Laden mit derselben Technik aus. Die Dekupiersäge sägt so sauber und der Sägeschlitz ist so schmal, dass er sich leicht zuleimen lässt. Man kann auch mit kleinen Startlöchern arbeiten, bei so dickem Holz brechen dunne Bohrer und dunne Sägeblätter jedoch leicht.

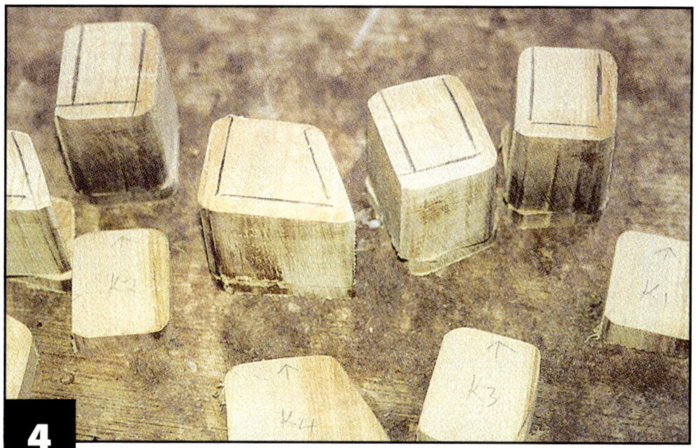

4

Schneiden Sie 11 mm von der Vorderseite und 6 mm von der Rückseite jeder Lade ab (= Vorder- und Rückwand der Laden). Kontrollieren Sie anhand der Markierungspfeile, ob die Lade nicht mit der Unterseite nach oben schaut. Markieren Sie das Innere der Laden und sägen Sie es aus. Vorsicht: Die Wände der Laden müssen mindestens 4,7 mm stark sein!

Laden zusammenbauen

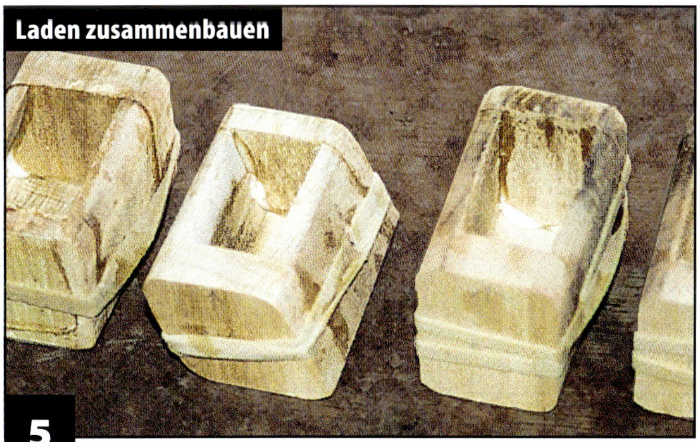

5

Schleifen Sie die Schnittflächen vorne und hinten ab, damit die Vorder- und Rückwand auch gut sitzt. Bringen Sie vorne und hinten am Mittelstück jeder Lade eine dünne Leimschicht auf, bringen Sie die Vorder- und Rückwände an und befestigen Sie sie mit Gummibändern, bis der Leim getrocknet ist.

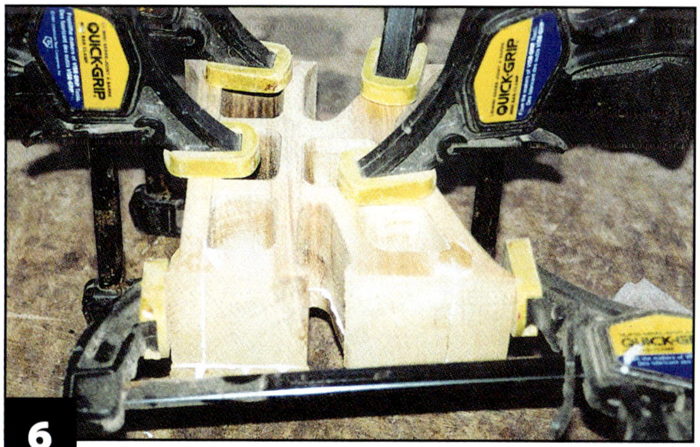

6

Bringen Sie Leim in den unteren Teil der Fuge am Hauptwerkstück ein und verteilen Sie ihn mit einem Messer. Tragen Sie Leim an der Kante des Hauptwerkstücks auf und platzieren Sie die Trägerplatte auf der Rückseite. Fixieren Sie die Teile mit Klemmen. (Die Schnitte durch die Trennwände zwischen den Laden werden nicht verleimt – siehe dazu Schritt 8.)

Schleifen

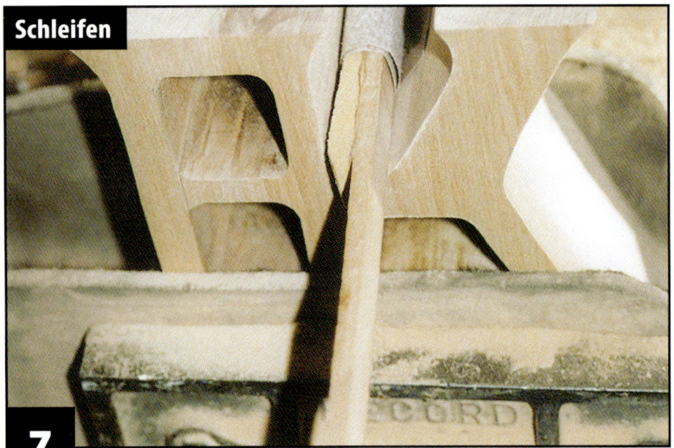

7 **Zum Abschleifen der ebenen Oberflächen nehme ich einen Bandschleifer, für die abgerundeten einen vertikalen Schwingschleifer.** Die Bandschleifspuren entferne ich mit einem Scheibenschleifer mit 225 mm Durchmesser, 220er-Körnung und einer weichen Unterlage aus Gummi (siehe Tipp). Zuletzt wird das Werkstück mit sehr feinem Schleifpapier (Körnung 400) von Hand abgeschliffen.

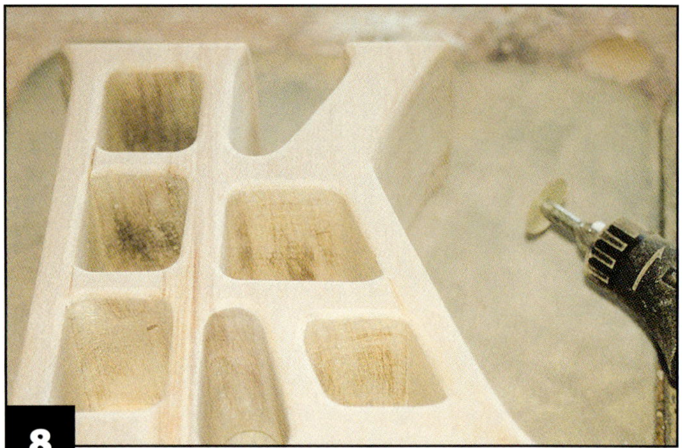

8 **Runden Sie die Kanten mit einem 3-mm-Rundungsfräser oder mit Schleifpapier ab.** Die Kanten der Standfläche werden nicht abgerundet. Zum Abrunden der Kanten an den Laden nehmen Sie Schleifpapier. Mit einem Motorschnitzgerät mit v-förmigem Messer werden nun die Schnittlinien zwischen den Laden betont.

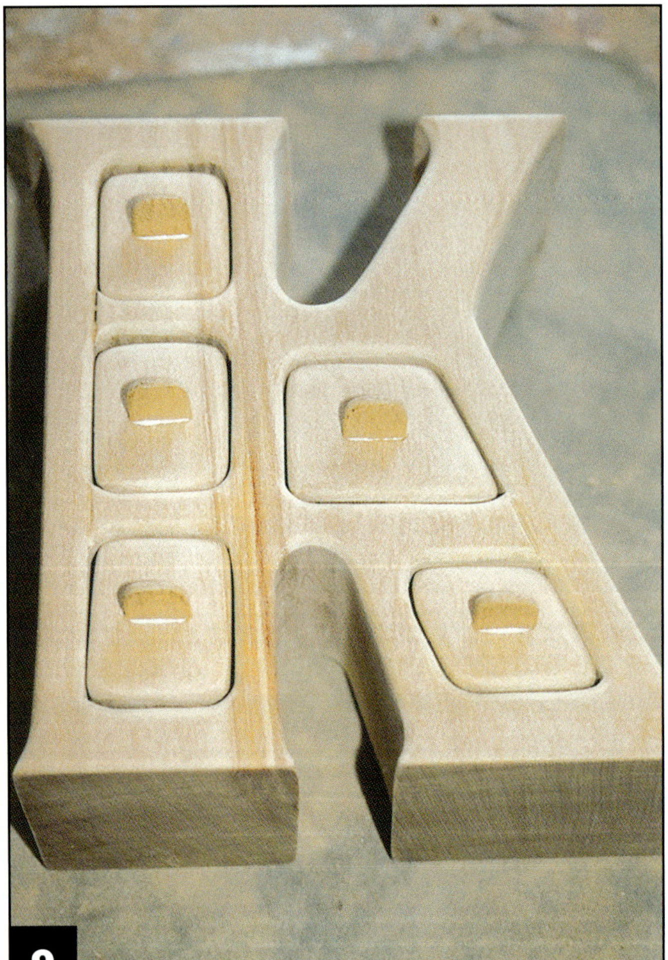

9 **Für die Griffe an den Laden schneiden Sie vom Abfallbereich der Trägerplatte 4,7 mm starke Streifen ab.** Dann schneiden Sie von den Streifen 16 mm lange Stücke ab und runden Sie an einer Seite die Ecken ab – ich nehme dazu einen Sand-O-Flex, aber es geht auch von Hand. Flachen Sie die gerade Seite mit einem Schleifgerät ab, bis der Teil 12 mm lang ist (um sicherzugehen, dass die Kante rechtwinklig ist). Leimen Sie je einen solchen Griff an der Vorderfront der Laden an.

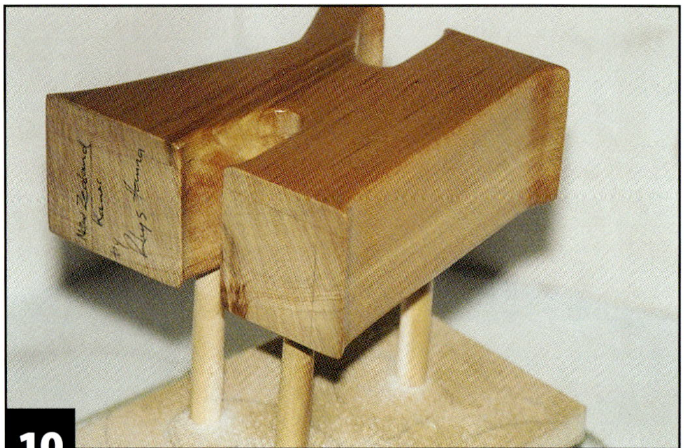

10 **Bringen Sie ein Finish nach Wahl auf.** Ich nehme Glanzlack, aber hier ist fast alles möglich.

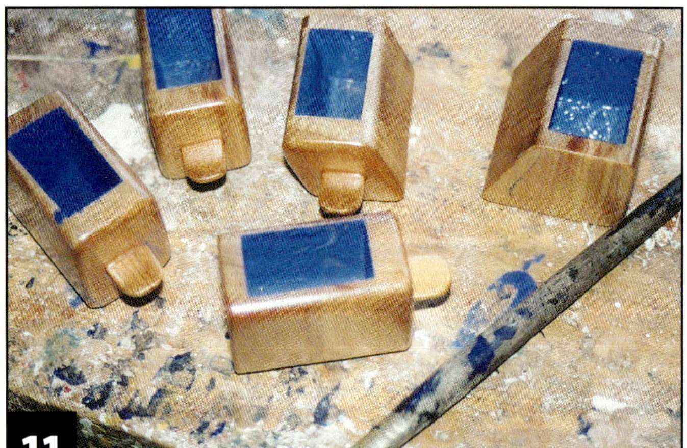

11 **Auskleiden der Laden (optional).** Dazu färbe ich den PVA-Kleber mit Posterfarbe im selben Farbton wie die Flockfasern, bestreiche die Innenseite der Lade mit dem Kleber, lasse ihn einige Minuten rasten und trage noch eine Schicht Kleber auf. Ich gebe etwas Flockfasern in die Lade, verteile sie durch Schütteln auf der gesamten leimüberzogenen Oberfläche und leere den Überschuss aus. Wenn der Kleber getrocknet ist, entferne ich mit einem Druckluftgebläse alle überschüssigen Fasern.

Material & Werkzeug

Material

- MDF oder Sperrholz, 3 x 150 x 150 mm (Probestück, optional)
- Hartholz nach Wahl, 50 x 150 x 150 mm (Hauptwerkstück)
- Hartholz nach Wahl, 8 x 150 x 150 mm (Rückwand)
- Schleifpapier in verschiedenen Körnungen bis 400
- Holzleim nach Wahl
- PVA-Kleber nach Wahl
- Flockfasern, Farbe nach Wahl
- Posterfarbe im gleichen Farbton wie die Flockfasern
- Oberflächenbehandlung nach Wahl

Werkzeug

- Weitgezahnte Sägeblätter Nr. 12 oder Sägeblätter nach Wahl
- Bandschleifer, Schwingschleifer, Scheibenschleifer (optional)
- Fräse mit 3-mm-Rundungsfräser (optional)
- Diverse Klemmen
- Motorschnitzgerät mit v-förmigem Messer
- Kleiner Pinsel
- Druckluftgebläse (zum Reinigen der Laden)

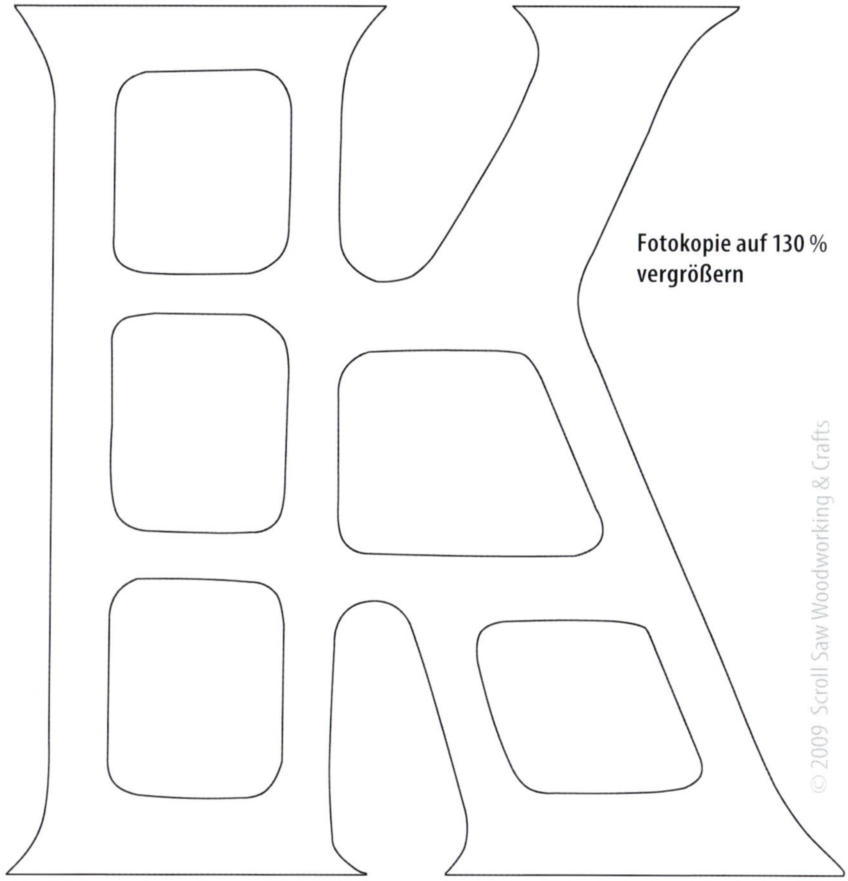

Fotokopie auf 130 % vergrößern

OBERFLÄCHE SCHÜTZEN **TIPP**

Alte Computer-Mousepads sind weich und eignen sich als Schutz für die fertige Arbeit sowie als feste, aber flexible Unterlage für Schleifpapier.

„SPINDELSCHLEIFER" **TIPP**

Stecken Sie einen Stift mit 9 mm Durchmesser in eine Bohrmaschine, umwickeln Sie ihn mit Schleifpapier und befestigen Sie es mit Abdeckband.

SCHLEIFEN MIT GEFÜHL **TIPP**

Ich stecke einen Farbroller (Achsloch mit 6 mm Ø) auf die Spindel meines vertikalen Schwingschleifers, wickle Schleifpapier in verschiedenen Körnungen um die Walze und befestige es mit Abdeckband. Das Schleifpapier erhält dadurch eine weiche Unterlage.

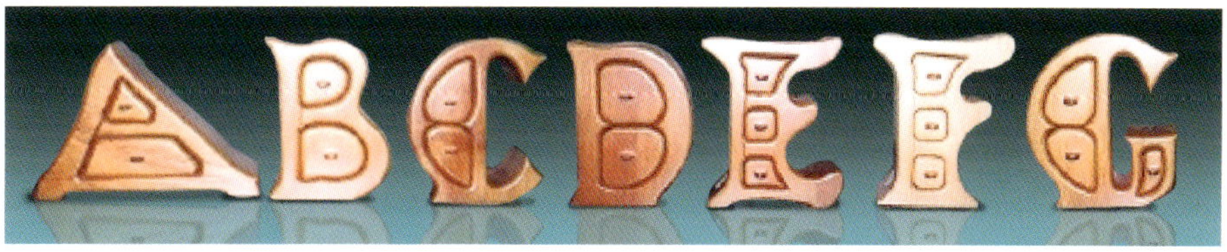

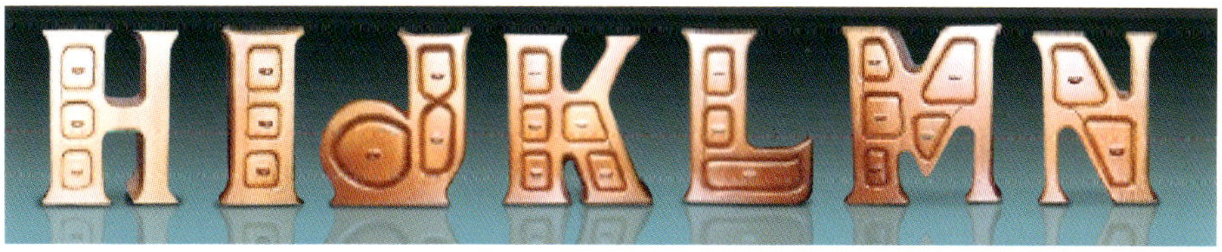

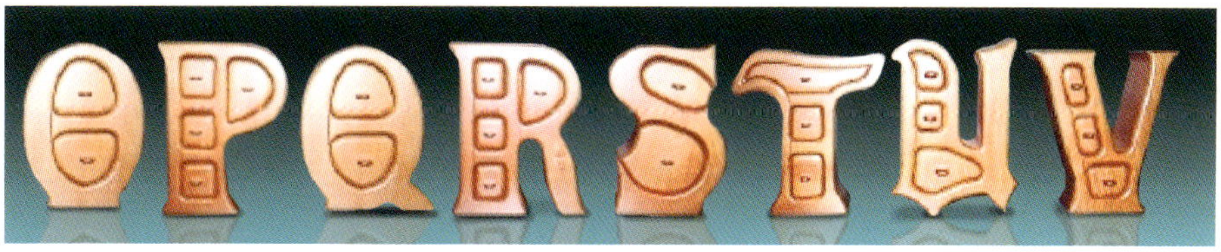

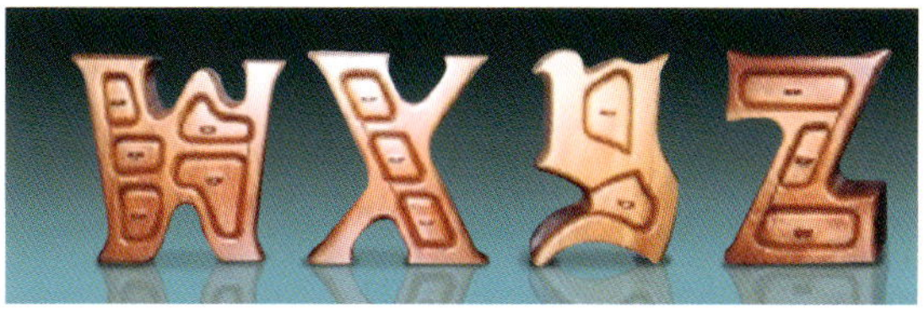

Aus jedem Buchstaben kann man ein Kästchen gestalten.

Korb mit Verbundschnitt-Henkel

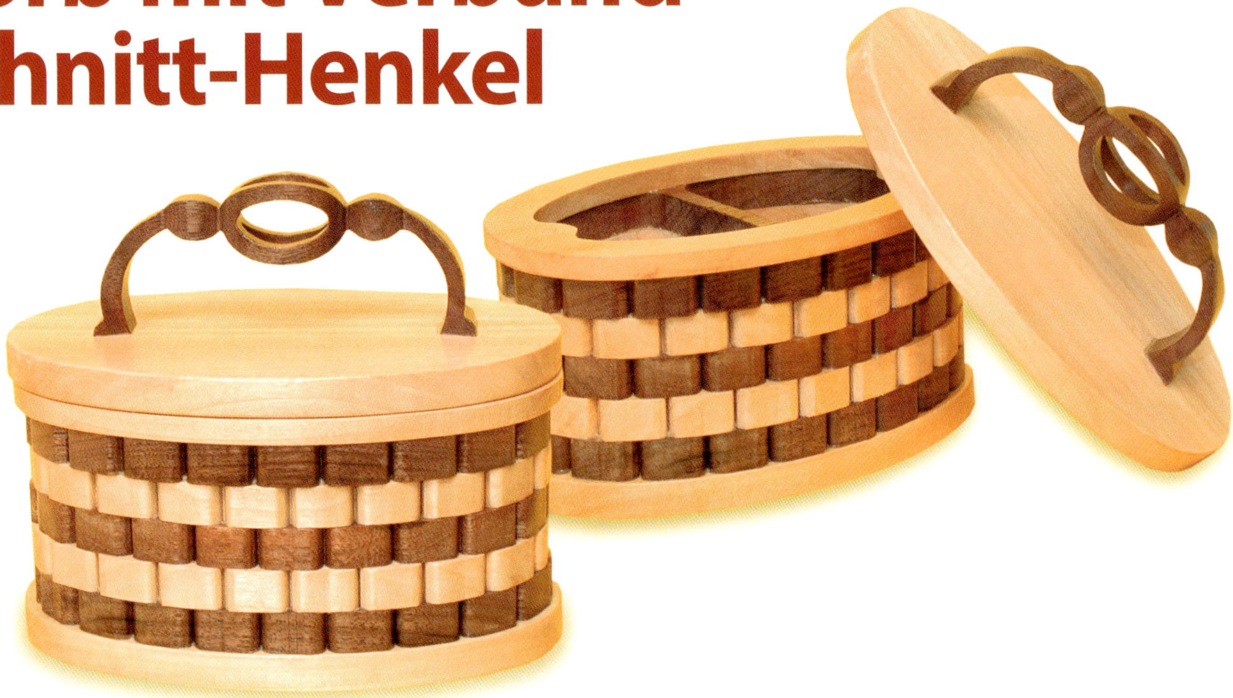

Eine neue Flechttechnik

Von John A. Nelson und Diana Thompson

Diana Thompson und ich arbeiten besonders gerne zusammen. Wer je versucht hat, ein Verbundschnittprojekt zu entwerfen, wird Diana Thompsons Arbeit besonders zu schätzen wissen. Ihre Entwürfe für solche Projekte füllen vier Bücher. Wenn ich eine ausgefallene Idee für einen Entwurf habe, kann ich mich immer darauf verlassen, dass ihr eine gute Möglichkeit für die Umsetzung einfällt.

Wir beschlossen, uns auch bei diesem Projekt – einem kleinen Deckelkorb mit Henkel – zusammenzutun. Den Korb hatte ich entworfen, ich wollte aber einen besonderen Henkel dafür. Die Technik des Verbundschnitts schien mir besonders geeignet und so wandte ich mich an Diana. In Rekordzeit hatte sie eine ganze Reihe von Entwürfen ausgearbeitet, von denen ich mir einen aussuchen durfte. Ich hoffe, unser Gemeinschaftsprojekt gefällt Ihnen!

Schritt 1: Wählen Sie die Holzarten aus. Schneiden Sie die Bretter nach den Angaben auf der Materialliste zu.

Schritt 2: Schleifen Sie die Ober- und Unterseite mit feinkörnigem Schleifpapier leicht ab und wischen Sie sie mit Klebetuch oder einem anderen sauberen Tuch gut ab.

Schritt 3: Kopieren Sie die Vorlagen und befestigen Sie die Kopien mit ablösbarem Sprühkleber auf dem Holz. Sprühen Sie den Kleber auf die Rückseite der Vorlage und nicht auf das Holz – sonst wird das Holz komplett mit Kleber verschmiert.

Schritt 4: Bohren Sie mit einem 3-mm-Bohrer sorgfältig die Löcher, die als Ausrichtungshilfe dienen – bohren Sie aber keine Löcher in den Deckel!

Schritt 5: Bohren Sie mit demselben Bohrer die erforderlichen Startlöcher.

Schritt 6: Sägen Sie mit einem Sägeblatt Nr. 5 mit Gegenzähnen die Bodenplatte, den Korbrand, den Deckel und den Deckelboden aus.

Schritt 7: Sägen Sie mit demselben Sägeblatt die Innenschnitte an den fünf Korbschichten. Machen Sie auf der linken Seite eine Kerbe als Ausrichtungshilfe (siehe Diagramm).

Schritt 8: Sägen Sie entlang der gestrichelten Linie („A") den ovalen Umriss der Korbschichten aus.

Schritt 9: Sägen Sie – immer noch mit demselben Sägeblatt – die mit „B" markierten geraden Einschnitte (= insg. 20 Einschnitte pro Korbschicht) und fahren Sie nach jedem Einschnitt wieder zurück.

Schritt 10: Sägen Sie mit einem weitgezahnten Sägeblatt Nr. 2 den gewellten Rand der einzelnen Korbschichten aus. Für diesen schwierigen Arbeitsschritt gibt es mehrere Möglichkeiten, wir empfehlen die folgende:

Platzieren Sie das Werkstück hinter das Sägeblatt. Schieben Sie es vorsichtig auf die Rückseite des Sägeblattes zu, bis das Sägeblatt im Einschnitt „B" einrastet. Sägen Sie (entweder nach rechts oder nach links) entlang der Vorlagelinie: zuerst die Rundung, dann eine gerade Linie und dann wieder eine Rundung auf den nächsten Einschnitt zu. Wenn das Sägeblatt die Spitze erreicht, sollte sich das Restholz vom Werkstück lösen und eine schöne Rundung zurücklassen. Wiederholen Sie den Vorgang bei jeder Korbschicht 20 Mal.

Schritt 11: Schneiden Sie von einer 3 mm starken Dübelstange zwei Stücke zu je 56 mm ab. Schleifen Sie sie mit feinkörnigem Schleifpapier auf einen Durchmesser von etwas weniger als 3 mm ab, sodass die 3-mm-Bohrlöcher in den Korbschichten leicht darübergleiten.

Schritt 12: Leimen Sie die zwei Dübel an der Bodenplatte fest (arbeiten Sie dabei auf einer ebenen Arbeitsfläche). Lassen Sie eine Korbschicht über die Dübel gleiten und leimen Sie sie fest.

Schritt 13: Drehen Sie die nächste Korbschicht um und lassen Sie sie über die beiden Dübel gleiten. Nehmen Sie ganz wenig Leim, um die Schicht zu befestigen. Achten Sie darauf, dass die Kerben (siehe Schritt 7) sich auf derselben Seite befinden. Leimen Sie die restlichen Korbschichten fest (drehen Sie auch die 4. Schicht um – dadurch entsteht die Flechtoptik).

Schritt 14: Leimen Sie den Korbrand fest. Schleifen Sie das Werkstück oben und unten ab, sodass die Dübel bündig mit der Oberfläche abschließen. Fixieren Sie das Werkstück mit Klemmen oder Gummibändern, bis der Leim angezogen hat.

Schritt 15: Leimen Sie den Deckelboden mittig am Deckel an (orientieren Sie sich dabei an der gestrichelten Linie auf der Vorlage für den Deckel).

Schritt 16: Falten Sie die Papiervorlage für den Henkel an der gestrichelten Linie und kleben Sie sie mit ablösbarem Sprühkleber auf den entsprechenden Rohling.

Schritt 17: Bohren Sie mit einem 3-mm-Bohrer zwei Startlöcher. Dann sägen Sie mit einem weitgezahnten Sägeblatt Nr. 5 die zwei Innenschnitte für die Schleife.

Schritt 18: Sägen Sie auf der dickeren der beiden Seiten die Außenschnitte entlang der Henkel-Oberkante. (Diese Schnitte sind am schwierigsten – siehe Tipp.)

Schritt 19: Stellen Sie alle Henkel-Teile wieder zusammen und fixieren Sie sie mit Zellophanband.

Schritt 20: Drehen Sie den Henkel um 90° und sägen Sie den letzten Schnitt (den dünnsten Schnitt zuletzt).

Schritt 21: Leimen Sie den Henkel mittig am Deckel an.

Schritt 22: Schleifen Sie das ganze Werkstück mit ganz feiner Stahlwolle (0000) ab. Die Schleifbewegung sollte ähnlich wie bei der Verwendung von Schleifpapier sein. Zum Entfernen der Holzreste wischen Sie das Werkstück mit einem mit Terpentin befeuchteten Tuch ab.

Schritt 23: Bringen Sie Beize auf (optional). Wenn sie getrocknet ist, bringen Sie zwei bis drei Schichten edelmatten Lack auf.

Schritt 24: Nach Wunsch können Sie das Innere des Korbes mit Flockfasern auskleiden. Dadurch entsteht eine schöne, filzartige Oberflächenstruktur (siehe Tipp).

DAS SCHWIERIGSTE ZUERST — TIPP

Sägen Sie bei jedem Projekt den schwierigsten Schnitt zuerst. Wenn Sie zuerst alle leichten Schnitte ausführen und den letzten (schwierigen) verpatzen, haben Sie mit maximalem Zeitaufwand Abfall produziert.

FLOCKFASERN AUFBRINGEN — TIPP

So wie bei allen Klebern und Produkten für die Oberflächenbehandlung lesen Sie die Herstelleranleitung auf jedem Behälter sehr sorgfältig durch und halten Sie sich daran. Nach meiner Erfahrung empfehle ich,

1) die Flockfasern aufzubringen, solange die Farbe oder das Oberflächenbehandlungsmittel noch nass ist,

2) sie 24–48 Stunden trocknen zu lassen, dann erst die überschüssigen Fasern herausschütteln,

3) überschüssige Fasern vorsichtig auf eine Zeitung o. Ä. herauszuschütteln – sie können wiederverwendet werden.

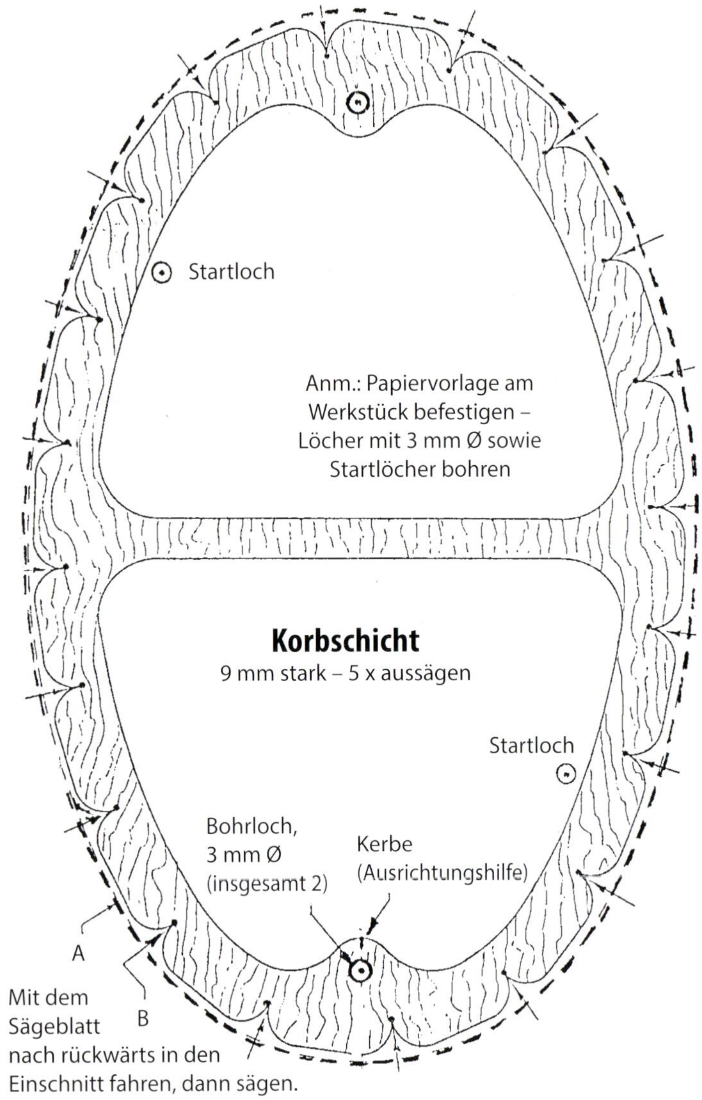

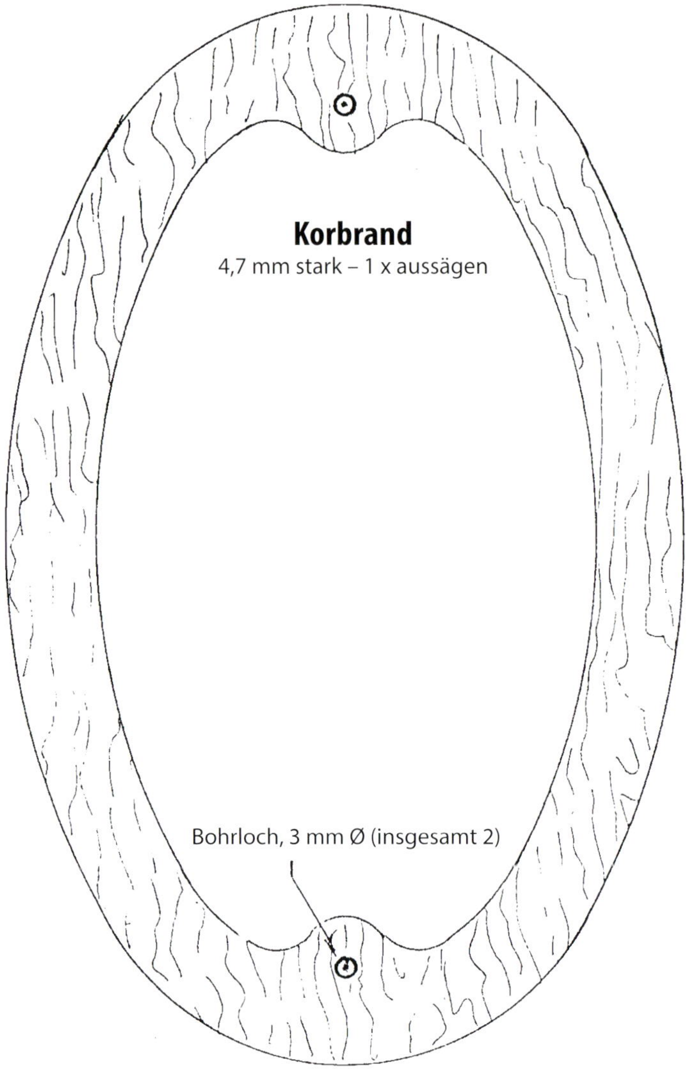

Fotokopie 100 %

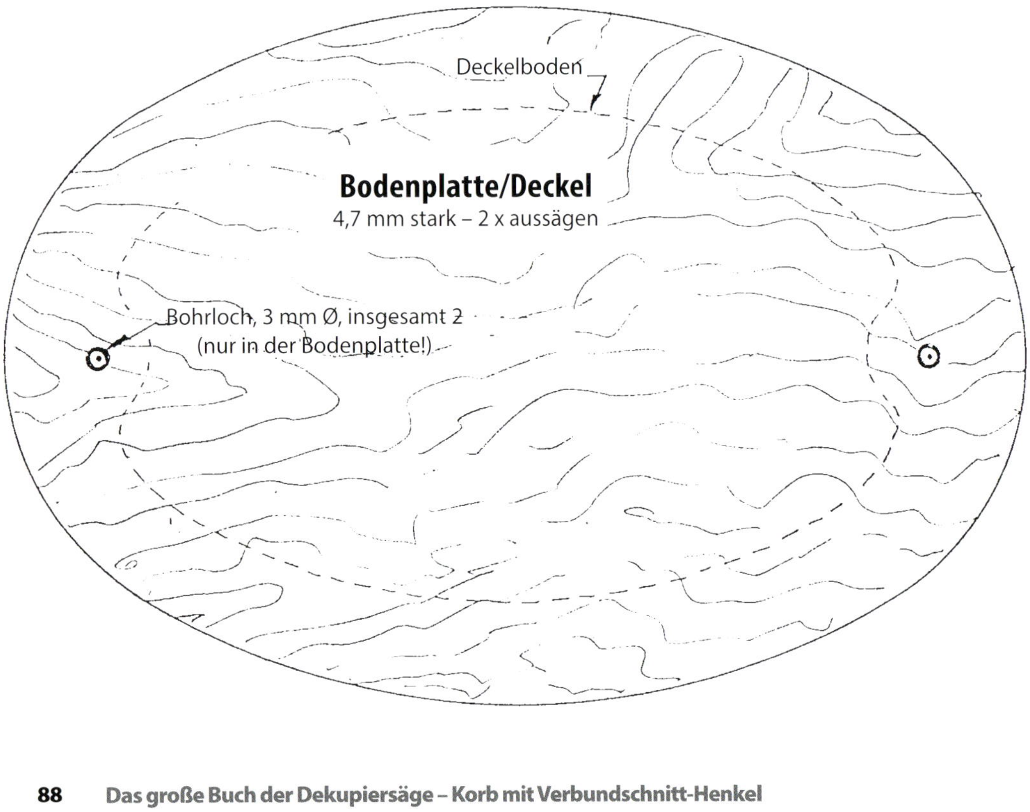

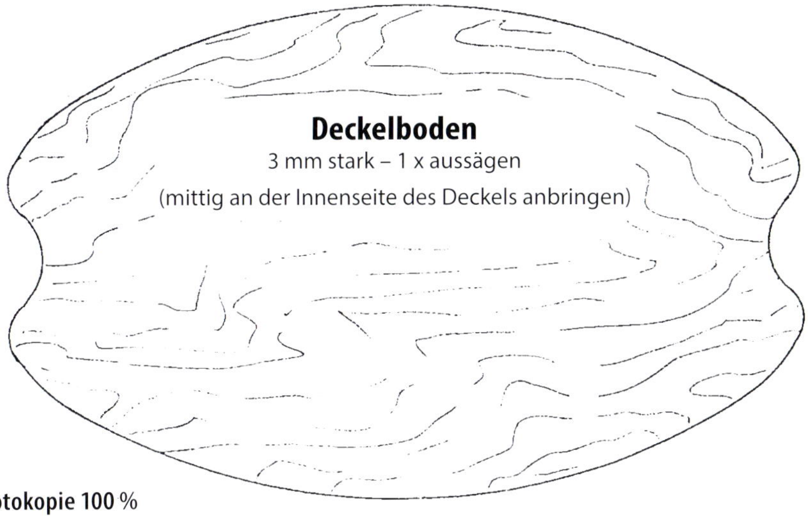

Fotokopie 100 %

Material & Werkzeug

Material

- 1 Stück Espenholz, 4,7 x 94 x 144 mm (Korbrand)
- 2 Stücke Espenholz, 4,7 x 94 x 144 mm (Bodenplatte, Deckel)
- 1 Stück Espenholz, 3 x 69 x 109 (Deckelboden)
- 3 Stücke Schwarznussholz, 9 x 119 x 144 mm (3 Korbschichten)
- 2 Stücke Espenholz, 9 x 119 x 144 mm (2 Korbschichten)
- 2 Dübelstangen, 3 mm Ø, Länge 56 mm
- 1 Stück Schwarznussholz, 22 x 37 x 94 mm (Henkel)
- Flockfasern
- Ablösbarer Sprühkleber
- Feinkörniges Schleifpapier
- Klebetuch
- Holzleim
- Zellophanband
- Terpentin

Werkzeug

- Weitgezahnte Sägeblätter Nr. 2 und Nr. 5
- Sägeblatt Nr. 5 mit Gegenzähnen
- Bohrmaschine mit 3-mm-Bohrer
- Klemmen oder Gummibänder
- 0000-Stahlwolle

Anordnungsdiagramm

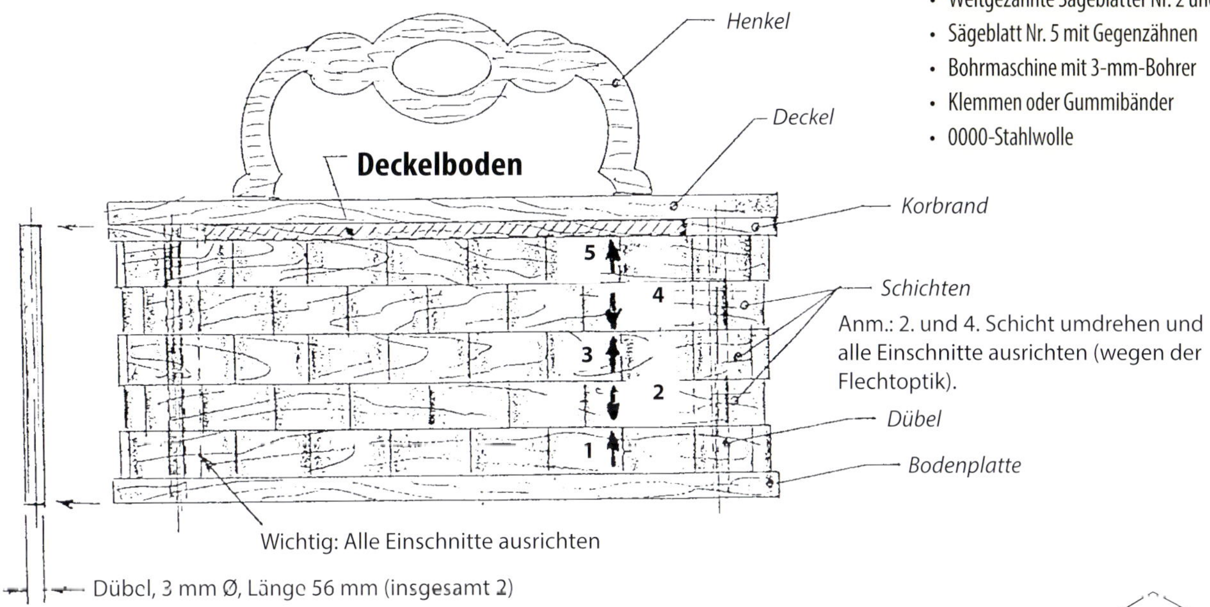

Henkel

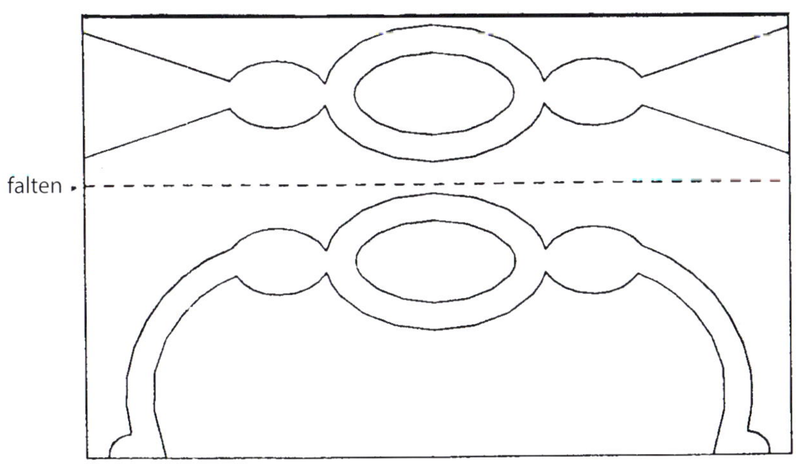

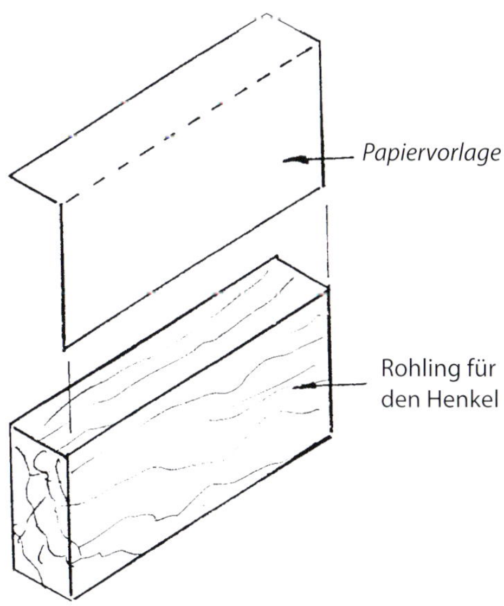

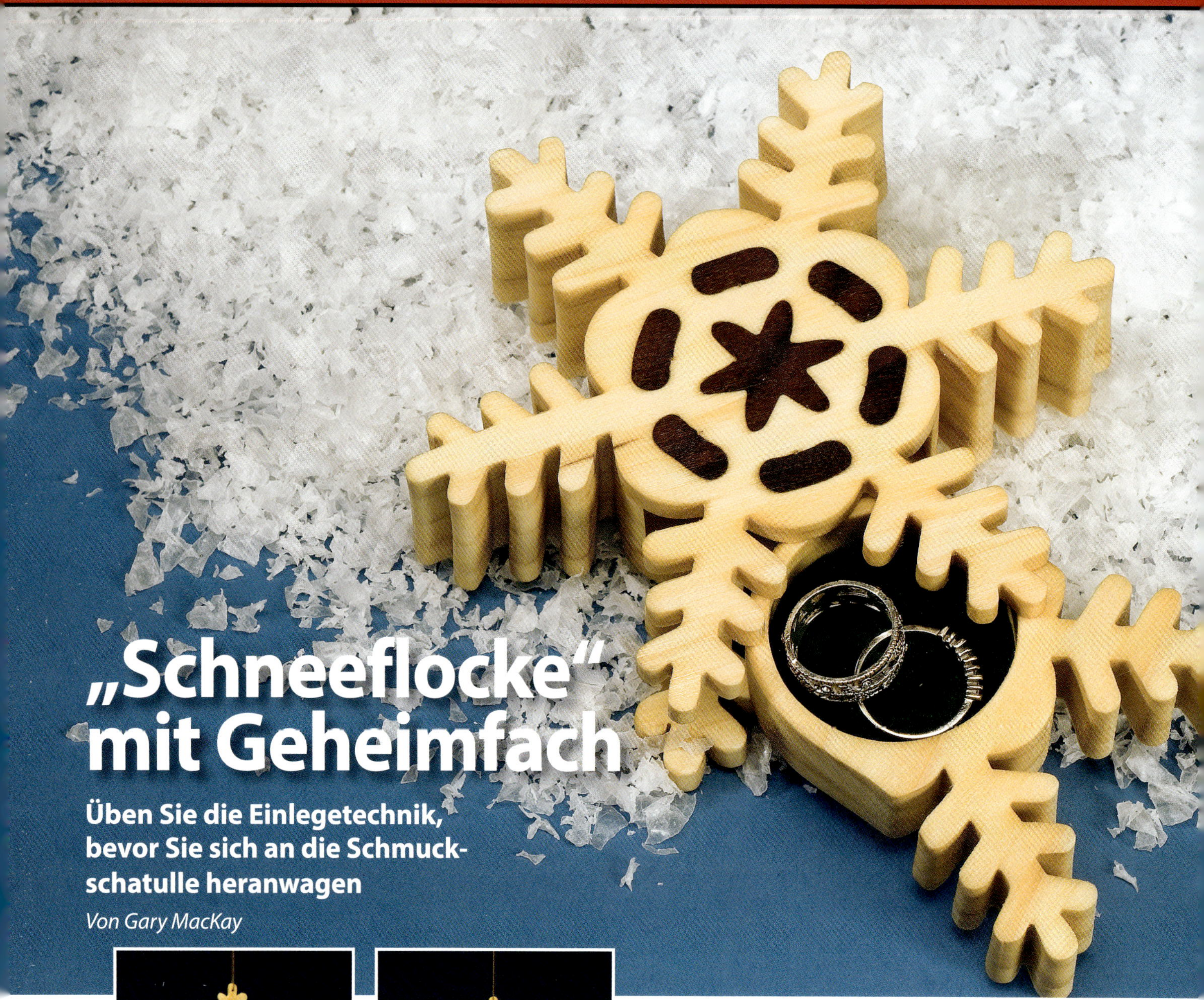

„Schneeflocke" mit Geheimfach

Üben Sie die Einlegetechnik, bevor Sie sich an die Schmuckschatulle heranwagen

Von Gary MacKay

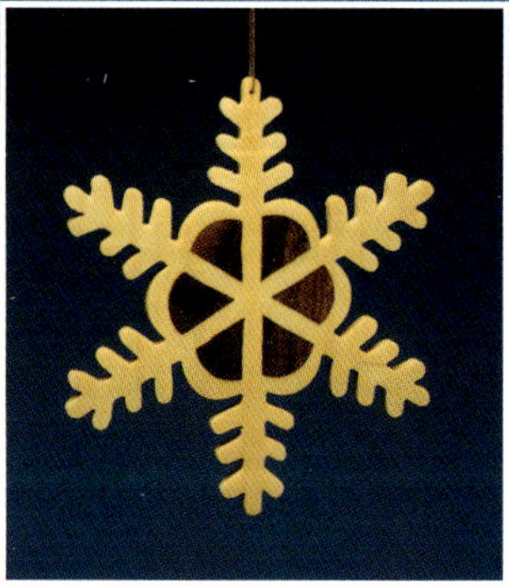

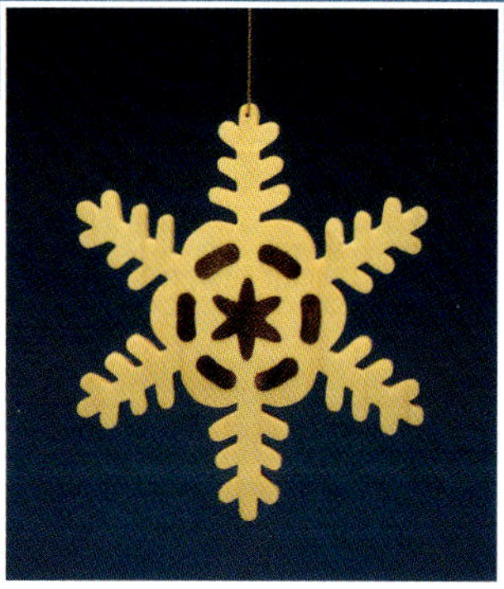

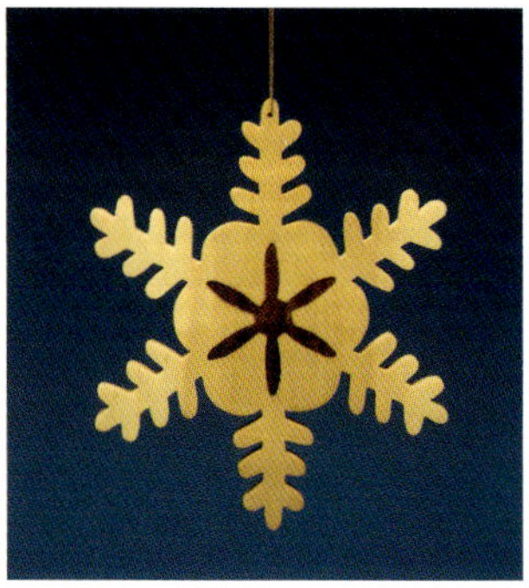

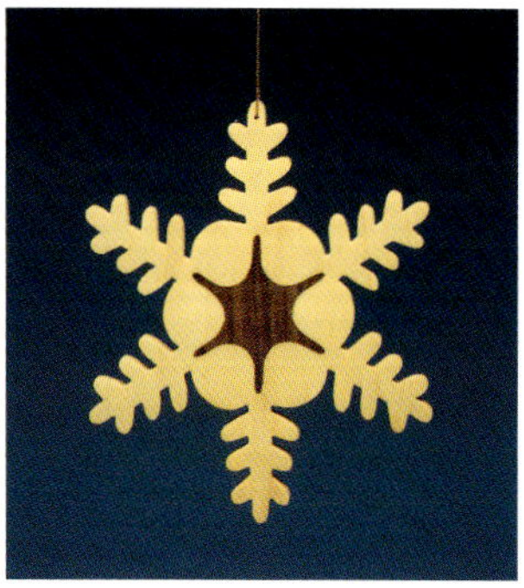

Die Schneeflocke, ein traditionelles Wintermotiv, lieferte die Idee für diese Einlegearbeit, die als Zimmerschmuck, aber auch als Schmuckschatulle mit Geheimfach dienen kann. Einlagen aus dunklem Holz geben den spitzen, regelmäßigen Sternformen eine zusätzliche Dimension.

Das Geheimfach ist raffiniert versteckt, lässt sich aber mit einem einfachen Handgriff öffnen. Um ein kleines Geschenk schön zu präsentieren, eignet sich dieses Stück besonders gut.

Sie brauchen zwei Kopien von einer der Vorlagen für die Einlegearbeit, um einen Zimmerschmuck oder die Oberseite einer Schatulle zu gestalten. Für eine Schatulle mit Geheimfach brauchen Sie zwei Kopien der Schatullen-Vorlage.

Sägetisch kippen

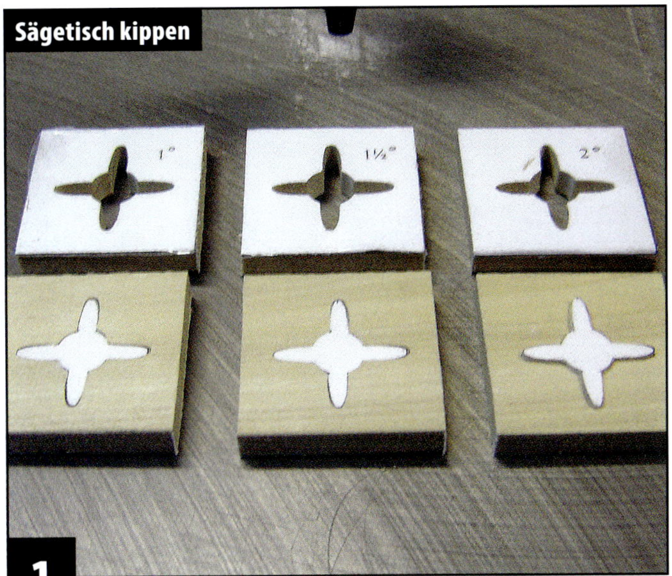

1 **Für das Probestück fixieren Sie die Rohlinge mit doppelseitigem Klebeband aneinander.** Befestigen Sie die Papiervorlage für das Probestück auf dem Stapel und bekleben Sie es zur Gänze mit transparentem Klebeband. Kippen Sie die rechte Seite des Sägetisches um 1° nach unten. Bohren Sie auf der Vorlagelinie mit einem 0,8-mm-Bohrer ein Startloch. Sägen Sie den Umriss mit einem Sägeblatt Nr. 2/0 mit Gegenzähnen gegen den Uhrzeigersinn aus. Trennen Sie die Schichten und setzen Sie die Einlage probeweise ein. Wenn sie zu locker sitzt, kippen Sie den Sägetisch um 1,5° und stellen Sie ein neues Probestück her. Wenn die Einlage genau in den Ausschnitt passt, können Sie den Sägetisch in dieser Position endgültig fixieren.

Einlage aussägen

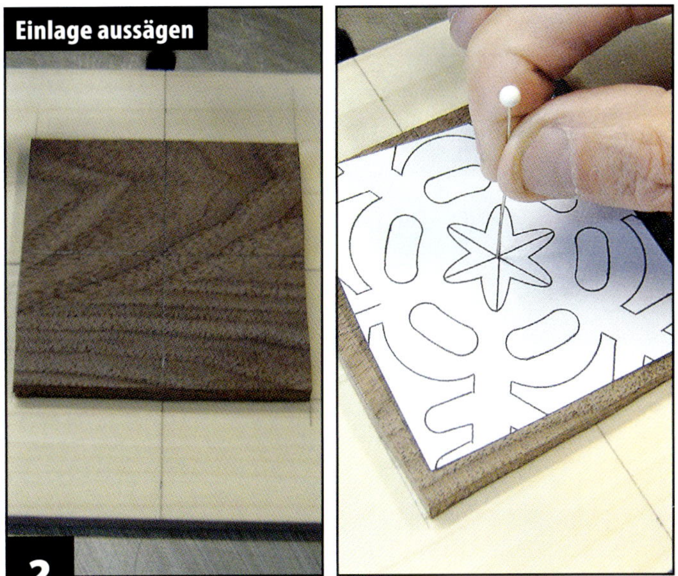

2 **Markieren Sie mit einem Bleistift die Zentrierlinien sowohl auf dem Rohling für die Schneeflocke als auch auf dem Rohling für die Einlagen.** Zentrieren Sie den Einlagen-Rohling auf dem Schneeflocken-Rohling und fixieren Sie beide Teile mit doppelseitigem Klebeband aneinander. Schneiden Sie die Papiervorlage auf die Größe des Einlagen-Rohlings zurecht und besprühen Sie die Rückseite der Papiervorlage mit Sprühkleber. Stechen Sie mit einer Stecknadel durch die Mitte der Papiervorlage, setzen Sie die Nadelspitze auf den Mittelpunkt des Einlagen-Rohlings, lassen Sie die Papiervorlage hinuntergleiten und richten Sie sie nach den Richtungspfeilen aus.

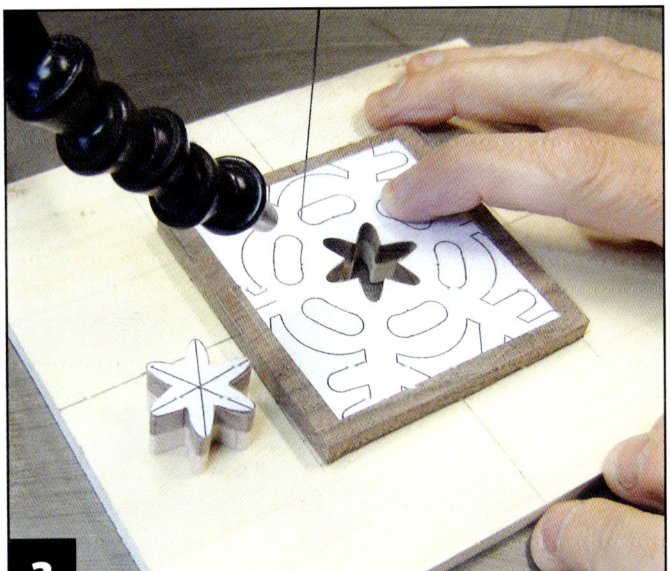

3 **Bekleben Sie die Papiervorlage zur Gänze mit transparentem Klebeband.** Bohren Sie auf den Vorlagelinien mit einem 0,8-mm-Bohrer Startlöcher. Schneiden Sie die Abfallbereiche mit einem Sägeblatt Nr. 2/0 mit Gegenzähnen gegen den Uhrzeigersinn heraus. Trennen Sie die beiden Schichten, bringen Sie mit einem Zahnstocher Holzleim an den Rändern der Einlagen auf und platzieren Sie die Einlagen in die Ausschnitte am Schneeflocken-Rohling. Stellen Sie den Sägetisch wieder waagrecht zum Sägeblatt.

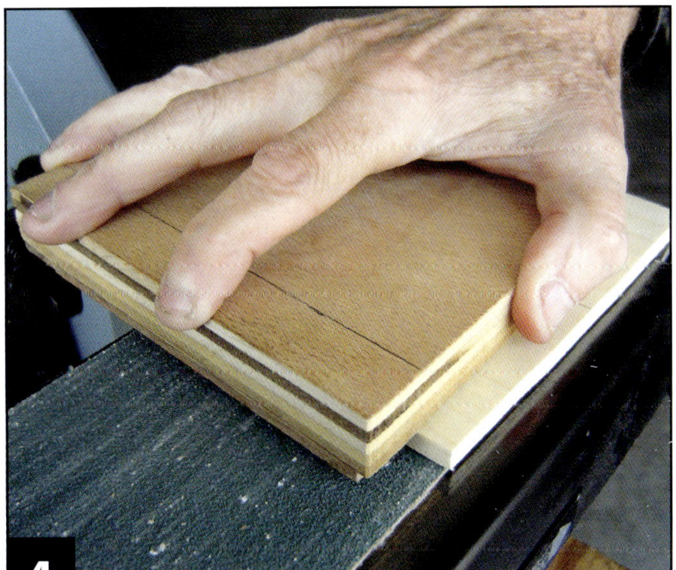

4 **Bauen Sie eine Schleifhalterung für den Rohling: Leimen Sie eine 3 mm dicke Schiene auf ein 19 mm dickes Stück Holz.** Wenn der Leim getrocknet ist, schleifen Sie beide Seiten der Einlegearbeit mit einem Bandschleifer ab. Wenn Sie eine Schatulle bauen wollen, fahren Sie mit Schritt 5 fort. Wenn das Werkstück ein Zimmerschmuck werden soll, zentrieren Sie die entsprechende Vorlage mit der Stecknadelmethode auf dem Rohling und kleben Sie sie an. Bohren Sie das Loch zum Aufhängen (1,5 mm). Sägen Sie die Umrisslinie der Vorlage mit einem Sägeblatt Nr. 5 mit Gegenzähnen aus.

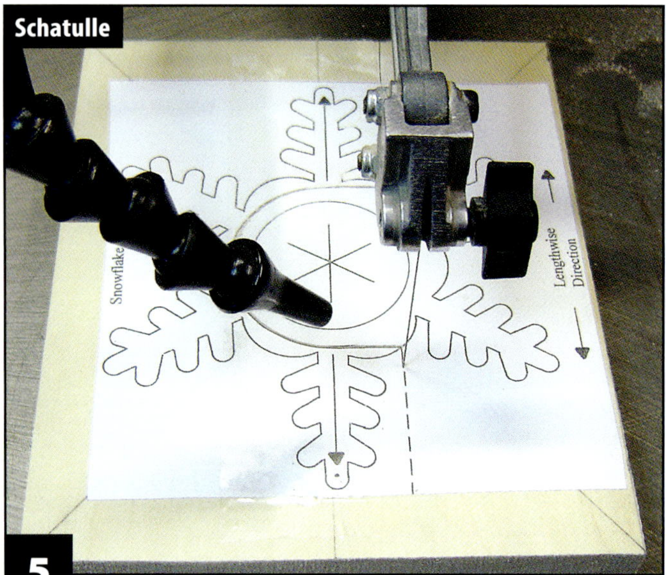

5 Zeichnen Sie Zentrierlinien auf den Schatullen-Rohling. Besprühen Sie die Rückseite der Schatullen-Vorlage mit Kleber und platzieren Sie sie mit einer Nadel nach den Richtungspfeilen auf dem Rohling. Bekleben Sie die Papiervorlage zur Gänze mit transparentem Klebeband und sägen Sie mit einem Sägeblatt Nr. 5 mit Gegenzähnen an der gestrichelten Vorlagelinie entlang.

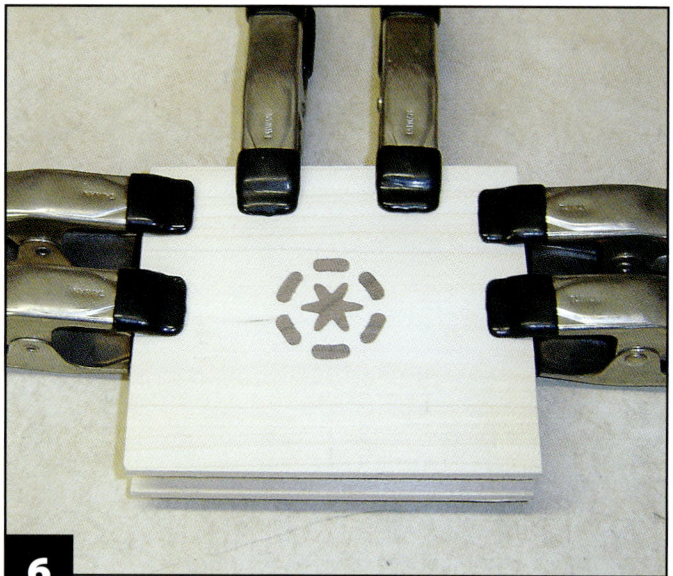

6 Nehmen Sie die Papiervorlage ab und schleifen Sie etwaige Unebenheiten vom Mittelteil der Schatulle ab. Bringen Sie Leim auf beide Seiten des Mittelteils auf. Richten Sie die Zentrierlinien auf dem Mittelteil der Schatulle und auf der Einlage aus. Leimen Sie die Bodenplatte auf der Unterseite und die Einlegearbeit auf der Oberseite des Mittelteils an. Fixieren Sie die Anordnung mit sechs Klemmen.

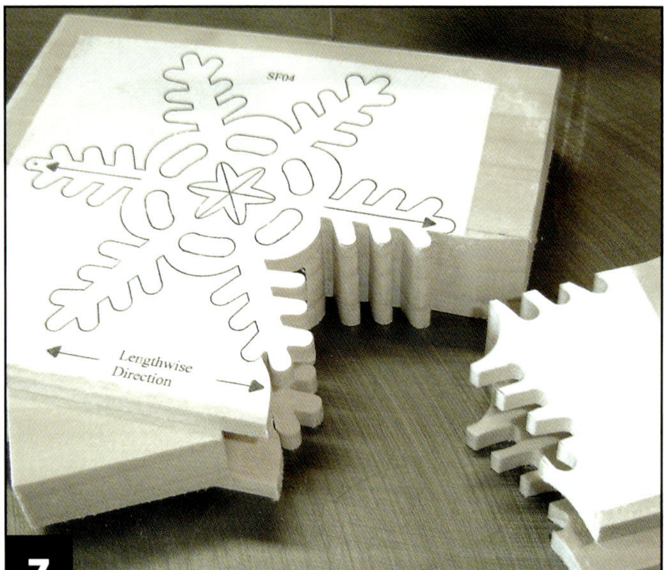

7 Befestigen Sie mit der Nadelmethode und mit Sprühkleber die Schneeflocken-Vorlage auf der Schatulle. Bekleben Sie die Papiervorlage zur Gänze mit transparentem Klebeband. Platzieren Sie ein 19 mm starkes Stück Restholz in das offene Ende der Schatulle, um die dünnen (bruchanfälligen) Bereiche zu stützen. Sägen Sie den Umriss mit einem Sägeblatt Nr. 5 mit Gegenzähnen in sechs Abschnitten – dadurch lassen sich die Abfallbereiche leicht entfernen.

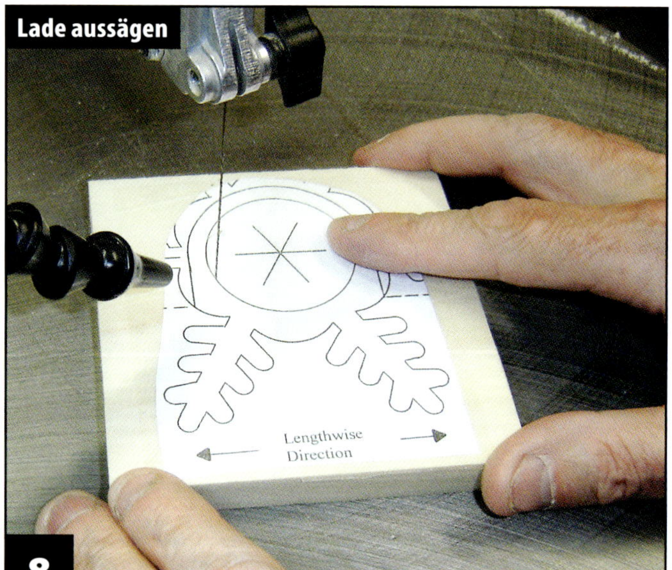

8 Schneiden Sie von der Schatullen-Vorlage die vier nicht benötigten Strahlen ab und bringen Sie die Vorlage am Rohling für die Lade an. Bohren Sie in den inneren Kreis (das Geheimfach) ein Startloch mit 1,5 mm Durchmesser und sägen Sie das Geheimfach mit einem Sägeblatt Nr. 5 mit Gegenzähnen aus. Nehmen Sie die Papiervorlage nicht ab! Wenn Sie das Geheimfach mit Filz auskleiden wollen, heben Sie den ausgeschnittenen Kreis auf.

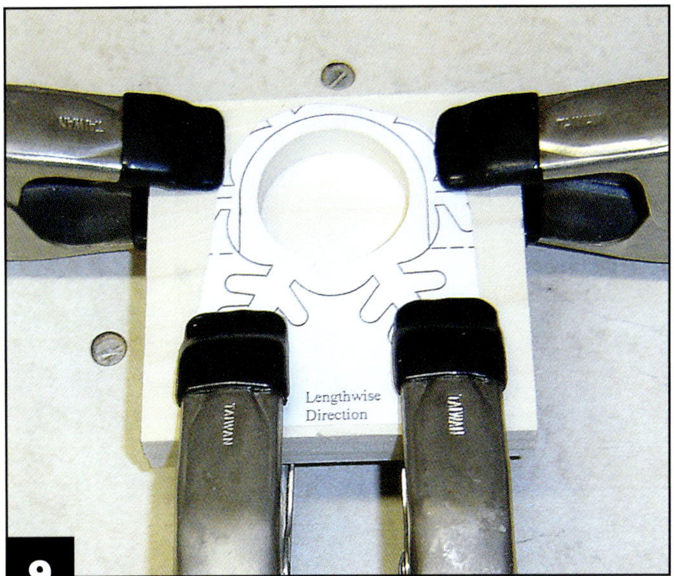

9 **Bringen Sie Leim auf die Unterseite der Lade (= die Seite ohne Papiervorlage) auf.** Platzieren Sie den Ladenboden auf die leimüberzogene Oberfläche, fixieren Sie die Lade mit vier Federklemmen und lassen Sie den Leim trocknen.

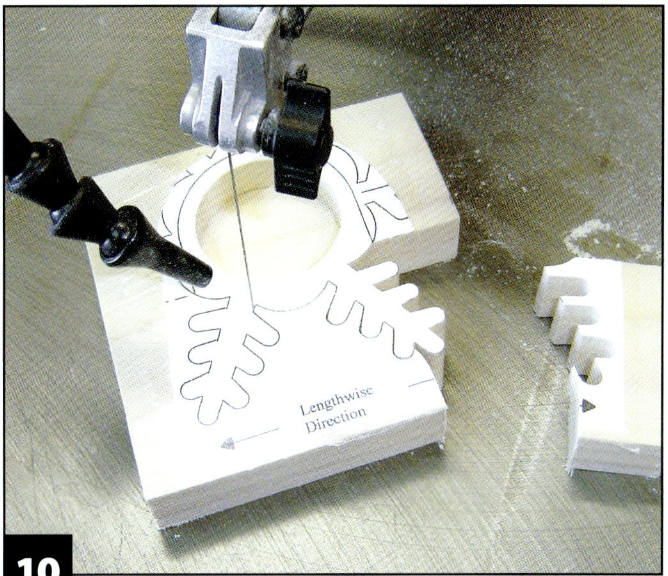

10 **Sägen Sie mit einem Sägeblatt Nr. 5 mit Gegenzähnen an der Umrisslinie (auch an der gestrichelten Linie) entlang.** Schleifen Sie mit einem Bandschleifer den Ladenboden ab, bis die Lade leicht in die Einschuböffnung hineingleitet.

Fertigstellung

11 **Schleifen Sie die Schatulle und die Lade ab.** Bringen Sie eine transparente Oberflächenbehandlung nach Wahl auf. Für die Filzauskleidung bestreichen Sie den Zeichenkarton mit Leim und platzieren Sie den Filz auf die leimüberzogene Oberfläche. Legen Sie ein schweres Buch auf den Filz und lassen Sie ihn über Nacht trocknen. Legen Sie den ausgeschnittenen Kreis (siehe Schritt 8) auf die Rückseite des Kartons und ziehen Sie den Umriss mit einem Bleistift nach. Schneiden Sie den kartonunterlegten Filz an der Bleistiftlinie entlang mit einer scharfen Schere aus und platzieren Sie ihn in die Lade.

Material & Werkzeug

Material

- 1 Stück Pappelholz, 6 x 125 x 150 mm (Schneeflocke)
- 1 Stück Walnussholz, 6 x 75 x 75 mm (Einlage)
- 2 Stücke Pappelholz, 6 x 125 x 150 mm (Ober- und Unterseite der Schatulle)
- 1 Stück Pappelholz, 9 x 125 x 150 mm (Mittelteil der Schatulle)
- 1 Stück Pappelholz, 6 x 100 x 100 mm (Ladenboden)
- 1 Stück Pappelholz, 12 x 100 x 100 mm (Lade)
- 2 Stücke Restholz, 6 x 37 x 112 mm (Probestück)
- 1 Stück Restholz, 3 x 25 x 125 mm (Schiene für die Schleifhalterung)
- 1 Stück Restholz, 19 x 125 x 150 mm (Schleifhalterung)
- Holzleim
- Ablösbarer Sprühkleber
- Doppelseitiges Klebeband
- Transparentes Paketklebeband
- Schleifpapier in verschiedenen Körnungen
- Filz, 75 x 75 mm (zum Auskleiden des Faches, optional)
- Zeichenkarton, 75 x 75 mm (zum Auskleiden des Faches, optional)
- Transparente Oberflächenbehandlung nach Wahl

Werkzeug

- Sägeblätter mit Gegenzähnen, Nr. 2/0 und Nr. 5
- Bohrmaschine mit 1,5-mm- und 0,8-mm-Mini-Bohrer
- Bandschleifer
- Stecknadel (zum Ausrichten der Papiervorlage)
- Zahnstocher (zum Aufbringen des Klebstoffs)
- 6 Stück 50-mm-Federklemmen oder gleichwertige Klemmen
- Schere (zum Zurechtschneiden der Papiervorlage und zum Zuschneiden der Filzeinlage)

**Fotokopie auf 125 %
vergrößern**

Schatulle

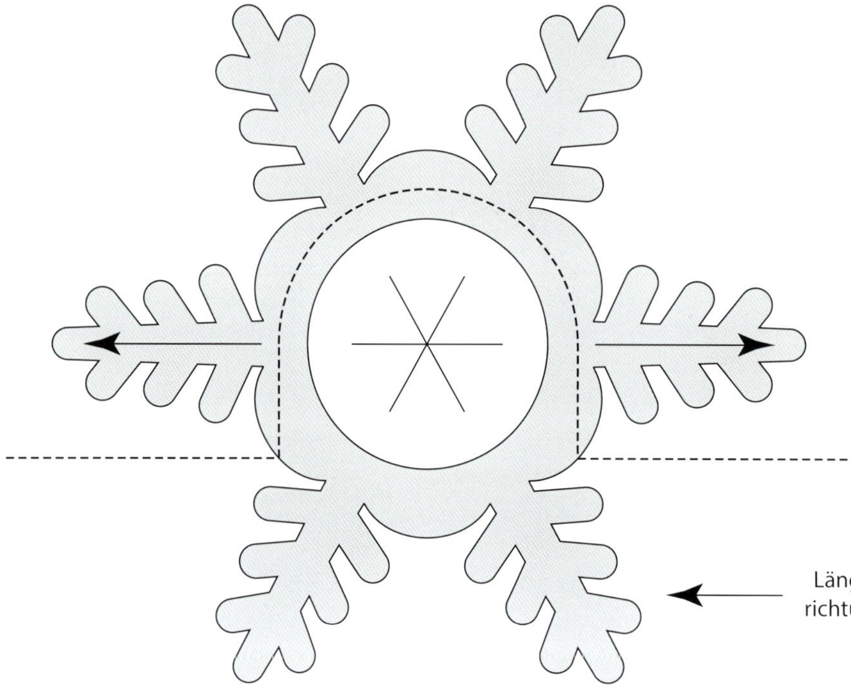

Die Lade befindet sich unter der gestrichelten Linie.

Längs-
richtung

Schneeflocke 1

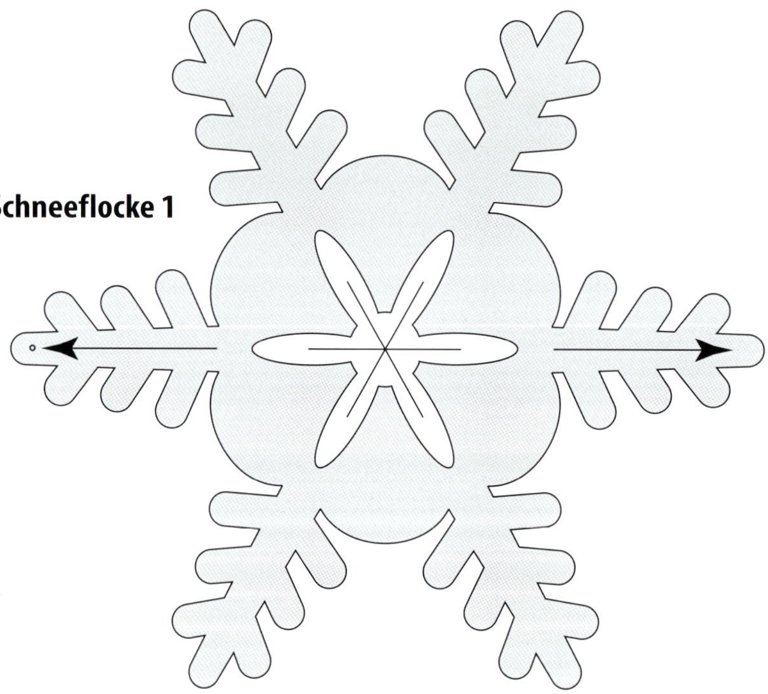

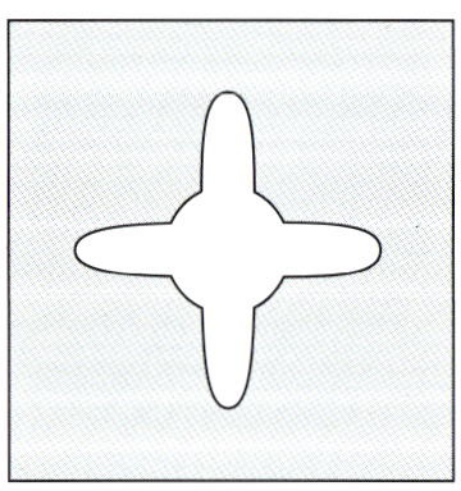

Probestück für die Einlage

Fotokopie auf 125 %
vergrößern

Schneeflocke 2

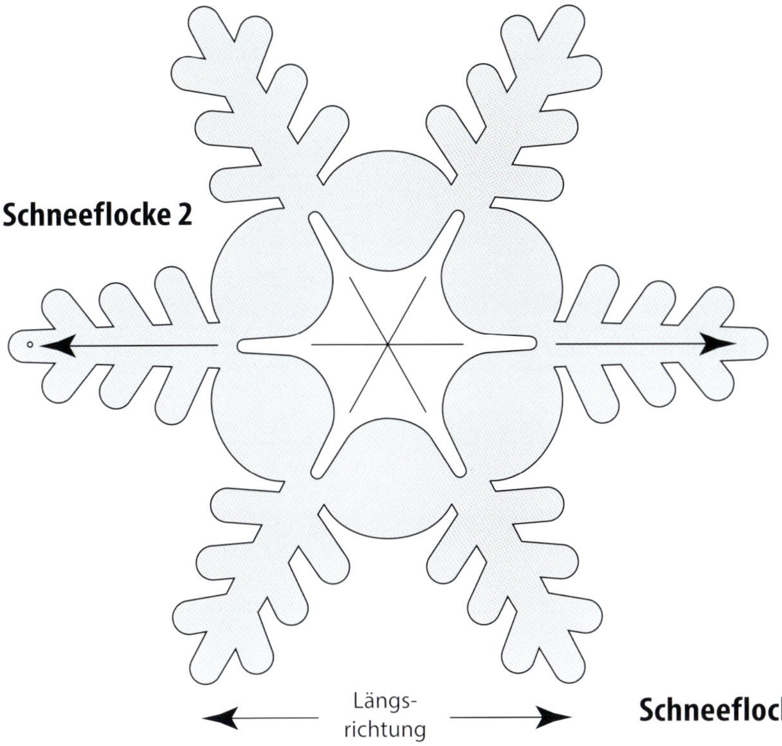

Schneeflocke 3

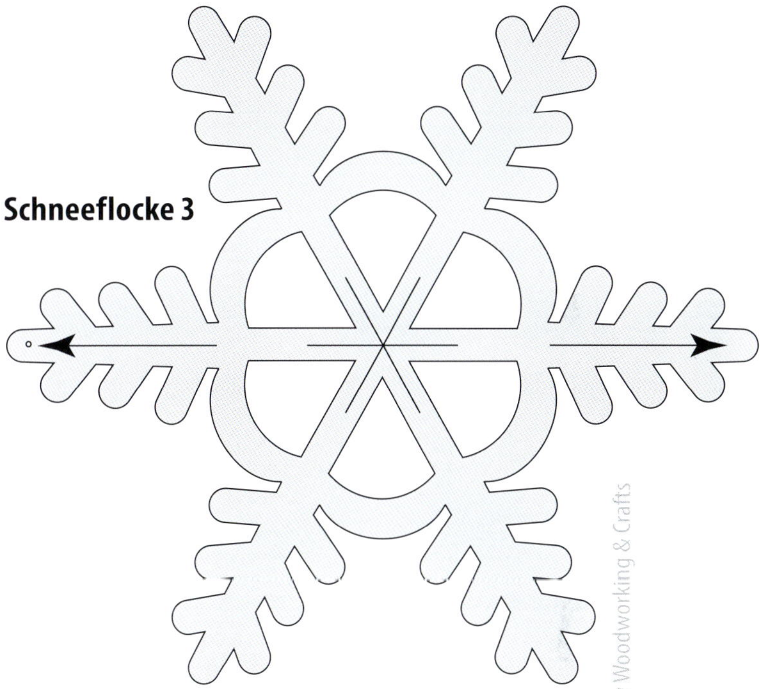

Schneeflocke 4

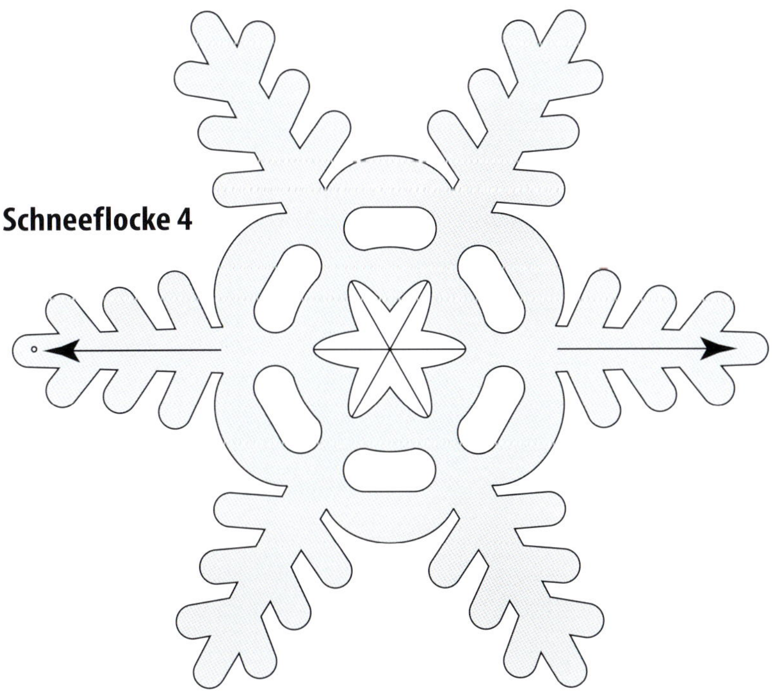

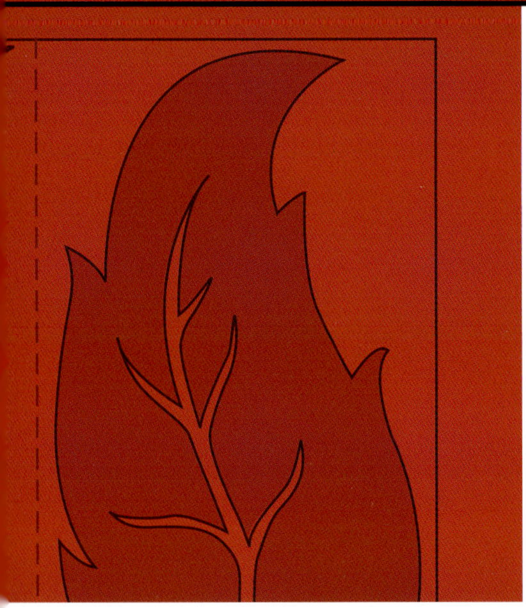
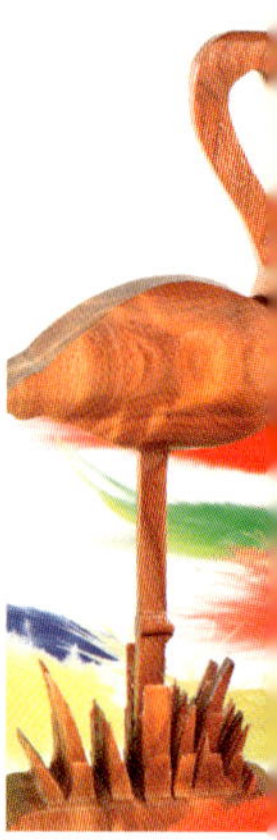
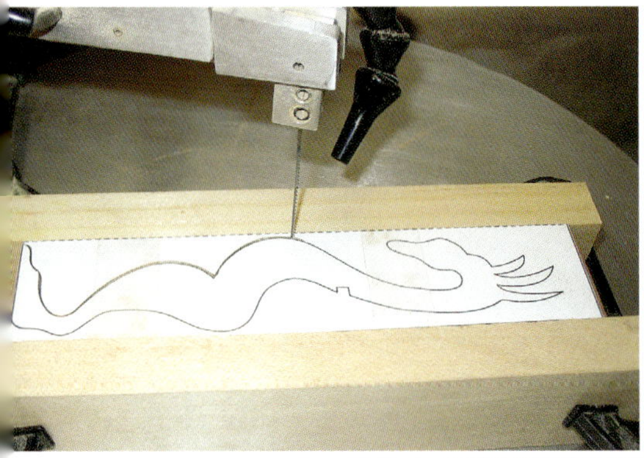
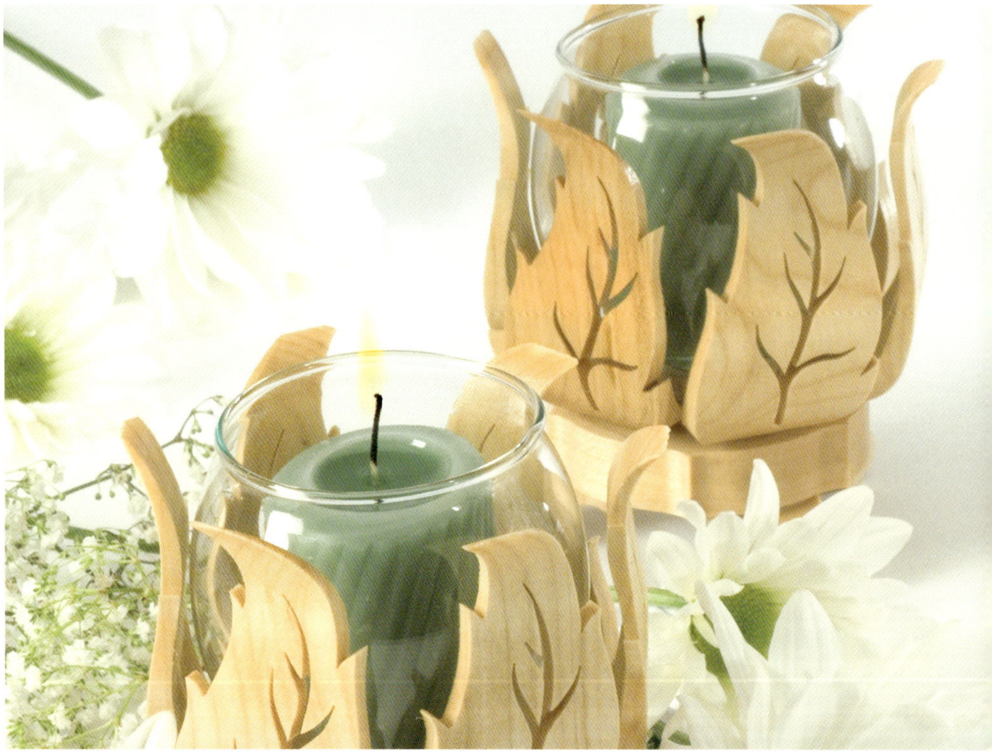
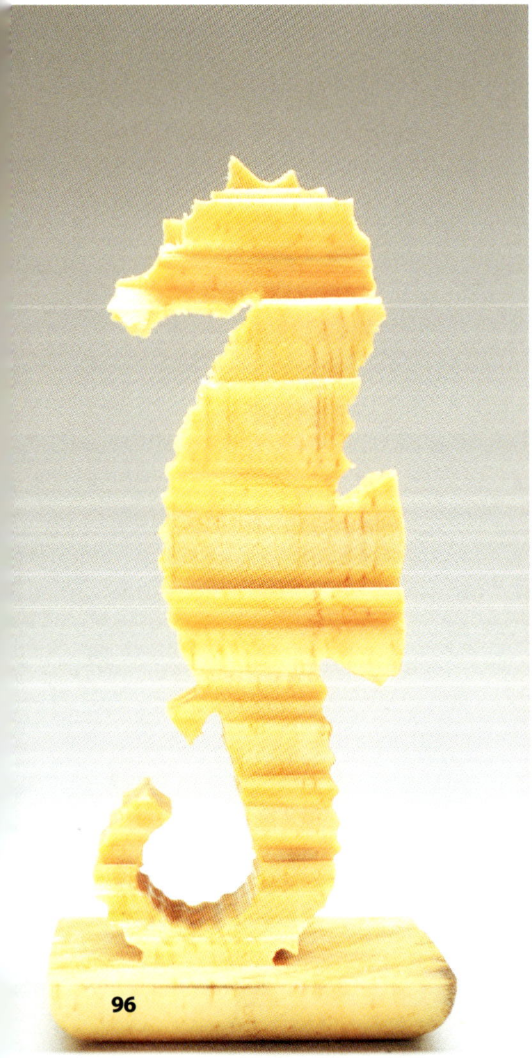

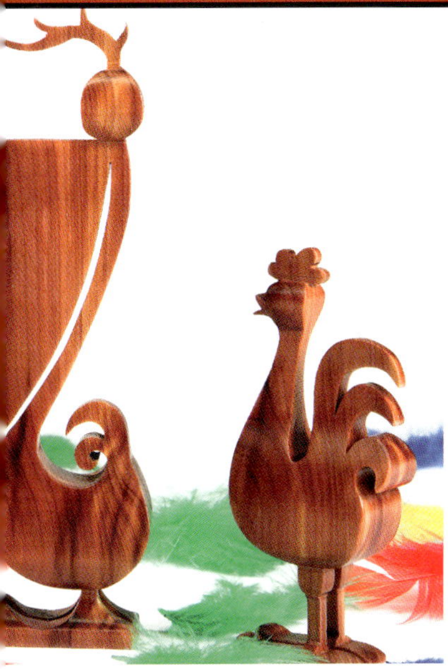

Verbundschnitt

Der Verbundschnitt ist eine Technik zur Herstellung von dreidimensionalen Objekten. Dabei wird zuerst eine Oberfläche des Rohlings bearbeitet, dann dreht man das Werkstück um 90 Grad, bearbeitet eine weitere Oberfläche und schält so das dreidimensionale Gebilde aus dem Rohling heraus. Viele, die gerne mit der Dekupiersäge arbeiten, haben sich auf diese Technik spezialisiert. Dieser Abschnitt enthält Tipps und Tricks sowie einige Projektideen, anhand derer Sie diese faszinierende Arbeitstechnik kennenlernen können.

Faszinierende Technik

Von Diana Thompson

Mit einigen wenigen Schnitten ein dreidimensionales Objekt zu erzeugen macht besondere Freude. Diana Thompson hat zahllose Vorlagen für Verbundschnittprojekte erstellt und mehrere Bücher über dieses Thema geschrieben. Im Folgenden gibt sie wertvolle Hinweise zu ihrem Spezialgebiet.

SÄGEBLATT SENKRECHT STELLEN **TIPP**

Das Sägeblatt muss genau senkrecht zum Sägetisch stehen. Auch die kleinste Abweichung wirkt sich auf das Werkstück aus.

So entsteht ein Verbundschnittprojekt

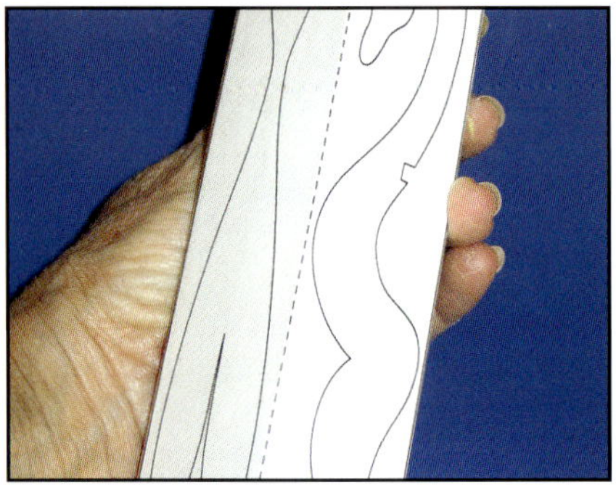

Schritt 1: Falten Sie die Vorlage entlang der gestrichelten Linie. Bringen Sie auf die Rückseite der Vorlage Sprühkleber oder einen Kleber Ihrer Wahl auf. Legen Sie die Bruchkante an der Kante des Rohlings an. Drücken Sie die Vorlage auf den Rohling und streichen Sie etwaige Luftblasen aus. Dann bekleben Sie den Rohling rundherum mit transparentem Paketklebeband, um die Vorlage zu befestigen und die Gleitfähigkeit des Sägeblattes zu erhöhen. Soweit erforderlich, bohren Sie Startlöcher.

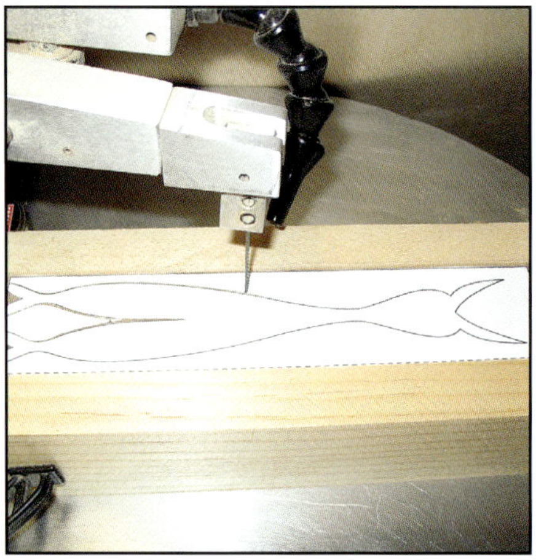

Schritt 2: Sägen Sie eines der beiden Profile aus. Ich fixiere dabei mit einer Klemme je ein Stück Restholz an beiden Seiten des Rohlings und ziehe die Klemme gerade so fest an, dass das Werkstück festgehalten wird, ohne dass der Sägevorgang gestört wird. Sägen Sie immer außerhalb der Vorlagelinie. Sägen Sie alle durchbrochenen Bereiche zuerst aus. Als Stütze können Sie die Abfallbereiche mit Klebeband wieder am Werkstück befestigen.

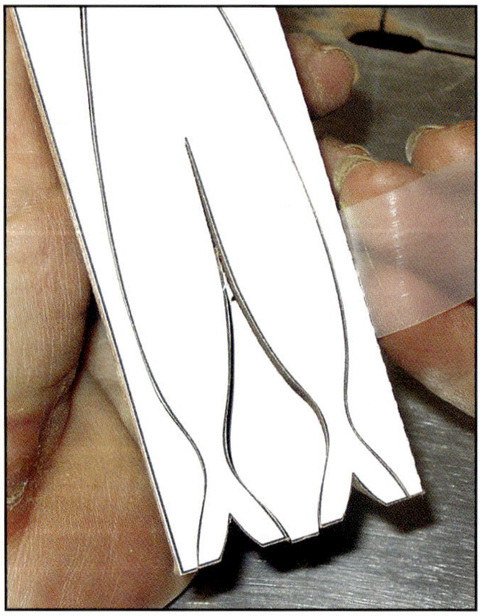

Schritt 3: Fixieren Sie die ausgeschnittenen Bereiche mit Klemmen wieder an der ursprünglichen Stelle, sodass sich die Teile nicht hin- und herbewegen (Klemmen nicht zu fest anziehen). Drücken Sie die Figur leicht zusammen und fixieren Sie sie mit Zellophanband in dieser Position.

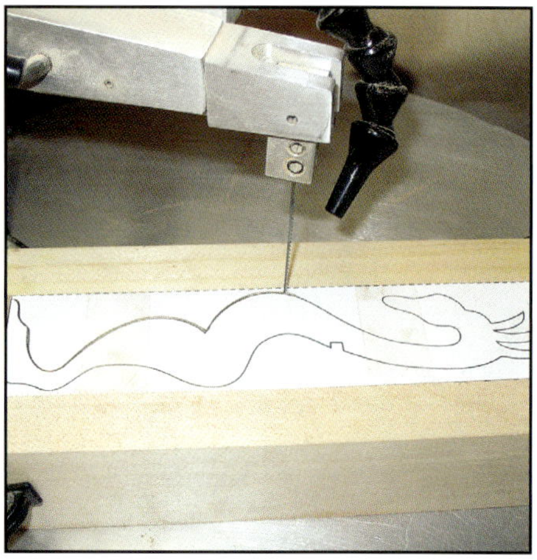

Schritt 4: Sägen Sie das zweite Profil aus (Technik wie bei Schritt 2).

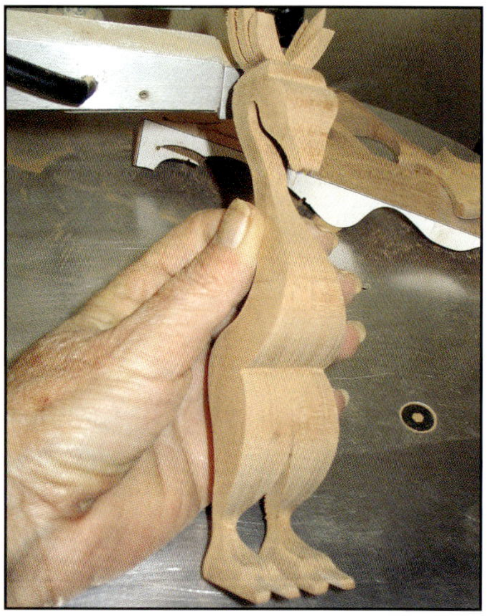

Schritt 5: Um das Werkstück von den Abfallbereichen zu trennen, drücken Sie es von einer Seite behutsam aus dem Rohling heraus (Vorsicht bei zerbrechlichen Werkstücken). Wenn es festhängt, üben Sie vorsichtig von der anderen Seite Druck aus oder schneiden Sie den Abfallbereich an der Oberseite des Rohlings weg (nicht ins Werkstück hineinschneiden!). Schleifen Sie das fertige Werkstück mit feinem Schleifpapier (Körnung 220) leicht ab, um etwaige Holzfasern zu entfernen. Runden Sie dabei die scharfen Ecken nicht ab – sie gehören zum charakteristischen Erscheinungsbild solcher Projekte.

Schachfiguren einmal anders

Sam Keener, die Dekupiersäge und die dritte Dimension

Von Ayleen Stellhorn

Als Sam Keener sein erstes Vorlagenbuch mit über 100 Verbundschnittprojekten zusammenstellte, waren Schachfiguren für ihn noch kein Thema.

„Ich verstehe schon ein bisschen was vom Schach – gerade genug, um ein gefährlicher Gegner zu sein", erzählt er. „Als ich diese Figuren entworfen habe, wäre es mir aber nicht eingefallen, sie als Schachfiguren einzusetzen." Erst später kam ihm die zündende Idee zu diesem wirklich meisterlichen Schachspiel.

Bekanntlich gibt es in jeder Farbe 16 Schachfiguren – einen König, eine Dame, zwei Läufer, zwei Springer, zwei Türme und acht Bauern. Bei einem traditionellen Schachspiel ist jede Figur sofort zu erkennen. Sam wollte mit dieser Tradition brechen und etwas ganz Neuartiges schaffen.

„Ein Schachspiel gleicht dem anderen beinahe aufs Haar. Ein Bauer ist ein Bauer ist ein Bauer", erklärt Sam. „Ich wollte ein Schachspiel kreieren, das es in dieser Art nur einmal gibt, bei dem jede der dreidimensionalen Figuren zwei Seiten hat."

Vor zehn Jahren war Sam Keene für RB Industries tätig und reiste mit einer Gruppe anderer Mitarbeiter dieser Firma nach Mexiko zu einer Messe. Sams Aufgabe war es, die Funktionsweise einer Dekupiersäge vorzuführen, indem er dreidimensionale Rentierfiguren aussägte. Ein Messebesucher, der eine Säge erstand, machte Sam auf die geschnitzten Figuren aufmerksam, die an einem anderen Stand ausgestellt waren.

Bei jeder der 250 bis 300 mm hohen Figuren handelte es sich in Wirklichkeit um zwei Figuren in einem. Eine Figur stellte eine mexikanische Tänzerin dar, wenn man sie aber um neunzig Grad drehte, verwandelte sie sich unter den erstaunten Augen des Betrachters in einen Kaktus. Bei weiterem Hin- und Herdrehen der Figur zeigte sich, dass von vorne und von rückwärts die Tänzerin zu sehen war, während die linke und die rechte Seite den Kaktus bildeten.

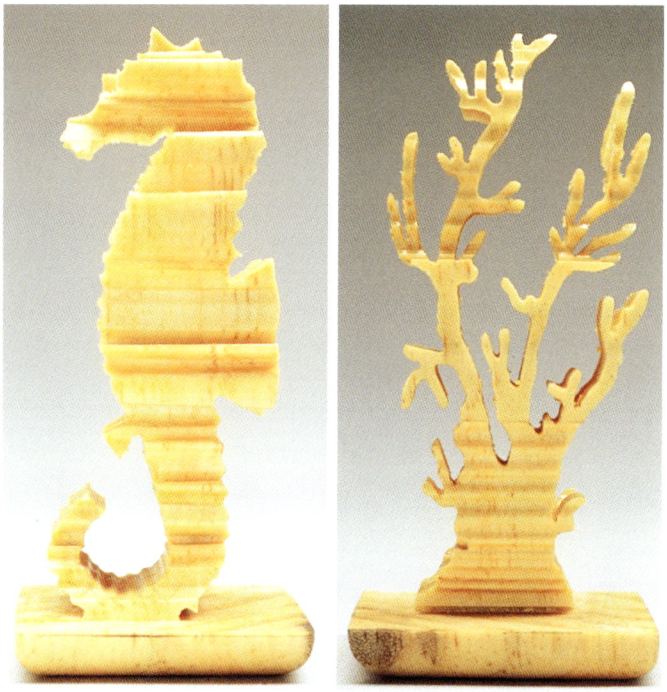

Von vorne eine Koralle, von der Seite ein Seepferd: Diese Verbundschnittarbeit ist der Springer in Sam Keeners Schachspiel. Auch die übrigen Figuren sind Kombinationen: Neptun/Koralle, Nixe/Koralle, Fisch/Koralle, Delfin/Koralle und Taucher/Koralle.

Sam war fasziniert und begann bald mit eigenen Entwürfen ähnlicher Figurenkombinationen für die Dekupiersäge. Bis heute hat er eine Vielzahl solcher Projektideen umgesetzt – ein Adler im Sturzflug verwandelt sich in einen lauernden Puma, ein Segelboot in einen Leuchtturm, eine Balletttänzerin in einen Schwan … Und wenn man Sams Weihnachtskrippe zur Seite dreht, sieht man Jesus mit der Dornenkrone.

Die meisten von Sams zahlreichen Entwürfen sind durch Probieren entstanden. Ausgehend von zwei Sujets, die irgendetwas gemeinsam haben, macht er zunächst von jedem Sujet eine Skizze und versucht beide zu einer Figur zu kombinieren. Als Nächstes folgt die Umsetzung mit der Dekupiersäge. Diese Schritte werden so lange wiederholt, bis die optimale Lösung gefunden ist.

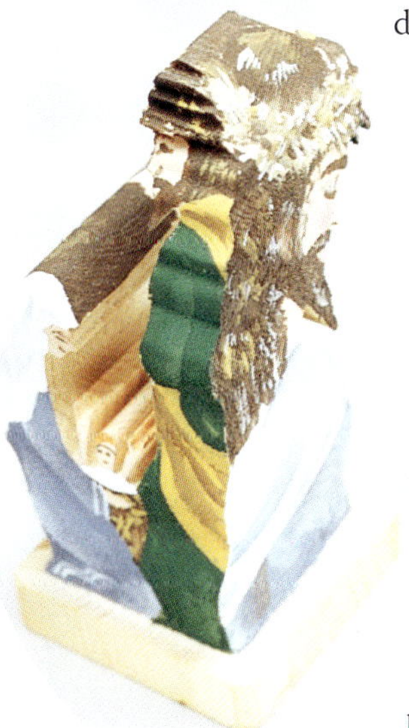

Diese Dreiviertelansicht zeigt beide Seiten einer Arbeit von Sam Keene: Von der einen Seite sieht man die Krippe, von der anderen Jesus mit der Dornenkrone.

„Eine solche Vorlage zu erstellen ist sehr schwer", räumt Sam ein. „Jedes Detail muss zu beiden Figuren passen." Ein Beispiel: Bei der Figur rechts im Bild, die von der einen Seite einen Engel, von der anderen einen Schmetterling darstellt, stand Sam vor dem Problem, wie er die Flügel des Schmetterlings in die Engelfigur integrieren sollte. „Ein Engel mit ausgebreiteten Flügeln ging nicht und so kam ich auf die Seitenansicht von einem Engel, der eine Glocke läutet."

Die Schachfiguren waren leichter zu gestalten, weil die Gestalt der Koralle an die Figuren angepasst werden konnte. Sam änderte die Form der Koralle so lange, bis sie zu allen Schachfiguren passte: zu Neptun (als König), einer Nixe (als Dame), einem Fisch (als Läufer), einem Seepferdchen (als Springer), einem Delfin (als Turm) und einem Taucher (als Bauer).

Derzeit arbeitet Sam Keener an einem weiteren Schachspiel. Diesmal will er einen Adler im Sturzflug mit verschiedenen Wildtieren kombinieren. Sam ist noch am Tüfteln, ob er als König einen Hirsch oder einen Bison wählen soll …

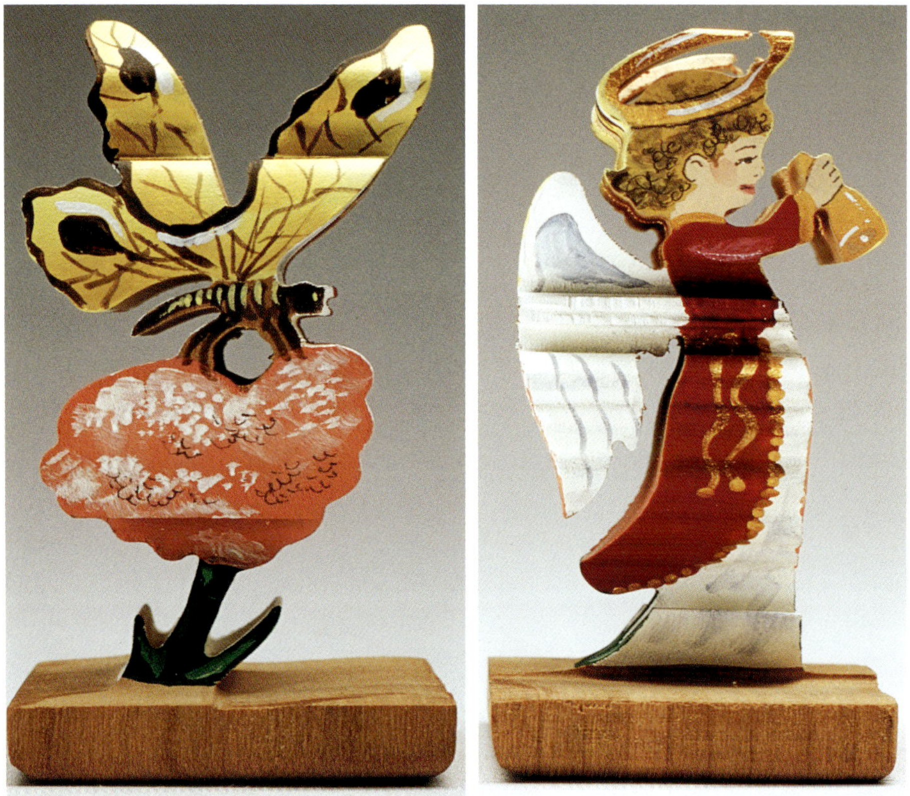

Noch ein kleines Meisterwerk von Sam Keener: Erst wenn man die Figur dreht, sieht man, dass die Vorder- und die Rückseite einen Engel, die anderen beiden Seiten einen Schmetterling zeigen.

Verbundschnitt: Tipps und Tricks von Sam Keener

„Fangen Sie mit der schwierigeren Seite an", rät Sam. Bei den Schachfiguren sägt er zuerst die Koralle aus, dann dreht er das Werkstück und bearbeitet die andere Seite. Allen, die sich an eine solche Arbeit heranwagen, empfiehlt Sam, sich Zeit zu lassen und sich möglichst an die Vorlagelinien zu halten. Als Material ist jede Holzart geeignet. Sam hat für seine Figuren schon Weichhölzer, Harthölzer und auch exotische Hölzer verwendet. Er nimmt dazu am liebsten ein Sägeblatt Nr. 5 oder Nr. 7.

Schritt 1: Der Rohling hat die Maße 44 x 44 x 112 mm. Schleifen Sie ihn leicht ab und fasen oder runden Sie die unteren Kanten ab.

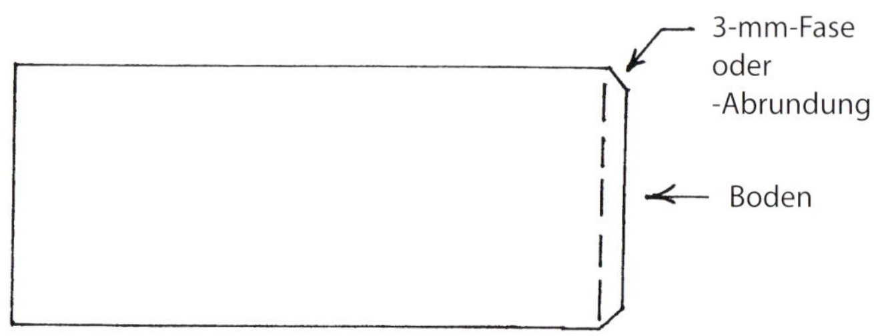

Schritt 2: Ziehen Sie 6 mm oberhalb der unteren Kante eine Linie rund um den Rohling als Oberkante der Bodenplatte.

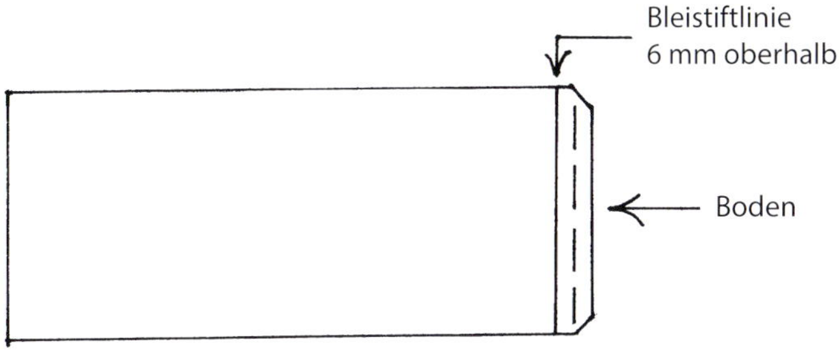

Schritt 3: Fotokopieren Sie die Vorlagen und befestigen Sie sie mit einem Klebestift oder einem anderen Klebstoff am Rohling. Kleben Sie die erste Vorlage auf die Ihnen zugewandte Fläche, dann drehen Sie den Rohling um 90° und kleben Sie die zweite Vorlage auf.

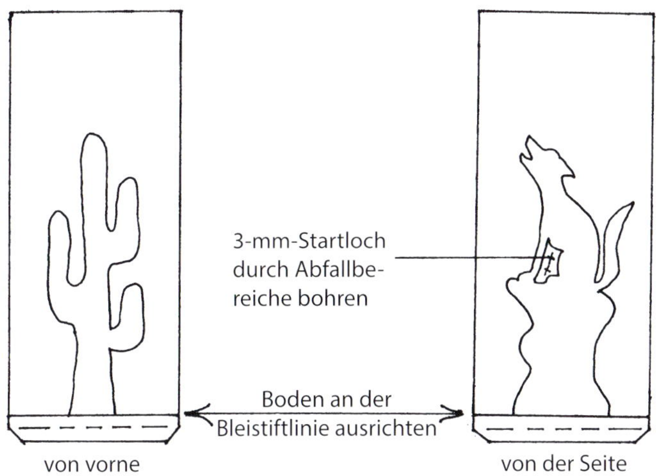

Schritt 4: Bohren Sie Startlöcher in alle Bereiche, die ausgeschnitten werden müssen, und sägen Sie die Innenschnitte.

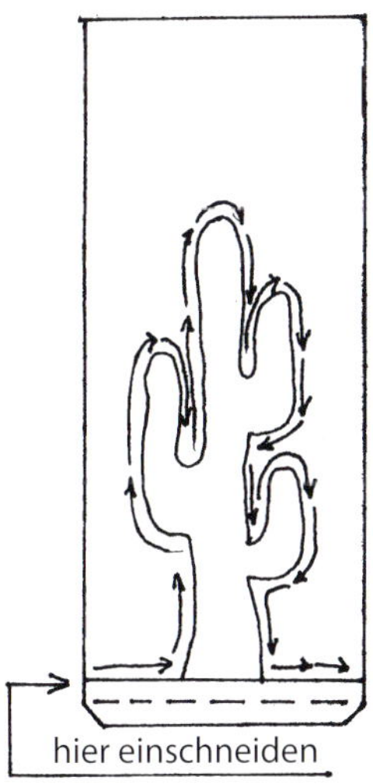

Schritt 5: Sägen Sie den Außenschnitt.

Schritt 6: Fügen Sie die Teile wieder zusammen und fixieren Sie sie mit Klebeband.

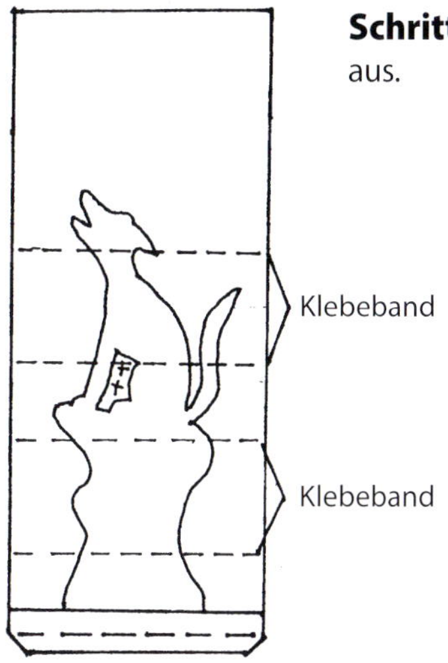

Schritt 7: Sägen Sie die andere Seite aus.

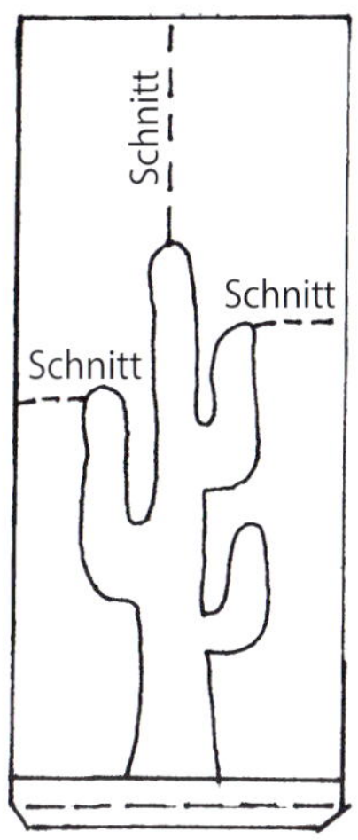

Schritt 8: Entfernen Sie das Klebeband und das Abfallholz. Schleifen Sie Unebenheiten und Ausriss leicht ab. Bemalen Sie die Figur oder bringen Sie ein Finish nach Wahl auf.

WEITGEZAHNTES SÄGEBLATT **TIPP**

Da Sie bei Verbundschnittprojekten dickes Holz sägen müssen, verwenden Sie für diese Arbeit ein möglichst großes Sägeblatt. Es sollte weitgezahnt sein, damit es die Sägespäne besser auswirft.

Fotokopie auf 115 % vergrößern

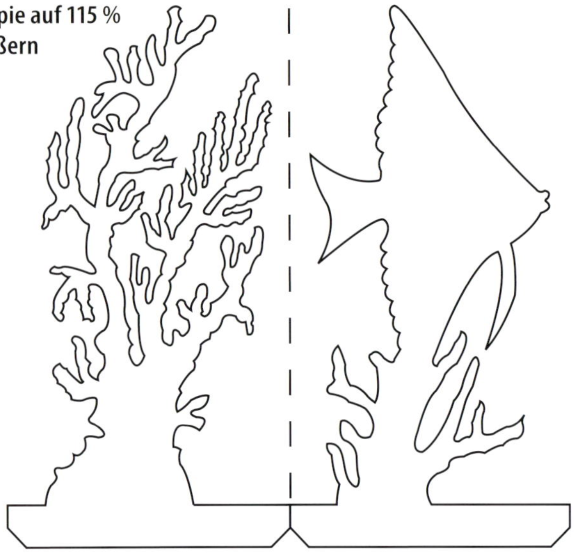

Läufer (2 x aussägen)

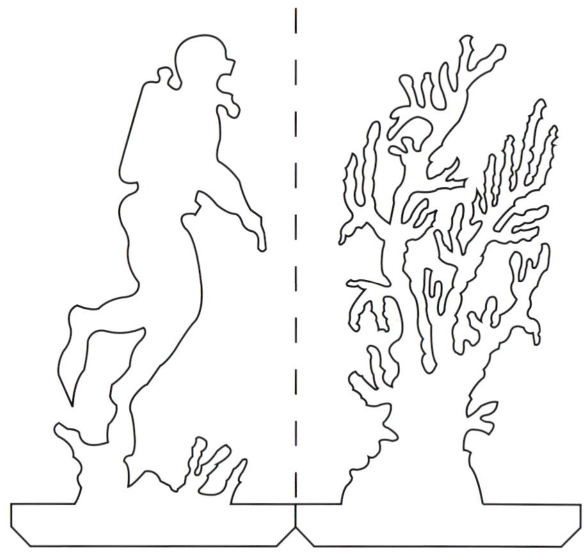

Bauer (8 x aussägen)

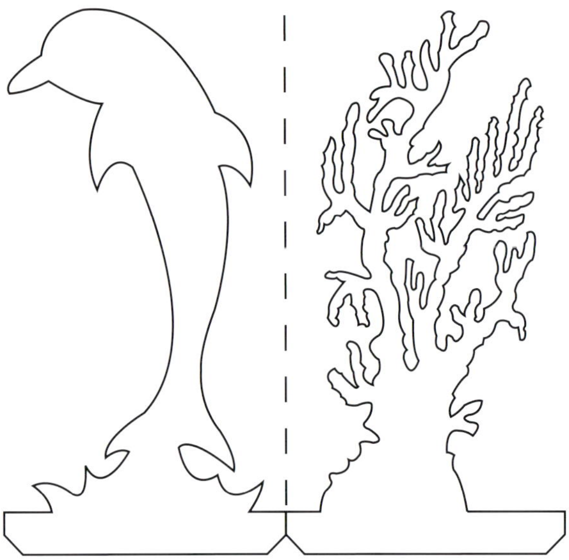

Turm (2 x aussägen)

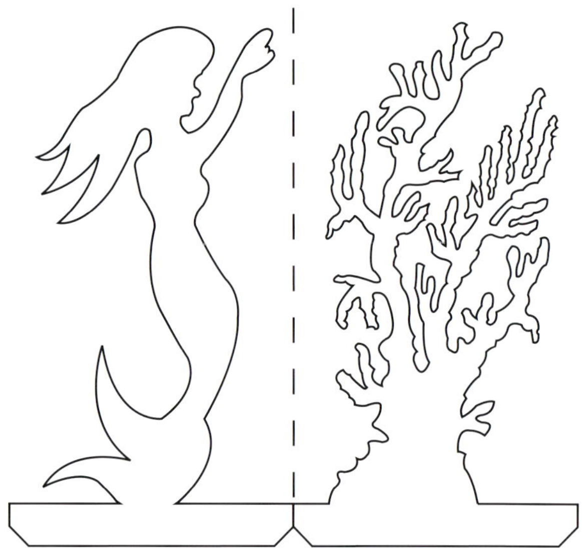

Dame (1 x aussägen)

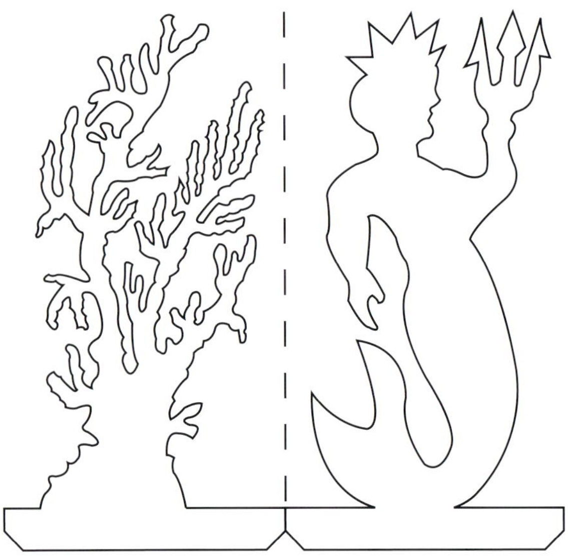

König (1 x aussägen)

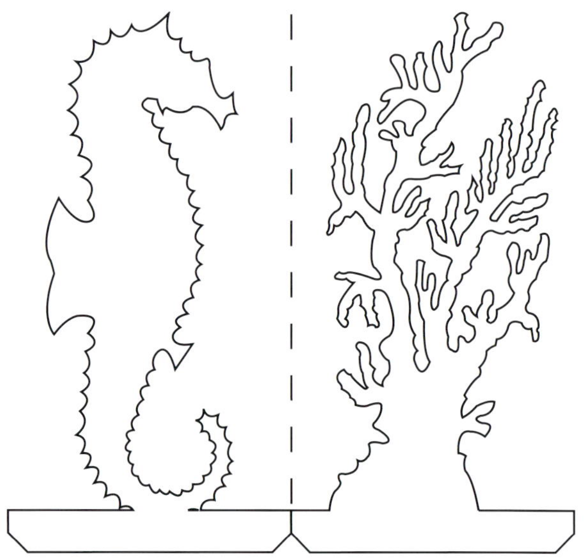

Springer (2 x aussägen)

Kerzenhalter mit Blattdekor

Ein stilvoll-elegantes Verbundschnittprojekt

Von John A. Nelson
Umgesetzt von Dale Helgerson

Der Entwurf ist einfach und schnörkellos, die Sägearbeit und der Zusammenbau sind unproblematisch, das Ergebnis beeindruckt durch klare Linienführung und unaufdringliche Eleganz. Im Nu haben Sie eine ganze Anzahl dieser Kerzenhalter fertiggestellt.

Als Material empfehle ich schönes, aber nicht zu hartes Holz wie Ahorn oder Walnuss. Dale Helgerson hat die abgebildeten Stücke aus Ahornholz gefertigt. Wenn Sie eine weichere Holzart, wie z. B. Pappel oder Linde, wählen, können Sie das fertige Stück beizen und damit Ihrem Interieur anpassen. Bedenken Sie, dass Sie relativ dickes Holz sägen müssen – bei Tropenhölzern wie Sandelholz oder Ebenholz brauchen Sie viel Geduld!

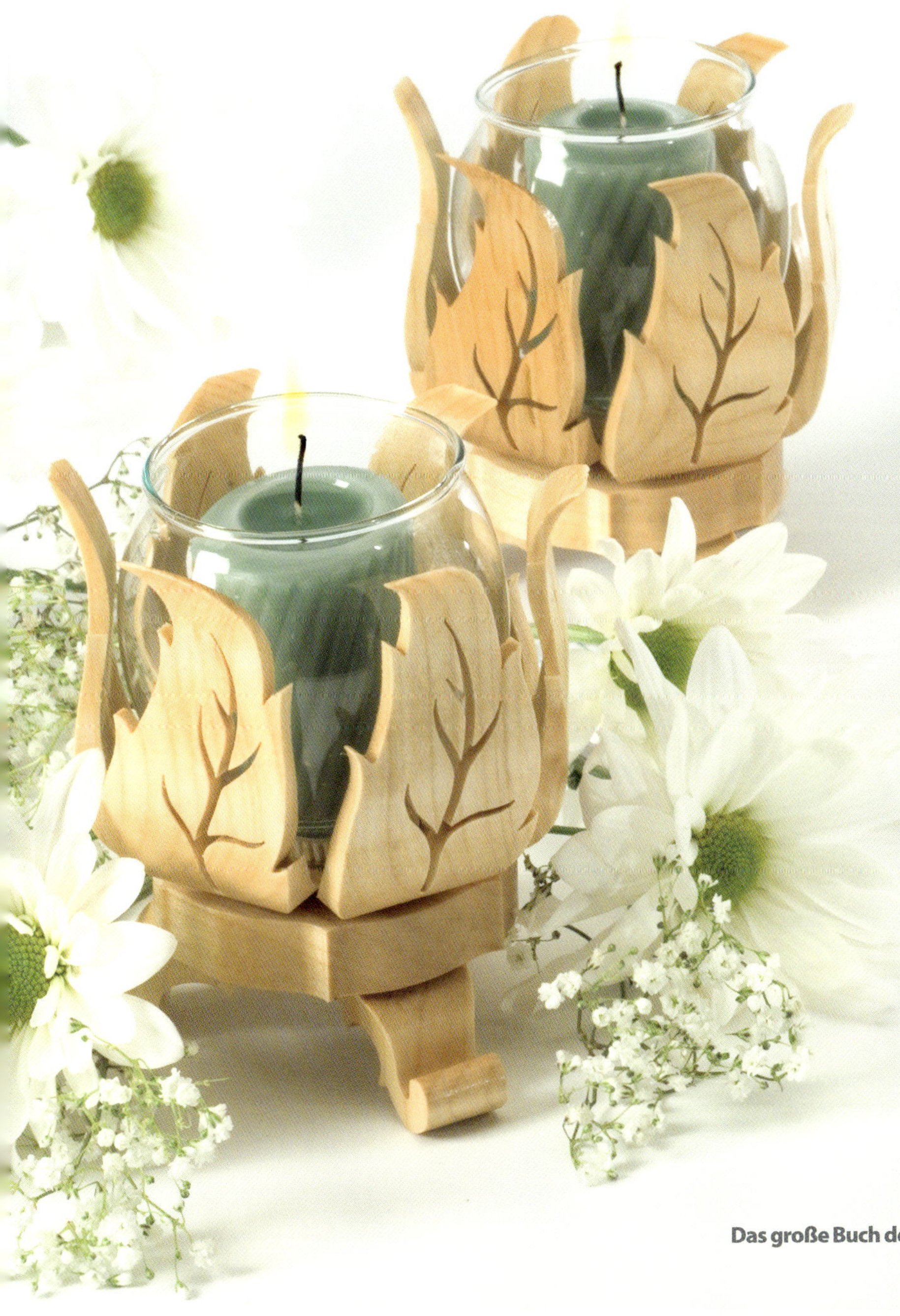

Schritt 1: Falten Sie die Vorlagen A und B entlang der gestrichelten Linien. Bringen Sie auf die Rückseite der Vorlagen Sprühkleber auf. Legen Sie die Bruchkante jeweils an der Kante des Rohlings an. Drücken Sie die Vorlage auf den Rohling und bekleben Sie ihn rundherum mit transparentem Paketklebeband. Bringen Sie Sprühkleber auf die Rückseite von Vorlage C auf und kleben Sie die Vorlage auf den dazugehörigen Rohling.

Schritt 2: Bohren Sie mit einem 1,5-mm-Bohrer die Startlöcher für die Blattadern in alle sechs Blätter und sägen Sie die Blattadern mit einem weitgezahnten Sägeblatt Nr. 3 oder einem Sägeblatt nach Wahl aus.

Schritt 3: Bohren Sie mit einem 1,5-mm-Bohrer ein Startloch in Teil C und sägen Sie mit demselben Sägeblatt die Innenschnitte. Achten Sie auf exakte Schnitte, damit sich der Kerzenhalter leichter zusammenbauen lässt. Dann sägen Sie an der Umrisslinie von Teil C entlang.

Schritt 4: Zum Sägen der Umrisslinien an den Blättern legen Sie den Rohling so auf den Sägetisch, dass die Blattform nach oben zeigt. Sägen Sie mit einem weitgezahnten Sägeblatt Nr. 5 an der Umrisslinie entlang, trennen Sie das Blatt jedoch nicht vom Rohling. Bekleben Sie den Rohling rundherum mit Paketklebeband, um das Blatt darauf zu fixieren.

Schritt 5: Drehen Sie den Rohling, sodass die Seitenansicht des Blattes nach oben zeigt. Sägen Sie mit einem weitgezahnten Sägeblatt Nr. 5 an der Umrisslinie entlang. Sorgen Sie dafür, dass das Werkstück nicht verrutscht. Bei dem Stiel, der in eine der Ausnehmungen in Teil C eingepasst werden soll, achten Sie auf gerade Schnitte.

Schritt 6: Entfernen Sie das Klebeband und trennen Sie das Blatt vorsichtig vom Rohling.

Schritt 7: Schleifen Sie mit feinem Schleifpapier (Körnung 220) alle scharfen Kanten und faserigen Stellen ab.

Schritt 8: Passen Sie die Blätter nun probeweise in die Bodenplatte (Teil C) ein. Richten Sie sich dabei nach der Beschriftung auf der Vorlage für Teil C. Achten Sie darauf, dass die Stiele fest sitzen, und schleifen Sie sie, wenn nötig, zurecht.

Schritt 9: Kleben Sie die Teile zusammen. Um die unregelmäßig geformten Blätter nicht mit Klemmen fixieren zu müssen, klebe ich die Blattstiele mit Cyanacrylatkleber in die Bodenplatte (Teil C) ein.

Schritt 10: Als Oberflächenbehandlung überziehen Sie den Kerzenhalter einmal mit Danish Oil oder mehrmals mit Sprühlack. Platzieren Sie die Kerzenampel in die Mitte.

Material & Werkzeug

Material

- 3 Stücke Holz nach Wahl, 34 x 41 x 100 mm (Blätter – Teil A) pro Kerzenhalter
- 3 Stücke Holz nach Wahl, 34 x 41 x 81 mm (Blätter – Teil B) pro Kerzenhalter
- 1 Stück Holz nach Wahl, 12 x 75 x 75 mm (Bodenplatte – Teil C) pro Kerzenhalter
- Sprühkleber
- Transparentes Paketklebeband
- Schleifpapier, 220er-Körnung
- Sprühlack oder Oberflächenbehandlungsmittel nach Wahl
- 1 Kerzenampel pro Kerzenhalter
- Cyanacrylatkleber oder Klebstoff nach Wahl

Werkzeug

- Weitgezahnte Sägeblätter, Nr. 3 und Nr. 5
- Bohrmaschine mit 1,5-mm-Bohrer

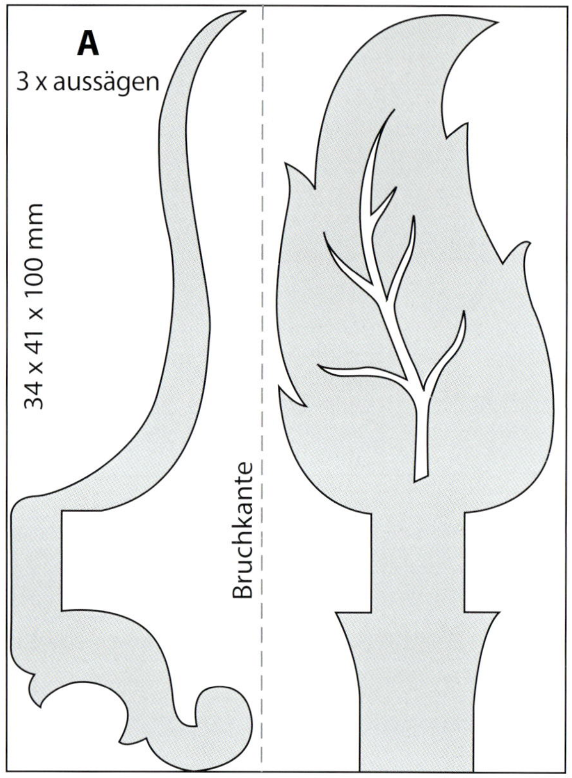

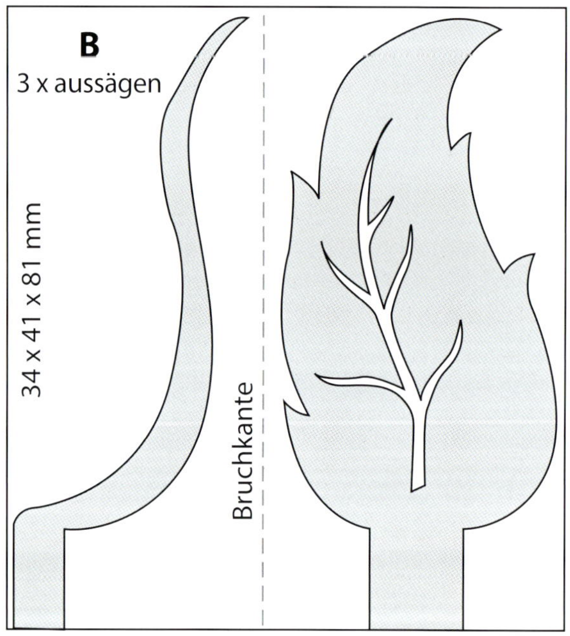

Fotokopie 100 %

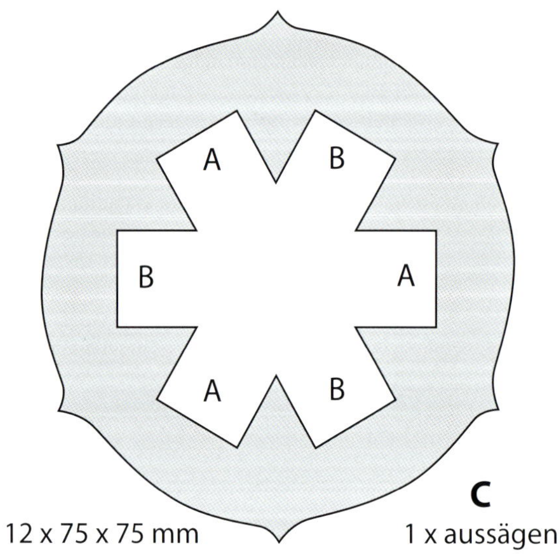

Gefiederte Freunde

Verbundschnitt leicht gemacht

Von John Fleig
Umgesetzt von Ben Fink

So schnell entsteht eine lustige Vogelschar: Pro Figur sind nur zwei bis drei Schnitte erforderlich, als Material genügt ein kleines Stück Restholz – als nettes kleines Geschenk, aber auch als Demonstrationsobjekt sind die gefiederten Freunde bestens geeignet. Wenn Sie eine Säge vorführen, stellen Sie ein paar fertige Vögel bereit und schenken Sie jede Figur, die Sie anfertigen, gleich her – das Publikum wird begeistert sein.

Ben Fink hat die abgebildeten Vögel aus spanischem Zedernholz angefertigt. Ich empfehle dazu ein Sägeblatt mit 12,5 TPI.

Bei diesen Figuren kommen Standardtechniken des Verbundschnitts zum Einsatz. Fotokopieren Sie die Vorlage, falten Sie sie entlang der gestrichelten Linie und sprühen Sie Kleber auf die Rückseite der Vorlage. Legen Sie die Bruchkante an der Kante des Rohlings an. Drücken Sie die Vorlage auf den Rohling. Sägen Sie eines der beiden Profile aus, fixieren Sie je ein Stück Restholz an beiden Seiten des Profils, um den ausgesägten Teil festzuhalten, oder fixieren Sie den ausgesägten Teil mit Klebeband am Rohling. Dann sägen Sie das zweite Profil aus. Drücken Sie die Figur aus dem Rohling heraus und entfernen Sie das Abfallholz von der Vorder- und Rückseite. Fertig!

Sie können die Vögel bemalen, aber auch ein farbloses Finish sieht sehr schön aus.

Material & Werkzeug

Material

- 1 Stück Kiefernholz oder Holz nach Wahl, 19 x 37 x 112 mm, pro Figur
- Oberflächenbehandlungsmittel nach Wahl (optional)
- Sprühkleber
- Transparentes Klebeband (optional)
- Dünne Restholzstücke zum Fixieren der Teile (optional)

Werkzeug

- Sägeblatt, 12,5 TPI, oder Sägeblatt nach Wahl

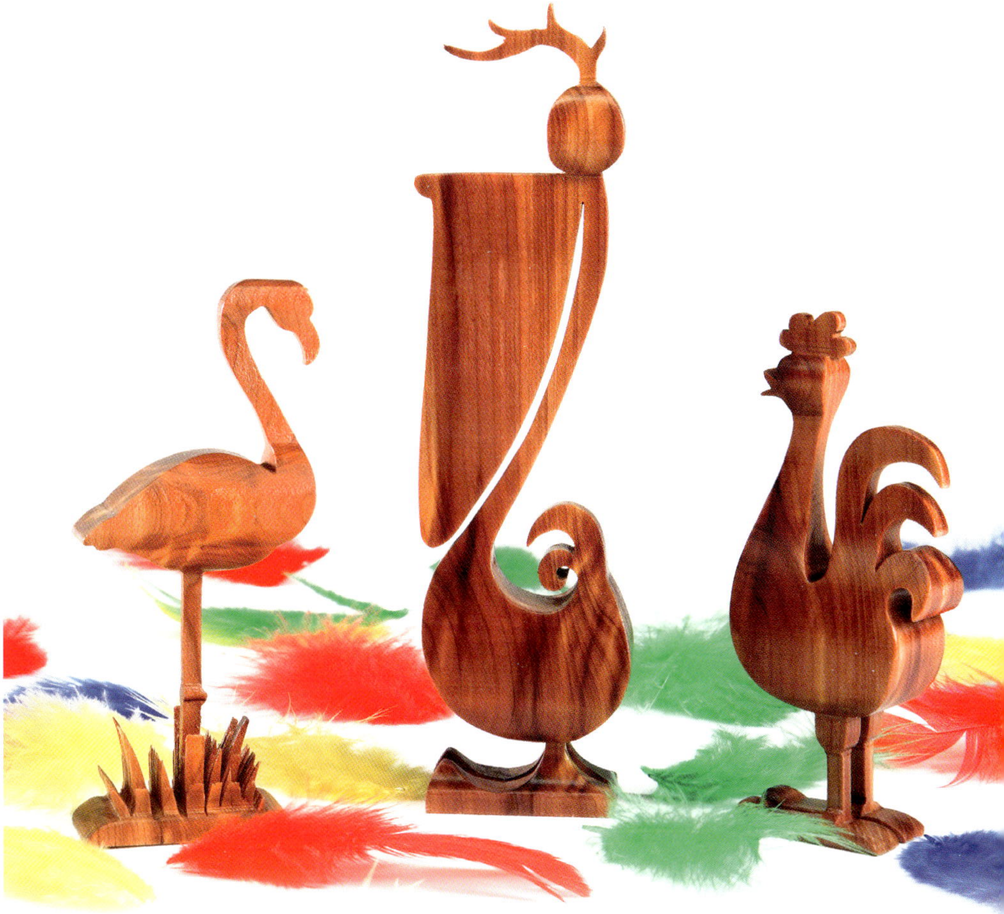

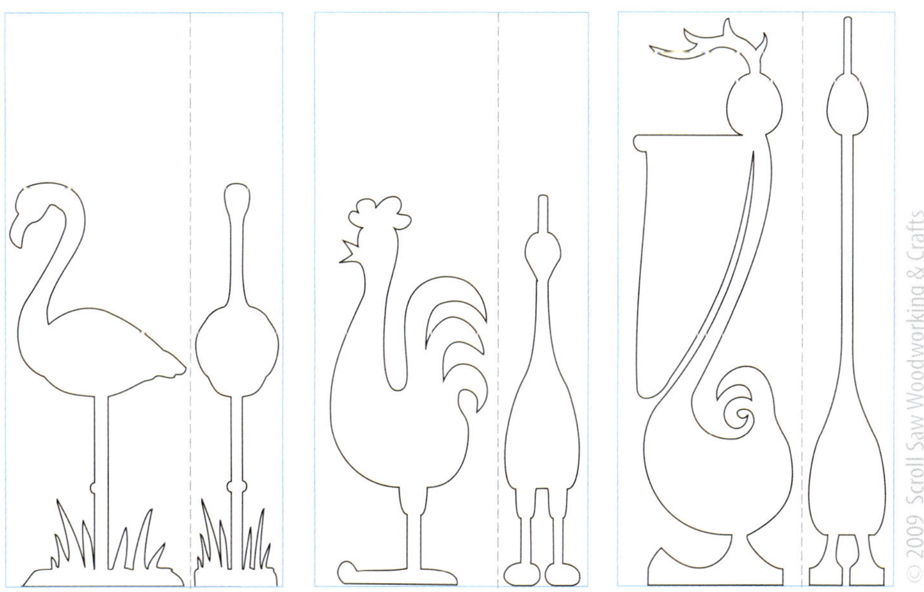

Fotokopie auf 150 % vergrößern

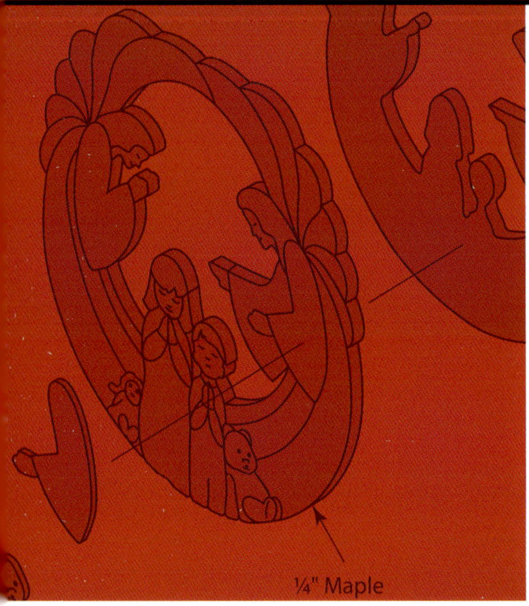
¼" Maple

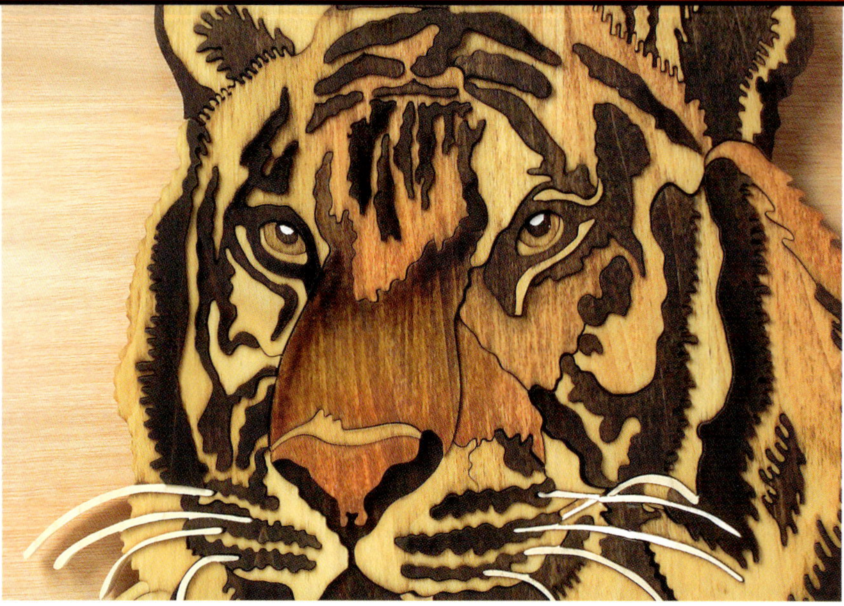

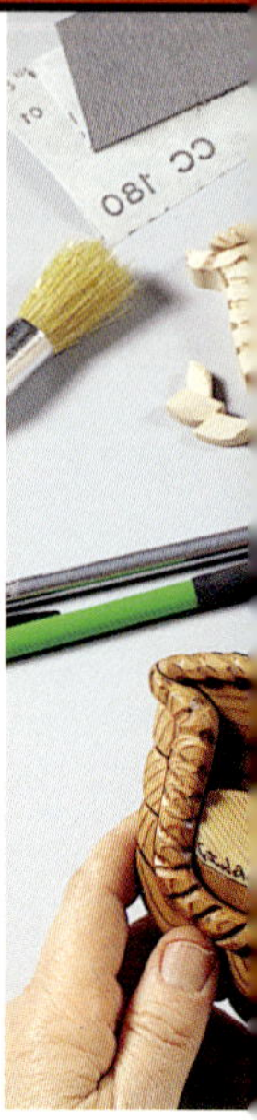

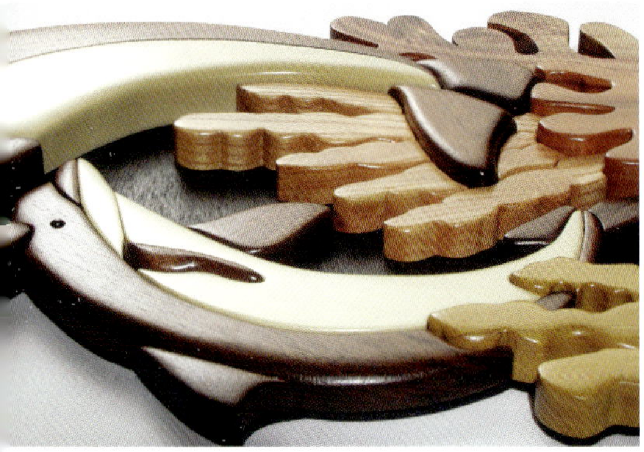

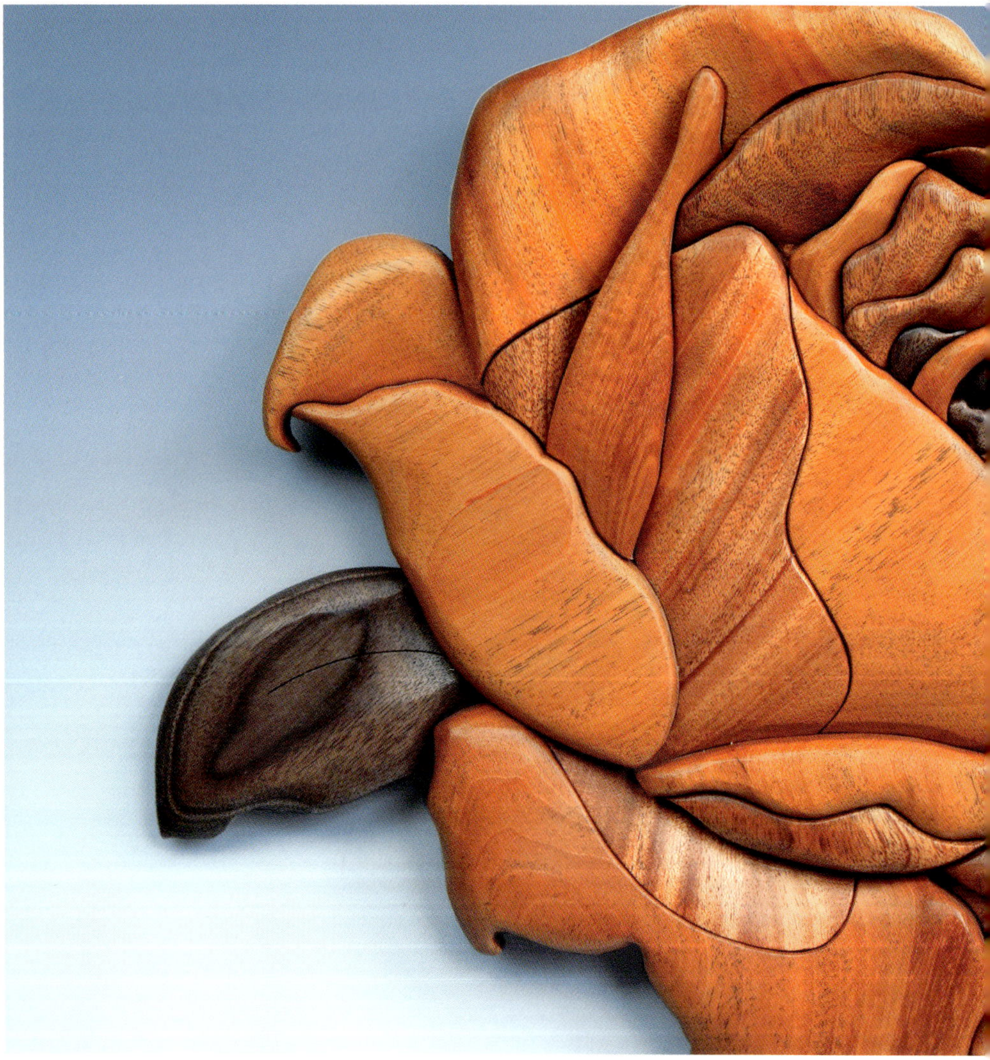

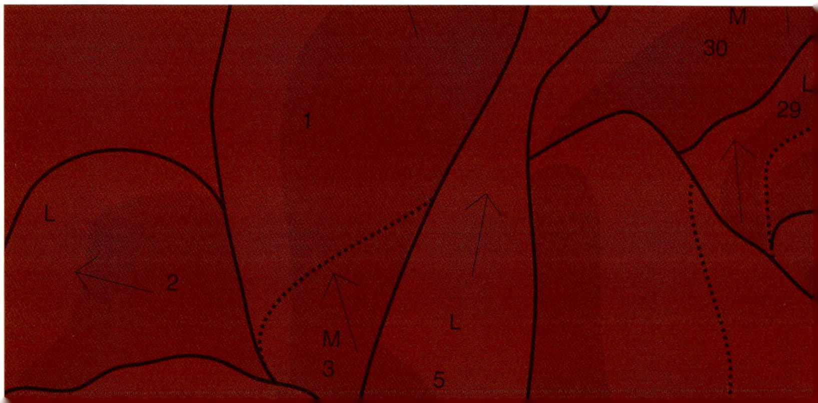
M
30
1
L
29
L
2
M
3
L
5

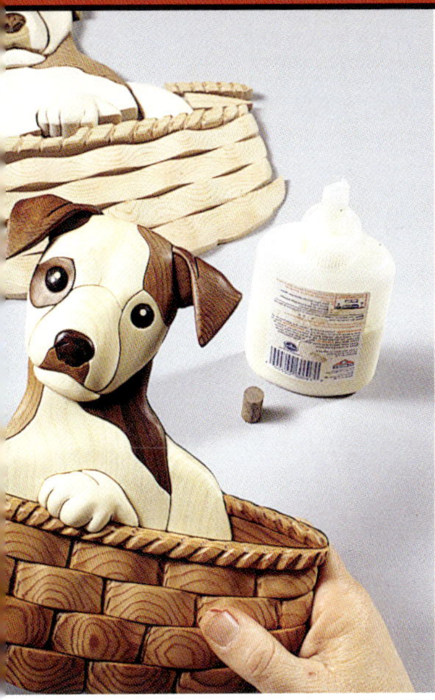

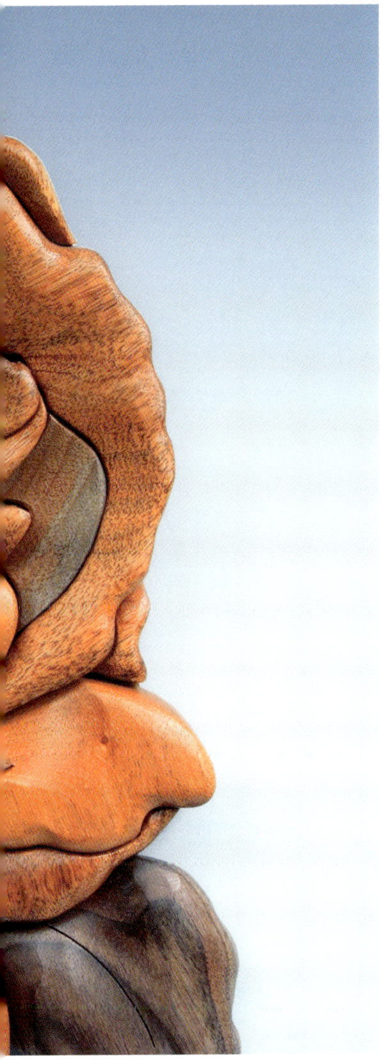

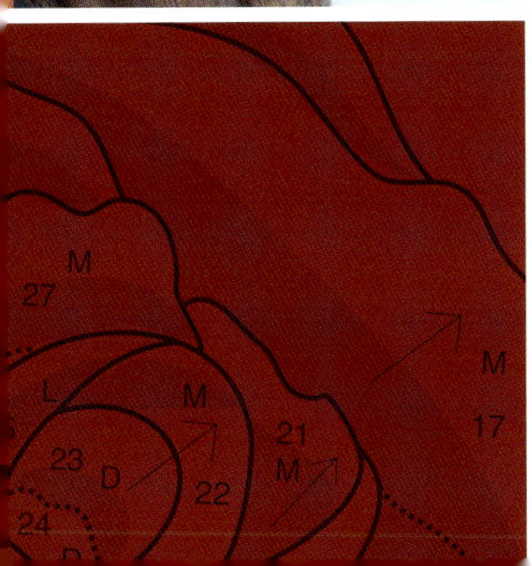

Intarsien und Segmentierung

Bei der beliebten Intarsientechnik werden kontrastierende, einander ergänzende Holzteile zu einem Bild zusammengefügt. Vorher wird jeder Teil abgeschliffen, was dem fertigen Bild zusätzliche Tiefe verleiht. Die Segmentierung könnte man als Kreuzung zwischen Intarsientechnik und Reliefschnitt bezeichnen. Auch hier wird ein Bild aus mehreren Teilen zusammengesetzt. Manche Künstler schleifen zwar die einzelnen Teile vorher sorgfältig ab, dieser Vorgang ist aber nicht so aufwendig wie bei Intarsienarbeiten. Bei manchen Segmentierungsarbeiten ist das Abschleifen der Teile zur Erzeugung der Tiefenwirkung gar nicht vorgesehen. Höhenunterschiede werden wie beim Reliefschnitt durch das Zusammenleimen der Segmente erzeugt. Die Segmente werden auch oft gebeizt oder bemalt. Dadurch spart man die Kosten für fehlerfreies oder besonders schön gemasertes Holz, wie es für Intarsienarbeiten zu empfehlen ist.

Hund im Körbchen

Dieser Wandschmuck ist eine schöne und doch leicht auszuführende Intarsienarbeit.

Von Judy Gale Roberts und Jerry Booher

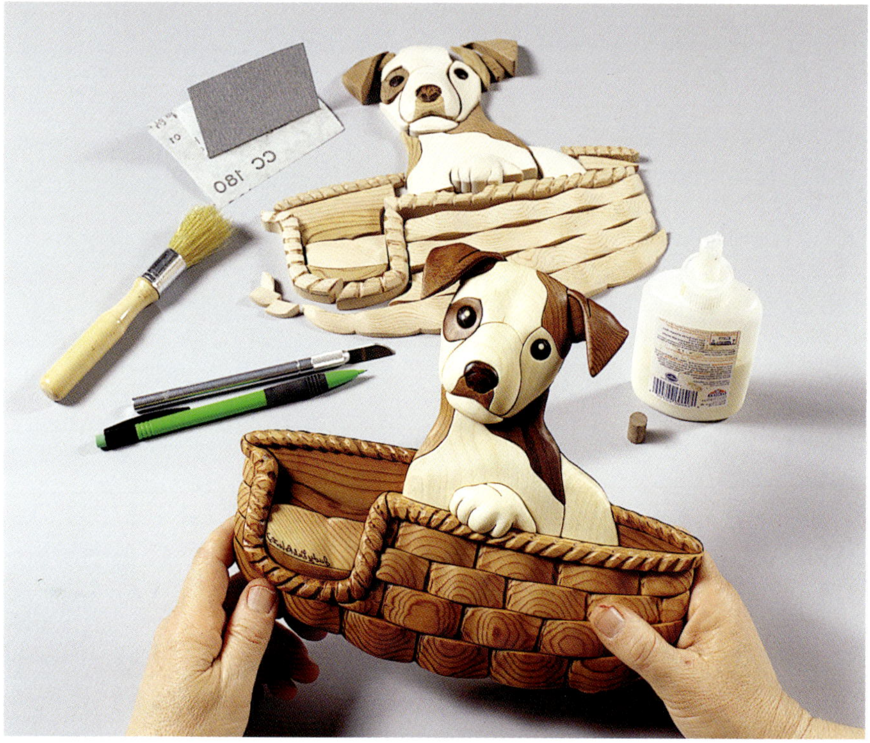

Die Jack-Russell-Terrier stammen aus England. Ihr Fell ist weiß mit schwarzen und braunen Flecken.

Ursprünglich wurden sie für die Jagd auf Füchse, Niederwild und Nagetiere gezüchtet. Jack-Russell-Terrier sind kinderfreundlich und werden auch als treue Stallgefährten für Pferde geschätzt.

Den Jack-Russell-Welpen, der uns so treuherzig über den Rand seines Körbchens anschaut, muss man einfach gernhaben!

Schritt 1: Wählen Sie das Holz aus und bereiten Sie die Vorlage vor. Für den Hund und den Korb brauchen Sie Holz in vier Farbschattierungen, um eine schöne plastische Wirkung zu erzielen. Für die dunklen Schattierungen wurde Western-Red-Cedar-Holz verwendet, für die weißen Bereiche Espenholz. Für die Augen brauchen Sie zwei Dübel mit 9 mm Durchmesser und etwa 19 mm Länge; für das abgebildete Projekt wurde Walnussholz verwendet.

Sie können auch die meisten anderen Holzarten wählen, bei diesem Projekt sind jedoch Farbe und Faserverlauf besonders wichtig. Die folgenden Hölzer sind zu empfehlen: Walnuss für die dunklen Partien; Kirsche, Mahagoni oder Pecanholz für die mittelbraunen Bereiche; Eiche oder Ahorn für die hellbraunen Bereiche; Espe, Stechpalme, Pappel oder Kiefer für die weißen Flächen.

Die Vorlage müssen Sie mindestens fünfmal im Verhältnis 1 : 1 kopieren, um die einzelnen Vorlagen auf die passenden Rohlinge zu kleben. Behalten Sie eine Kopie als Original, nummerieren Sie darauf alle Teile und übertragen Sie die Nummern von der Original-Vorlage auf die einzelnen Teil-Vorlagen.

Material & Werkzeug

Material

- Western-Red-Cedar-Holz in drei Schattierungen, 19 mm stark
  Dunkelbraun: 150 x 100 mm
  Mittelbraun: 175 x 100 mm
  Hellbraun: 250 x 150 mm
- Espenholz oder anderes weißes Holz, 225 x 100 mm
- 2 Dübel aus Walnussholz, 9 mm Ø, Länge etwa 19 mm
- Trägerplatten aus Sperrholz, 3 und 6 mm stark
- Doppelseitiges Klebeband
- Sprüh-Acryllack oder anderes farbloses Finish
- Holzgel
- Stahlwolle
- Ablösbarer Sprühkleber oder ablösbarer Klebestick
- Gelber Holzleim (PUR-Leim)
- Bilderhaken

Werkzeug

- Schaum- oder Borstenpinsel, 25 mm breit
- Hobbymesser mit abgerundeter Klinge
- Sägeblatt Nr. 5 mit Gegenzähnen
- Heißklebepistole, Heißkleber
- Schleifpapier, 80er- und 120er-Körnung
- Druckbleistift
- Flexibler Trommelschleifer, Entgrater, Flex-Schaftschleifer, Holzraspel oder 25-mm-Bandschleifer (optional)
- „Wunderrad" (*Wonder Wheel*) (optional)
- Holzbrenngerät (optional)

Schritt 2: Wählen Sie ein Sägeblatt und beginnen Sie zu schneiden. Wir nahmen für dieses Projekt ein Sägeblatt Nr. 5 mit Gegenzähnen. Die Gegenzähne schneiden bei der Aufwärtsbewegung, wodurch der Ausriss auf der Rückseite reduziert wird.

Wenn Sie aus einem Brett viele kleine Teile in derselben Farbe aussägen, teilen Sie das Brett zunächst in kleinere, handlichere Rohlinge.

Sägen Sie alle Teile, die sich in Farbe und Faserrichtung von den benachbarten Teilen unterscheiden, separat aus. Wenn benachbarte Teile dieselbe Farbe und Faserrichtung haben (z. B. die hellbraunen Teile des Korbes, die weißen Partien am Hundekopf und das mittelbraune Innere des Korbes), können sie in einem Stück ausgesägt und so belassen werden. Beim Aussägen eines einzelnen Teils platzieren Sie am besten die Mitte des Sägeblatts in der Mitte der Vorlagelinie, sodass beim Schneiden die Linie zur Gänze entfernt wird.

Lassen Sie rund um die Umrisslinie ungefähr 6 mm Holz stehen. Wir sägen meist zuerst alle weißen Bereiche aus, dann alle dunkelbraunen Bereiche usw. Mehrere handgroße Bereiche sind leichter zu bearbeiten als ein größeres Brett.

Sägen Sie die Teile, die weniger Probleme bereiten, zuerst aus. Machen Sie öfter Pausen, um den Ausriss zu entfernen. Versuchen Sie vorausschauend zu planen, damit Ihnen nicht ein winziger Teil zum Aussägen übrig bleibt, der sich nicht festhalten lässt. Setzen Sie die Schnitte so, dass der letzte Teil von einem größeren abgetrennt wird.

Die Geschwindigkeit passen wir an das Material an und achten vor allem darauf, nie die Beherrschung über das Gerät zu verlieren, denn bei Intarsienarbeiten müssen alle Schnitte exakt sein. Ein paar Versuche mit Ihrer Säge können Ihnen helfen, die optimale Geschwindigkeit festzustellen. Bei uns liegt sie meist zwischen 60 und 70 % der höchstmöglichen Geschwindigkeit unserer Säge.

Drehen Sie die fertig ausgesägten Teile um und entfernen Sie Grate und Ausriss an der Unterseite, damit die Teile flach auf der Arbeitsfläche aufliegen.

Schritt 3: Wenn alle Teile ausgeschnitten und entgratet sind, schreiben Sie die Nummer jedes Teils, die auf der jeweiligen Vorlage steht, auch auf die Unterseite. Nehmen Sie die Vorlage jedoch noch nicht ab. Stellen Sie die Teile probeweise zusammen und überprüfen Sie, ob sie exakt zusammenpassen. Die Papiervorlage hilft bei der Fehlersuche wenn sich ein Teil nicht einpassen lässt, können Sie feststellen, ob Sie beim Sägen von der Vorlagelinie abgewichen sind.

Schritt 4: Stellen Sie Unterlegscheiben für die erhabenen Bereiche her, die auf der Hauptvorlage mit A gekennzeichnet sind. Die Umrisse dieser Teile sind neben der Hauptvorlage nochmals separat zu finden. Sägen Sie diese Umrisse aus 6 mm starkem Sperrholz aus und schieben Sie die Unterlegscheiben unter die erhabenen Teile.

Zusätzlich fertigen wir noch weitere Unterlegscheiben (für das Gesicht, den Hals und weitere Bereiche am Körper) an, die es ermöglichen, die Teile abschnittweise statt einzeln abzuschleifen. Die Teile erhalten dadurch gleichmäßigere Konturen.

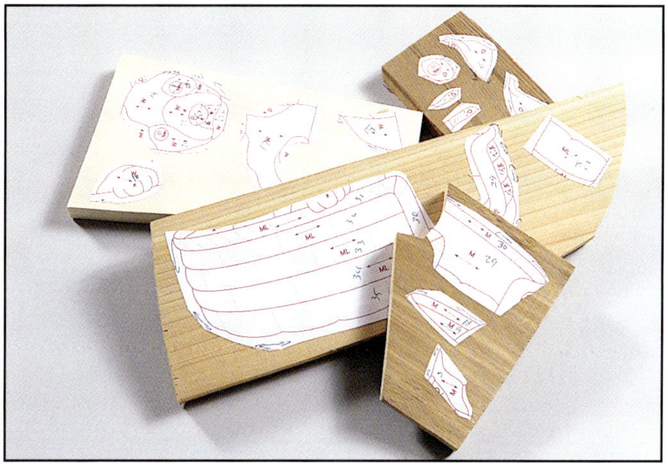

Schritt 1: Western-Red-Cedar-Holz in verschiedenen Schattierungen ist für dieses Projekt besonders gut geeignet. Sie können natürlich andere Holzarten ausprobieren – Walnuss, Kirsche, Mahagoni, Pecan, Eiche, Ahorn, Espe, Stechpalme oder Kiefer bieten sich an.

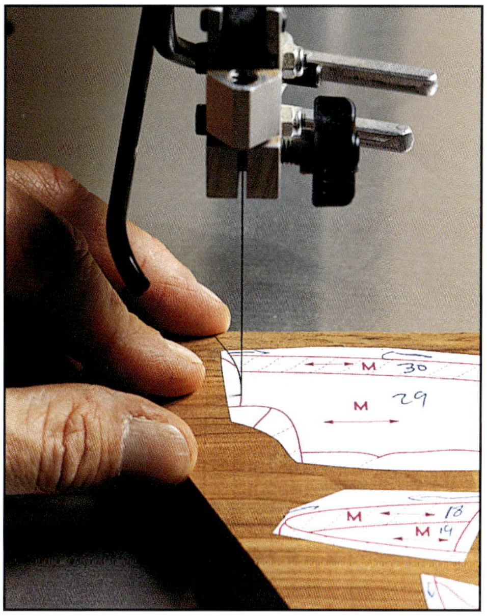

Schritt 2: Platzieren Sie die Mitte des Sägeblatts in der Mitte der Vorlagelinie, sodass beim Schneiden die Linie zur Gänze entfernt wird.

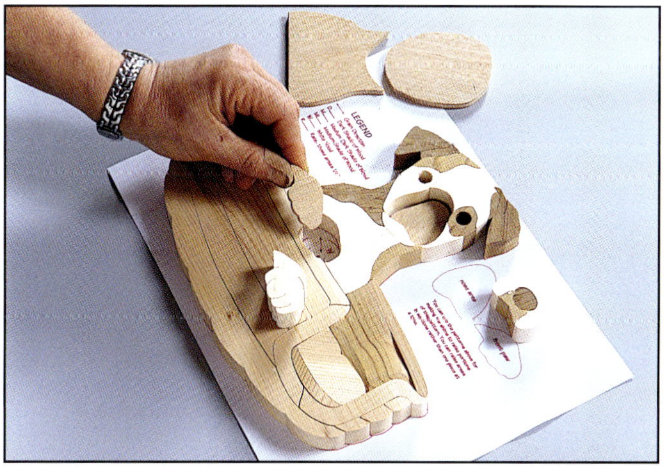

Schritt 4: Unterlegscheiben zum Abschleifen für das Gesicht, den Hals und weitere Körperteile des Hundes sorgen für gleichmäßigere Konturen.

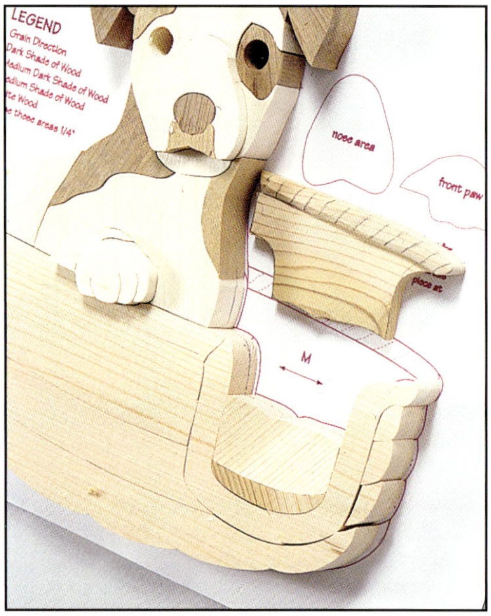

Schritt 5A: Durch das Absenken jener Bereiche, die am weitesten vom Betrachter entfernt sind (hier das Innere des Korbes), kommt die Dreidimensionalität besser zur Geltung. Beim Schleifen wird die halbe Brettdicke entfernt.

Schritt 5: Schleifen Sie zunächst das ganze Werkstück „grob" ab und gehen Sie dann zum „Feinschliff" der einzelnen Teile über. Durch Anheben und Absenken verschiedener Bereiche kommt die Dreidimensionalität besser zur Geltung. Wir beginnen mit dem Bereich, der am weitesten vom Betrachter entfernt ist, dem Inneren des Korbes. Schleifen Sie diesen Bereich zuerst ab und entfernen Sie dabei mindestens die halbe Brettdicke.

Wir verwenden dazu einen flexiblen Trommelschleifer (siehe **Schritt 5B**). Eine Walze ist mit grobem (80er-Körnung), eine zweite mit etwas feinerem (120er-Körnung) Schleifpapier ausgestattet. Entfernen Sie das meiste Holz mit der groben Körnung und glätten Sie die Oberfläche mit der feinen Körnung. Mit diesem Gerät lassen sich schöne, gesoftete Kanten erzielen. Derselbe Effekt kann aber auch mit anderen Geräten erreicht werden.

Schritt 6: Nach dem Abschleifen ziehen Sie an jedem Teil dort, wo er einen anderen Teil berührt, mit einem Druckbleistift eine Markierungslinie. Wenn Sie sich zu den dickeren Bereichen vorarbeiten, haben die Teile rundherum eine Linie. Versuchen Sie beim Schleifen oberhalb dieser Linien zu bleiben. Wenn Sie z. B. bei dem abgebildeten Teil versehentlich unter die Linie geraten, schleifen Sie die Rückseite des Korbes tiefer hinunter.

Schritt 7: Schleifen Sie den Körper des Hundes ab. Markieren Sie die Teile im Bereich der Brust, schleifen Sie sie oberhalb der Bleistiftlinien ab. Dann kleben Sie doppelseitiges Klebeband auf die Rückseite der Teile, ziehen Sie das Schutzpapier ab und kleben Sie das Sperrholz an der Rückseite der Teile fest. So können Sie den ganzen Bereich zusammen abschleifen. Nehmen Sie die Unterlegscheibe ab und bringen Sie an der Pfote rundherum eine Markierung an. Achten Sie beim Schleifen darauf, dass Sie oberhalb der Markierung bleiben.

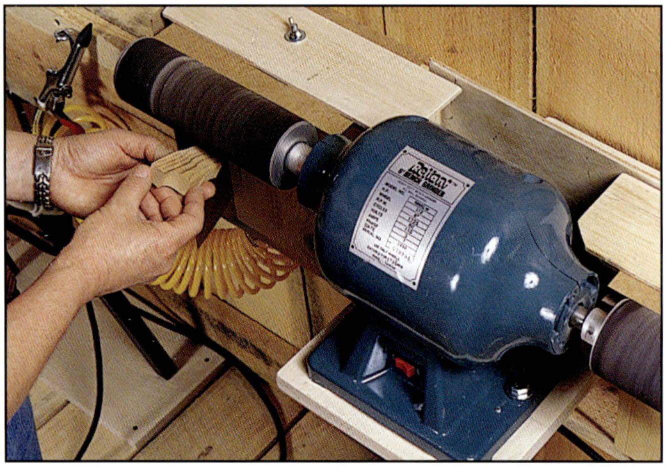

Schritt 5B: Mit einem flexiblen Trommelschleifer können Sie gesoftete Kanten erzeugen. Einzelne Bereiche können Sie mit einem Entgrater, einem Flex-Schaftschleifer, einer Holzraspel oder einem 25-mm-Bandschleifer formen – oder Sie gestalten ein flaches Werkstück mit gesofteten Kanten.

Schritt 6: Nach dem Schleifen ziehen Sie mit einem Druckbleistift dort, wo der Teil andere Teile berührt, eine Markierungslinie.

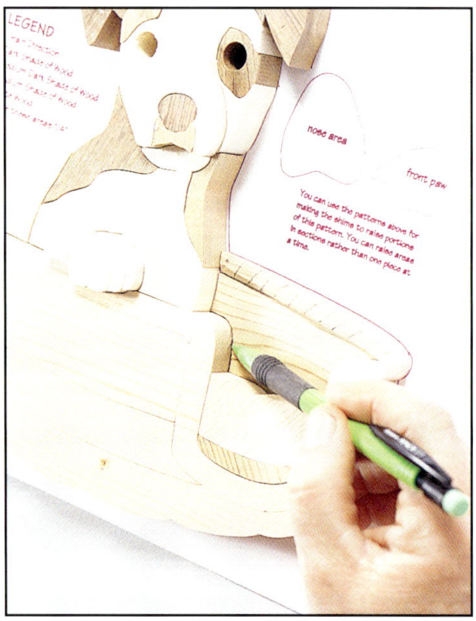

Schritt 7: Bringen Sie an der Pfote rundherum eine Markierung an. Achten Sie beim Schleifen darauf, dass Sie oberhalb der Markierung bleiben.

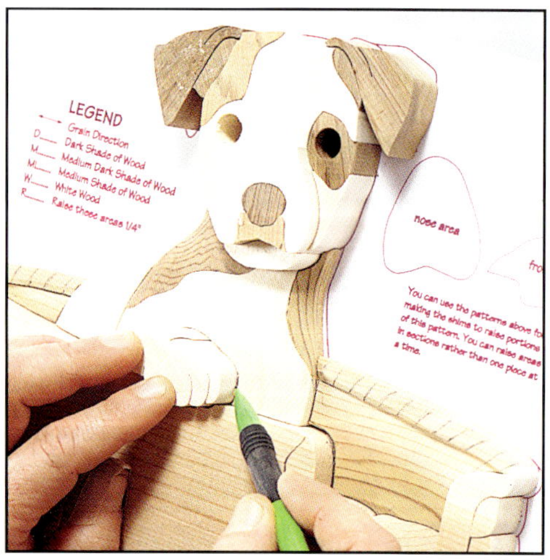

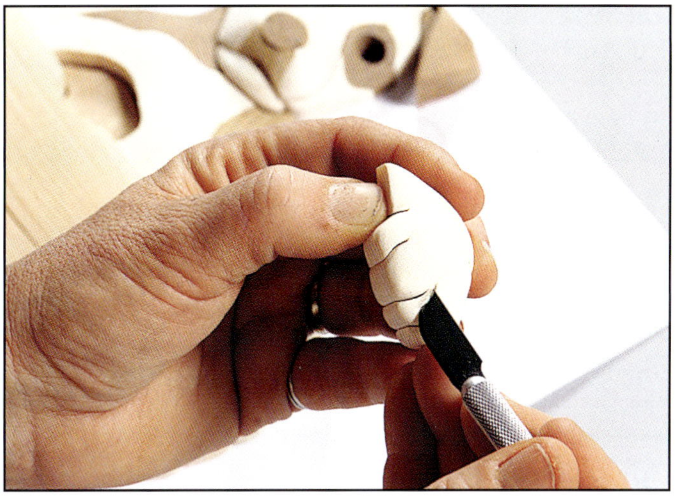

Schritt 8: Arbeiten Sie mit einem abgerundeten Messer die Kerben zwischen den Zehen heraus. Bei den Nasenlöchern können Sie es ebenso machen. So wirkt das ganze Relief viel lebendiger.

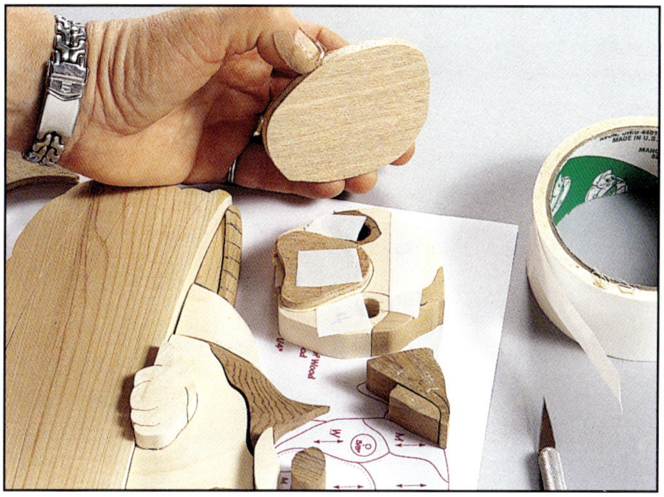

Schritt 9: Befestigen Sie die Unterlegscheibe mit doppelseitigem Klebeband am Gesicht des Hundes.

Schritt 8: Nach dem Abrunden der Pfote arbeiten Sie mit einem geeigneten Gerät die Kerben zwischen den Zehen heraus, um den dreidimensionalen Effekt zu verstärken. Wir nehmen dazu ein Messer mit abgerundeter Klinge.

Schritt 9: Bringen Sie zum Schleifen der Gesichtspartie mittels doppelseitigem Klebeband eine Unterlegscheibe an. Nehmen Sie vor dem Anbringen des Klebebandes die Augen und die Schnauze heraus, weil diese später separat abgeschliffen werden. Vergessen Sie nicht, vor dem Anbringen des Klebebandes die zusätzliche Unterlegscheibe unter dem Bereich um die Schnauze hinzuzufügen. Dann kleben Sie diese Unterlegscheibe zusammen mit den übrigen Teilen für das Gesicht mit Klebeband an der Gesichts-Unterlegscheibe an.

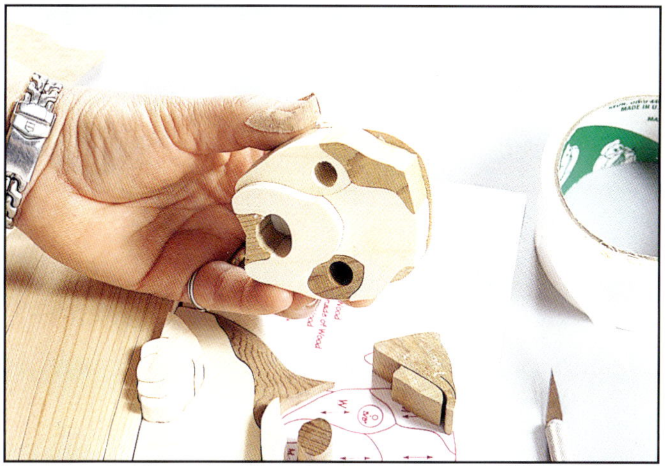

Schritt 10: Fügen Sie die Teile des Gesichts zusammen und schleifen Sie den Übergang zwischen Nasenrücken und Stirn.

Schritt 10: Nach dem Zusammenfügen dieser Teile schleifen Sie den Übergang zwischen Nasenrücken und Stirn. Sie können jetzt auch den oberen Teil des Kopfes zum äußeren Rand hin abrunden. Nehmen Sie den Bereich um die Nase ab und schleifen Sie den unteren Teil des Gesichts. Bringen Sie die Schnauze wieder an und ziehen Sie dort, wo der Bereich um die Schnauze das Gesicht berührt, eine Markierungslinie. Schleifen Sie die Außenkanten der Schnauze ab und bleiben Sie dabei unbedingt oberhalb der Markierungslinie.

Schritt 11: Lösen Sie das Gesicht von der Unterlegscheibe und ziehen Sie dort, wo das Gesicht die Ohren berührt, eine Linie.

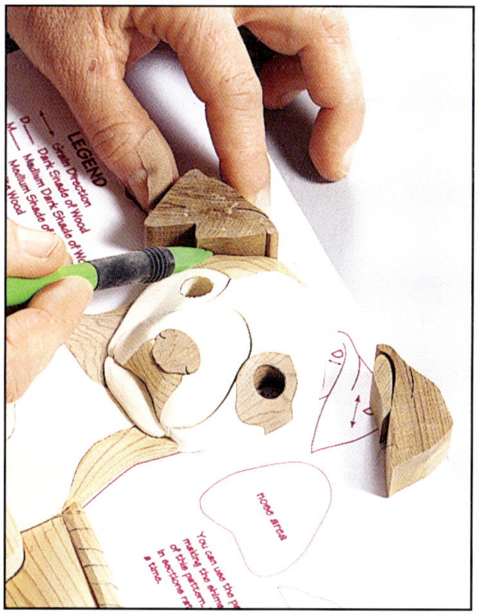

Schritt 11: Nun lösen Sie den ganzen Gesichtsbereich von der Unterlegscheibe und ziehen Sie dort, wo das Gesicht die Ohren berührt, eine Markierungslinie. Schleifen Sie das Innere des Ohres bis zu dieser Markierungslinie ab. Dann ziehen Sie dort eine Markierungslinie, wo es den überhängenden Teil des Ohres berührt. Schleifen Sie das Äußere des überhängenden Teils so ab, dass die Spitze am dicksten ist und sich die Dicke nach oben hin verringert. Schleifen Sie das Kissen. Achten Sie auf die Markierungslinien, damit Sie das Kissen nicht dünner schleifen als die Rückwand des Korbes.

Schritt 12: Schleifen Sie den Korb ab, verrunden Sie dabei die äußeren Kanten und verringern Sie die Dicke des Korbes, sodass sie sich auf die untere Kante zu verjüngt. Nun markieren Sie anhand der gestrichelten Linien der Vorlage auf den einzelnen Schichten des Korbes (jeweils an der Unterkante und auf der Vorderseite jeder Schicht) die Einbuchtungen, durch die die Flechtoptik entsteht. Die Markierungen auf den Unterkanten zeigen an, wohin die einzelnen Einbuchtungen gehören. Achten Sie darauf, dass die Einbuchtungen versetzt angeordnet sind.

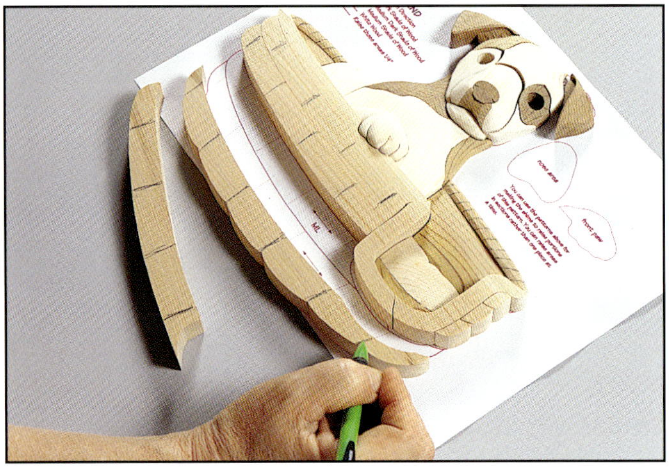

Schritt 12: Durch die versetzten Einbuchtungen an der Oberfläche des Korbes entsteht die Flechtoptik.

Schritt 13: Schleifen Sie mit dem Trommelschleifer die Einbuchtungen. Die Abbildung zeigt einen Trommelschleifer mit 62 mm Durchmesser – das ist der größte Durchmesser, den Sie verwenden können; mit einem größeren Durchmesser lässt sich nicht der gleiche Effekt erzielen. Sie können die Einbuchtungen auch schnitzen oder die Rohlinge nacheinander auf die Seite drehen und die Einbuchtungen mit der Dekupiersäge schneiden.

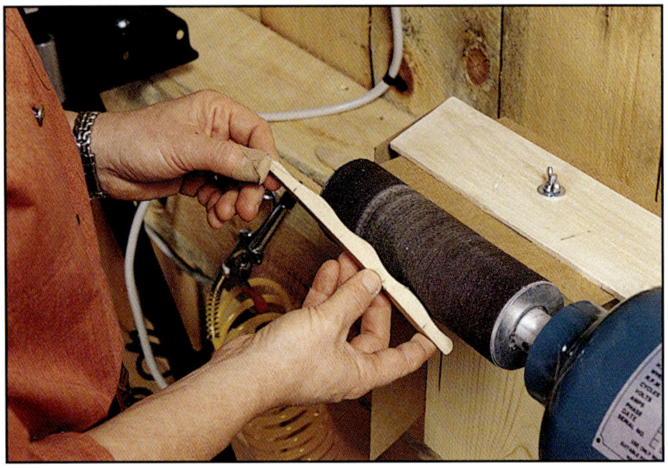

Schritt 13: Die Einbuchtungen können Sie mit einem Flex-Trommelschleifer (Durchmesser höchstens 62 mm), aber auch mit einem Schnitzwerkzeug oder mit der Dekupiersäge erzeugen.

Schritt 14: Markieren Sie die spiralförmigen Einkerbungen am Korbrand mit der gleichen Technik wie bei den Einbuchtungen in Schritt 13. Wir haben dazu ein graphitimprägniertes „Wunderrad" (*Wonder Wheel*) verwendet, das das Holz in einem Arbeitsgang schneidet und poliert. Die Einkerbungen können aber natürlich auch geschnitzt oder eingebrannt werden.

Schritt 15: Schleifen Sie die Dübel für die Augen etwas unterhalb der Markierungslinie ab, weil dieser Bereich gegenüber der Umgebung zurücktreten soll. Als „Tüpfelchen auf dem i" setzen wir dem Auge ein Glanzlicht auf. Wir bohren dazu ein Loch in das Auge und leimen ein dübelartiges Stück Espenholz darin fest. Wenn der Leim getrocknet ist, schleifen wir es bündig mit dem übrigen Auge ab.

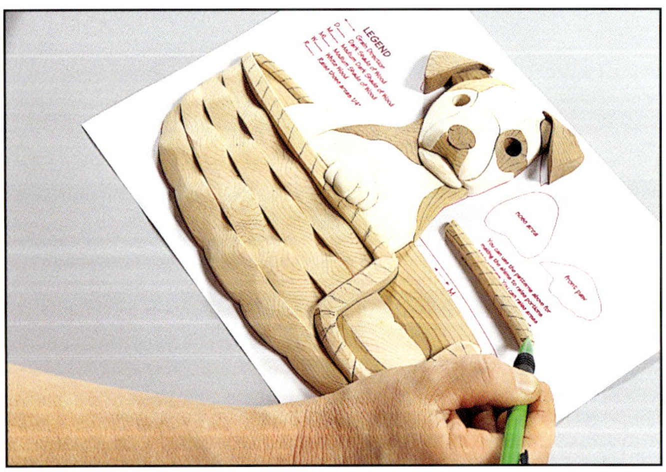

Schritt 14: Markieren Sie die spiralförmigen Kerben am Rand des Korbes.

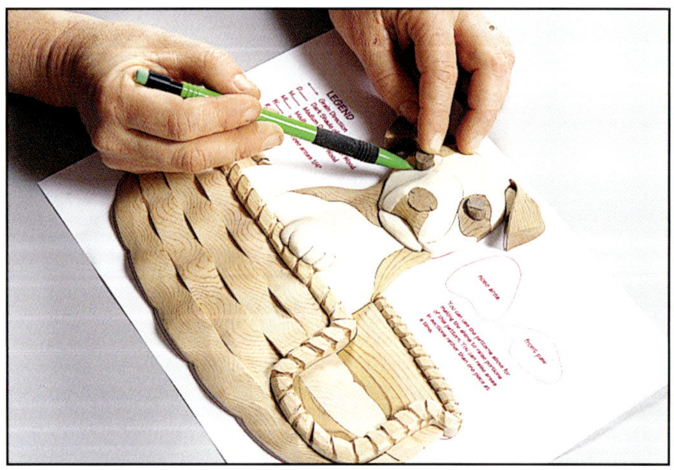

Schritt 15: Schleifen Sie die Dübel für die Augen etwas unterhalb der Markierungslinie ab, weil dieser Bereich gegenüber der Umgebung zurücktreten soll.

Ziehen Sie am äußeren Rand der Schnauze entlang eine Markierungslinie und runden Sie die Schnauze bis zu dem Punkt ab, wo die Kante bis zur Markierung abgeschliffen ist. An der Nase soll das fertige Werkstück die größte Dicke aufweisen. Wenn die Nase nicht die dickste Stelle ist, heben Sie sie durch eine 3 oder 6 mm starke Unterlegscheibe an. Als zusätzliches Detail können Sie die Nasenlöcher an den gestrichelten Vorlagelinien entlang ausschneiden.

Schritt 16: Für die Oberflächenbehandlung gibt es zahlreiche Möglichkeiten – Sie können gerne nach Ihrer bevorzugten Methode vorgehen. Hier unsere Lösung:

Wir behandeln vor dem Zusammenleimen jeden Teil extra. Dazu tragen wir mit einem 25 mm breiten Einweg-Schaumpinsel ein Holzgel auf. Tragen Sie einen ersten dicken Gel-Überzug auf und lassen Sie ihn unter einer Minute anziehen. Dann wischen Sie den Überschuss mit einem Papiertuch ab und polieren Sie das Werkstück mit einem sauberen Papiertuch ganz trocken. Wenn Sie alle Teile dieser Behandlung unterzogen haben, lassen Sie sie mindestens sechs bis acht Stunden trocknen. Bringen Sie den zweiten Überzug ebenso auf und lassen Sie die Teile wieder sechs bis acht Stunden trocknen.

Bevor der dritte, abschließende Überzug aufgetragen wird, müssen die Bereiche aus weißem Holz leicht mit Stahlwolle behandelt werden. Durch das Gel richten sich beim weißen Holz die Fasern etwas auf (außer bei Zedernholz – dieses muss daher nicht mit Stahlwolle behandelt werden). Tragen Sie den abschließenden Gel-Überzug auf, wischen Sie ihn ab und lassen Sie die Teile mindestens vier Stunden trocknen, bevor Sie mit dem letzen Arbeitsschritt beginnen.

Schritt 17: Um eine Vorlage für die Rückwand herzustellen, umfahren Sie das fertige Projekt (verwenden Sie nicht die Papiervorlage). Wir zeichnen den Umriss auf weißes Papier, das wir leicht mit Sprühkleber einsprühen, damit die Teile des Projekts beim Umfahren nicht verrutschen. Befestigen Sie die Vorlage mit Sprühkleber auf dem 6 oder 3 mm starken Sperrholz. Sägen Sie den Umriss etwas innerhalb der Linie aus. Wir tragen dunkle Beize auf die Kanten der Rückwand auf und lackieren die Rückseite mit transparentem Sprühlack, damit das ganze Projekt versiegelt wird.

Ich fixiere die untere Korbschicht und die Ohren mit Heißkleber, damit sie nicht verrutschen, während die Teile auf der Rückwand angeleimt werden. Nehmen Sie nicht zu viel Leim – einige Tropfen auf der Rückseite jedes Teils genügen.

Zuletzt ermitteln Sie den Schwerpunkt des Werkstücks an der Rückseite, um einen Bilderhaken anzubringen.

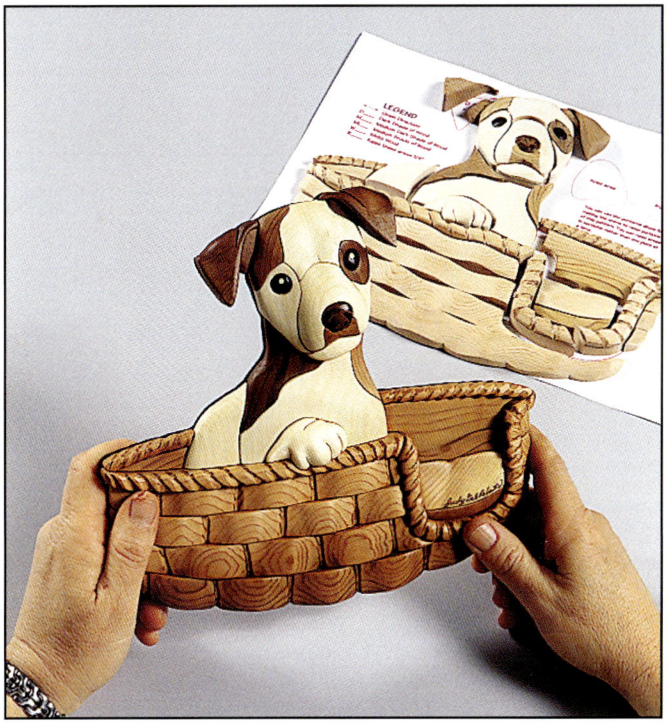

Schritt 17: Im Hintergrund sehen Sie das Projekt vor der Fertigstellung, im Vordergrund das fertige Projekt nach der Oberflächenbehandlung.

Das Projekt ist für 19 mm starkes Holz gedacht; Sie können aber auch eine andere Materialstärke wählen. Die folgenden Angaben sind als Empfehlungen zu verstehen. Experimentieren Sie nach Wunsch mit anderen Farben und Faserrichtungen.

LEGENDE

↔ Faserrichtung
D........ Dunkles Holz
M....... Mittelbraunes Holz
H...... Hellbraunes Holz
W...... Weißes Holz
A........ Diesen Bereich um 6 mm anheben

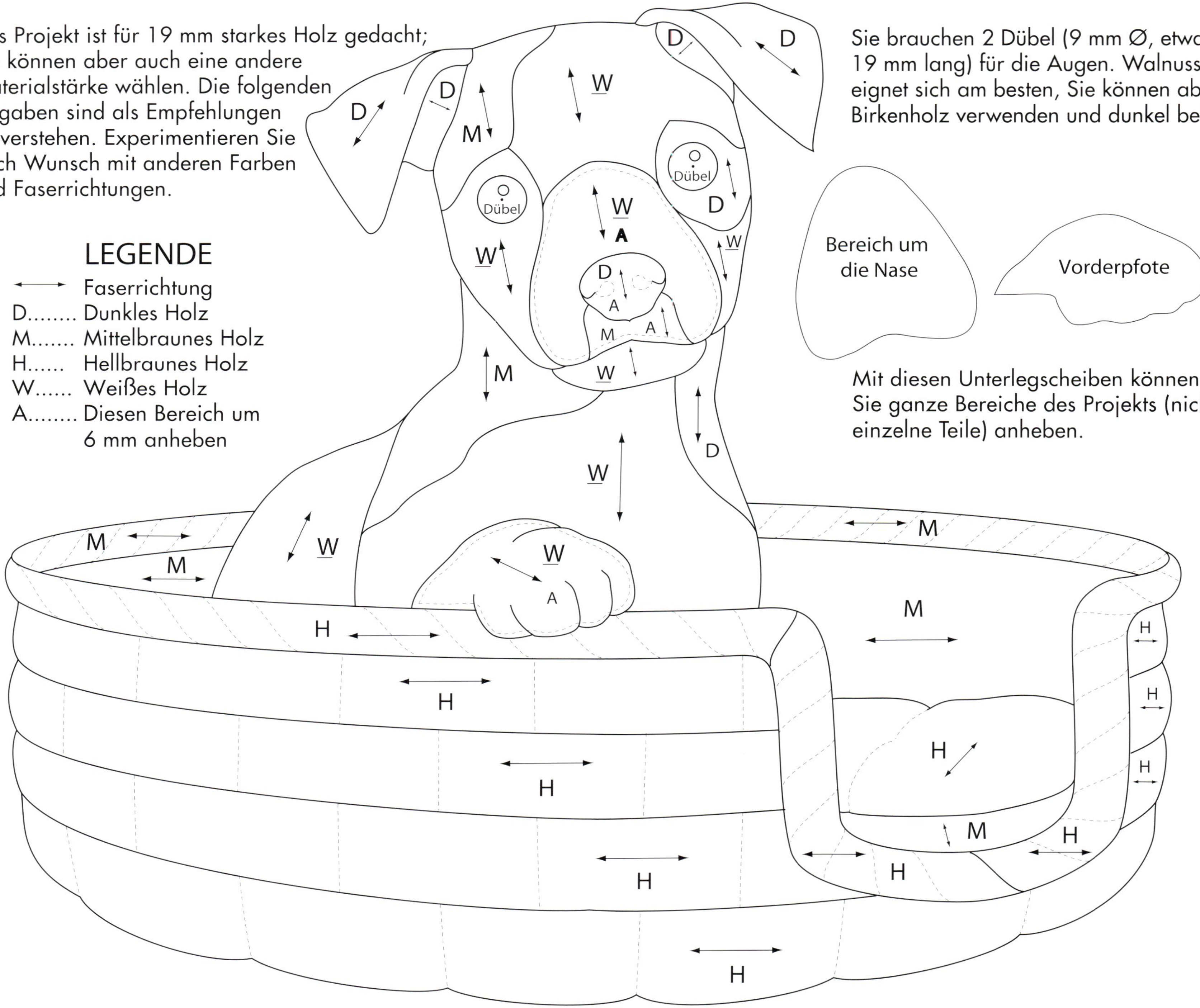

Sie brauchen 2 Dübel (9 mm Ø, etwa 19 mm lang) für die Augen. Walnussholz eignet sich am besten, Sie können aber auch Birkenholz verwenden und dunkel beizen.

Mit diesen Unterlegscheiben können Sie ganze Bereiche des Projekts (nicht nur einzelne Teile) anheben.

Fotokopie 100 %

Intarsienarbeit: Vom Foto zum eigenen Entwurf

Gestalten Sie diese prachtvolle Rose – oder erstellen Sie selbst eine Vorlage nach einem eigenen Foto!

Von Kathy Wise

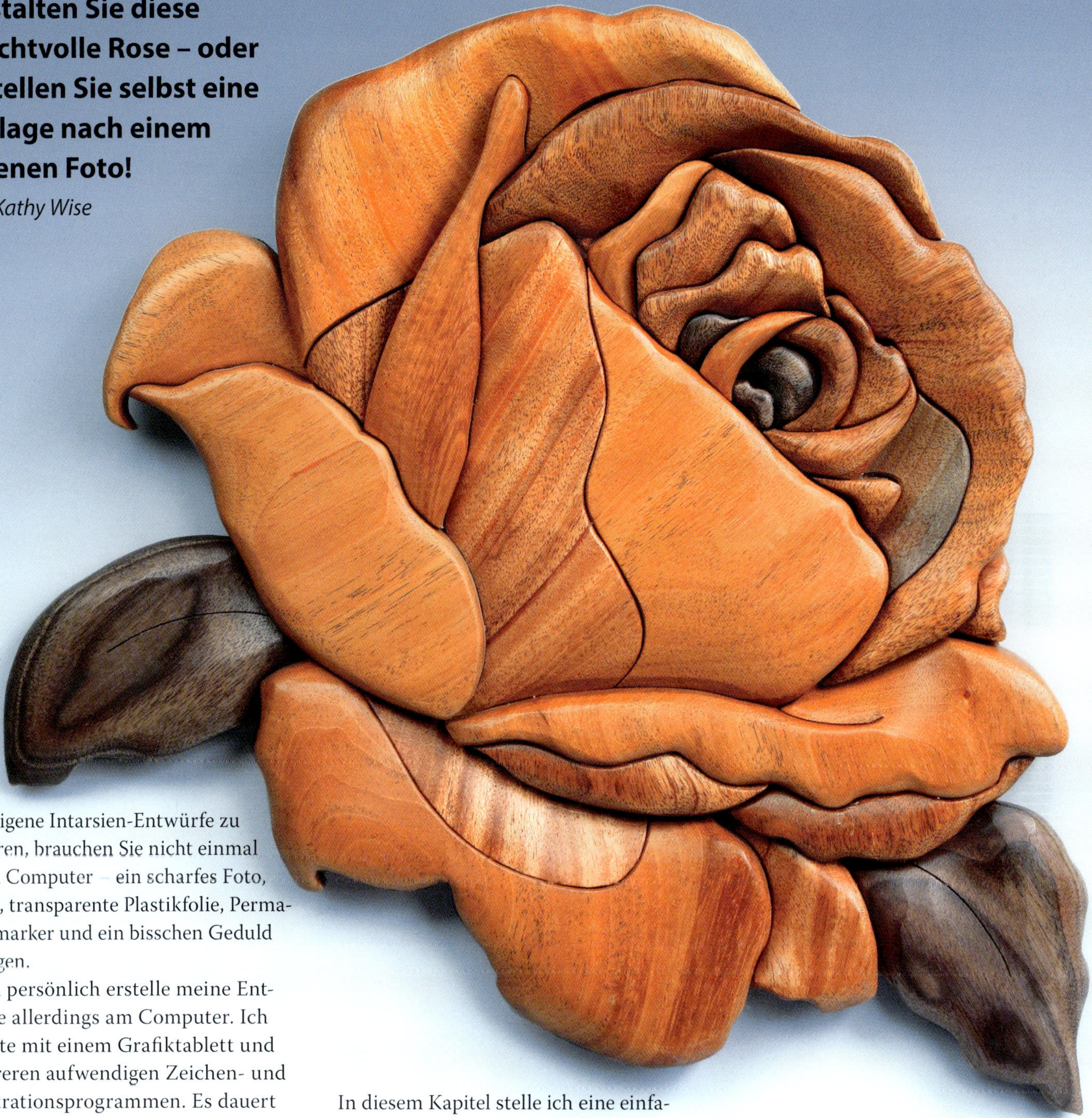

Um eigene Intarsien-Entwürfe zu kreieren, brauchen Sie nicht einmal einen Computer – ein scharfes Foto, dicke, transparente Plastikfolie, Permanentmarker und ein bisschen Geduld genügen.

Ich persönlich erstelle meine Entwürfe allerdings am Computer. Ich arbeite mit einem Grafiktablett und mehreren aufwendigen Zeichen- und Illustrationsprogrammen. Es dauert Stunden, bis aus einem Konzept eine druckreife Vorlage entstanden ist. Manche meiner Vorlagen habe ich aus mehreren Fotos oder Zeichnungen zusammengesetzt. Ihre ersten Entwürfe werden also wahrscheinlich nicht so komplex ausfallen wie meine – das ist aber auch nicht notwendig!

In diesem Kapitel stelle ich eine einfache Technik vor, mit deren Hilfe Sie aus einem Foto mit preisgünstigem Material eine eigene Vorlage erstellen können. Vielleicht wollen Sie auch kein eigenes Projekt entwerfen, sondern lieber die intarsierte Rose arbeiten, die auf den folgenden Seiten als Anschauungsmaterial dient.

Anhand dieser Rose möchte ich zeigen, wie aus einem Foto eine Vorlage für eine Intarsienarbeit entsteht. Das Foto wurde im Rosengarten meiner Mutter aufgenommen. Die fertige Holzarbeit habe ich ihr zum Muttertag geschenkt.

So entsteht Ihr Entwurf

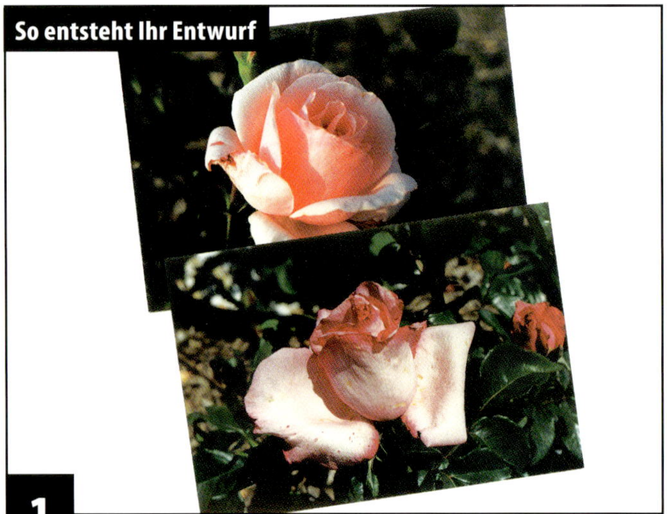

1 **Machen Sie eine scharfe Nahaufnahme von Ihrem Motiv.** Wenn Sie das Foto nicht selbst aufgenommen haben, besorgen Sie sich eine schriftliche Genehmigung, es für Ihren Entwurf zu verwenden. Wenn Sie noch nie eine solche Vorlage entworfen haben, halten Sie sich an Landschaften und unbelebte Motive. Fotos von Menschen und Tieren sollten Sie erst dann bearbeiten, wenn Sie Ihre Fertigkeiten verfeinert haben. Abgesehen von zeichnerischen Fähigkeiten brauchen Sie anatomische Kenntnisse, damit die Figuren lebensnah und nicht cartoonartig wirken.

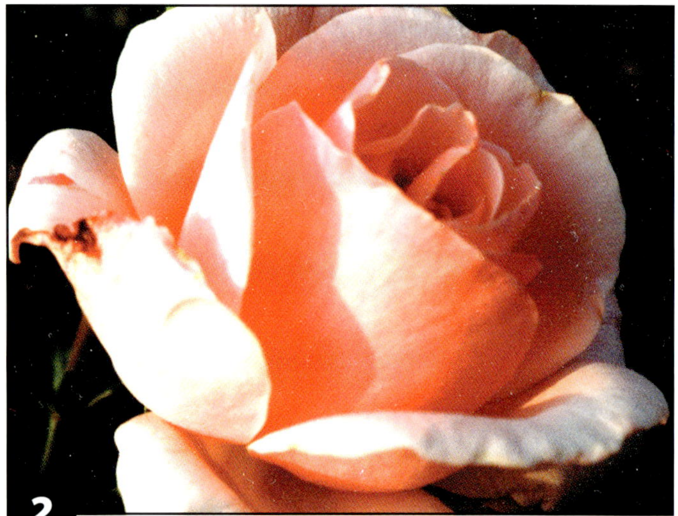

2 **Vergrößern Sie das Foto.** Lassen Sie das Foto in einem Copyshop bearbeiten, scannen Sie es in Ihren Computer ein oder vergrößern Sie es mit dem Kopierer (Sie können es auch abschnittweise vergrößern und die Abschnitte zusammenkleben). Passen Sie die Größe des Fotos an die gewünschte Größe der Intarsienarbeit an. Verstärken Sie den Kontrast, damit es sich leichter in verschiedenfarbige Bereiche zerlegen lässt. Sie können Elemente verschiedener Fotos in einem Entwurf kombinieren. Ich habe bei diesem Projekt Blätter aus einem anderen Foto vergrößert und in den Entwurf integriert.

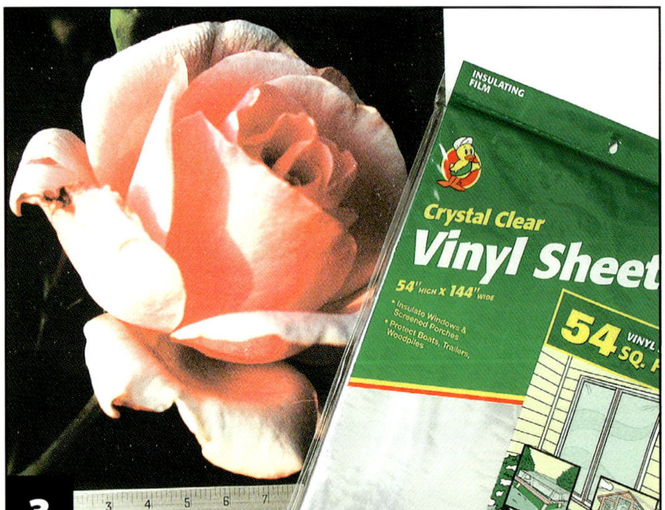

3 **Decken Sie das Foto mit 4 mm starker, transparenter Plastikfolie ab.** Ich nehme eine Fensterplane, wie man sie im Baumarkt bekommt. Befestigen Sie das vergrößerte Foto mit Klebeband auf einer glatten Trägerplatte. Legen Sie die Folie auf das Foto und glätten Sie mithilfe eines Haarföns etwaige Falten. Dann befestigen Sie die Folie mit Klebeband, sodass sie das Foto abdeckt. Ziehen Sie mit einem feinen schwarzen Permanentmarker die Blütenblätter und die Farbbereiche nach. Wenn Sie zusätzliche Motivelemente hinzufügen wollen, ziehen Sie diese auch auf einem Stück Plastikfolie nach. Fehler beim Nachzeichnen entfernen Sie mit einem mit Nagellackentferner befeuchteten Papiertaschentuch. Versuchen Sie, möglichst fließende Linien und keine Wellenlinien zu zeichnen – das Aussägen fällt dann leichter.

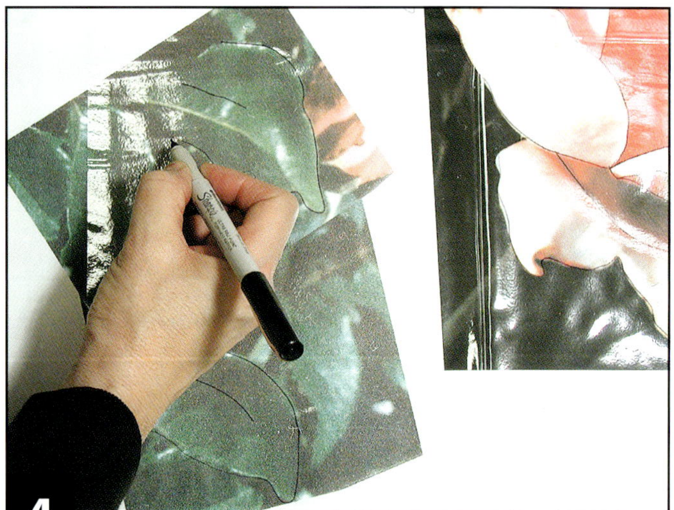

4 **Schneiden Sie etwaige zusätzliche Motive aus und platzieren Sie sie nach Wunsch auf dem Entwurf.** Dann übertragen Sie die Umrisse auf die Hauptfolie. Bei der Platzierung richten Sie sich nach Ihrem künstlerischen Gespür oder fragen Sie jemanden um Rat, wenn Sie unsicher sind: Oft ist so eine zweite Meinung eine große Hilfe. Die meisten Fotos kann man nicht einfach eins zu eins in den Entwurf übernehmen – helfen Sie Mutter Natur etwas nach und lassen Sie Ihre eigene Kreativität einfließen.

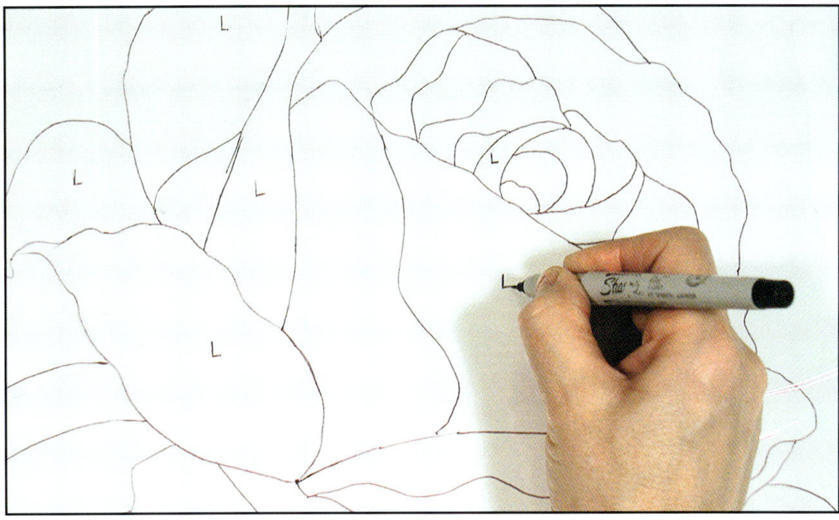

5 **Nummerieren Sie die Teile.** Kennzeichnen Sie zunächst die hellsten Bereiche mit „H“, dann alle dunklen Bereiche mit „D“ und zuletzt die übrigen mit „M“ für „mittel“. (Ich habe bei meiner Rose für ein paar Blütenblätter noch „MD“ für mittelbraun hinzugefügt. Für Ihren ersten Entwurf empfehle ich aber, nicht zu viele Farben zu verwenden.) Pfeile zeigen die Faserrichtung für jedes Blütenblatt an. Nun stellen Sie sich die Rose bildlich vor und bezeichnen Sie die Bereiche, die am weitesten von Ihnen entfernt sind, mit –6 mm. Die Bereiche, die Ihnen am nächsten sind, kennzeichnen Sie mit +6 mm. Ich verwende 19 mm starkes Holz, schleife bei den abgesenkten Bereichen 6 mm ab und verstärke die erhabenen Bereiche um 6 mm. Sie können für erhabene Bereiche dickeres Holz oder – wenn der Bereich nicht am Rand liegt – eine Unterlegscheibe verwenden. Machen Sie eine großformatige Kopie von der fertigen Vorlage oder kopieren Sie sie abschnittsweise und kleben Sie die Abschnitte mit Klebeband zusammen.

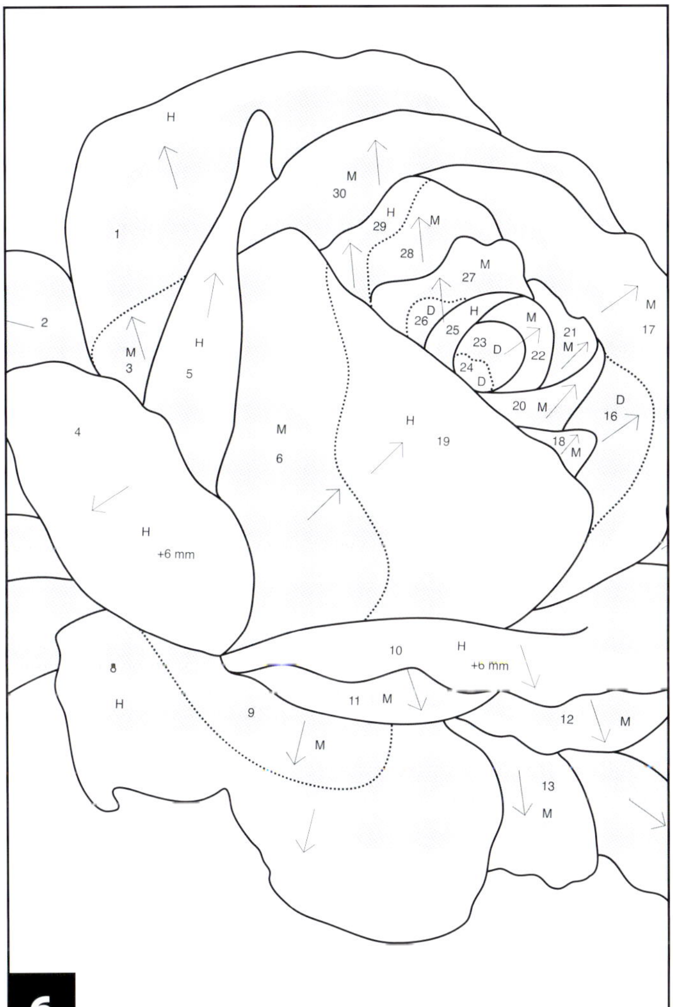

6 **Stellen Sie so viele Kopien von der Vorlage her (etwa 5), dass Sie alle Teile einzeln ausschneiden können.** Eine Kopie muss als „Originalkopie“ verbleiben. Schneiden Sie die Teile aus und gruppieren Sie sie nach Farben. Kleben Sie die Klebefolie mit Klebeband flach auf ein Brett auf. Besprühen Sie die Vorlageteile mit Sprühkleber und stellen Sie sie auf der Klebefolie zusammen. Schneiden Sie die einzelnen Teile aus.

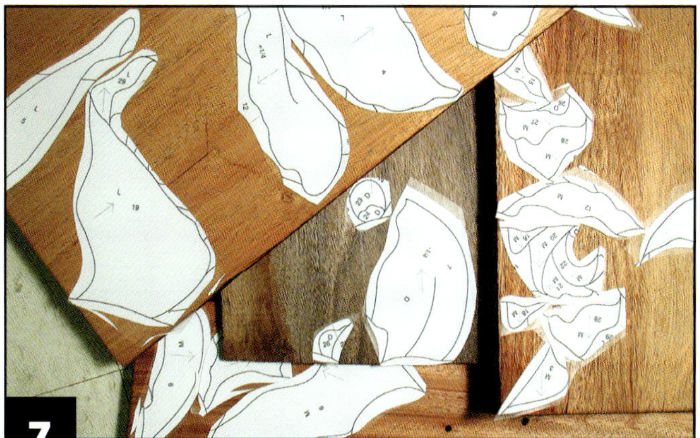

7 **Wählen Sie für jeden einzelnen Teil ein Stück Holz mit passender Farbe und passendem Faserverlauf (dadurch wird das fertige Stück schöner und ausdrucksstärker).** Ziehen Sie die einzelnen Vorlage-Teile ab und kleben Sie sie auf die richtigen Holzteile.

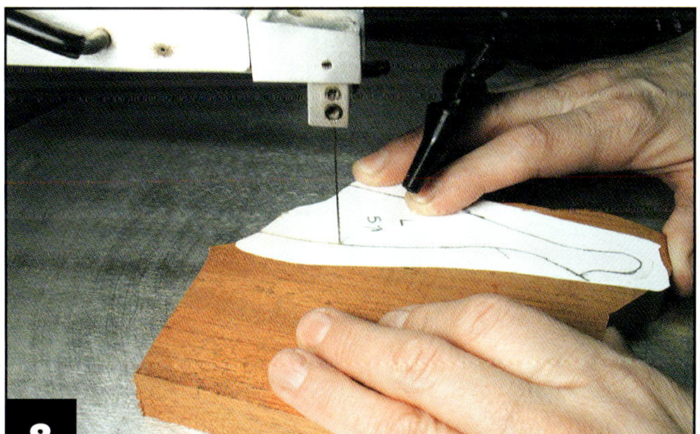

8 **Sägen Sie die Teile aus.** Achten Sie darauf, dass das Sägeblatt im rechten Winkel zum Sägetisch steht und dass das Holz flach aufliegt, damit sich die Teile gut ausschneiden und nachher problemlos zusammenfügen lassen. Nummerieren Sie jeden fertig ausgeschnittenen Teil.

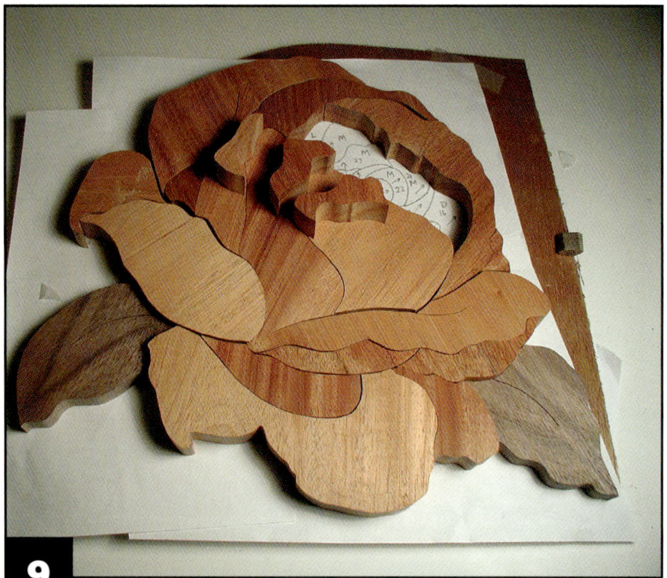

9 **Befestigen Sie eine Kopie der Vorlage auf einer Trägerplatte.** Legen Sie die ausgeschnittenen Teile in der richtigen Anordnung darauf und nehmen Sie allfällige Korrekturen an den Teilen vor.

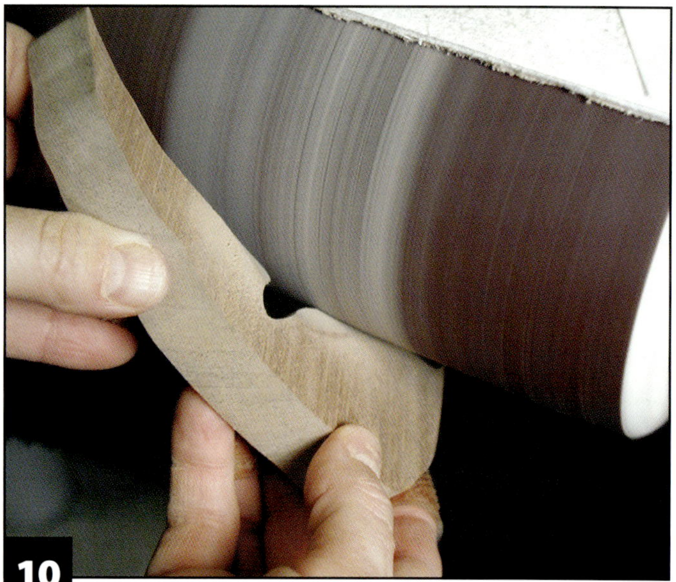

10 **Schleifen Sie die Teile in Form.** Ich nehme dazu eine pneumatische Schleifwalze. Versuchen Sie sich bei der Arbeit bildlich vorzustellen, wie die Blütenblätter einer Rose neben- und übereinander liegen. Polieren Sie jeden Teil mit einem Schleifmop. Dann schneiden Sie aus 6 mm starkem Sperrholz eine Trägerplatte aus. Nehmen Sie dazu eine originalgroße Vorlage und schneiden Sie den Umriss 1,5 mm innerhalb der Umrisslinie aus. Schleifen Sie die Kanten der Trägerplatte mit dem Schleifmop ab und beizen Sie (nur) die Kanten.

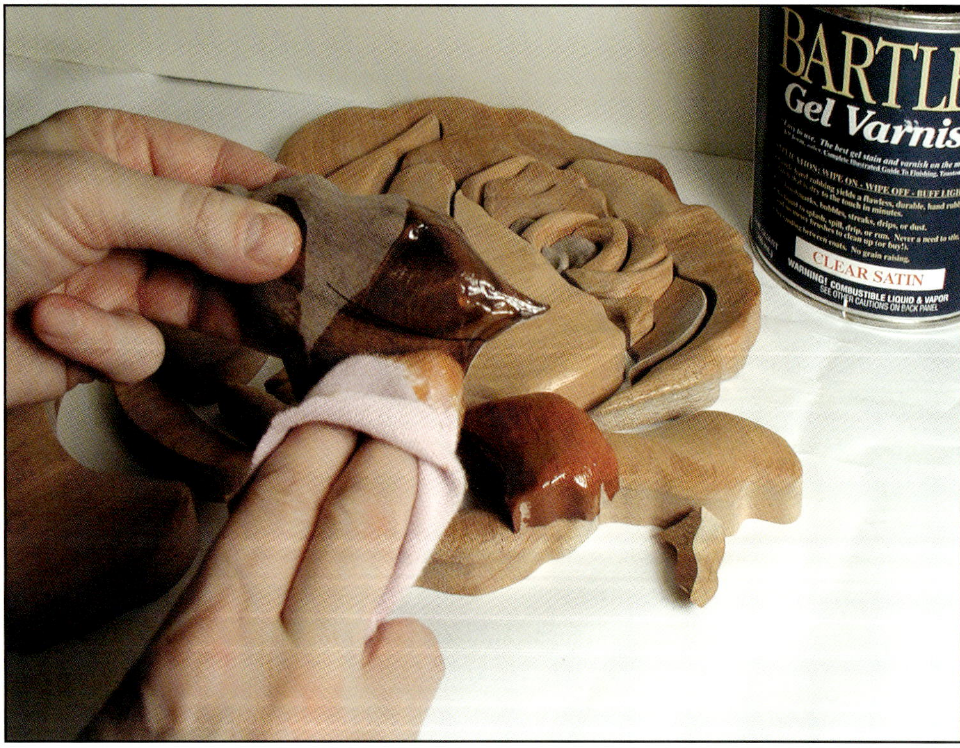

11 **Bringen Sie auf alle Teile farbloses Holzgel auf und verteilen Sie es mit einem weichen Lappen.** Achten Sie darauf, dass die gesamte Oberseite und alle Kanten mit dem Gel überzogen werden. Lassen Sie es etwa 5 Minuten anziehen und wischen Sie es ab. Lassen Sie die Teile über Nacht trocknen, bringen Sie einen zweiten Gelüberzug auf alle Teile auf und lassen Sie sie wieder über Nacht trocknen.

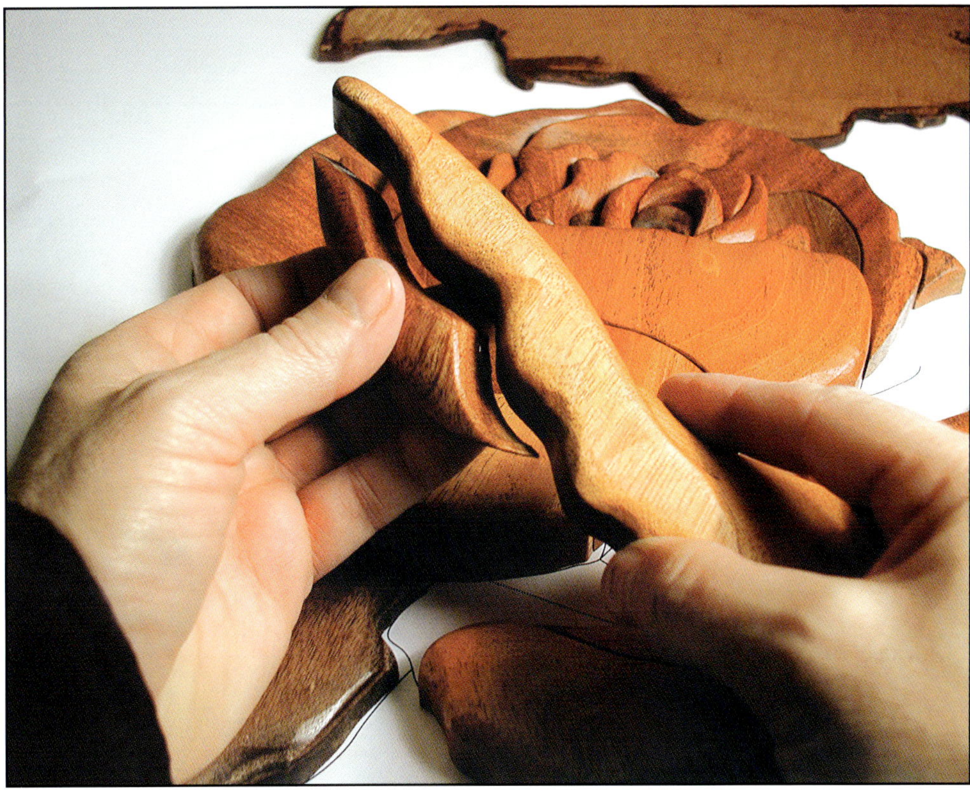

12 **Kleben Sie die Teile abschnittsweise mit 100%igem Silikonkleber zusammen, um sie beim Ankleben an der Trägerplatte zu fixieren.** (Falls Sie die Teile wieder auseinandernehmen müssen, um sie zurechtzurücken, lässt sich der Silikonkleber leicht auseinanderbrechen.) Legen Sie die Teile auf die Vorlage und kleben Sie sie zu drei Abschnitten zusammen (folgen Sie genau der Vorlage). Nehmen Sie pro Teil nur 1–2 winzige Tropfen Silikonkleber und achten Sie darauf, dass der Kleber nicht über die Fugen zwischen den Teilen an die Oberfläche gelangt. Lassen Sie ihn über Nacht trocknen.

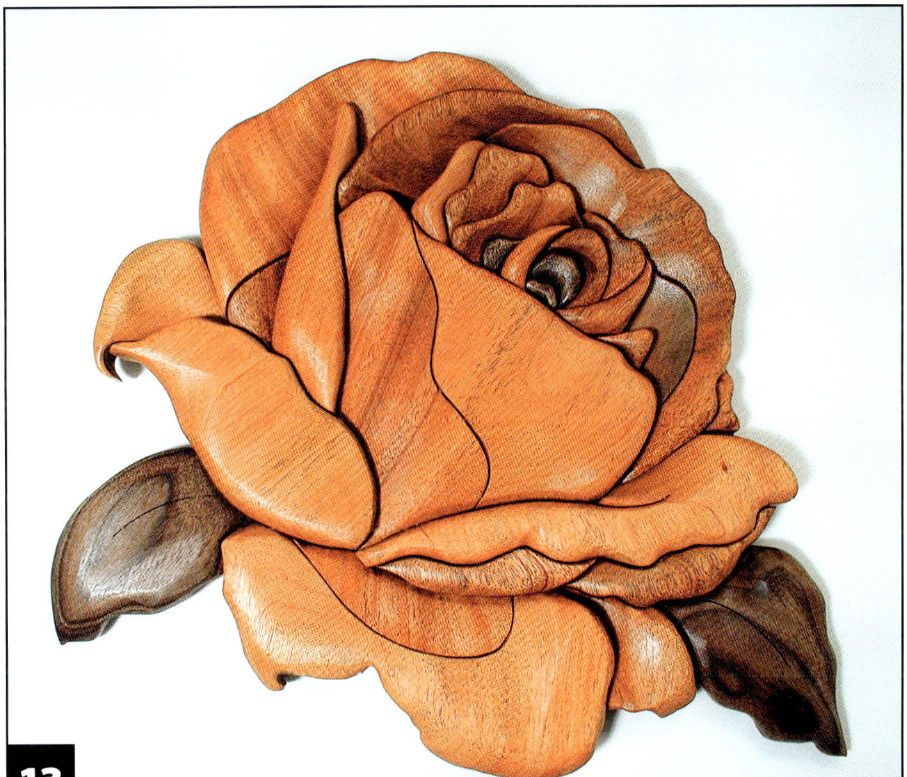

13 **Leimen Sie die Abschnitte mit Titebond-Leim (PUR-Leim) an der Trägerplatte fest.** Fixieren Sie die Teile mit Klemmen oder beschweren Sie sie mit Sandsäckchen. Lassen Sie den Leim über Nacht trocknen. Befestigen Sie auf der Rückseite einen Sägezahnaufhänger. Entfernen Sie etwaige vorstehende Teile der Trägerplatte mit einem rotierenden Multifunktionswerkzeug und bringen Sie an diesen Stellen etwas Beize auf.

Material & Werkzeug

Material

- Schwarznussholz oder dunkles Holz nach Wahl, 19 x 200 x 150 mm (Laubblätter)
- Helles Mahagoni oder hellrotes Holz nach Wahl, 19 x 200 x 450 mm (helle Blütenblätter)
- Mittelrotes Mahagoni oder mittelrotes Holz nach Wahl, 19 x 200 x 250 mm (mittelrote Blütenblätter)
- Sperrholz, 6 x 375 x 325 mm (Trägerplatte)
- 1 Rolle transparente Klebefolie für Regale
- Sprühkleber
- Titebond-Leim (PUR-Leim)
- Farbloses Holzgel, Verdünnungsmittel
- Wischlappen
- Sägezahnaufhänger
- Dicke transparente Plastikfolie
- Feiner schwarzer Permanentmarker
- Nagellackentferner

Werkzeug

- Sägeblatt Nr. 5 mit Gegenzähnen oder Sägeblatt nach Wahl
- Pneumatische Schleifwalze
- Multifunktionswerkzeug
- Schleifwalze, 12 mm Ø

Eine leichter auszuführende Variante erhalten Sie, wenn Sie die gepunkteten Linien außer Acht lassen. Sie können auch für die ganze Rose 19 mm starkes Holz nehmen und die Höhenunterschiede durch Abschleifen erzeugen.

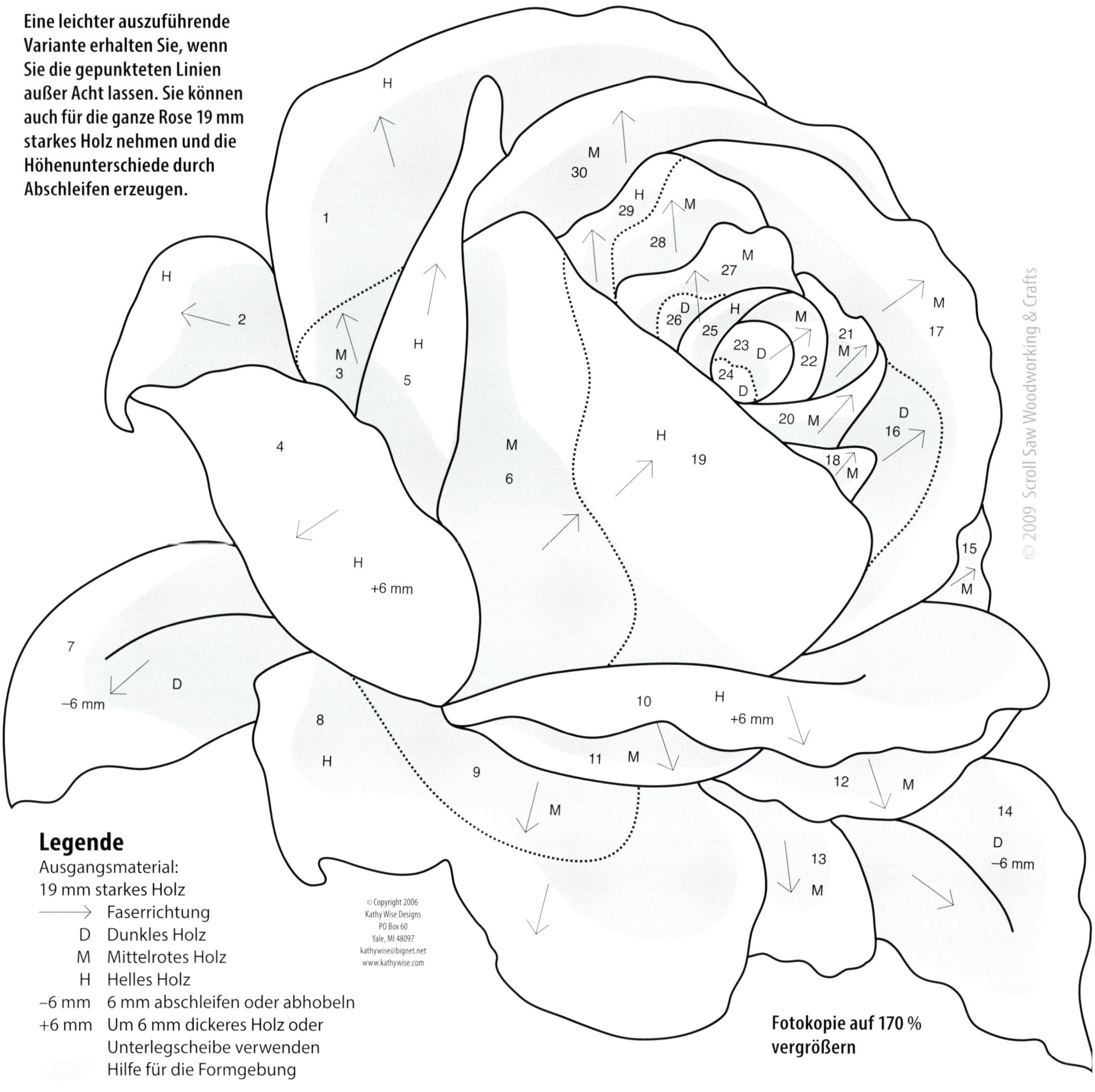

Legende

Ausgangsmaterial:
19 mm starkes Holz

→	Faserrichtung
D	Dunkles Holz
M	Mittelrotes Holz
H	Helles Holz
–6 mm	6 mm abschleifen oder abhobeln
+6 mm	Um 6 mm dickeres Holz oder Unterlegscheibe verwenden
	Hilfe für die Formgebung

Fotokopie auf 170 % vergrößern

Spielende Delfine

Ein faszinierendes Naturschauspiel – mit natürlichen Holzfarben wiedergegeben

Von Rick Gillespie

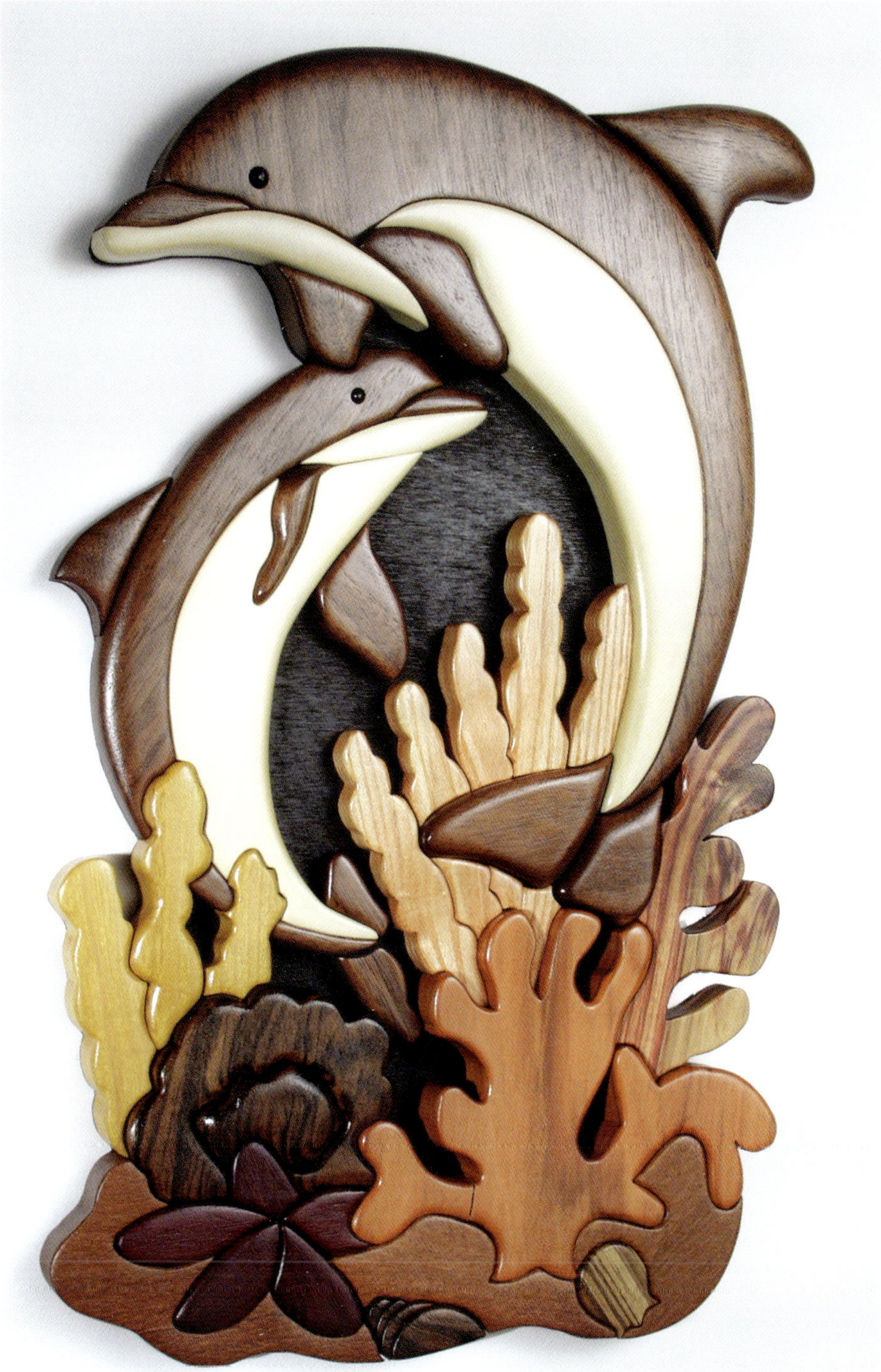

Diese freundlichen, graziösen Meeresbewohner üben eine ganz eigene Faszination auf uns Menschen aus. Der natürliche Farbenreichtum der verschiedenen Holzarten, die zu dieser Intarsienarbeit verwendet wurden, macht sie zu einem exquisiten Stück, das als Geschenk hoch geschätzt wird und sich auch besonders gut verkauft. Und das Sägen und Schleifen ist keine Hexerei!

Ich arbeite meist mit 19 mm starken Harthölzern, auch mit exotischen Hölzern. Sie können aber auch Western Red Cedar oder andere Weichhölzer nehmen.

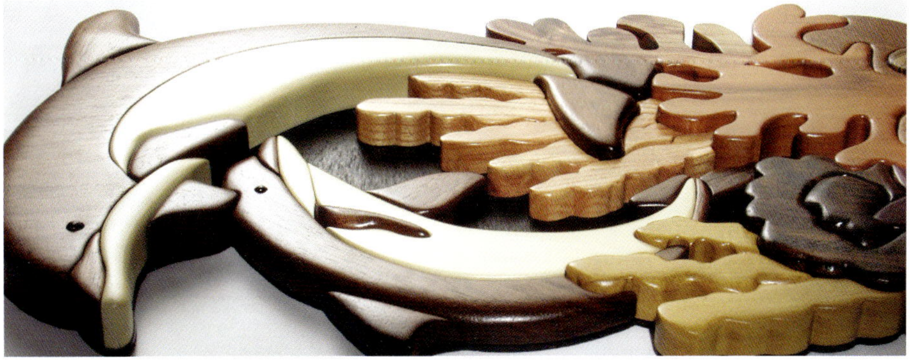

Die Dreiviertelansicht macht deutlich, dass die Arbeit aus mehreren Holzschichten besteht.

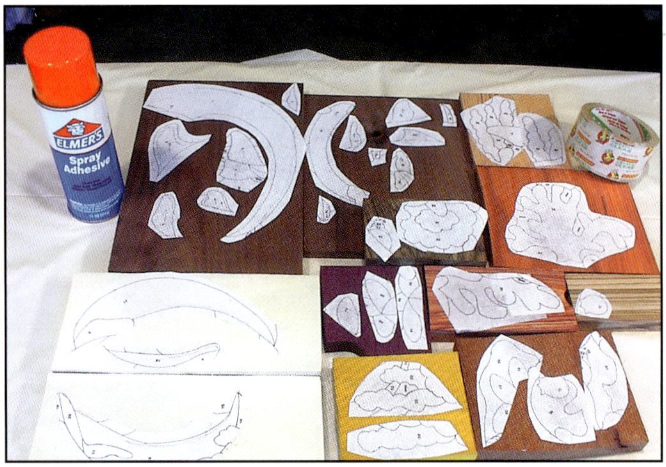

Schritt 1: Stellen Sie genügend Kopien von der Vorlage her. Eine Originalkopie sollten Sie sich zu Dokumentationszwecken aufheben. Schneiden Sie alle Teile der Vorlage aus und lassen Sie jeweils 6 bis 12 mm Papier rund um die Umrisslinie stehen. Legen Sie jeden fertig ausgeschnittenen Teil in der gewünschten Faserrichtung auf das Holz auf. Wenn Sie das richtige Stück Holz in der richtigen Farbe und Maserung für jeden Teil gefunden haben, befestigen Sie die Vorlageteile mit ablösbarem Sprühkleber auf den Holzstücken.

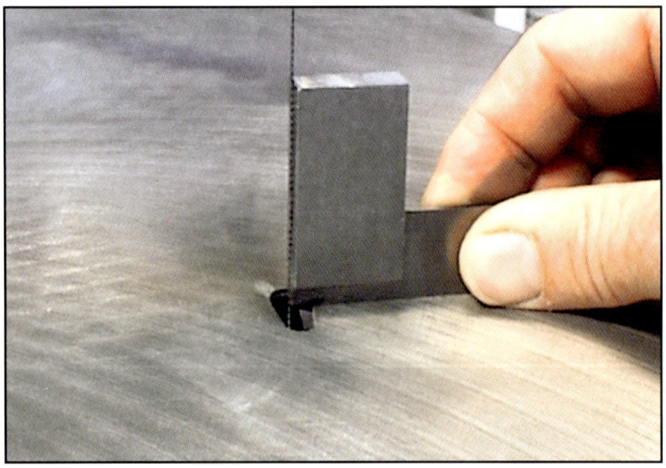

Schritt 2: Kleben Sie transparentes Paketklebeband über die Papiervorlage, um die Gleitfähigkeit des Sägeblattes zu erhöhen. Überprüfen Sie, ob das Sägeblatt auch im rechten Winkel zum Sägetisch steht und richtig gespannt ist. Ich verwende für fast alle 19 mm starken Hölzer ein Sägeblatt Nr. 5 und für dünnere Hölzer ein Sägeblatt Nr. 3. Für manche 19 mm starke Tropenhölzer nehme ich Nr. 7, wenn das Material schwer zu schneiden ist oder das Sägeblatt Nr. 5 am Rand Brandspuren erzeugt. Überzeugen Sie sich auch, ob die Rückseite des Rohlings glatt ist, und schleifen Sie sie bei Bedarf mit feinem Schleifpapier (Körnung 220) ab.

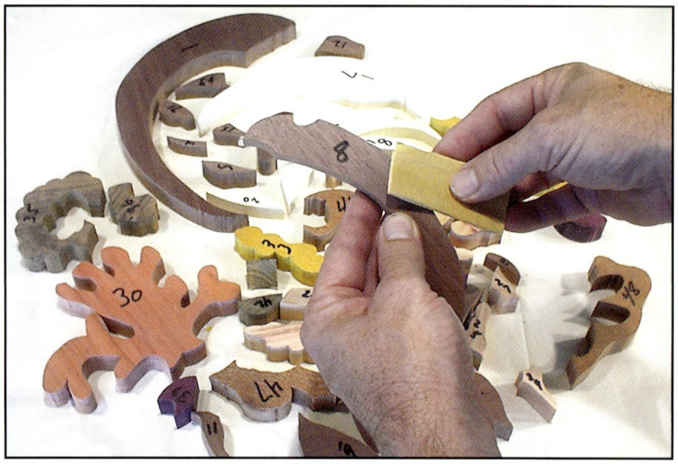

Schritt 3: Markieren Sie jeden fertig ausgeschnittenen Teil sofort auf der Rückseite mit derselben Nummer, die auf der Vorderseite steht. Entgraten Sie die Rückseite mit Schleifpapier. Nehmen Sie die Papiervorlage noch nicht ab.

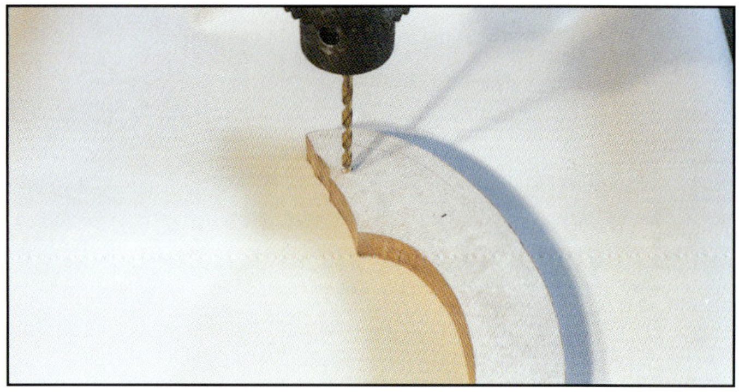

Schritt 4: Wenn alle Teile fertig ausgeschnitten sind, bohren Sie die beiden Augenlöcher. Für den kleinen Delfin nehmen Sie einen 4-mm-Bohrer, für den großen einen 6-mm-Bohrer.

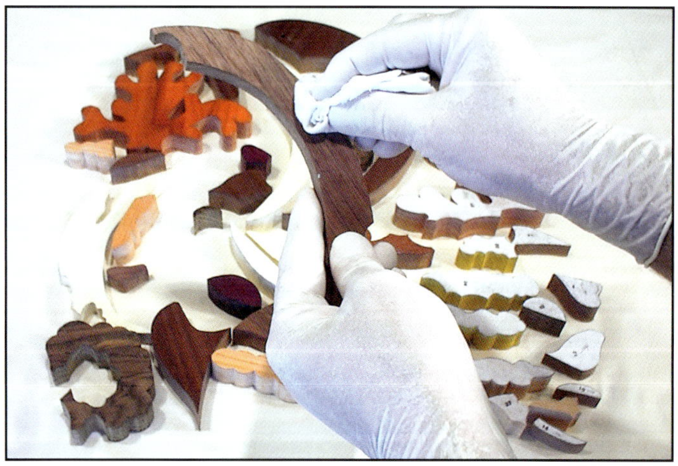

Schritt 5: Nehmen Sie die Papiervorlage ab und entfernen Sie mit Mineralspiritus oder einem anderen flüssigen Klebstoffentferner alle Klebstoffreste. Tragen Sie dabei aus Sicherheitsgründen Einweghandschuhe.

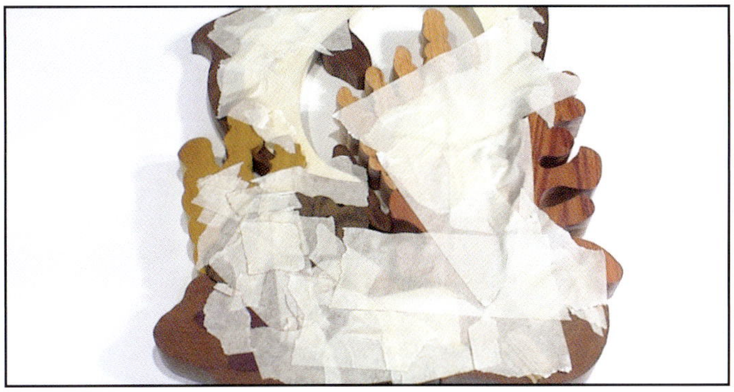

Schritt 6: Setzen Sie die Teile probeweise zusammen und überprüfen Sie die Passgenauigkeit. Wenn Korrekturen nötig sind, schleifen Sie die betreffenden Kanten ab. Stattdessen können Sie auch zwei benachbarte Teile mit Klebeband aneinander fixieren und sie mit einem Sägeblatt Nr. 3 nochmals sägen. Wenn Sie mit dem Ergebnis zufrieden sind, fixieren Sie die Teile mit Abdeckband aneinander. Fahren Sie damit fort, bis alle Teile zusammenpassen.

Schritt 7: Nehmen Sie das Abdeckband ab und überlegen Sie, bei welchen Teilen Sie die Dicke durch Abschleifen reduzieren und welche Teile Sie mit einer Unterlegscheibe anheben könnten, um den 3-D-Effekt zu betonen. Ich habe bei diesem Projekt die Teile 46, 47 und 48 um 1,5 mm, die Teile 32, 33 und 34 um 3 mm und die Teile 21–29 um 4,7 mm abgeschliffen sowie bei den Teilen 11, 31 und 36 zur Verstärkung je eine 3 mm starke Unterlegscheibe aus Sperrholz an der Unterseite angeleimt.

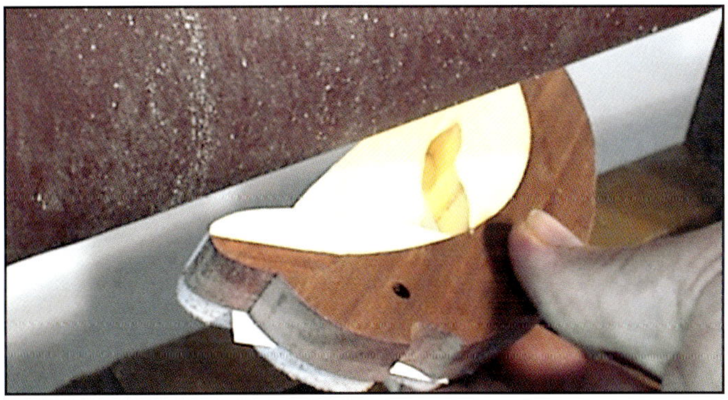

Schritt 8: Um den Teilen durch Abschleifen die richtige Form zu geben, verwende ich hauptsächlich eine aufblasbare Schleifwalze. Schleifen Sie einen Teil nach dem anderen zurecht, bis Sie mit Form und Kontur zufrieden sind; beginnen Sie mit dem Körper des kleineren Delfins. Fügen Sie jeden fertig geschliffenen Teil wieder in die Hauptanordnung ein. So können Sie den Gesamteindruck und die Passform der einzelnen Teile ständig überprüfen.

Schritt 9: Wenn der Grobschliff abgeschlossen ist, schleifen Sie etwaige Kratzer von Hand ab. Beginnen Sie mit Schleifpapier der Körnung 180 und nehmen Sie nach und nach immer feinere Körnungen bis zur 320er-Körnung.

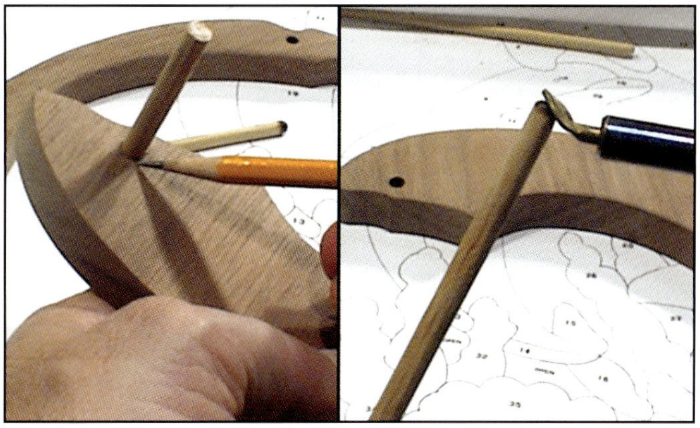

Schritt 10: Für die Augen runden Sie ein Ende jedes Dübels mit Schleifpapier oder mit der aufblasbaren Schleifwalze ab. (Belassen Sie die Länge des Dübels bei mindestens 150 mm, da er dann leichter zu bearbeiten ist.) Färben Sie die abgerundeten Enden mit dem flachen Teil der Brennspitze eines Holzbrenners (oder mit Beize oder einem Permanentmarker) dunkel. Schieben Sie die Dübel von der Unterseite durch die Löcher, bis die abgerundeten Enden je leicht über die Oberfläche hinausragen. Markieren Sie die erforderliche Länge, kürzen Sie die Dübel und legen Sie sie für später beiseite.

EXOTISCHE HÖLZER — TIPP

„Exotische Hölzer" werden seit jeher geschätzt. Schon die Namen gewisser Holzarten – Rosenholz, Zebrano, Amaranth – umgibt eine Aura edler Eleganz. Bei ihrem Anblick lautet oft die erste Frage: „Was für ein Holz ist das?"

Mit „exotischen Hölzern" sind meist Holzarten aus tropischen und subtropischen Regionen gemeint. Die meisten von ihnen sind schwer, hart und farbkräftig. Oft sind sie schwierig zu bearbeiten. Fast alle sind relativ teuer. Holz mit einer besonderen Maserung kann auch besonders kostspielig sein. Lohnt es sich, Zeit und Muhe zu investieren, um mit solchen Hölzern arbeiten zu lernen? Ich glaube ja: Bei aller Wertschätzung für Hölzer aus gemäßigten Zonen ist doch die Farbenvielfalt der exotischen Hölzer etwas ganz Besonderes. Die meisten exotischen Hölzer sind ihr Geld auch wert.

Manche Menschen reagieren auf bestimmte Hölzer allergisch. (Bei mir selbst habe ich noch keine allergische Reaktion auf exotische Hölzer festgestellt, dafür reagiere ich mit starkem Niesen auf Säge- und Schleifstaub von Weißkiefernholz.) Sicherheitshalber sollten Sie bei allen Holzarbeiten eine Staubmaske tragen und für eine effiziente Staubabsaugung in Ihrer Werkstatt sorgen.

Für die „Spielenden Delfine" verwendete Holzarten

Walnuss: *Dieses Hartholz ist natürlich kein exotisches Holz, es wird jedoch wegen seiner schönen schokoladebraunen Farbe und seiner interessanten Maserung geschätzt. Ich habe es für den Körper der Delfine gewählt, weil breitere Walnussholzbretter leicht erhältlich sind. Diese Holzart lässt sich gut schneiden und schleifen, die Sägeblätter der Dekupiersäge werden jedoch bald stumpf davon.*

Stechpalme: *Splintholz und Kernholz sind elfenbeinweiß. Das Kernholz hat manchmal blaue Streifen. Für Intarsienarbeiten ist Stechpalmenholz wegen seiner unregelmäßigen, dichten, fast unsichtbaren Maserung und der hellen Farbe, die im Laufe der Zeit auch nicht verwittert, besonders begehrt. Stechpalmenholz gilt nicht als exotisches Holz, es ist aber eher selten, weil der ausgewachsene Baum nicht sehr groß ist. Es wird in den USA gewonnen.*

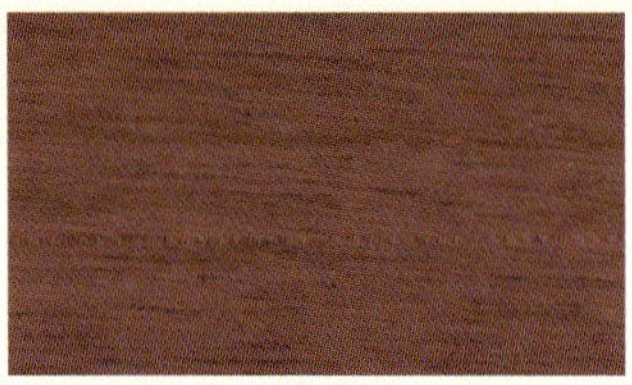

Amaranth: *Bei diesem Holz ist das Splintholz weißgrau, aber das frisch geschnittene Kernholz hat eine kräftige violette Farbe, die durch die Holzalterung zu einem tieferen Violett wird. Die Maserung ist meist gerade, kann aber auch wellig oder unregelmäßig sein. Amaranth ist mit der Dekupiersäge nicht immer leicht zu bearbeiten. Manchmal ist es relativ weich, es kann aber auch so hart sein, dass beim Schneiden Brandspuren entstehen. Ich verwende meist ein Nr.-7-Sägeblatt und schleife die Brandspuren ab. Bei der Oberflächenbehandlung muss an den UV-Schutz gedacht werden, damit das Holz nicht durch das UV-Licht nachdunkelt. Amaranth wächst in Mittel- und Südamerika.*

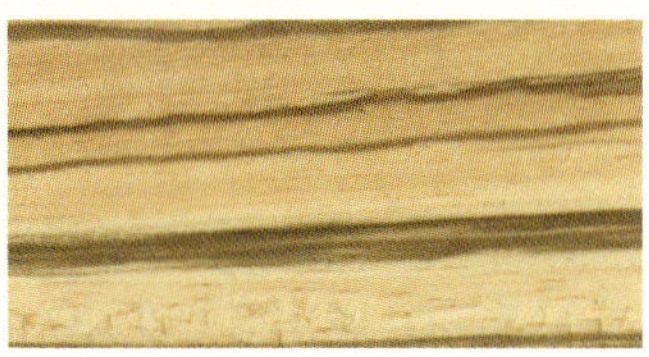

Zebrano: *Dieses Holz ist sehr hart und hat eine grobe Struktur. Man erkennt es an den typischen hellen und dunklen Streifen. Beim Kernholz sind alle Farbschattierungen zwischen Hellbraun und hellem Goldgelb möglich, die Streifen sind dunkelbraun bis schwarz, ihre Breite variiert. Das Holz ist leicht zu schneiden und erhält durch die Oberflächenbehandlung einen schönen Glanz. Es wird in Westafrika gewonnen.*

Platane: *Das mittel- bis hellbraune Holz mit seiner gesprenkelten Maserung erinnert an Eichenholz mit stehenden Jahresringen, ist aber regelmäßiger und hat einen attraktiven Schimmer. Es wirkt besonders schön, wenn es für die Gestaltung kleiner Bereiche eingesetzt wird. Das Holz ist leicht und lässt sich gut schneiden und schleifen. Gewonnen wird es in Mittel- und Südamerika.*

Gelbholz: *Dieses schöne Hartholz mit seiner geraden Maserung und seiner durchgängigen gelben Farbe bekommt beim Schneiden leicht Brandspuren und ist schwierig abzuschleifen. Für effektvolle Details ist es hervorragend geeignet. Gelbholz stammt aus Mittelamerika.*

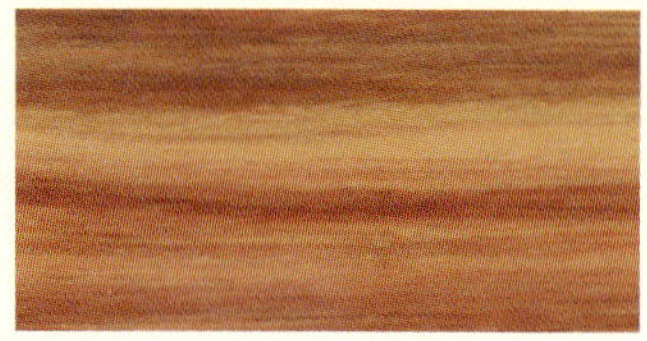

Tulpenholz: *Bei diesem harten, dichten Holz ist das Kernholz hellrosa bis gelblich und weist deutliche violette, lachsfarbene und rosa Streifen auf. Die Maserung ist unregelmäßig, die Struktur mittelfein bis fein. Beim Schneiden fällt der angenehm milde Geruch auf. Durch die Oberflächenbehandlung erhält das Tulpenholz einen besonders schönen Glanz. Es wird in Brasilien gewonnen.*

Picana Negra: *Bunte Streifen, von gelb bis orange über grün bis zu dunkelbraun, auf dunkelbraunem bis rotem Hintergrund charakterisieren dieses prächtige Holz. Es lässt sich leicht schneiden und schleifen, die Sägeblätter werden jedoch bald stumpf. Picana Negra wird in Mexiko und Mittelamerika gewonnen.*

Peroba Rosa: *Diese Holzart ist nicht sehr bekannt, aber wunderschön. Das Kernholz ist rosenrot bis gelblich, manchmal ist es marmoriert oder weist violette oder braune Streifen auf. Es lässt sich recht problemlos schneiden und schleifen und stammt aus Südamerika.*

Mesquite: *Das Kernholz ist hellrot bis rötlich-braun, die gerade oder gewellte Maserung ist dunkler. Mesquite-Holz lässt sich problemlos schneiden und schleifen. Es stammt aus dem Osten der USA.*

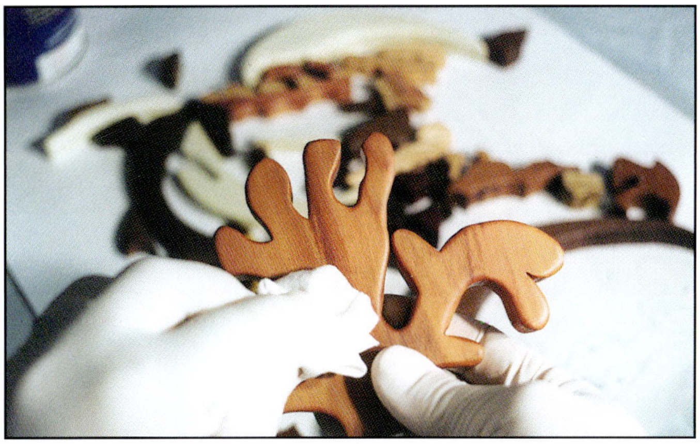

Schritt 11: Tragen Sie das Holzgel mit einem Lappen auf die einzelnen Teile auf, lassen Sie es nicht länger als zwei Minuten anziehen und wischen Sie es mit einem sauberen, faserfreien Lappen ab. Warten Sie sechs Stunden, bevor Sie einen zweiten Überzug auftragen. Bezüglich weiterer Überzüge folgen Sie den Anweisungen des Herstellers. Jeweils zwischen zwei Überzügen wischen Sie die Oberfläche leicht mit einem Scheuervlies-Pad ab.

Schritt 12: Legen Sie die originalgroße Vorlage auf eine ebene Arbeitsfläche und bedecken Sie sie mit einem Blatt Wachspapier. Durch das Wachspapier können Sie die Vorlage sehen, während Sie die Teile zusammenkleben. Überprüfen Sie die Abstände zwischen den Teilen genau. Dann kleben Sie die Teile einzeln mit dickflüssigem Cyanacrylatkleber zusammen. Ich empfehle, zuerst die beiden Delfine zusammenzukleben.

Schritt 13: Sobald der Kleber vollständig getrocknet ist und das Werkstück bewegt werden kann, legen Sie es auf die 6 mm starke Sperrholzplatte aus Birke und ziehen Sie den Umriss mit einem Filz- oder Bleistift sorgfältig nach. Nehmen Sie das Werkstück erst weg, wenn die Umrisslinie vollständig ist.

Seite 14: Sägen Sie das Sperrholz direkt innerhalb der Umrisslinie ebenso sorgfältig aus wie die Teile. Entgraten Sie die Kanten und überprüfen Sie, ob die Rückwand genau zum Werkstück passt. Beizen Sie die Vorder- und Rückseite schwarz (oder in einer Farbe Ihrer Wahl). Nach dem Trocknen der Beize leimen Sie das Werkstück mit gelbem Holzleim (PUR-Leim) auf der Platte fest.

SCHONEN SIE IHRE AUGEN — TIPP

Ich empfehle für die Sägearbeiten eine Leuchtlupe mit 10-facher Vergrößerung. Wenn Sie damit einmal qearbeitet haben, werden Sie sie in Zukunft nicht missen wollen.

Material & Werkzeug

Material

- Walnussholz, 19 x 200 x 300 mm
- Walnussholz, 12 x 200 x 250 mm
- Stechpalmenholz, 19 x 125 x 250 mm
- Stechpalmenholz, 12 x 125 x 250 mm
- Gelbholz, 19 x 100 x 100 mm
- Mesquite-Holz, 19 x 125 x 125 mm
- Peroba Rosa, 19 x 175 x 175 mm
- Platane, 19 x 175 x 125 mm
- Picana Negra, 19 x 125 x 75 mm
- Amaranth, 19 x 100 x 100 mm
- Tulpenholz, 19 x 75 x 150 mm
- Zebrano, 19 x 50 x 50 mm
- Sperrholz (Birke), 3 x 300 x 450 mm
- 2 Dübel, 150 mm lang, 4 bzw. 6 mm Ø
- Transparentes Paketklebeband
- Abdeckband
- Doppelseitiges Klebeband
- Ablösbarer Sprühkleber oder ablösbarer Klebestift
- Einweghandschuhe
- Mineralspiritus
- Schleifpapier, Körnungen: 80, 120, 220, 320
- Scheuervlies-Pad
- Farbloser edelmatter Sprühlack mit UV-Schutz
- Farbloses edelmattes Holzgel
- Saubere, faserfreie Lappen
- Dickflüssiger Cyanacrylatkleber
- Gelber (PUR-Leim) oder weißer Holzleim
- Bilderhaken oder Sägezahnaufhänger
- Wachspapier
- Schwarze oder andersfarbige Beize

Werkzeug

- Sägeblätter Nr. 3, 5 und 7 mit Gegenzähnen
- Bohrmaschine mit 4-mm- bzw. 6-mm-Bohrer
- Bandschleifer oder andere geeignete elektrische Schleifmaschine
- Schleifstäbe
- ev. Bogenschleifer
- Aufblasbare Schleifwalze oder andere geeignete Schleifwalzen
- Holzbrenner (optional)
- Leuchtlupe mit 10-facher Vergrößerung (optional)

VORSICHT MIT ÖLGETRÄNKTEN LAPPEN! — TIPP

Mineralspiritus und ähnliche Produkte bergen durchaus ernstzunehmende Gefahren. Lappen, die mit solchen flüchtigen Flüssigkeiten getränkt sind, können sich selbst entzünden. Befolgen Sie bei allen potenziell gefährlichen Produkten genau die Herstelleranweisungen. Verwenden Sie die Produkte nur in einem qut belüfteten Bereich, tragen Sie Handschuhe und Augenschutz und entsorgen Sie die gebrauchten Lappen nach den Anweisungen des Herstellers.

Schritt 15: Ermitteln Sie den Schwerpunkt des Werkstücks, um einen Bilderhaken oder einen Sägezahnaufhänger anzubringen. Am leichtesten geht es, wenn Sie das Werkstück zwischen Daumen und Zeigefinger halten und die Fingerhaltung korrigieren, bis das Werkstück so herunterhängt, wie Sie es wünschen. Markieren Sie den Punkt auf der Rückseite, wo Sie das Werkstück festgehalten haben, und bringen Sie den Haken dort an.

Schritt 16: Bringen Sie mehrere Schichten farblosen edelmatten Sprühlack mit UV-Schutz auf das ganze Werkstück auf. Wenn der Lack trocken ist, können Sie das fertige Stück aufhängen. Viel Freude damit!

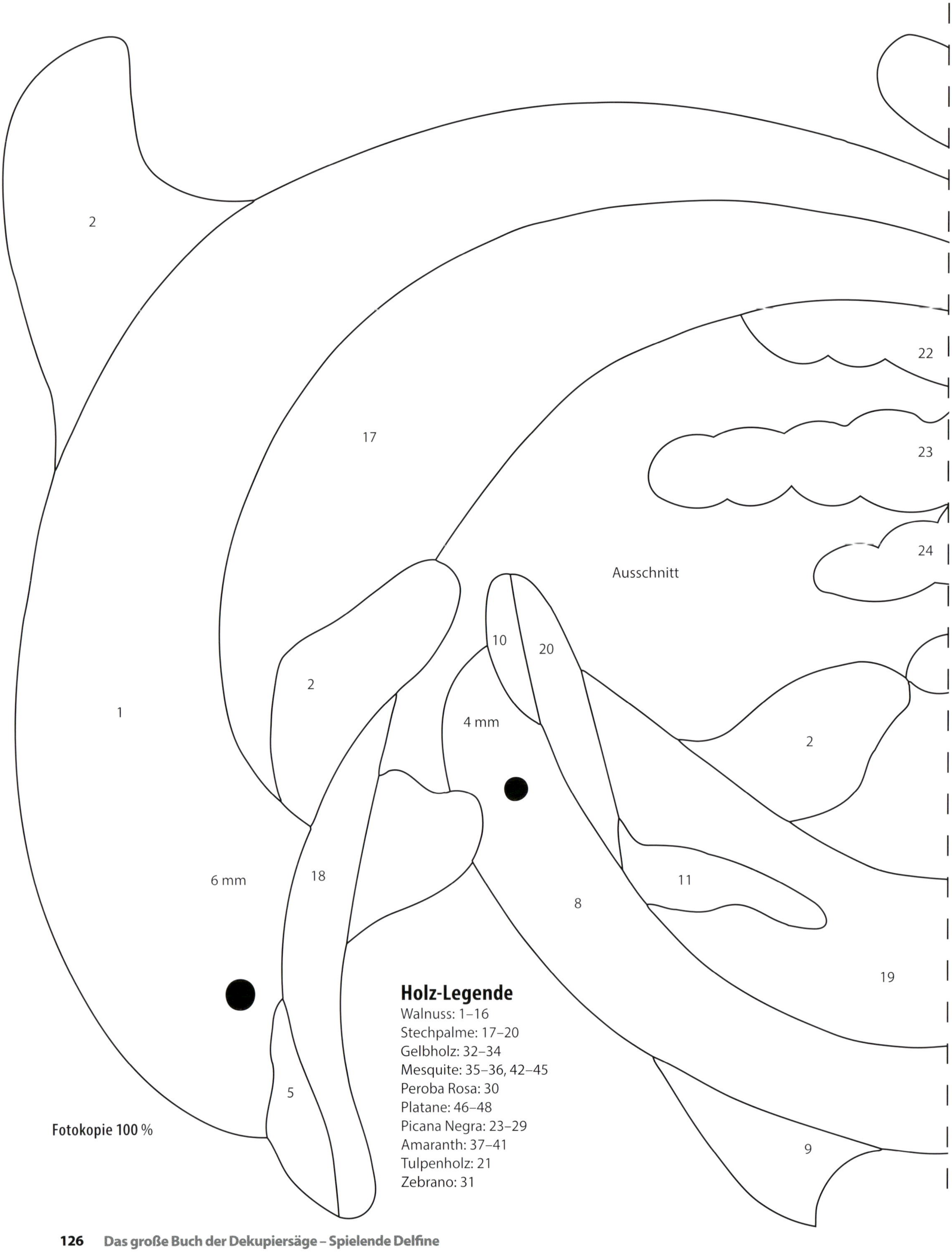

Holz-Legende
Walnuss: 1–16
Stechpalme: 17–20
Gelbholz: 32–34
Mesquite: 35–36, 42–45
Peroba Rosa: 30
Platane: 46–48
Picana Negra: 23–29
Amaranth: 37–41
Tulpenholz: 21
Zebrano: 31

Fotokopie 100 %

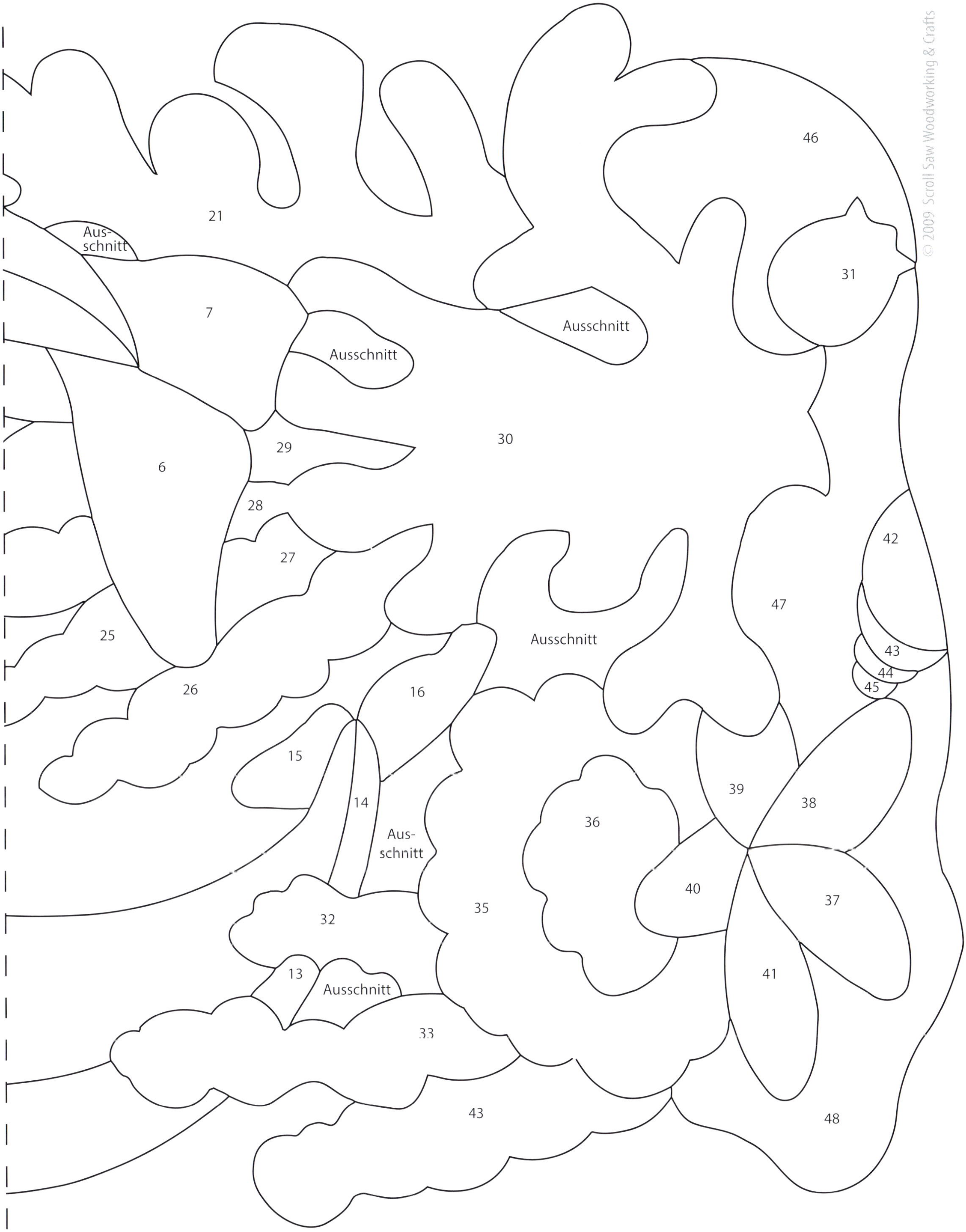
21
Aus-
schnitt
46
7
31
Ausschnitt
Ausschnitt
30
29
6
28
42
27
47
Ausschnitt
25
43
44
45
26
16
15
39
38
14
Aus-
schnitt
36
40
37
35
32
41
13
Ausschnitt
33
43
48

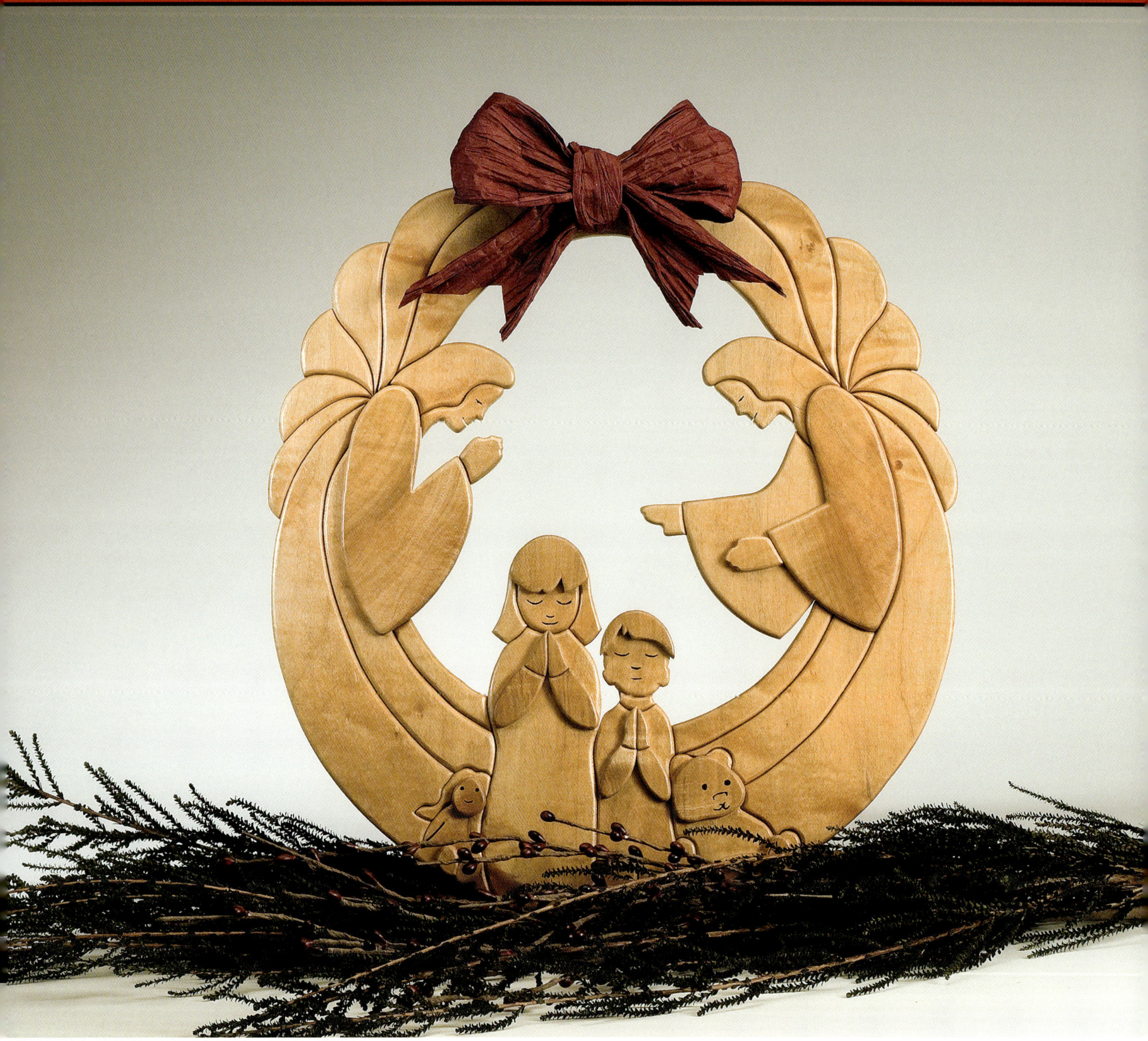

Schutzengelkranz

Ein klassisches Segmentierungsprojekt für Einsteiger und Fortgeschrittene

Von Paul Meisel
Umgesetzt von Ben Fink

So wie die beiden Kinder auf dem Bild hat jeder von uns einen Schutzengel, der ihn behütet. Zumindest glauben das viele Menschen.

Der Schutzengelkranz ist ein schönes Geschenk für Kinder. Die Technik der Segmentierung ermöglicht es auch Einsteigern, eine solche Arbeit auszuführen. Alle Teile sind aus derselben Holzart gefertigt – ich habe Riegelahorn verwendet –, und die Kanten der einzelnen Teile sind alle auf die gleiche Weise abgerundet oder abgefast. Dadurch werden die Umrisse jedes Teils hervorgehoben und die Dreidimensionalität der Arbeit kommt stärker zur Geltung.

Schritt 1: Schneiden Sie die Trägerplatte zu. Übertragen Sie dazu die gestrichelte Linie von der Vorlage auf ein 6 mm starkes Stück Birkensperrholz und schneiden Sie an dieser Linie entlang.

Schritt 2: Übertragen Sie die Vorlagen auf die entsprechenden Holzstücke. Der Hauptteil wird aus 6 mm starkem Holz ausgesägt – sägen Sie jedoch nicht an den punktierten Linien entlang. Die aufzusetzenden Teile werden aus 3 mm starkem Holz ausgesägt. Nehmen Sie für alle Teile ein weitgezahntes Sägeblatt mit Gegenzähnen oder ein Sägeblatt Ihrer Wahl. Stellen Sie die fertig ausgesägten Teile auf einer Kopie der Vorlage zusammen.

Schritt 3: Sägen Sie die Details der Gesichter aus. Bohren Sie dazu jeweils ein Startloch mit 1,5 mm Durchmesser. Sägen Sie mit einem weitgezahnten Sägeblatt mit Gegenzähnen oder einem Sägeblatt Ihrer Wahl an den Vorlagelinien entlang. Wechseln Sie zu einem Spiralsägeblatt und sägen Sie nochmals in denselben Sägeschlitz hinein, um ihn zu erweitern. (Spiralsägeblätter geraten nicht so leicht außer Kontrolle, wenn Sie an einem schon bestehenden Sägeschlitz entlangsägen.)

Schritt 4: Bohren Sie die Augenlöcher. Nehmen Sie einen 1,5-mm-Bohrer für die Augen der Puppe und einen 2-mm-Bohrer für die Augen des Teddybären.

Schritt 5: Schleifen Sie die größeren Teile mit einem Trommelschleifer ab, zuerst mit Schleifpapier der Körnung 80, dann mit 120er-Körnung. Der Trommelschleifer ermöglicht ein kontrolliertes, gleichmäßiges Abschleifen. Eine Standbohrmaschine mit Schleifwalze ist eine gute Alternative. Aus Sicherheitsgründen schleifen Sie Teile, die zu klein sind, um sie an den Trommelschleifer anzuhalten, mit der Hand ab (nehmen Sie beim Schleifpapier die gleichen Körnungen).

Schritt 6: Legen Sie die Teile probeweise in der richtigen Position auf die Trägerplatte und überprüfen Sie, ob alles zusammenpasst. Machen Sie alle notwendigen Korrekturen, dann leimen Sie die Teile mit Holzleim an der Trägerplatte an und fixieren Sie sie mit kleinen Federklemmen.

Schritt 7: Als Oberflächenbehandlung bringen Sie zuerst einen Schleifgrund auf und lassen Sie ihn trocknen. Schleifen Sie das Werkstück mit feinem Schleifpapier (220) ab. Überziehen Sie es mit Polyurethan und bringen Sie hinten eine Aufhängvorrichtung an. Sie können den Kranz mit einer Masche aus Bast verzieren.

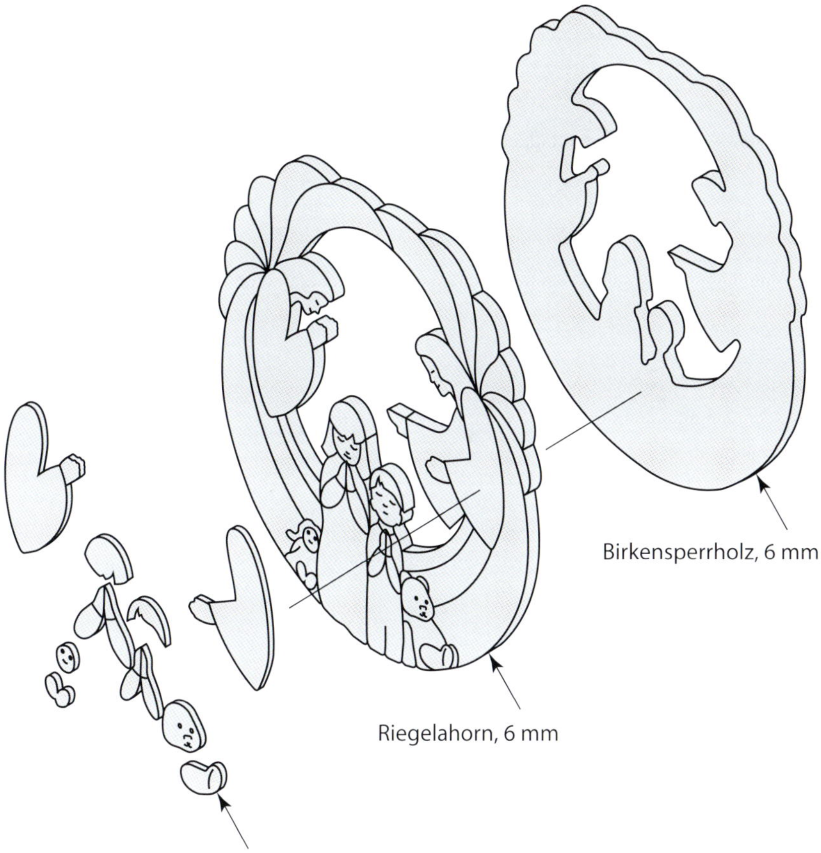

Material & Werkzeug

Material

- Birkensperrholz, 6 x 300 x 300 mm (Trägerplatte)
- Riegelahorn, 3 x 150 x 350 mm (aufzusetzende Teile)
- Riegelahorn, 6 x 300 x 300 mm (Hauptteil, kann auch aus vier Brettern zu je 75 x 300 mm zusammengesetzt werden)
- Schleifgrund
- Polyurethan
- Schleifpapier, Körnungen: 80, 120, 220
- Aufhängvorrichtung nach Wunsch
- Bast (optional)

Werkzeug

- Weitgezahntes Sägeblatt mit Gegenzähnen
- Spiralsägeblatt
- Trommelschleifer mit Manschetten aus Schleifpapier der Körnungen 80 und 120
- Pinsel für die Oberflächenbehandlung

Fotokopie auf 200 %
vergrößern

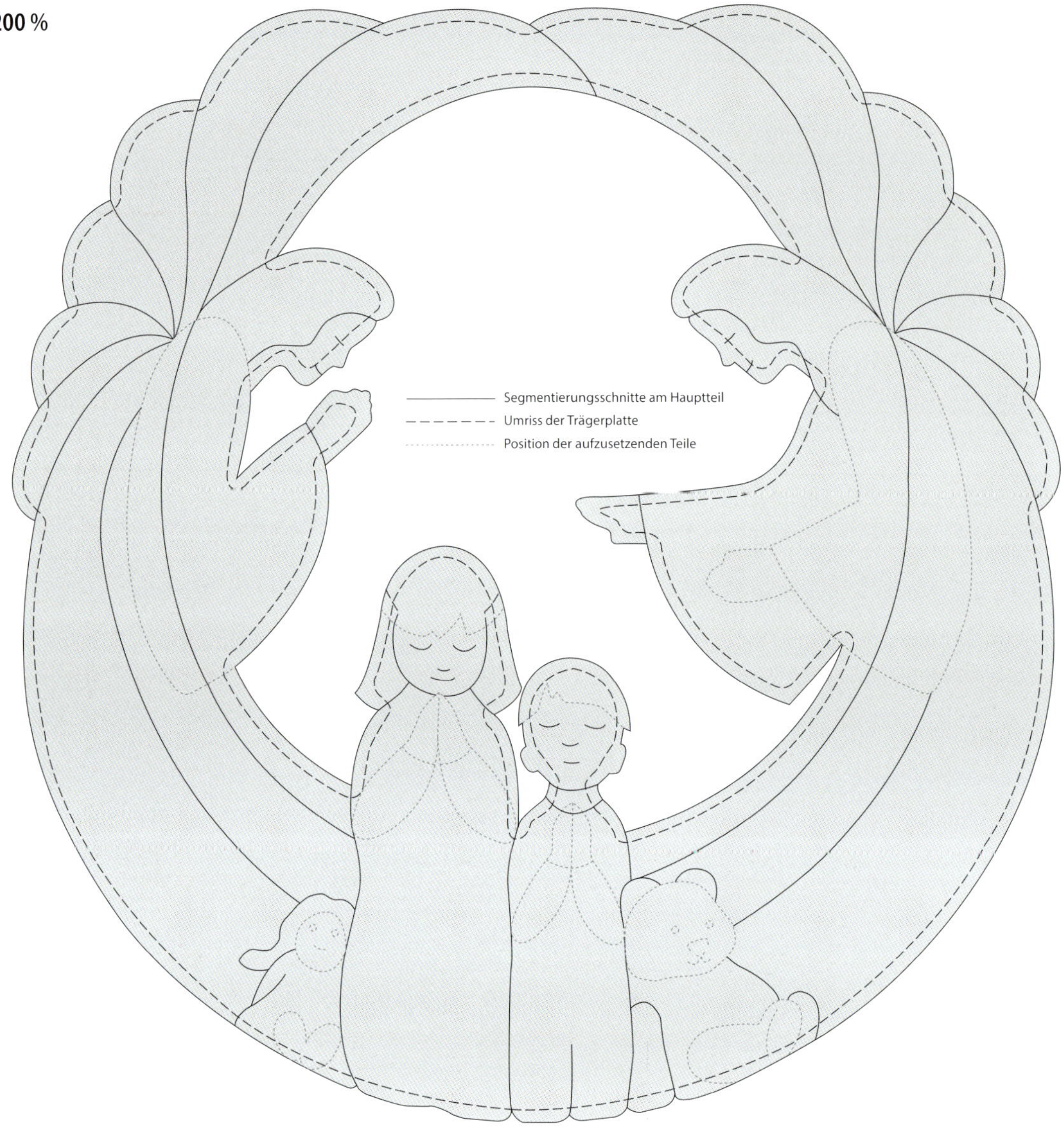

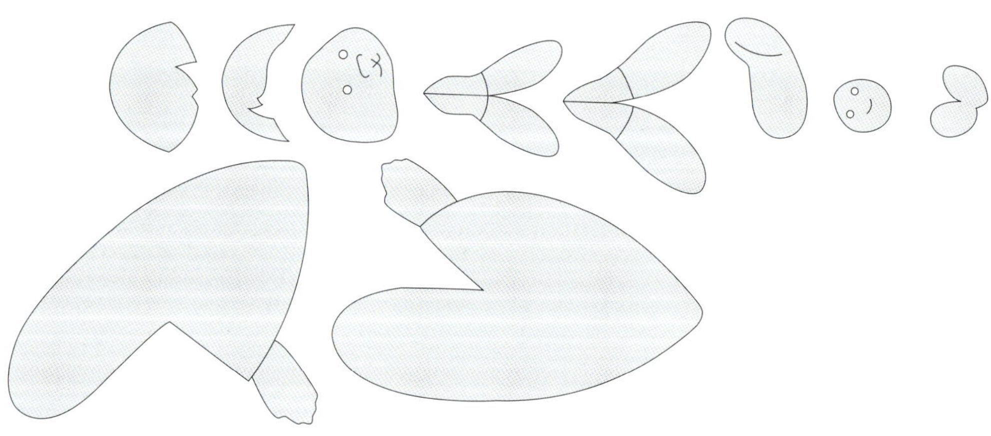

König des Dschungels

Mit der Segmentierungstechnik ein lebendiges Porträt gestalten

Von Neal Moore

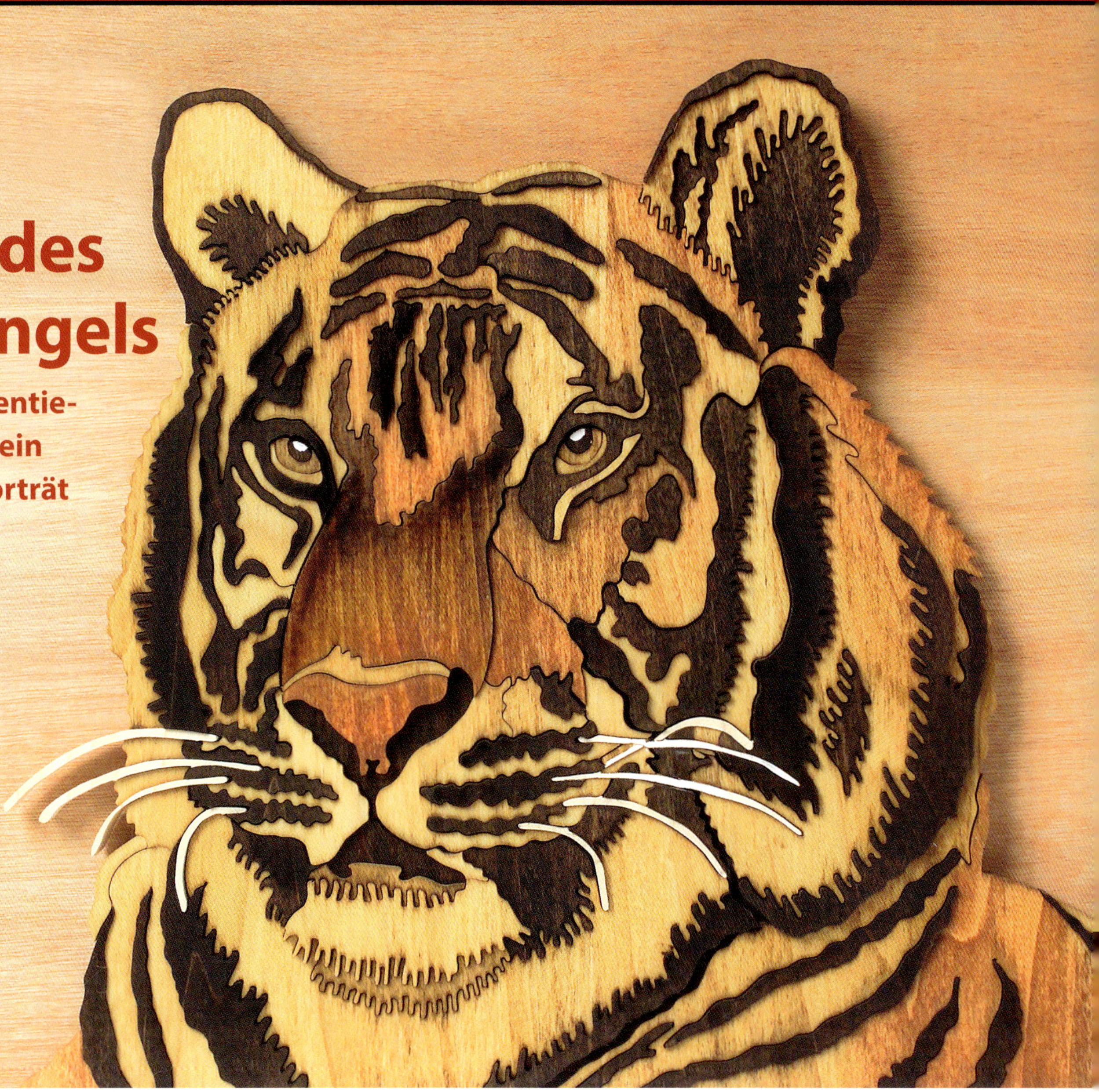

Die Technik, die hier vorgestellt wird, haben meines Wissens Kerry Shirts und Pat Spielman erfunden. Die Segmente werden mit der Dekupiersäge ausgeschnitten, gebeizt und zu reliefartigen Bildern zusammengeklebt, die besonders naturnahe wirken.

Die Segmentierungstechnik ist mir deshalb sympathisch, weil ich nicht an die natürlichen Holzfarben gebunden bin wie bei Intarsienarbeiten. Durch Beizen kann ich so ziemlich jede Farbe erzeugen. Die fertigen Bilder erinnern mich an manche Ölgemälde – erst, wenn man ein paar Schritte zurücktritt, fügen sich die Teile zu einem Bild zusammen, dessen Dreidimensionalität einen förmlich „anspringt".

Tiere und Tierfotos sind für mich eine ständige Quelle der Inspiration. Bei diesem Bild ist es dem Fotografen besonders gut gelungen, die königliche Pose des Tigers einzufangen. Das Projekt ist nicht schwer auszuführen. In einem passenden Rahmen präsentiert, wird es seine Wirkung auf den Betrachter nicht verfehlen.

SCHÖN GERAHMT UM WENIG GELD — TIPP

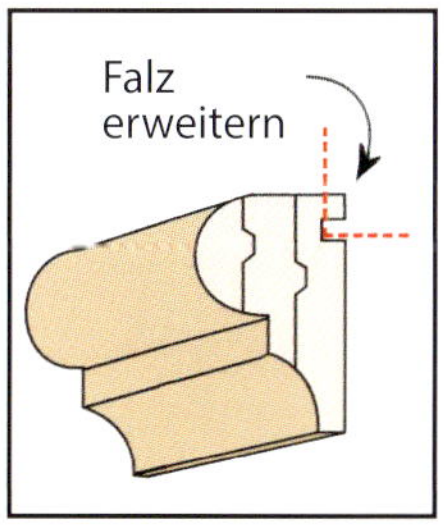

Die Holzprofilleisten, die ich zum Rahmen verwende, werden als Verzierung für hölzerne Treppenstufen verwendet. Sie sind 31 mm stark und 45 mm hoch. Das schöne Profil ist für einen Bilderrahmen wie geschaffen.

Schneiden Sie zuerst die Gehrungen und achten Sie darauf, dass die dicke Seite des Profils der Innenseite des Rahmens zugewendet ist. An der Rückseite der Leiste befindet sich ein 6 mm tiefer Falz. Sie müssen diesen jedoch erweitern, denn er muss 12 mm tief und ebenso breit sein, um für die Trägerplatte Platz zu bieten. Die Trägerplatte befestige ich mit kleinen Nägeln.

Diese Profile sind aus Eichen- und Pappelholz erhältlich. Pappel ist nicht so teuer wie Eiche. Mit gebeiztem Pappelholz kann man fast jede Holzart nachahmen.

Schritt 1: Richten Sie die Tischplatte rechtwinklig zum Sägeblatt aus.

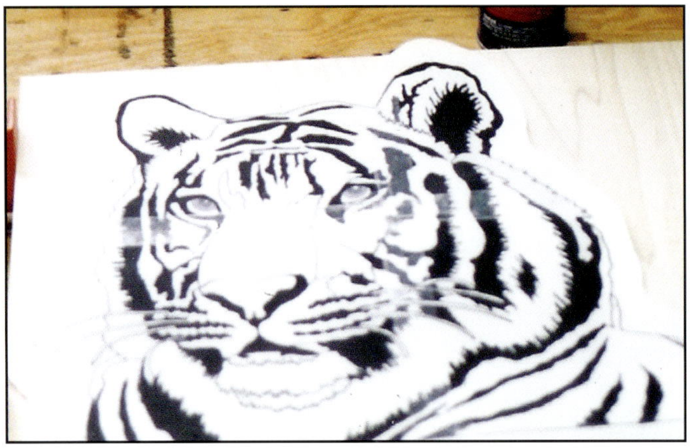

Schritt 2: Schneiden Sie die Papiervorlage zurecht, sodass rund um die Umrisslinie 12 mm Papier stehen bleibt. Dann befestigen Sie die Papiervorlage am Rohling.

Schritt 3: Schneiden Sie mit dem Sägeblatt Nr. 5 das überschüssige Holz bis zur Papiervorlage (d. h. 12 mm außerhalb der Umrisslinie) ab. Das Werkstück hat dann keine Ecken mehr und ist handlicher.

Schritt 4: Schneiden Sie die linke Schulter des Tigers ab. Sägen Sie dazu am Streifen zwischen dem Hals und der linken Schulter entlang. Wenn Sie von der Linie abkommen, fahren Sie nicht zurück, sondern führen Sie das Sägeblatt allmählich wieder auf die Linie zurück: Durch Zurückfahren und nochmaliges Ansetzen entsteht eine Lücke, die am fertigen Werkstück sichtbar bleiben könnte.

Schritt 5: Schneiden Sie die rechte Schulter ebenso ab wie die linke und legen Sie beide Schultern beiseite.

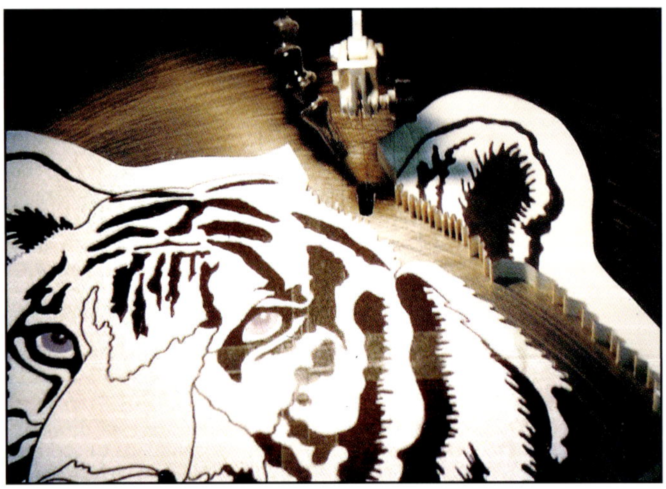

Schritt 6: Schneiden Sie mit dem Sägeblatt Nr. 2 zunächst das rechte und dann das linke Ohr ab. Lassen Sie die Abfallbereiche intakt – daran können Sie die Segmente festhalten, wenn Sie daran arbeiten.

HEISSKLEBER SPART ZEIT — TIPP

Kleben Sie die Segmente mit Heißkleber zusammen. Er härtet schneller aus als Holzleim, und wenn Sie Korrekturen vornehmen müssen, können Sie den Kleber entfernen und es noch einmal versuchen. Legen Sie das Projekt zuerst zwischen zwei Schichten Sperrholz (ich verwende Lauan-Sperrholz) und drehen Sie es mit der Rückseite nach oben. Dann fixieren Sie die Teile mit Heißkleber und drehen Sie das Projekt mithilfe der beiden Sperrholzschichten wieder um. Nehmen Sie etwaige Änderungen vor und drehen Sie das Projekt mithilfe des Sperrholzes wieder auf die Rückseite. Verteilen Sie einen dicken Tropfen Kleber an jeder Fuge und an jedem Sägeschlitz. Ich habe für den Tiger 8–10 Klebestifte gebraucht!

Schritt 7: Sägen Sie an den Vorlagelinien entlang die einzelnen Segmente der Ohren und Schultern aus. Wenn Sie einige Segmente ausgesägt haben, stellen Sie sie auf einem Stück Sperrholz wieder zusammen. So entsteht kein Durcheinander und es gehen keine Teile verloren.

Schritt 8: Schneiden Sie die restlichen Segmente aus. Arbeiten Sie von außen nach innen. Sägen Sie die Schnurrbarthaare möglichst bald aus, damit sie nicht abbrechen. Planen Sie jeden Schnitt – Sie müssen wissen, wo das Sägeblatt wieder austreten wird. Bedenken Sie, dass es auf der gesamten Fläche keine Abfallbereiche gibt und jedes Segment zum Gesamtbild gehört. Kein Segment soll so klein geraten, dass es unmöglich auszusägen ist.

Schritt 9: Bohren Sie direkt auf der Linie zwischen dem dunklen Augapfel und dem schwarzen Streifen rund um das Auge ein Startloch. Schneiden Sie mit dem Sägeblatt Nr. 2 das Auge aus. Schneiden Sie die anderen beiden Augen-Segmente nacheinander ab. So brauchen Sie für das Auge nur ein Startloch.

Schritt 10: Bohren Sie die Startlöcher für die Streifen – ebenfalls direkt auf der Linie. Dann schneiden Sie die Streifen aus. Nach dem Zusammenstellen der gebeizten Teile sind die Startlöcher fast unsichtbar.

Schritt 11: Tauchen Sie alle hellen Teile des Gesichts (siehe Vorlage) in die Beize mit dem Farbton Goldeiche. Die Schnurrbarthaare werden nicht gebeizt! Wischen Sie die Teile sofort möglichst trocken.

ALU-BACKFORMEN — TIPP

Als Gefäße für die Beize nehmen Sie Einweg-Backformen aus Aluminium. Sie haben genau die richtige Größe zum Eintauchen der Teile und sind so billig, dass Sie sie nach Abschluss des Projektes wegwerfen können.

Schritt 12: Tauchen Sie die Streifen in die Beize mit dem Farbton „Nussbaum dunkel". Legen Sie sie auf ein altes Handtuch und lassen Sie sie an der Luft trocknen.

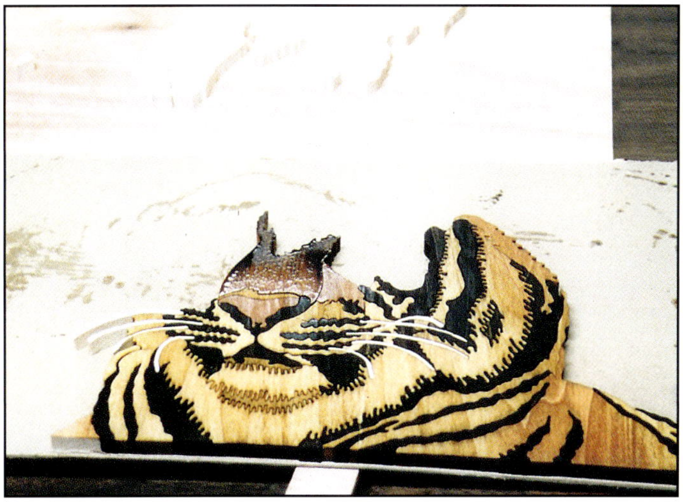

Schritt 13: Beizen Sie die übrigen Segmente. Beginnen Sie an der unteren Kante des Bildes. (Details: siehe Tipp rechts).

Schritt 14: Legen Sie die Teile in der richtigen Anordnung auf und kleben Sie sie aneinander fest. Kleben Sie sie noch nicht an der Trägerplatte fest. Heben Sie die Ränder einiger Teile gegenüber den anderen Teilen an, um dem Bild zusätzliche Tiefe zu geben. Da ich Heißkleber verwende, kann ich einen Tropfen Kleber auf die Teile geben und sie so lange zusammenhalten, bis der Kleber trocknet. Wenn Sie herkömmlichen Leim verwenden, müssen Sie sie eventuell mit Klemmen fixieren oder die Teile, die Sie anheben wollen, mit Unterlegscheiben stützen, bis der Kleber getrocknet ist. Die Teile des Tigers, die dem Betrachter am nächsten sind, müssen angehoben werden, sodass sie hervortreten, wenn das Bild von vorne betrachtet wird. Heben Sie auch die schwarzen Streifen um 3 mm an – die Schatten der vorstehenden Teile verstärken den „pelzigen" Effekt. Die schwarzen Segmente an Nase und Maul wurden um 3 mm abgesenkt. Auch die Augen habe ich etwas tiefer als die benachbarten Segmente angeklebt und dadurch abgesenkt: Wenn man das fertige Bild aus einiger Entfernung betrachtet, erscheinen die harten Kanten durch die Schatten weicher.

Schritt 15: Als Trägerplatte für die Rückseite nehmen Sie ein 6 mm starkes Stück Sperrholz. Beizen Sie es in einer passenden Farbe. Bringen Sie mehrere Tropfen transparenten Silikonkleber auf die Rückseite des Bildes auf und drücken Sie es auf die Trägerplatte. Beschweren Sie es mit einem schweren Gegenstand, bis der Kleber getrocknet ist. Versehen Sie das Bild mit einem Rahmen.

OBERFLÄCHENBEHANDLUNG **TIPP**

Überziehen Sie die Teile zur Gänze mit Beize und legen Sie sie mehrere Tage zum Trocknen beiseite.

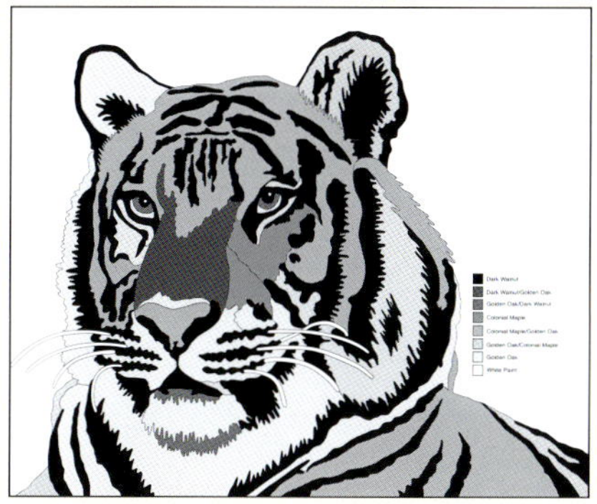

- *Orangefarbige Bereiche: Überziehen Sie das Segment mit Goldeichen-Beize und wischen Sie es sofort ab. Verwischen Sie mit einem Lidschattenpinsel, einem Wattestäbchen oder mit dem Finger eine dünne Schicht Beize in hellbraun (ich verwende die Farbe Colonial Maple) über der noch feuchten Goldeichen-Beize und vermischen Sie dabei die beiden Beizen, bis Sie mit dem Ergebnis zufrieden sind.*
- *Tauchen Sie die Nase in Colonial-Maple-Beize ein und lassen Sie sie an der Luft trocknen. Verwischen Sie als Kontrast etwas Goldeichen-Beize am oberen Rand entlang.*
- *Tauchen Sie das kleine Segment oberhalb der Nasenspitze (unterhalb des Nasenrückens) in Goldeichen-Beize ein und lassen Sie es trocknen.*
- *Den Nasenrücken behandelte ich mit Goldeichen-Beize und wollte dann den oberen Teil mit Nussbaum-Beize abschattieren. Ich brachte dabei auf die noch nasse Goldeichen-Beize zu viel Nussbaum-Beize auf, die sich überall verteilte. Ich kippte das Segment, um die überschüssige Beize ablaufen zu lassen, und erhielt so zufällig genau den richtigen Farbton.*
- *Tauchen Sie die dunklen Segmente unter dem schwarzen Augapfel in Goldeichen-Beize und wischen Sie etwas Nussbaum-Beize darüber.*
- *Tauchen Sie die hellen Augen-Segmente in Goldeichen-Beize.*
- *Die Glanzlichter in den Augen erzeugen Sie mit weißer Farbe und einem kleinen Pinsel oder Zahnstocher.*

Material & Werkzeug

Material

- 1 Stück helles Weichholz, 12 x 425 x 475 mm (Bild)
- 2 Stücke Sperrholz, 6 x 500 x 500 mm (Trägerplatte, ich verwende Lauan-Sperrholz)
- Beize in den Farbtönen Nussbaum dunkel, Goldeiche, Hellbraun (Colonial Maple)
- Weiße Farbe
- Zahnstocher
- Wattestäbchen
- Einweg-Schaumpinsel
- Einweg-Backformen aus Aluminium
- Ablösbarer Sprühkleber (optional)
- Altes Handtuch oder Lappen

Werkzeug

- Sägeblätter Nr. 2 und 5 oder Sägeblätter nach Wahl
- Schere (zum Zurechtschneiden der Papiervorlage)
- Heißklebepistole mit Heißklebestiften

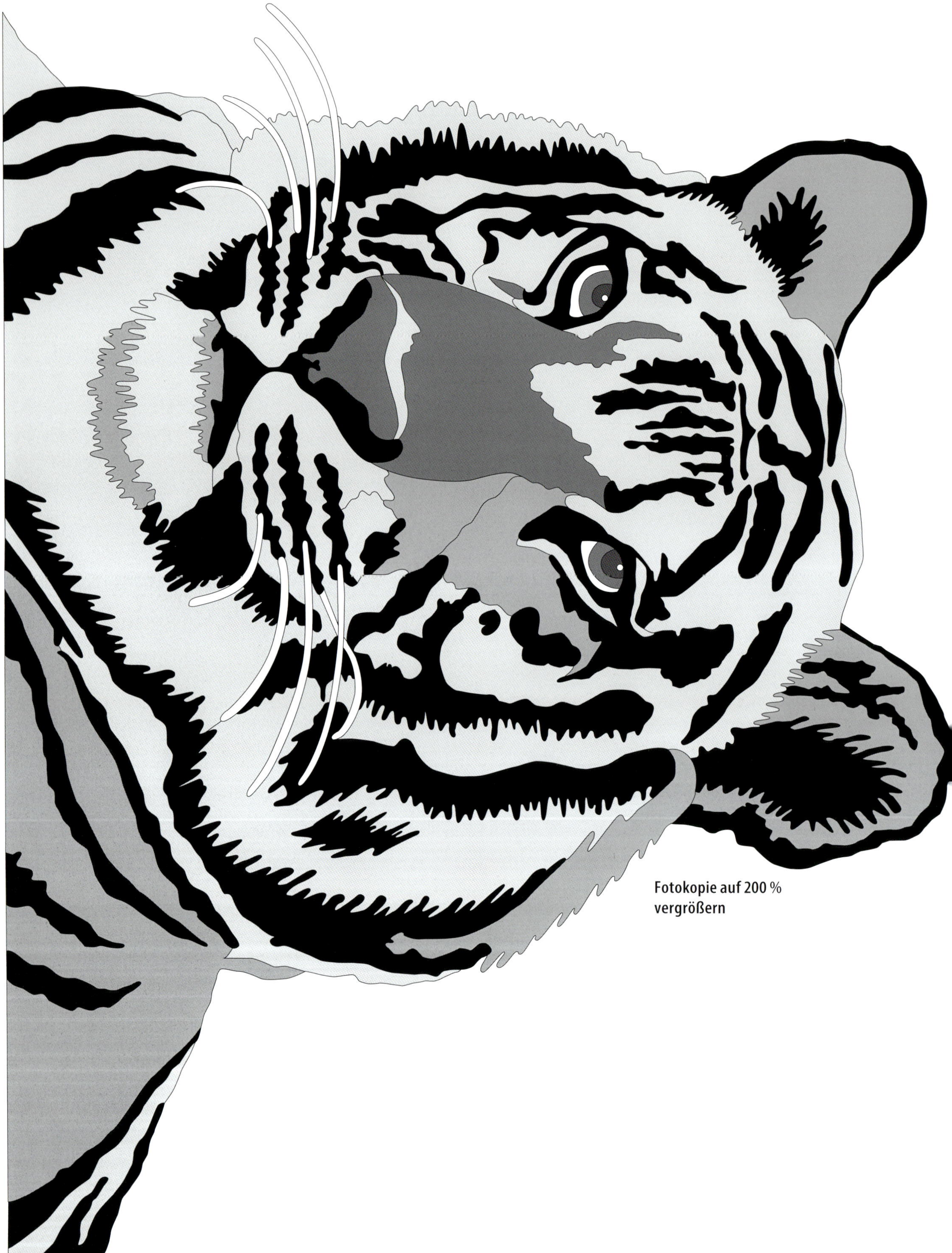

Fotokopie auf 200 %
vergrößern

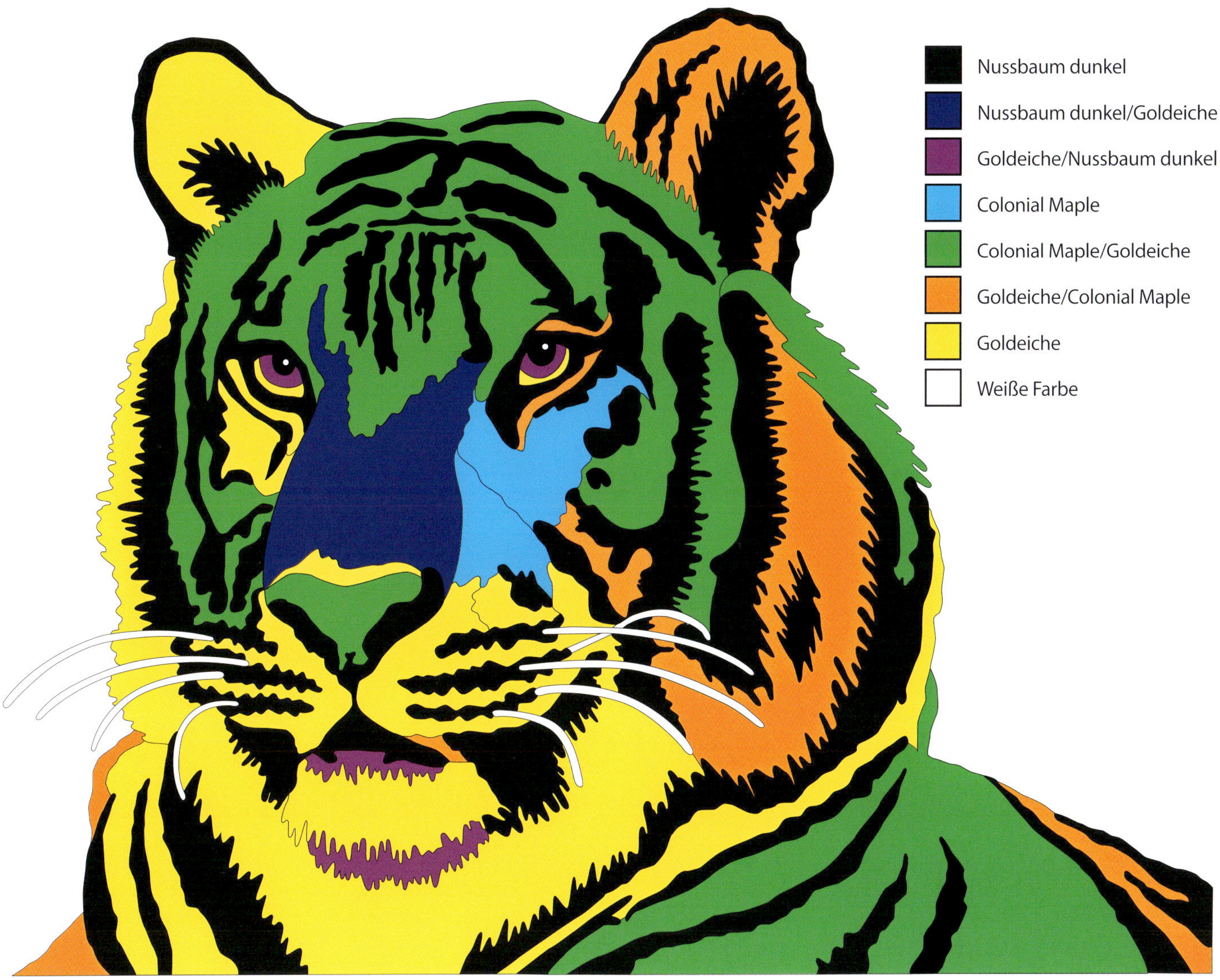

Die bunte Vorlage dient zur Orientierung beim Auftragen der Beize.

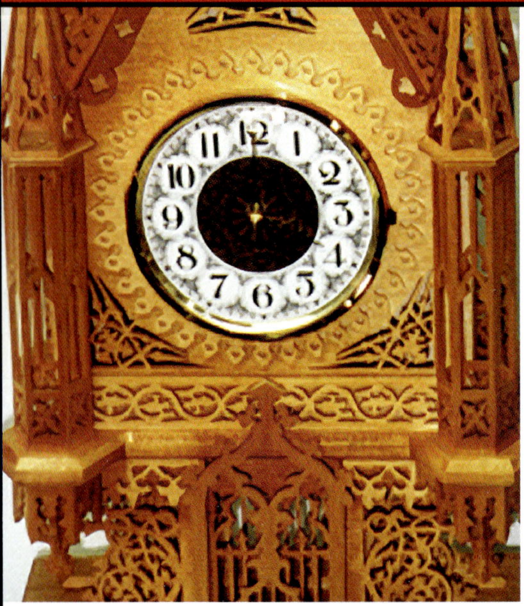

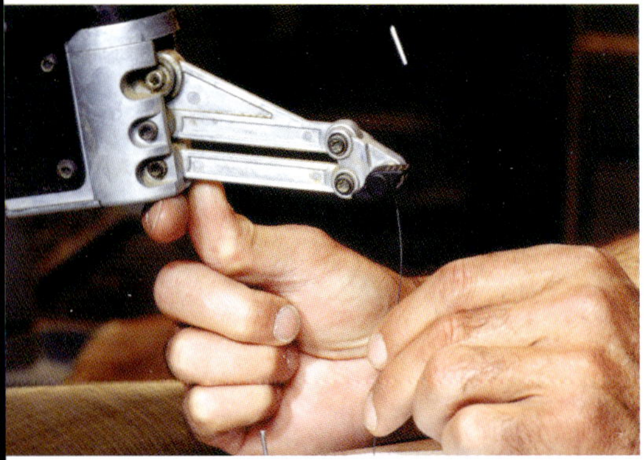

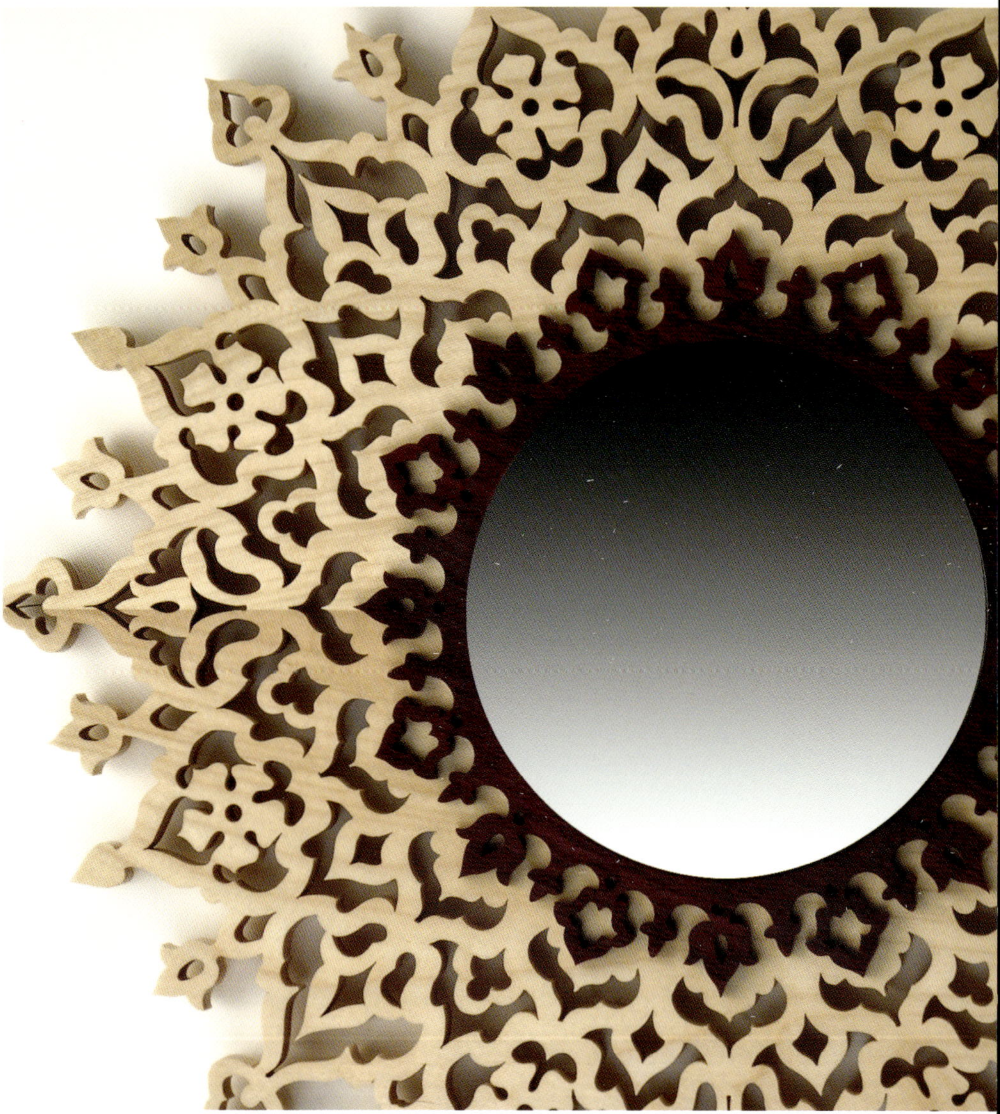

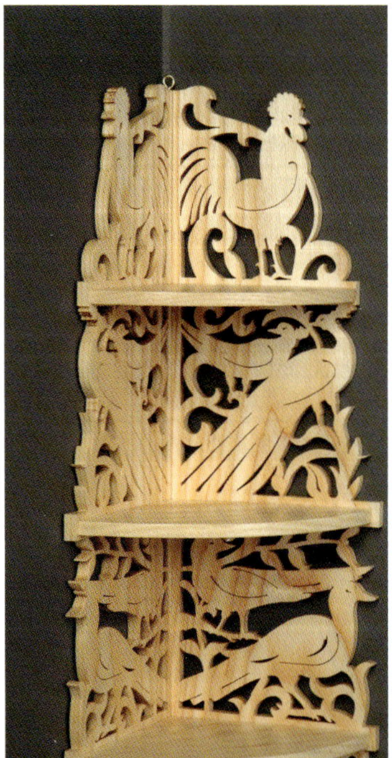

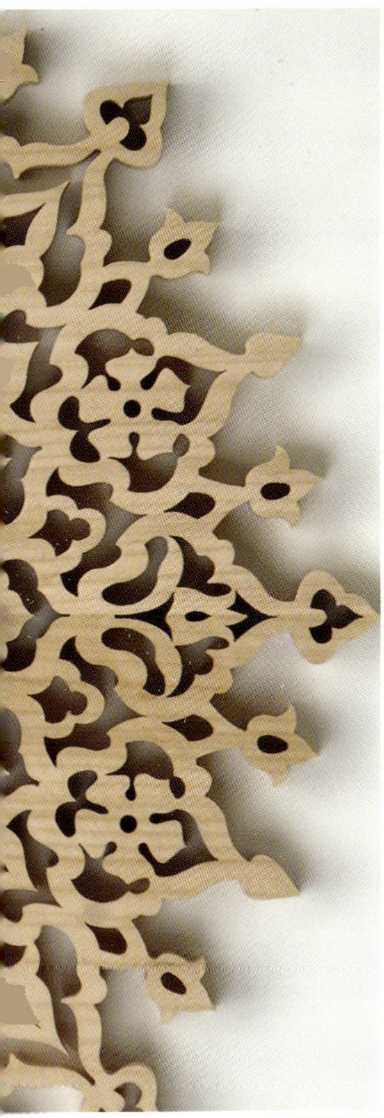

Durchbrochene Arbeiten

Durchbrochene Arbeiten weisen meist eine große Zahl an Innenschnitten auf und wirken oft aufwendig und filigran. Mit dieser Technik kann man allerlei dekorative und/oder funktionelle Objekte gestalten. Das folgende Kapitel enthält jede Menge Tipps, Tricks und Anregungen dazu.

Schnitt für Schnitt

Durchbrochene Arbeiten leicht gemacht

Von Rick Hutcheson
Fotos: Hetherington Photography

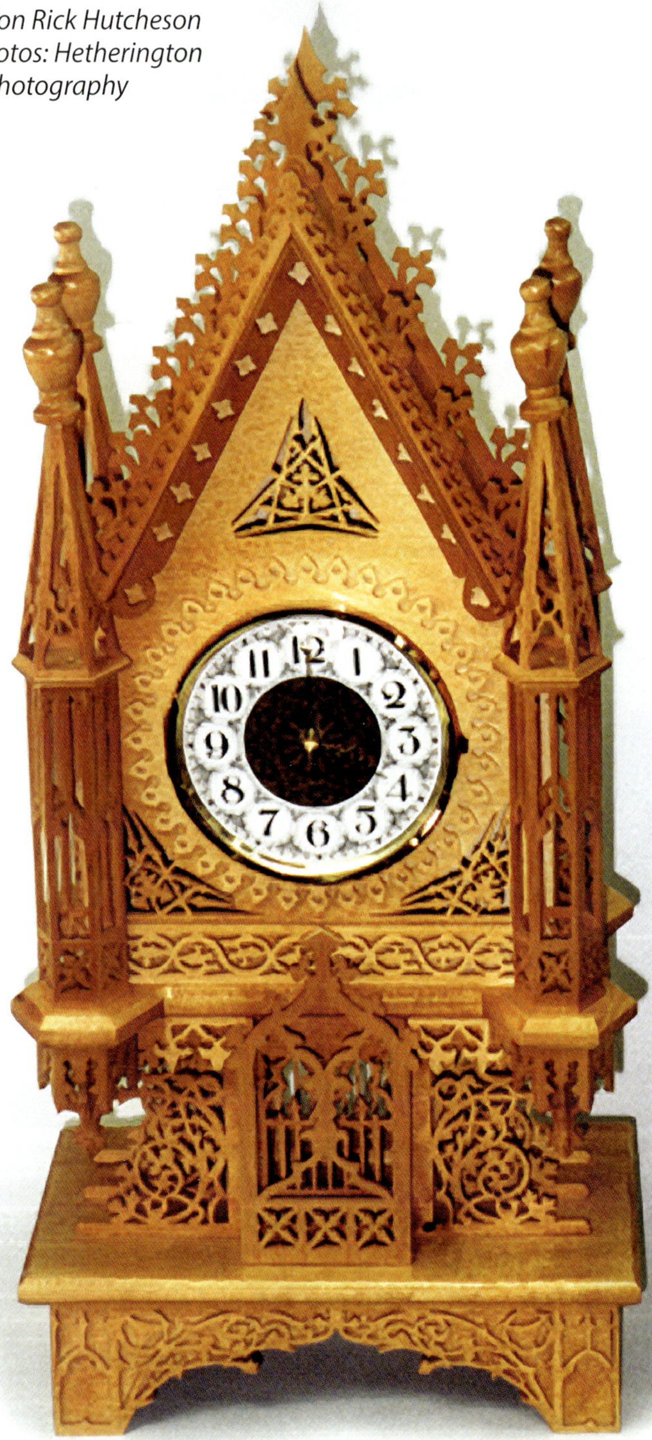

Diese prachtvolle Uhr wurde von Rick Hutcheson entworfen und von Pat Lupori gebaut. Sie glauben, so etwas würden Sie nie schaffen? Da irren Sie sich!

Beim Anblick dieser prachtvollen Uhr denken wohl die meisten: „Lieber Himmel – so etwas würde ich nie schaffen." Irrtum! Mit Geduld und ein paar Tipps sind auch komplexe durchbrochene Arbeiten zu bewältigen – Schritt für Schritt und Schnitt für Schnitt. Der erste Schritt besteht im Bohren der Startlöcher. Mit ihnen beschäftigt sich ein großer Teil dieses Artikels.

Holz auswählen

Wenn Sie mit einem Projekt beginnen, sehen Sie sich die Vorlage und die Maserung des Holzes genau an. Versuchen Sie sich vorzustellen, wie die Holzfarben und die Maserung am fertigen Stück aussehen werden. Es ist erstaunlich, wie stark die Maserung die fertige Arbeit beeinflusst. Oft kann sogar ein Fehler im Holz in das Werkstück integriert werden und sich positiv auf den Gesamteindruck auswirken.

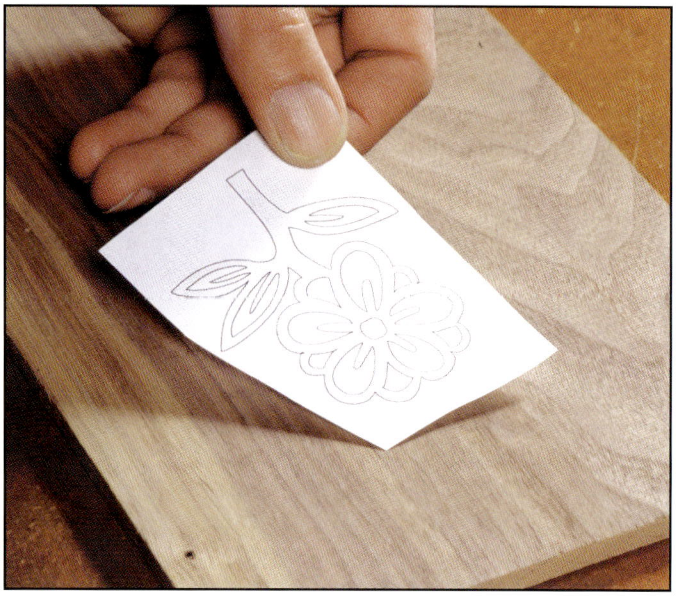

Die Faserrichtung hat keinen Einfluss auf die Funktion der Säge. Bei der Platzierung der Vorlage auf dem Rohling kommt es nur darauf an, wie das fertige Stück aussehen wird. Nutzen Sie die Gestaltungsmöglichkeiten, die die Maserung bietet.

Startlöcher bohren

Der Bohrer muss kleiner sein als der auszuschneidende Bereich, aber groß genug zum Einfädeln des Sägeblattes. Der größte Bohrer, den ich üblicherweise verwende, hat einen Durchmesser von 6 mm. Das Bohrloch, das er erzeugt, ist mehr als groß genug für das Sägeblatt. Auch 3-mm- und 1,5-mm-Bohrer kommen häufig zum Einsatz.

Für noch kleinere Bereiche gibt es Mini-Bohrer, die einzeln oder im Set erhältlich sind und meist Größen von 0,3 bis 1,2 mm aufweisen. Manche Einspannvorrichtungen sind für die größeren Mini-Bohrer durchaus geeignet, aber für die ganz kleinen Größen brauchen Sie einen Stiftkolben, den Sie bei denselben Quellen erhalten wie die Mini-Bohrer. Der Stiftkolben ist eine Einspannvorrichtung im Kleinformat

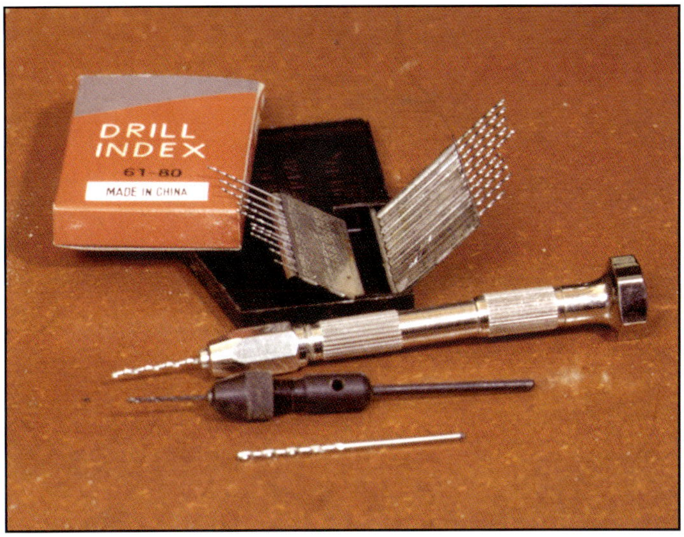

Im Hintergrund sehen Sie eine Schachtel Stiftlochbohrer, im Vordergrund zum Größenvergleich einen 1,5-mm-Bohrer. Der Stiftkolben ist für dünnes Holz gut geeignet.

mit einem längeren Schaft. Zuerst wird dieser Schaft in die Bohrmaschine eingespannt, dann spannt man den Mini-Bohrer in den Schaft ein.

Die richtige Platzierung der Startlöcher hilft Zeit sparen. Wenn Sie das Loch in der Mitte des auszuschneidenden Bereiches bohren, müssen Sie viel Abfallholz durchsägen, um an die Vorlagelinie zu kommen. Meist ist es besser, das Loch

STARTLÖCHER PLATZIEREN — TIPP

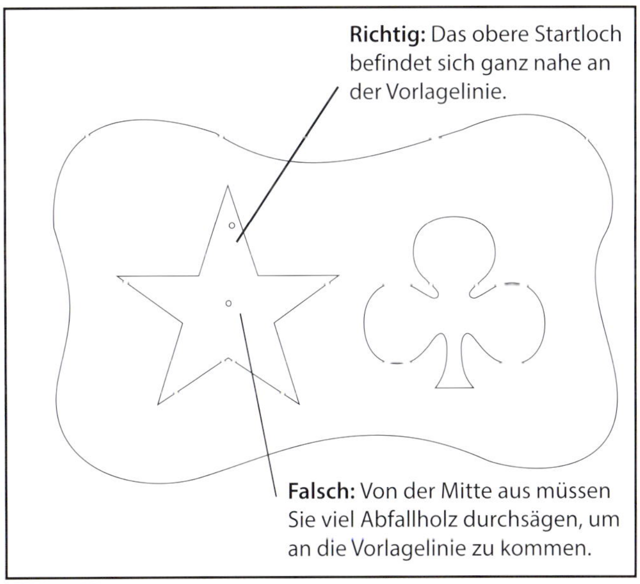

Bei kleinen Ausschnitten ist die Position des Startloches nicht so wesentlich. Bei größeren Vorlagen mit vielen Abfallbereichen bedeutet ein Startloch in der Mitte eine Menge Sägearbeit, nur um zur Vorlagelinie zu gelangen. Setzen Sie das Loch aber nicht so nahe an die Schnittlinie, dass eine Kerbe entsteht.

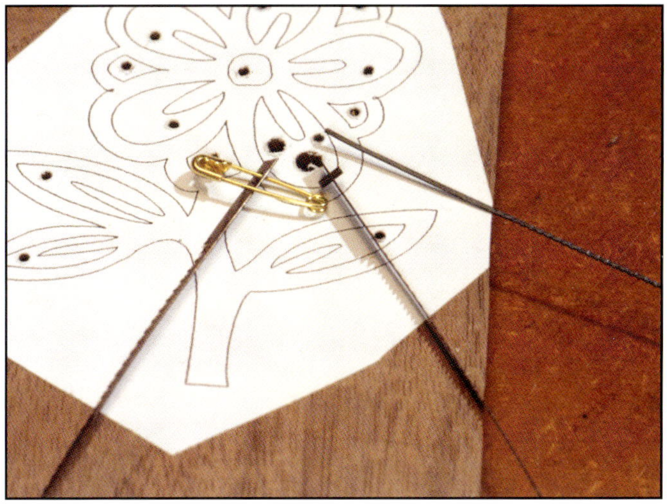

Die Größe des Startlochs hängt vom verwendeten Sägeblatt ab. Für ein Sägeblatt Nr. 2 (rechts) ist ein 1,5-mm-Loch erforderlich. Für ein normales Querstiftsägeblatt (Mitte) muss das Loch 4 mm groß sein. Beim Querstiftsägeblatt links wurde der Querstift entfernt. Hier genügt ein Bohrloch mit 3 mm Durchmesser.

an einer Ecke oder in der Nähe einer Vorlagelinie zu setzen, aber nicht so nahe an der Linie, dass an der Schnittlinie eine Kerbe entsteht.

Nun zu den Geräten: Eine elektrische Bohrmaschine (eventuell eine Akkubohrmaschine) ist eine Möglichkeit. Die nächste Stufe wäre eine Standbohrmaschine. Ich arbeite am liebsten mit Multifunktionswerkzeugen (z. B. Dremel). Mit diesen leichtgewichtigen und leistungsstarken Helferlein lässt sich jeder Teil des Werkstücks mühelos erreichen. Mithilfe der richtigen Klemmhülsen kann man auch die kleinsten Bohrer darin einspannen.

Wenn alle Löcher gebohrt sind, beginnt die Sägearbeit. Wenn Ihre Säge Querstiftsägeblätter benötigt, müssen die Startlöcher auch für den Stift groß genug sein, der länger ist als die Breite des Sägeblattes. Um dieses Hindernis zu umschiffen, ersetzen Sie den Stift durch eine Sicherheitsnadel. Mit einem Hammer und einem Stanzgerät können Sie den Stift entfernen. Setzen Sie den Stift dazu auf ein Stück Holz. Wenn Sie auf den Stift schlagen, fahrt er aus dem Sägeblatt heraus und bleibt im Holz stecken. Sägeblätter ohne Querstift können durch viel kleinere Löcher gefädelt werden. Sie sind in viel kleineren Größen erhältlich und ermöglichen ein genaues Sägen feinster Details.

Da die Sägeblattklemmen bei verschiedenen Sägemodellen verschieden aussehen, gibt es auch Unterschiede beim Einfädeln des Sägeblattes. Bei den meisten Sägen muss man das Sägeblatt aus der oberen Klemme lösen und von unten durch das Holz fädeln. Ich empfehle folgende Vorgangsweise: Stellen Sie den Sägearm auf die höchste Position und schieben Sie das Werkstück unter den Sägearm, sodass das Startloch sich unter der oberen Klemme befindet. Nun halten Sie das Sägeblatt zwischen Werkstück und Sägetisch fest, biegen Sie es um (das Sägeblatt ist biegsam und bricht nicht so leicht)

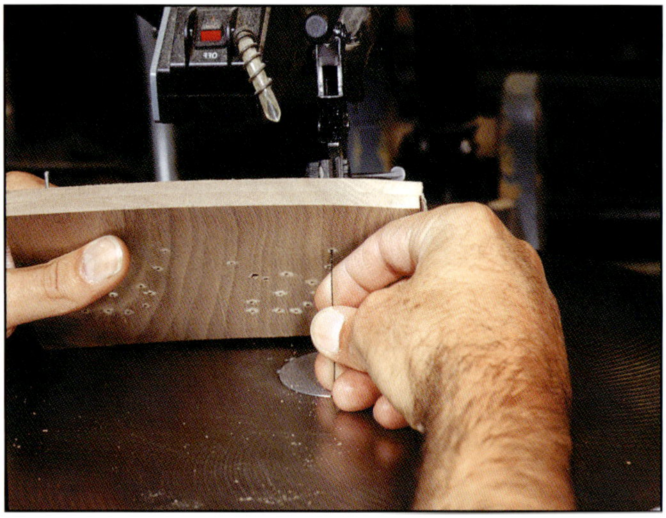

Bei den meisten Sägen wird das Sägeblatt von unten durch das Startloch geführt (im Bild das Modell Delta Q3).

und fädeln Sie es durch das Loch. Wenn das Sägeblatt von unten eingefädelt wird, ist das Bohrloch oft schwer zu sehen. Bei manchen Geräten ist unterhalb des Sägetisches ein Licht angebracht, das durch das Loch im Sägetisch die Unterseite des Werkstücks beleuchtet. Dadurch ist das Bohrloch besser sichtbar.

Bei jenen Modellen, wo das Sägeblatt von oben eingefädelt wird, besteht dieses Problem nicht. Lockern Sie die Spannung und lösen Sie das Sägeblatt aus der unteren Klemme. Wenn Sie den Sägearm anheben, ziehen Sie gleichzeitig das Sägeblatt aus dem Holz heraus. Bringen Sie das nächste Bohrloch in eine Linie mit dem Loch im Sägetisch, dann senken Sie den Sägearm und führen Sie das Sägeblatt durch das Loch. Nun befestigen Sie das Sägeblatt in der unteren Klemme. Bei einigen Sägen lässt sich sowohl die obere als auch die untere Klemme entfernen. Entfernen Sie eine Klemme und führen Sie das Sägeblatt durch das Werkstück; dann befestigen Sie die Klemme am anderen Ende des Sägeblattes. Nun werden das Werkstück und das Sägeblatt samt den Klemmen an beiden Enden durch den Schlitz im Sägetisch geführt und die Klemmen werden an den Halterungen an den Sägearmen befestigt.

VORLAGE BEFESTIGEN — TIPP

Die einzelnen Sprühkleber wirken unterschiedlich. Wenn sich das Vorlagepapier vom fertigen Werkstück nicht ablösen lässt, erhitzen Sie es mit einer Heißluftpistole oder besprühen Sie es mit Farb- oder Lackverdünnungsmittel. Wenn das Vorlagepapier sich vom Werkstück löst, bevor Sie mit der Arbeit fertig sind, haben Sie den Kleber nach dem Aufsprühen vielleicht zu lange trocknen lassen.

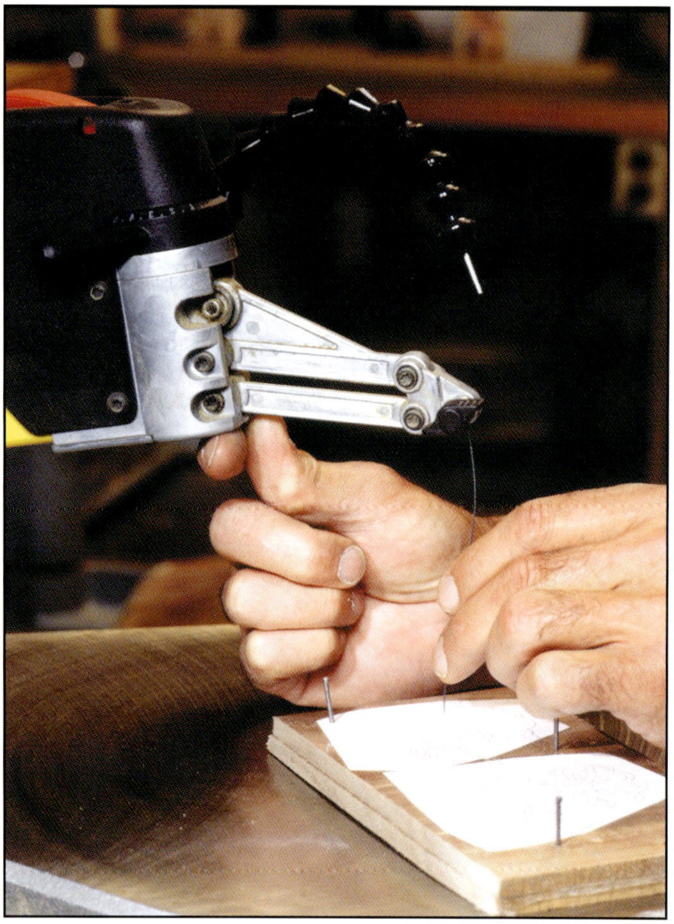

Bei einer Dewalt-Säge können Sie das Sägeblatt von oben durch das Startloch führen.

STARTLÖCHER FÜR STAPELSCHNITT — TIPP

Beim Stapelschnitt müssen die Startlöcher in den einzelnen Schichten genau übereinander liegen. Am besten verwenden Sie eine Standbohrmaschine. Wenn dies nicht möglich ist, dann achten Sie besonders darauf, dass der Bohrer wirklich senkrecht in das Holz eindringt. Und legen Sie unbedingt eine Schicht Restholz unter den Stapel: Von einem etwaigen Ausriss ist dann nur das Restholz und nicht die unterste Schicht des Stapels betroffen.

Nun haben Sie das Sägeblatt durch das Startloch gefädelt und können den nächsten Bereich aussägen. Danach lösen Sie die Befestigung des Sägeblattes und wiederholen den Einfädelvorgang. Ehe Sie sich's versehen, haben Sie das Projekt abgeschlossen.

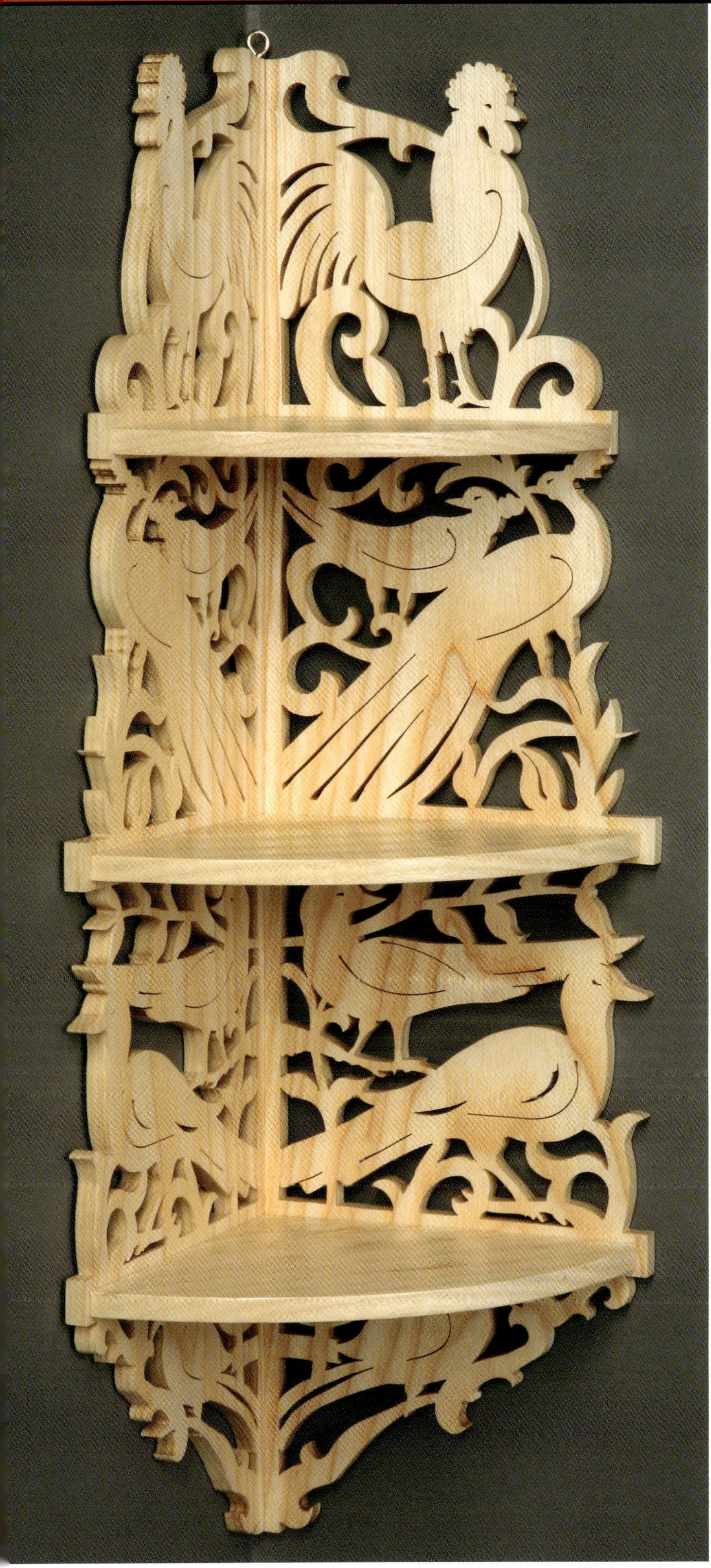

Elegantes Eckregal

Perfekte Symmetrie dank der Technik des Stapelschnitts

Von Bob Duncan
Entwurf von John A. Nelson
Umgesetzt von Ernest Lang

Sammlerstücke oder kunsthandwerkliche Gegenstände wirken auf diesem prächtigen, von viktorianischem Mobiliar inspirierten Regal noch schöner. Wählen Sie eine Holzart, die zu Ihrer Einrichtung passt und die Stücke, die Sie aufstellen wollen, gut zur Geltung bringt. Und wenn Sie einmal von der Vorlagelinie abkommen, sehen beide Seiten durch die Technik des Stapelschnitts trotzdem genau gleich aus!

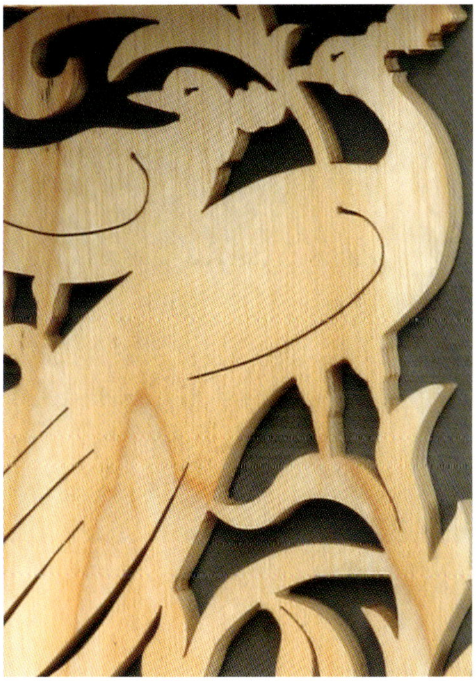

Schritt 1: Schneiden Sie die Holzstücke auf die in der Materialliste angegebenen Maße zu. Schleifen Sie sie mit zunehmend feinerem, zuletzt mit Schleifpapier der Körnung 220 ab.

Schritt 2: Stellen Sie die Rohlinge (= die zusammengehörigen Seitenteile und die beiden unteren Regalböden) für den Stapelschnitt zusammen. Da einer der Seitenteile wegen der Stoßverbindung schmäler geschnitten werden muss, nehmen Sie zum Fixieren der Seitenteile doppelseitiges Klebeband oder nageln Sie die Abfallbereiche mit Drahtstiften zusammen. Die unteren Regalböden können Sie nach der von Ihnen bevorzugten Methode aneinander fixieren.

Schritt 3: Übertragen Sie die Vorlage nach Ihrer bevorzugten Methode auf die Rohlinge. Bohren Sie Startlöcher für die Innenschnitte. Für die meisten Innenschnitte eignet sich ein 1,5-mm-Bohrer. Für die Veining-Details nehmen Sie den kleinsten Bohrer, der ein Loch erzeugt, durch das ein Sägeblatt Nr. 2/0 durchpasst. Bohren Sie dort, wo es die Vorlage vorsieht, Löcher mit 0,6 mm Durchmesser.

Schritt 4: Schneiden Sie mit einem Sägeblatt Nr. 2/0 mit Gegenzähnen die Veining-Details. Nehmen Sie für die anderen Innenschnitte ein Sägeblatt Nr. 1 mit Gegenzähnen.

Schritt 5: Sägen Sie mit einem Sägeblatt Nr. 3 mit Gegenzähnen den Umriss der Seitenteile. Sägen Sie die Regalböden aus. Wenn Sie bei den Kurven Schwierigkeiten haben, sägen Sie etwas außerhalb der Umrisslinie und schleifen Sie den Teil anschließend zurecht.

Schritt 6: Zum Zusammenstellen des Regals verteilen Sie einen Tropfen Holzleim auf der Querschnittfläche des schmäleren Seitenteils. Halten Sie die Seitenteile in der richtigen Position aneinander fest, während Sie die Drahtstifte einschlagen. Lassen Sie den Leim über Nacht trocknen. Verteilen Sie Leim entlang der geraden Querschnittflächen der Regalböden, bringen Sie sie in die richtige Position und nageln Sie sie ebenfalls an.

Schritt 7: Bringen Sie einen transparenten Spray nach Wahl auf.

Material & Werkzeug

Material

- 1 Stück Holz nach Wahl, 6 x 112 x 400 mm (schmaler Seitenteil)
- 1 Stück Holz nach Wahl, 6 x 119 x 400 mm (breiter Seitenteil)
- 1 Stück Holz nach Wahl, 6 x 100 x 100 mm (oberster Regalboden)
- 2 Stücke Holz nach Wahl, 6 x 125 x 125 mm (mittlerer und unterer Regalboden)
- Kleine Drahtstifte nach Wahl
- Doppelseitiges Klebeband
- Schleifpapier in verschiedenen Körnungen
- Holzleim nach Wahl
- Klebstoff nach Wahl (zum Befestigen der Vorlage an den Rohlingen)
- Transparenter Oberflächenbehandlungsspray nach Wahl

Werkzeug

- Sägeblätter mit Gegenzähnen, Nr. 2/0, 1 und 3, oder Sägeblätter nach Wahl
- Bohrmaschine mit kleinen Bohrern in verschiedenen Größen

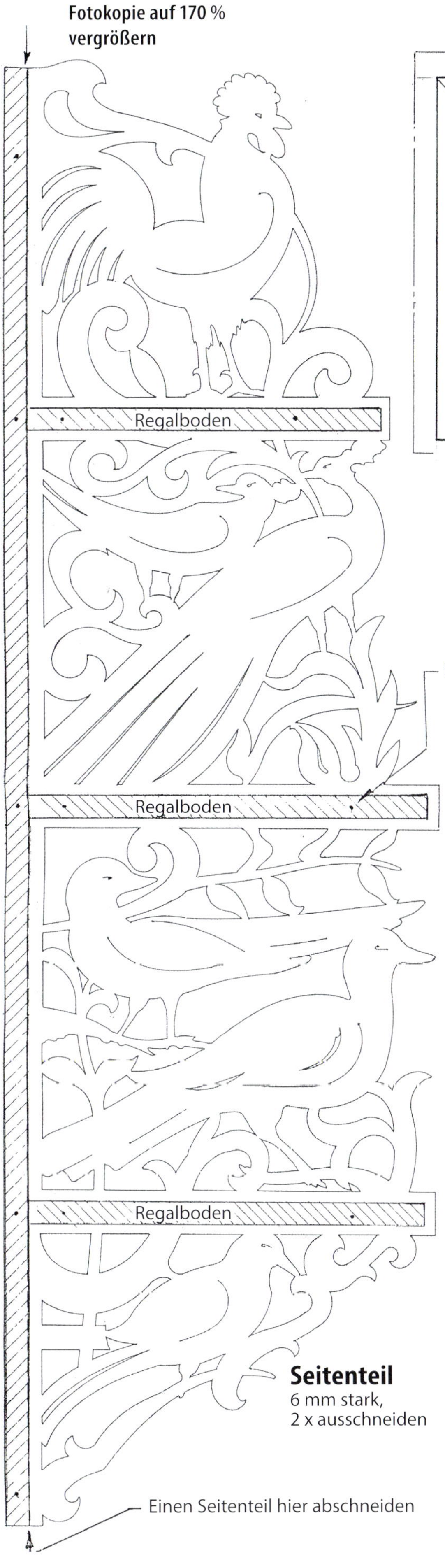
Fotokopie auf 170 % vergrößern
Regalboden
Regalboden
Regalboden
Bohrloch, 0,6 mm Ø
Seitenteil
6 mm stark,
2 x ausschneiden
Einen Seitenteil hier abschneiden

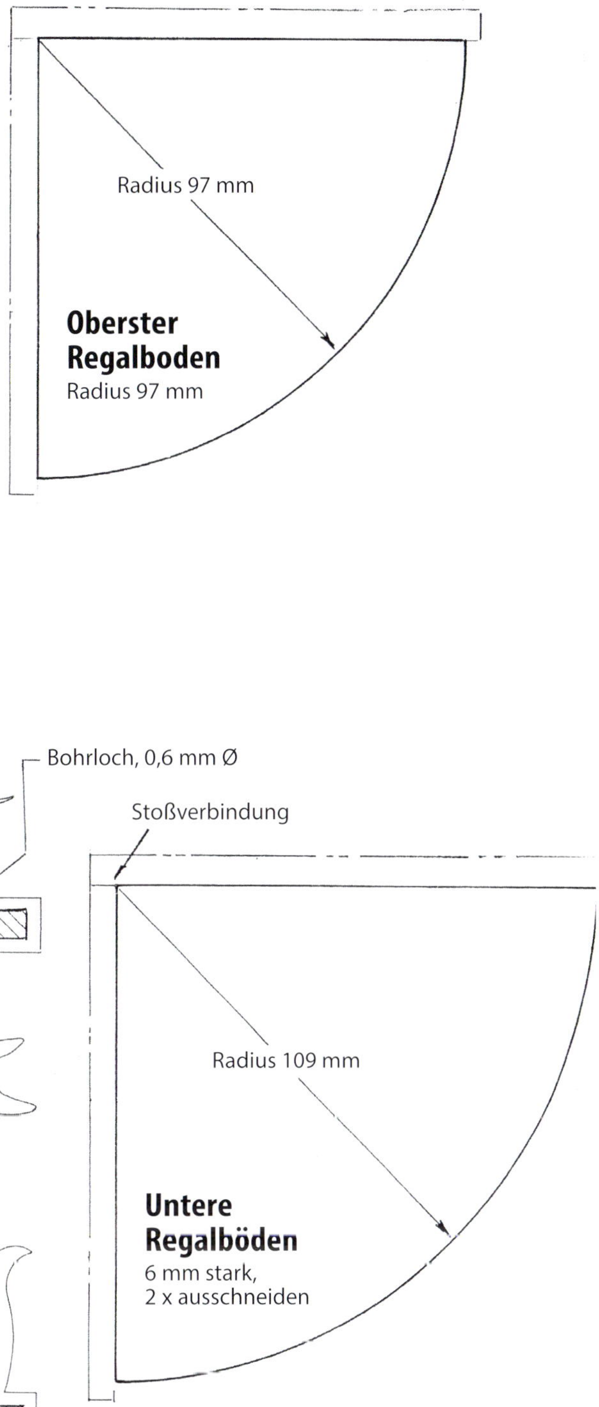
Radius 97 mm
Oberster Regalboden
Radius 97 mm
Stoßverbindung
Radius 109 mm
Untere Regalböden
6 mm stark,
2 x ausschneiden

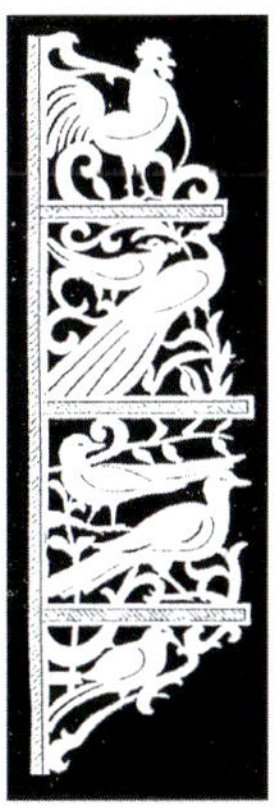

Rokoko-Bilderrahmen

Ein frei stehender Fotorahmen aus zarten Ornamenten

Von Richard Preator

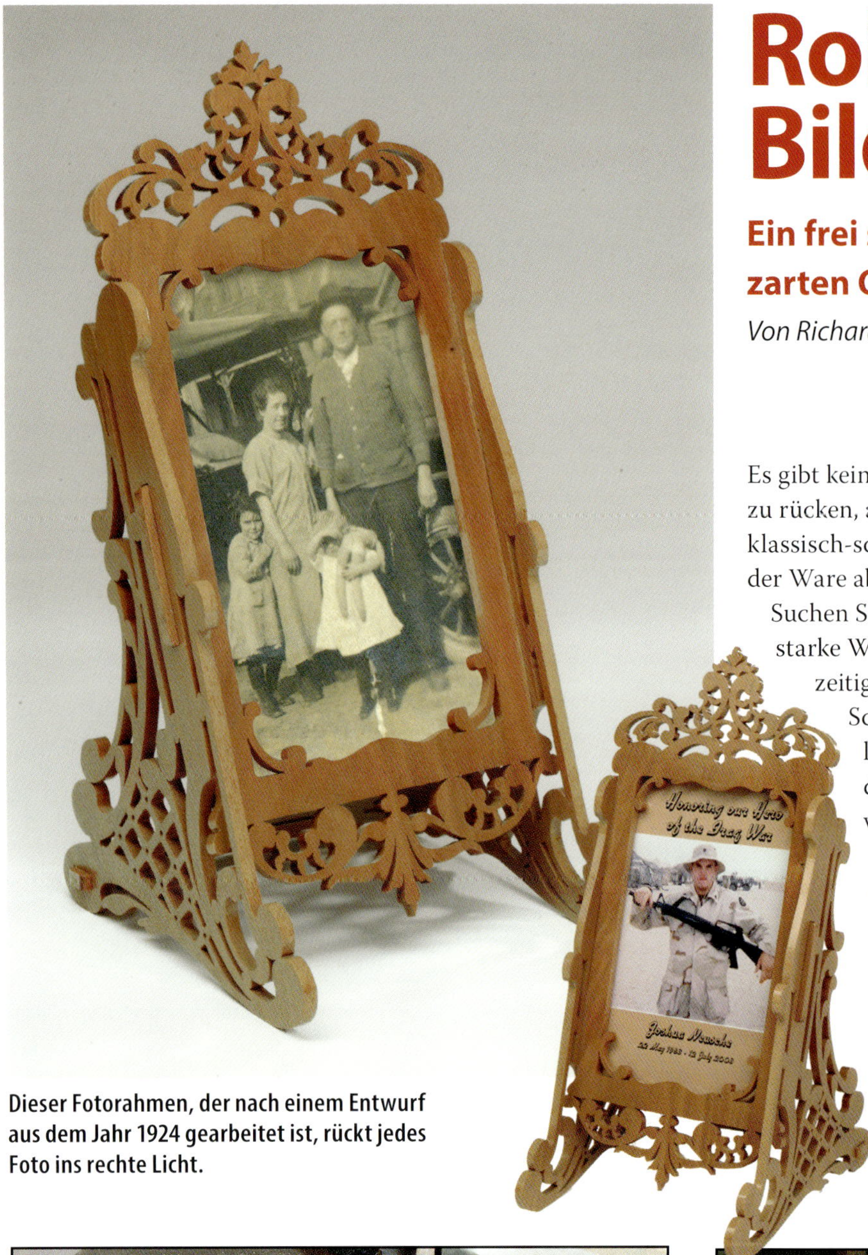

Dieser Fotorahmen, der nach einem Entwurf aus dem Jahr 1924 gearbeitet ist, rückt jedes Foto ins rechte Licht.

Es gibt keine schönere Art, Familienfotos ins rechte Licht zu rücken, als einen selbst gefertigten Rahmen. Dieser klassisch-schöne Fotorahmen hebt sich wohltuend von der Ware ab, die man gewöhnlich zu kaufen bekommt.

Suchen Sie zunächst das Holz aus. Ich verwende 4,7 mm starke Wildkirsche. Ich stelle zwei Rahmen gleichzeitig im Stapelschnitt her und fixiere die beiden Schichten in zwei möglichst weit auseinander liegenden Abfallbereichen mit Nägeln aneinander. Ich bohre Löcher für die Nägel und zwicke vorstehende Nägel mit einem Seitenschneider ab. (Tragen Sie beim Abzwicken der Nägel unbedingt eine Schutzbrille!)

Wir widmen dieses Projekt dem Andenken an unseren Großneffen Joshua Neusche, der im Alter von 20 Jahren im Irakkrieg gefallen ist.

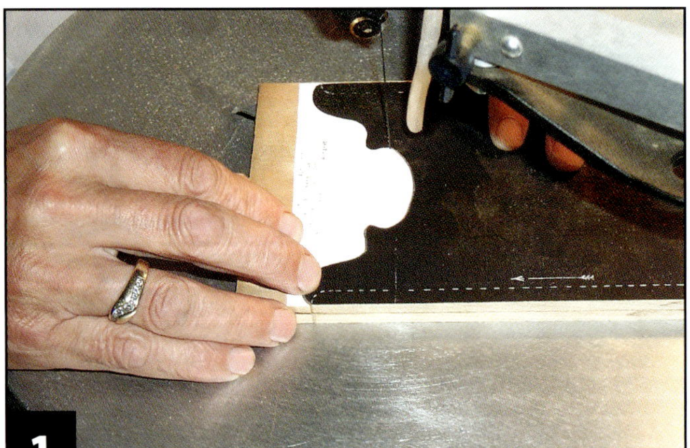

1 Schneiden Sie die Rückwand zurecht. Die Rückwand bildet auf der Rückseite eine Tasche, in die das Foto eingeführt wird. Ich habe Länge und Breite mit der Tischsäge geschnitten, Sie können aber auch die Dekupiersäge nehmen und die Kanten gerade schleifen. Schneiden Sie auch die Zwischenstücke für die Rückwand mit der Tischsäge oder nehmen Sie die Dekupiersäge und schleifen Sie die Gehrungen zurecht.

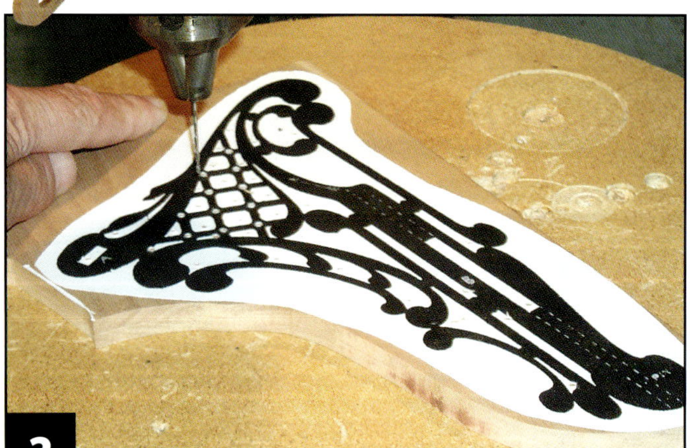

2 Bohren Sie mit einem 2-mm-Bohrer die kleinen Zierlöcher an den Schnittpunkten der Verstrebungen an den Seitenteilen. Wenn Sie zwei Rahmen herstellen, stapeln Sie dabei je zwei Seitenteile aufeinander.

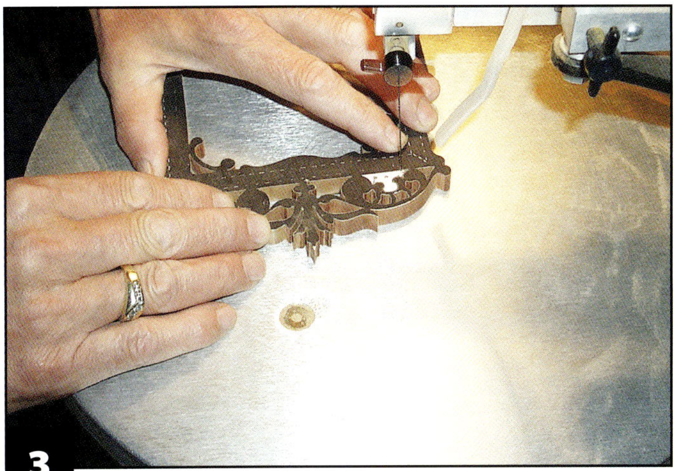

3 Sägen Sie die Vorderseite des Rahmens. Zuerst alle Durchbrüche bis auf jene mit den Fixierungsnägeln, dann den Außenschnitt, dann die Durchbrüche mit den Fixierungsnägeln (beim ersten dieser Durchbrüche lassen Sie den Abfallbereich an Ort und Stelle, damit die Schichten sich beim Aussägen des letzten Durchbruchs nicht voneinander lösen). Wenn Sie nur einen Rahmen herstellen, schneiden Sie die Öffnung für das Foto zuletzt aus.

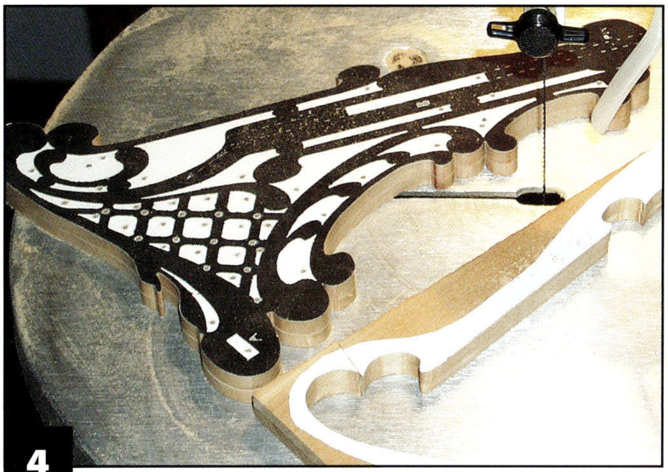

4 Stellen Sie die Seitenteile im Stapelschnitt her. Fixieren Sie die beiden Schichten mit Nägeln aneinander, die Sie in zwei Abfallbereiche einschlagen. Schneiden Sie zuerst den Umriss. Dann gehen Sie vor wie in Schritt 3. Wenn Sie zwei Rahmen herstellen, stapeln Sie dabei je zwei Seitenteile aufeinander.

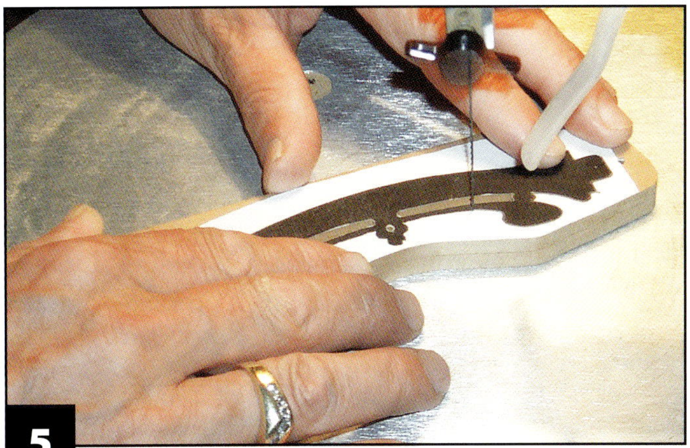

5 Sägen Sie die Querstrebe aus. Da Kirschholz leicht verbrennt, reduzieren Sie die Geschwindigkeit, lassen Sie das Sägeblatt die Arbeit machen und wechseln Sie es oft. Wenn Sie zwei Rahmen herstellen, fixieren Sie die Schichten mit doppelseitigem Klebeband aneinander.

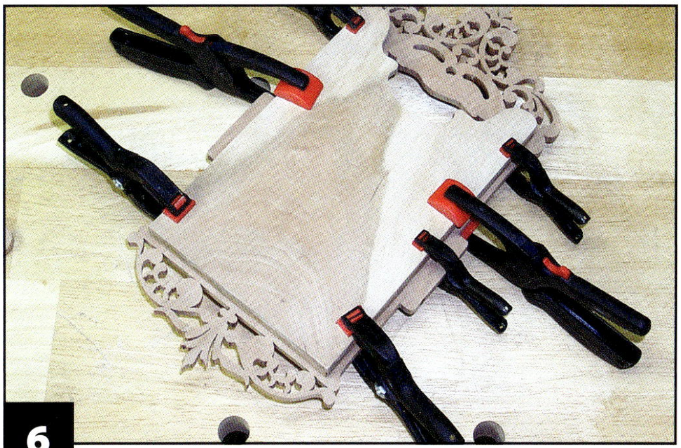

6 Schleifen Sie alle Teile nach und nach mit feinerem und zuletzt mit Schleifpapier der Körnung 300 ab. Leimen Sie zuerst die Zwischenstücke rückwärts an der Rahmen-Vorderseite, dann die Rückwand an den Zwischenstücken fest.

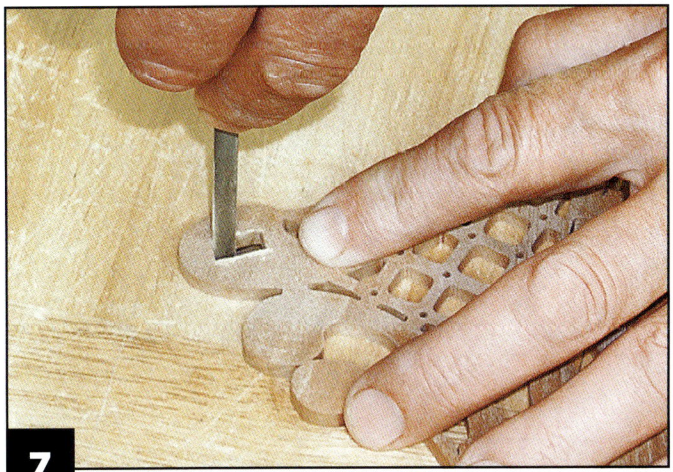

7 Passen Sie die Seitenteile und die Querstrebe probeweise an. (Ich stellte bei diesem Schritt fest, dass der Zapfen der Querstrebe etwas streng saß und glättete mit einer kleinen, flachen Feile die Unebenheiten im Zapfenloch.)

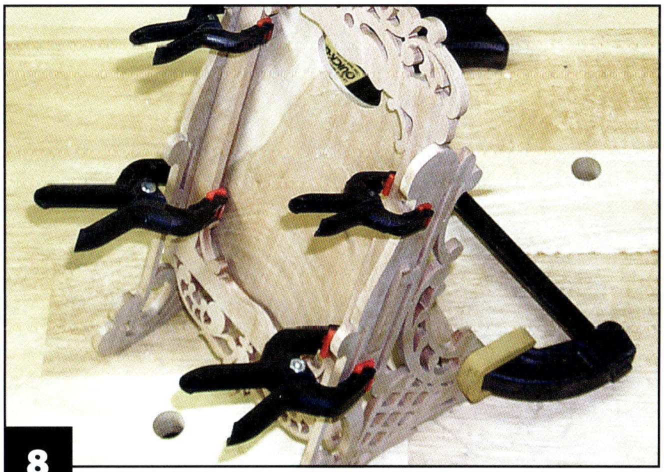

8 Leimen Sie die Seitenteile und die Querstrebe an der Rahmen-Vorderseite fest. Zum Fixieren nehmen Sie kleine Federklemmen. Sie brauchen nur ganz wenig Leim, da die Zapfenverbindung dem Rahmen starken Halt gibt. Zur Oberflächenbehandlung nehmen Sie glänzendes Polyurethan.

Fotokopie auf 110 %
vergrößern

Querstrebe

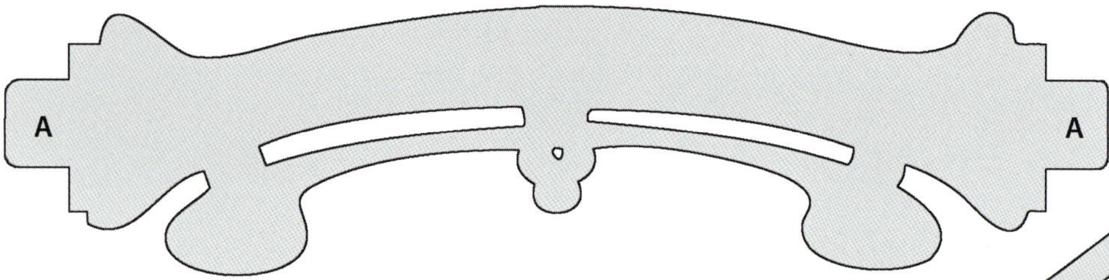

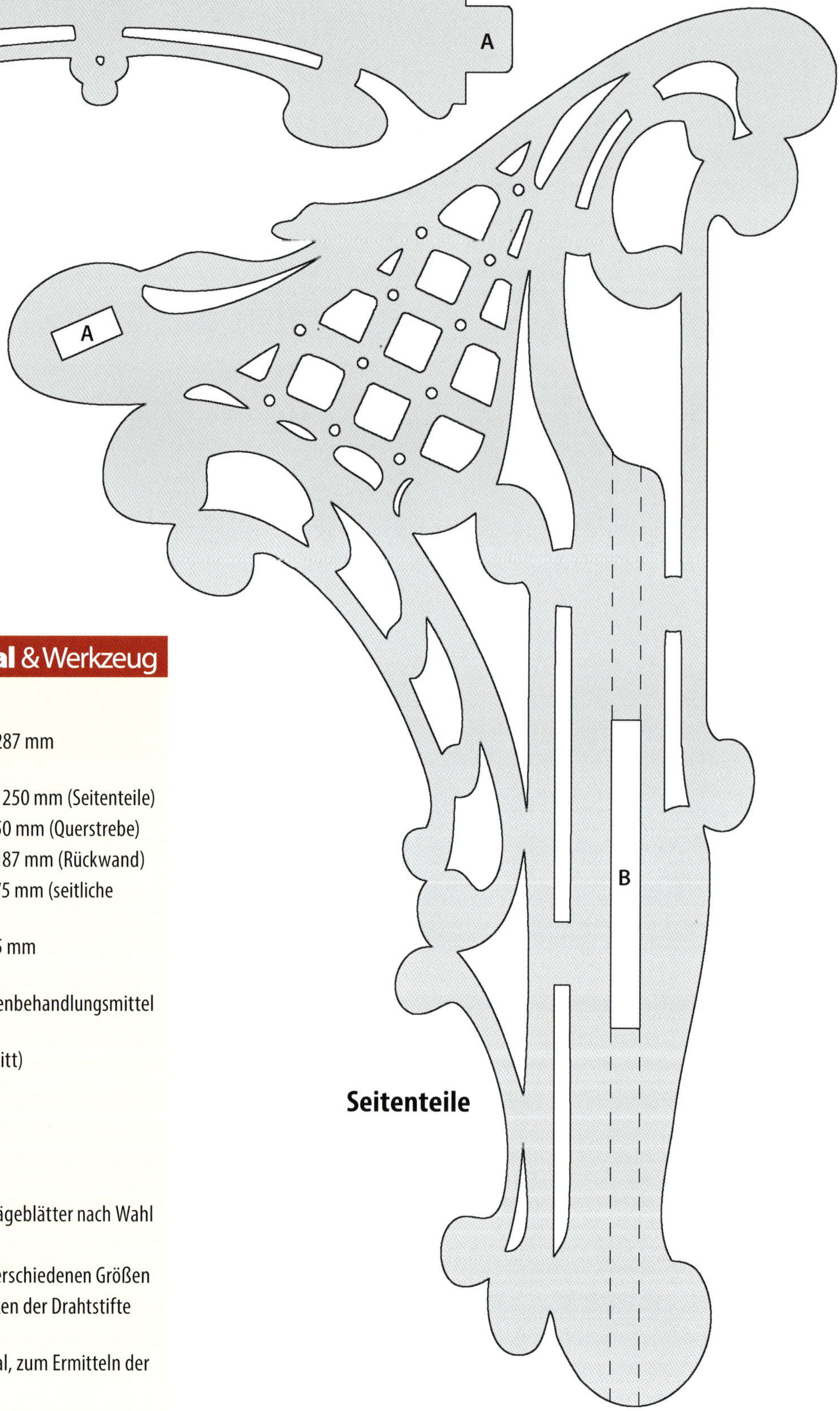

Seitenteile

Material & Werkzeug

Material

- 1 Stück Hartholz nach Wahl, 4,7 x 150 x 287 mm (Rahmen-Vorderseite)
- 2 Stücke Hartholz nach Wahl, 4,7 x 150 x 250 mm (Seitenteile)
- 1 Stück Hartholz nach Wahl, 4,7 x 37 x 150 mm (Querstrebe)
- 1 Stück Hartholz nach Wahl, 4,7 x 125 x 187 mm (Rückwand)
- 2 Stücke Hartholz nach Wahl, 4,7 x 6 x 175 mm (seitliche Zwischenstücke)
- 1 Stück Hartholz nach Wahl, 4,7 x 6 x 125 mm (unteres Zwischenstück)
- Glänzendes Polyurethan oder Oberflächenbehandlungsmittel nach Wahl
- Drahtstifte (optional, für den Stapelschnitt)
- Schleifpapier, 300er-Körnung
- Holzleim

Werkzeug

- Doppelzahnige Sägeblätter Nr. 5 oder Sägeblätter nach Wahl
- Kleine, flache Feile
- Bohrmaschine mit kleinen Bohrern in verschiedenen Größen
- Seitenschneider (optional, zum Abzwicken der Drahtstifte beim Stapelschnitt)
- Schublehre mit Anzeigescheibe (optional, zum Ermitteln der richtigen Bohrergröße)

Fotokopie auf 110 %
vergrößern

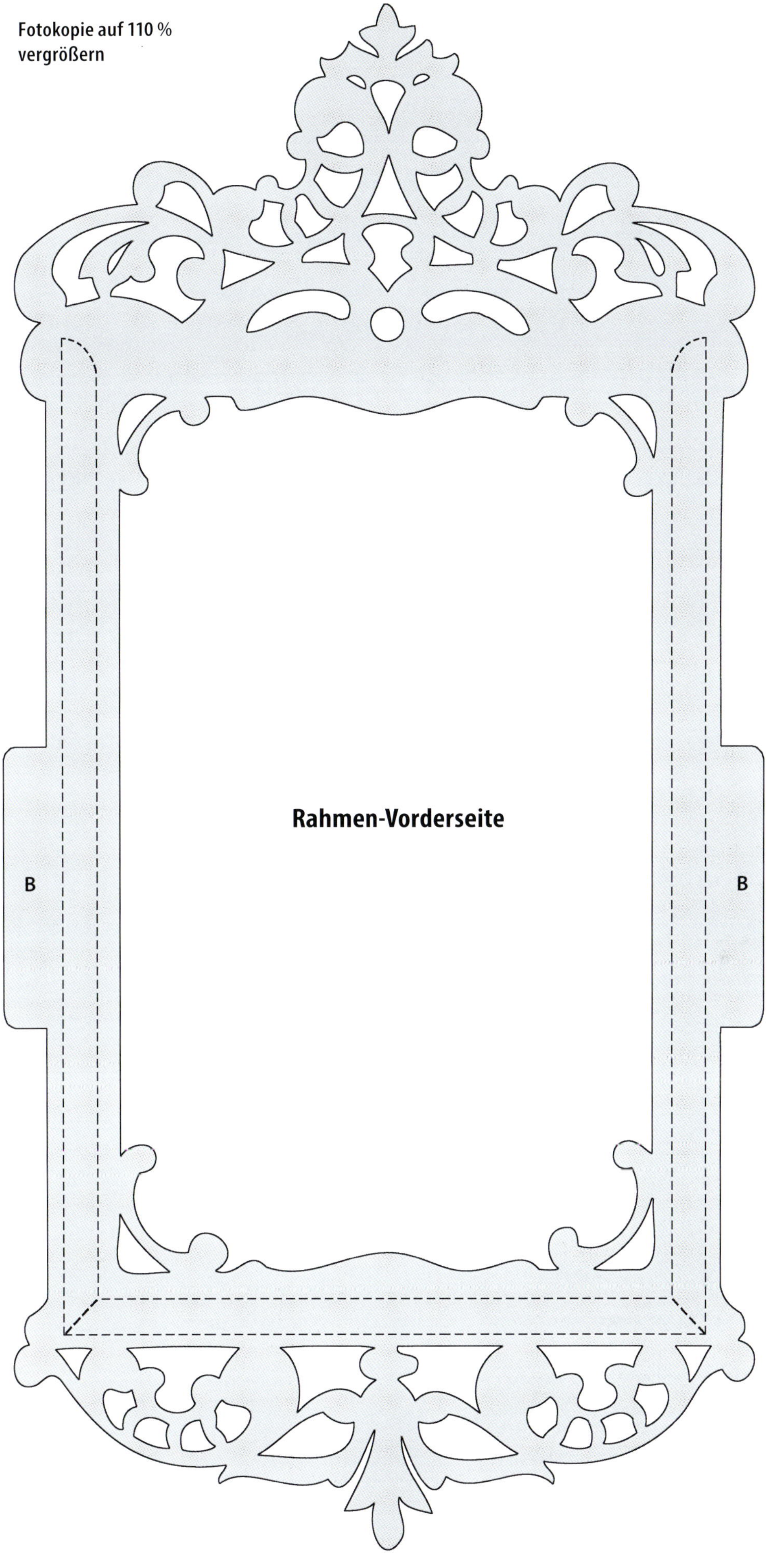

Fotokopie auf 110 % vergrößern

Zwischenstücke

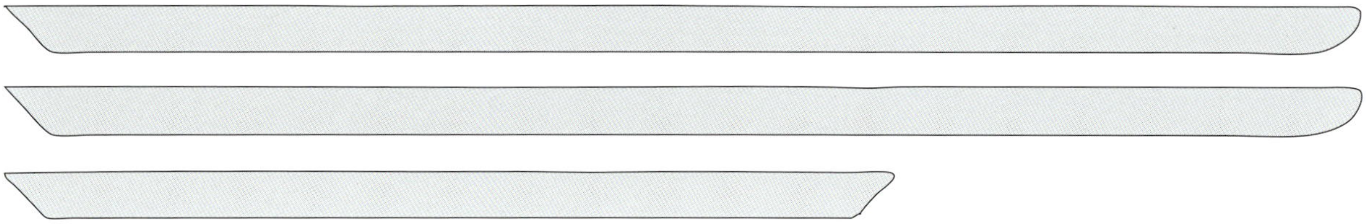

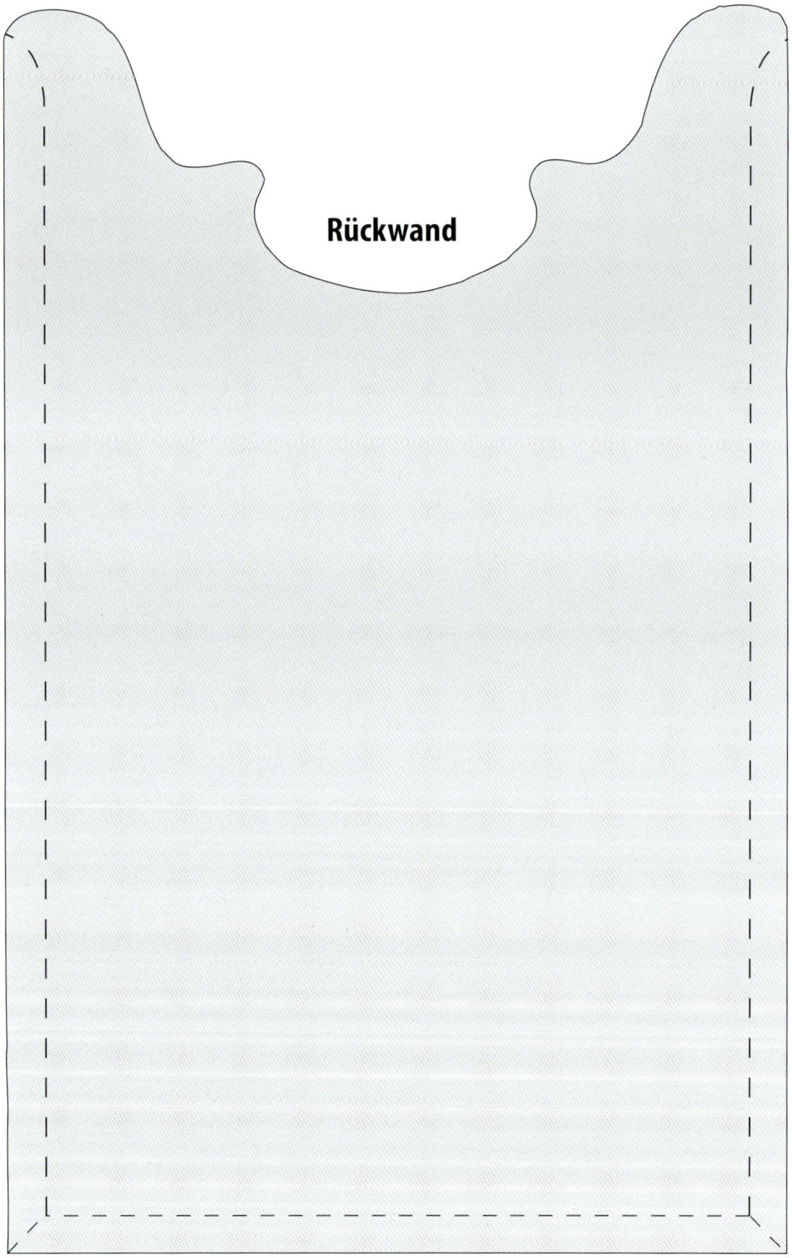

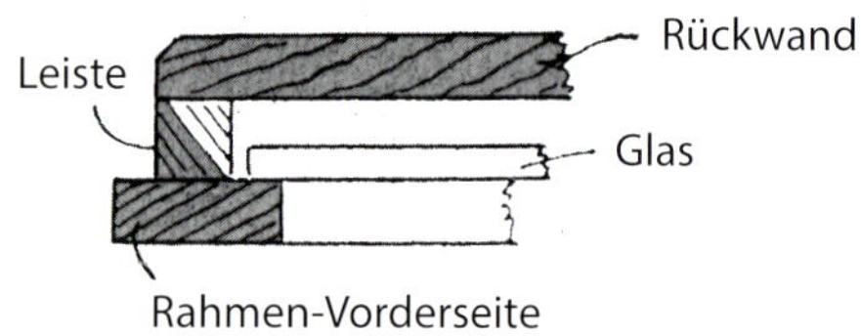

Welt unter Wasser

Eine dekorative Holzarbeit – nicht nur fürs Kinderzimmer

Von Ellen Brown

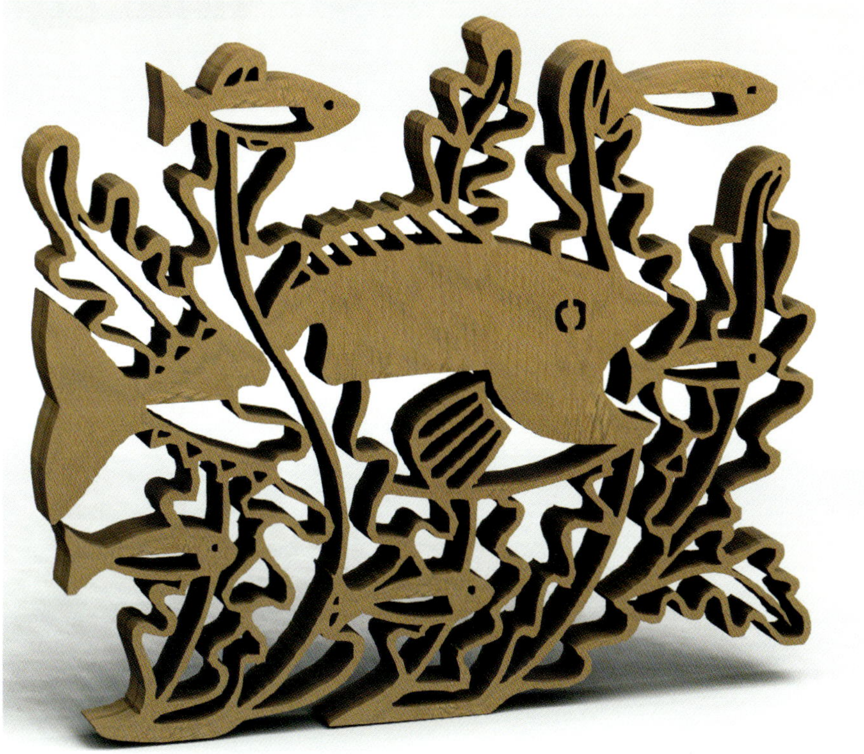

Geschmeidig schlängeln sich die Fische durch das Dickicht der Wasserpflanzen, ihre stromlinienförmigen Körper heben sich schön von den welligen Blättern ab.

Die Arbeit spricht Kinder besonders an, passt aber zu jedem Raum. Aus dünnem Sperrholz ausgeschnitten, kann sie auch als Rückwand für Ihr Aquarium dienen.

Material & Werkzeug

Material

- Holz nach Wahl, 19 x 175 x 175 mm
- Abdeckband
- Ablösbarer Sprühkleber
- Schleifpapier in verschiedenen Körnungen
- Danish Oil, Tungöl oder Oberflächenbehandlungsmittel nach Wahl
- Faserfreier Lappen
- Holzleim
- Vorrichtung zum Aufhängen an die Wand (optional)

Werkzeug

- Sägeblatt Nr. 5 mit Gegenzähnen oder Sägeblatt nach Wahl
- Standbohrmaschine oder andere Bohrmaschine mit Bohrern, die in der Größe zu den Sägeblättern passen
- Schleifgerät nach Wahl oder Schleifblock
- Pinsel für die Oberflächenbehandlung

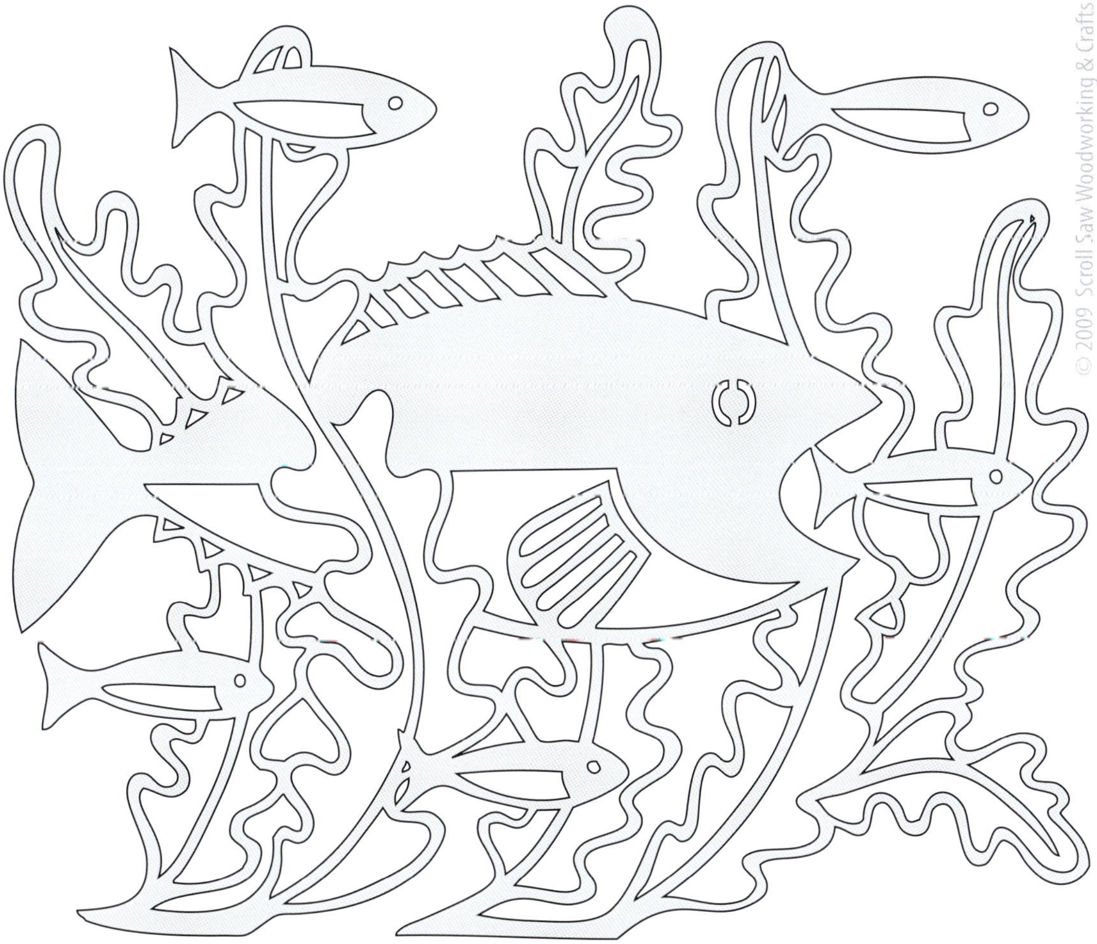

Fotokopie 100 %

Orientalischer Spiegelrahmen

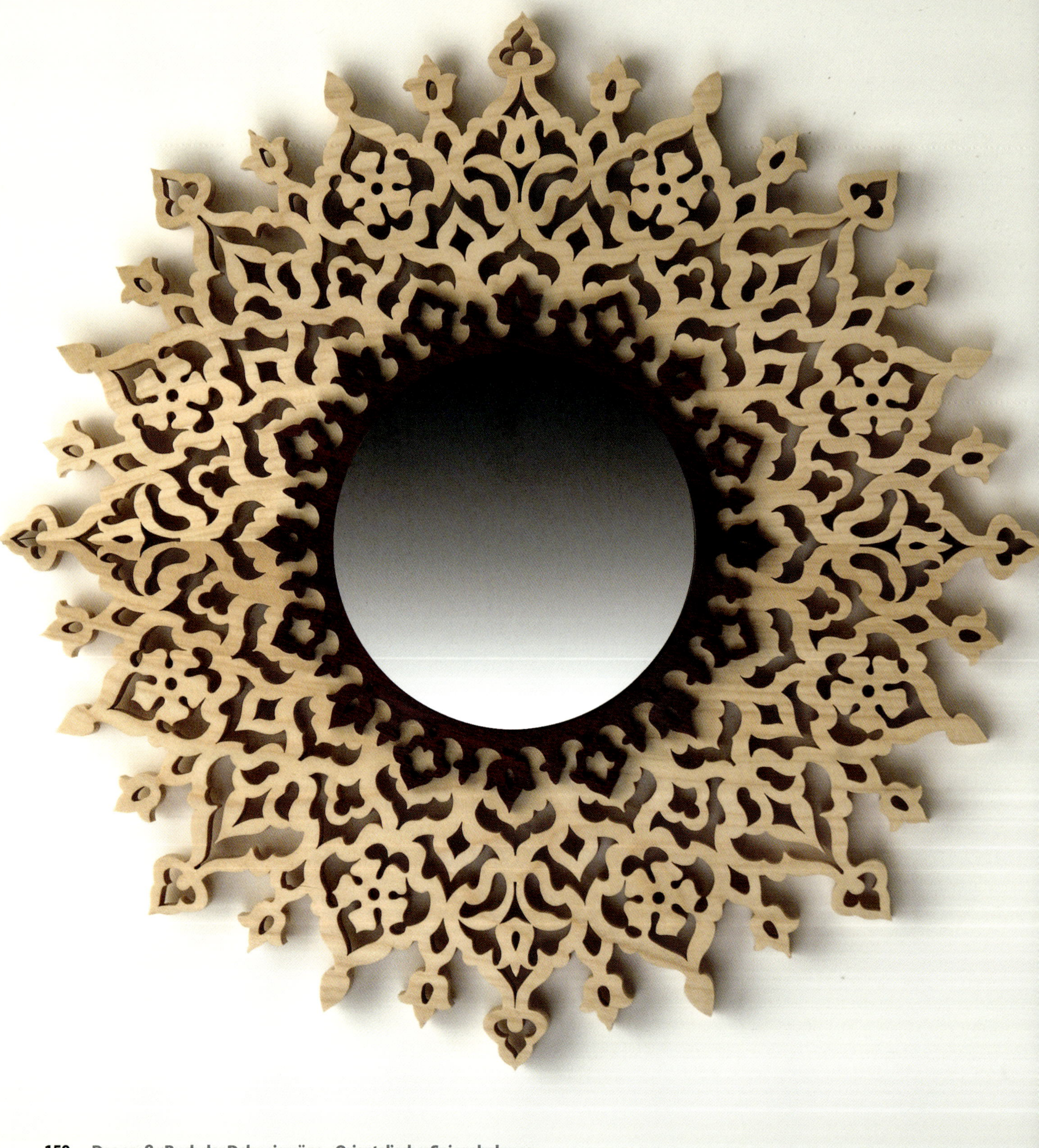

So können Sie Ihr handwerkliches Geschick ins rechte Licht rücken

Von Richard Preator
Umgesetzt von Dale Helgerson

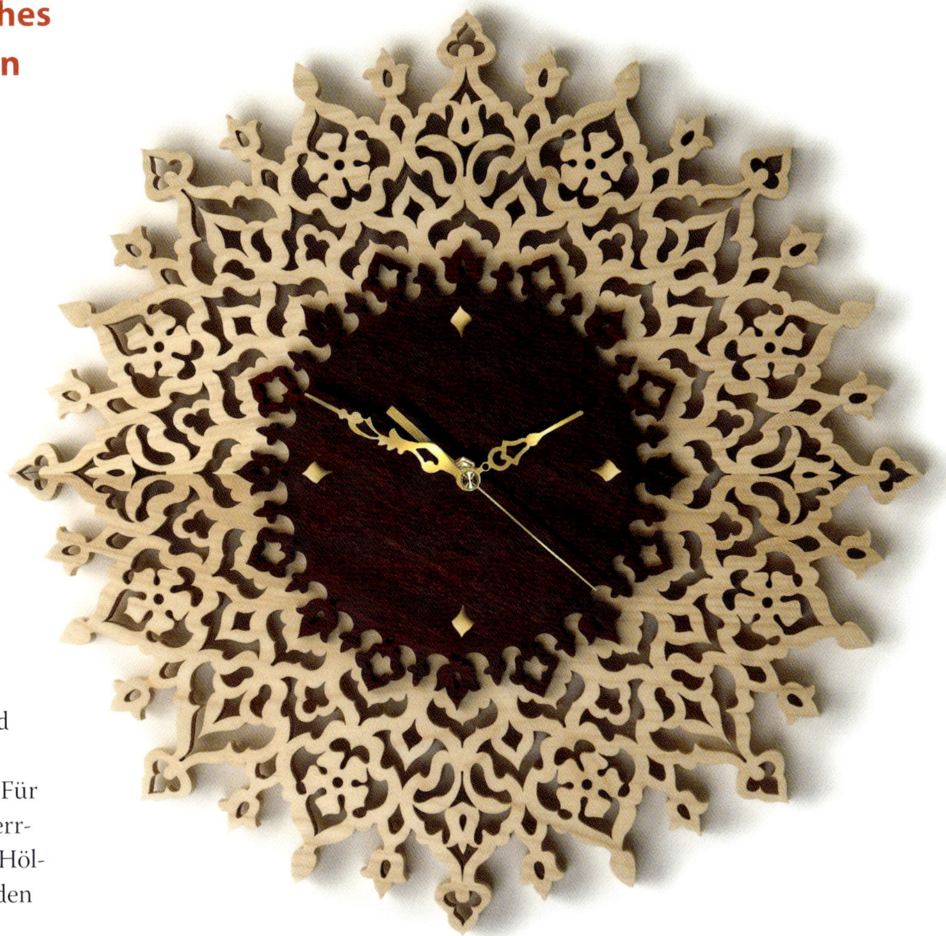

Bei dieser Variante fehlt der kreisförmige Ausschnitt im aufgesetzten Teil. In der Mitte wurde ein Loch für das Uhrwerk gebohrt.

Der Zauber des Orients hat diese durchbrochene Sägearbeit inspiriert. Ursprünglich als Spiegelrahmen gedacht, lässt sie sich auch für andere Zwecke einsetzen. Das Muster kann verkleinert oder vergrößert werden und als Umrahmung für eine Uhr, ein Porträt oder ein Foto dienen.

Das komplexe Muster ist für Einsteiger eine Herausforderung. Da es ein Wiederholungsmuster ist, fällt jeder Fehler sofort auf. Sägen Sie zuerst einen kleinen Teil des Musters aus Restholz aus, um ein Gefühl für diese Arbeit zu bekommen. Wenn Ihnen die Grundformen erst einmal vertraut sind, wird es Ihnen leichter fallen, die Schnitte sicher und ebenmäßig zu wiederholen.

Die zarte, filigrane Arbeit ist bruchanfällig. Für Einsteiger empfehle ich als Material Birkensperrholz, das weniger leicht bricht als die meisten Hölzer. Auch durch die Stapelschnitttechnik werden die bruchanfälligen Bereiche stärker gestützt.

Wenn Sie Harthölzer verwenden, empfehle ich, den Hauptteil aus einem hellen Hartholz wie Ahorn oder Birke herzustellen und für den aufgesetzten Teil ein dunkles Hartholz wie Mahagoni oder Walnuss zu nehmen. Sie können auch Sperrholz nehmen und es beizen, um verschiedene Holzfarben nachzubilden.

Vorsicht ist beim kreisförmigen Ausschnitt geboten. Damit es wirklich ein perfekter Kreis wird, schneiden Sie innerhalb der Linie und erzeugen Sie eine vollkommene Rundung durch Abschleifen. Schneiden Sie die Acryl-Spiegelscheibe so zu, dass sie in den Ausschnitt im Hauptteil passt. Der kreisrunde Ausschnitt im aufgesetzten Teil ist etwas kleiner und verdeckt die Kante des Spiegels.

Nehmen Sie für die Startlöcher einen möglichst großen Bohrer. Für die Zierlöcher im aufgesetzten Teil verwende ich einen Bohrer mit 2,5 mm Durchmesser. Schleifen Sie die Teile nach dem Aussägen leicht ab, um etwaige Grate zu entfernen.

Bringen Sie eine Oberflächenbehandlung Ihrer Wahl auf. Kleben Sie den Acrylspiegel mit Epoxykleber in den Ausschnitt im Hauptteil. Den aufgesetzten Teil kleben Sie mit Cyanacrylatkleber (CA) an. Bringen Sie noch eine Aufhängvorrichtung an und vergessen Sie nicht, Ihr Werk zu signieren.

Material & Werkzeug

Material

- Sperrholz oder Holz nach Wahl, 6–12 x 350 x 350 mm (Hauptteil)
- Sperrholz oder kontrastierendes Holz nach Wahl, 3–6 x 175 x 175 mm (aufgesetzter Teil)
- Acryl-Spiegelscheibe, 125 mm Ø
- Farbe, Beize oder Oberflächenbehandlungsmittel nach Wahl
- Schleifpapier, 220er-Körnung
- Epoxykleber
- Cyanacrylatkleber

Werkzeug

- Sägeblätter Nr. 2 mit Gegenzähnen oder Sägeblätter nach Wahl
- Bohrmaschine mit 1,5- und 2,5-mm-Bohrer
- Lappen oder Pinsel für die Oberflächenbehandlung

Fotokopie 100 %

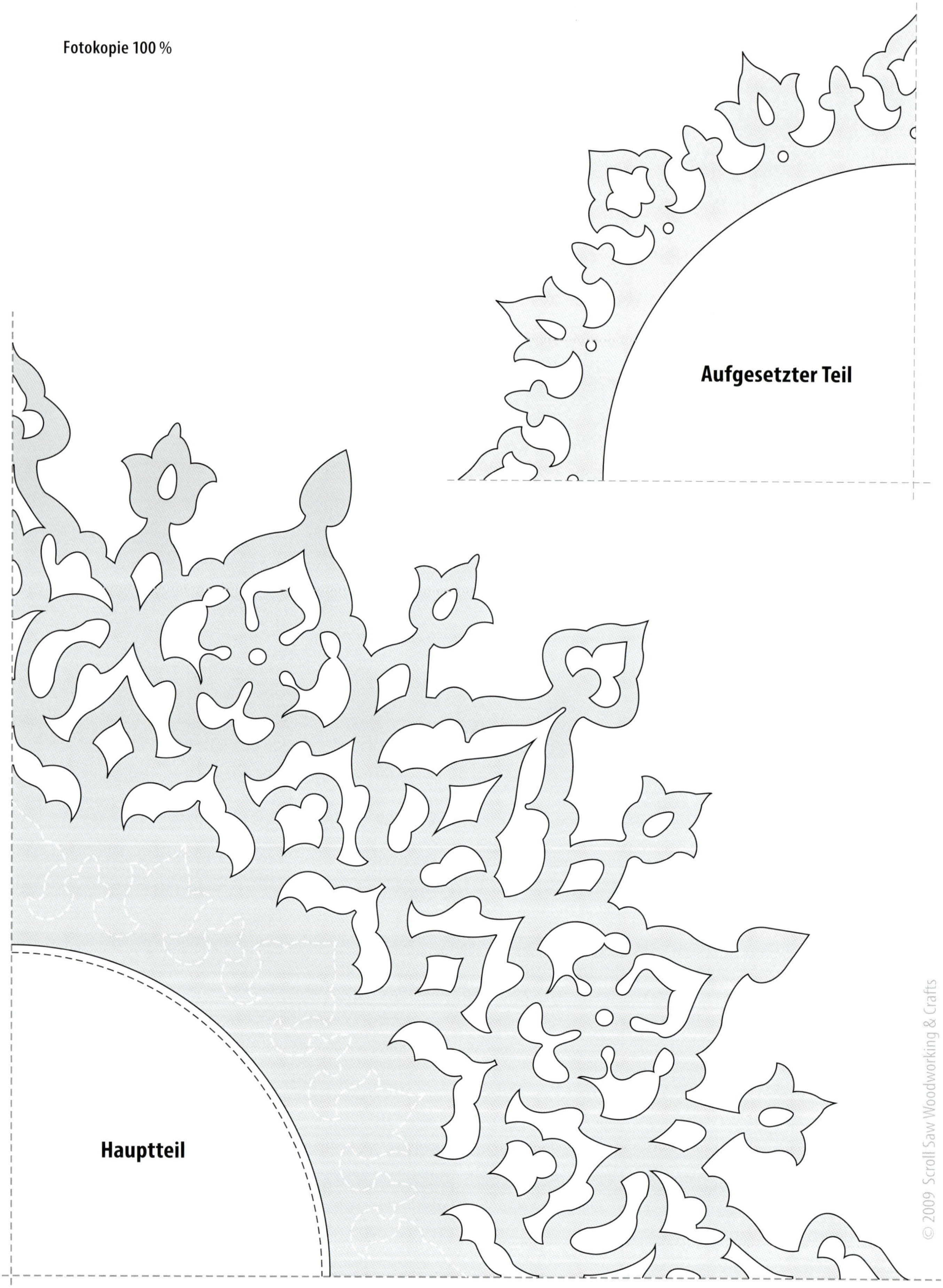

„Zeitlos" schön

Ein römisches Zifferblatt als ideales Projekt für Einsteiger und Fortgeschrittene

Von Sue Mey

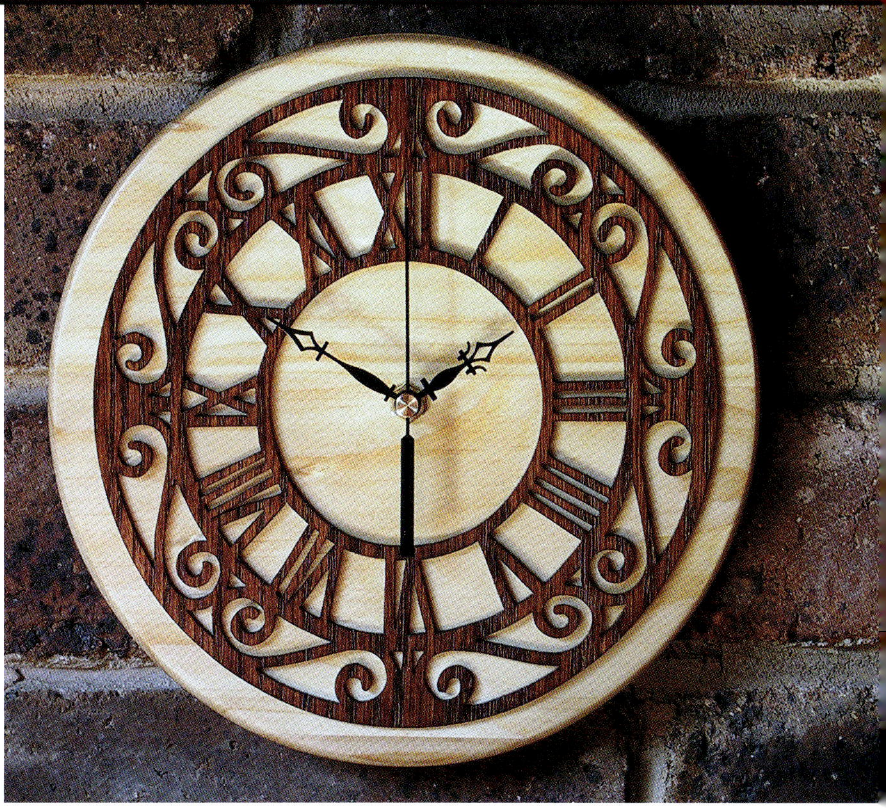

Das Zifferblatt dieser klassisch-eleganten Wanduhr ist auch für Einsteiger durchaus zu bewältigen. Es wird mit einer einfachen Trägerplatte in einer kontrastierenden Farbe kombiniert. Das Zifferblatt kann anstelle eines gekauften auch bei aufwendigeren Projekten eingesetzt werden.

Ich verwende Nussbaum-Beize, um das Zifferblatt dunkel zu färben, Sie können aber auch dunkles Hartholz verwenden. Für die Trägerplatte sind Ahorn-, Buchen- oder helles Eichenholz zu empfehlen.

Schneiden Sie die Rohlinge auf die in der Materialliste angegebenen Maße zu. Dann schleifen Sie sie mit Schleifpapier der Körnung 150 und nochmals mit Körnung 320 ab. Dadurch wird die spätere manuelle Schleifarbeit und damit die Bruchgefahr reduziert.

Ich säge das Zifferblatt am liebsten im Stapelschnitt aus. So kann ich mehrere Werkstücke gleichzeitig herstellen und die bruchanfälligen Bereiche werden auch besser gestützt. Vor dem Anbringen der Vorlage bekleben Sie die gesamte Oberfläche des Werkstücks mit Abdeckband, damit sich die Vorlage leichter von der fertigen Arbeit lösen lässt. Zeichnen Sie mit einem Zirkel einen Kreis mit 200 mm Durchmesser auf die Trägerplatte. Markieren Sie den Mittelpunkt mit einem Stanzgerät und einem Hammer.

Sägen und schleifen

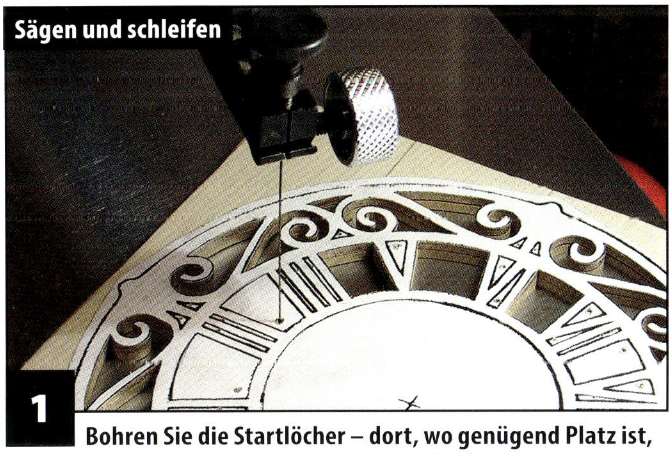

1 **Bohren Sie die Startlöcher – dort, wo genügend Platz ist, mit einem 3-mm-Bohrer, bei besonders kleinen Ausschnitten mit einem 1,5-mm-Bohrer.** Schaben Sie alle Grate auf der Rückseite in Faserrichtung ab. Sägen Sie mit einem Sägeblatt Nr. 3 die auszuschneidenden Bereiche aus. Reduzieren Sie bei bruchanfälligen Bereichen die Geschwindigkeit.

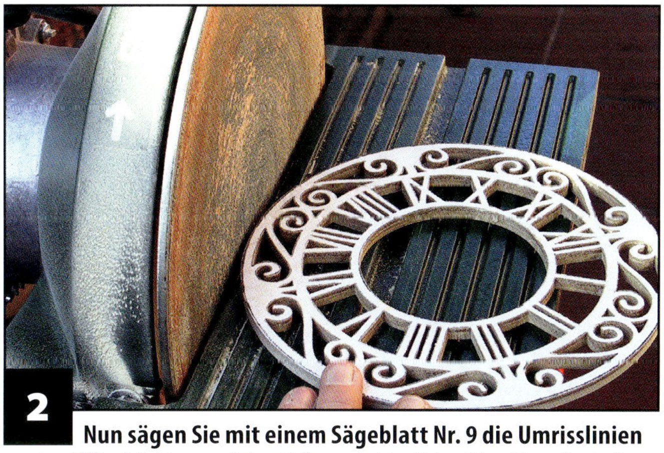

2 **Nun sägen Sie mit einem Sägeblatt Nr. 9 die Umrisslinien des Zifferblattes und der Trägerplatte.** Schneiden Sie außerhalb der Vorlagelinie und schleifen Sie die Kanten bis an die Vorlagelinie heran ab. Führen Sie die Werkstücke in einer langsamen, gleichmäßigen Drehbewegung an der Schleifscheibe vorbei. Nach Wunsch können Sie die Umrisslinie auch mit der Dekupiersäge sägen.

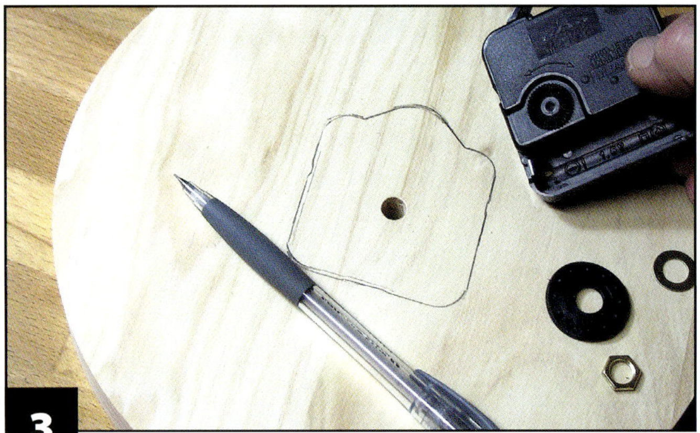

3 **Bereiten Sie die Trägerplatte für das Quarz-Uhrwerk vor.** Bohren Sie in der Mitte ein Loch für die Zeigerwelle. Nehmen Sie dazu einen Bohrer, dessen Durchmesser jenem der Zeigerwelle entspricht. Platzieren Sie das Uhrwerk in der richtigen Position auf der Rückseite der Trägerplatte und umfahren Sie es mit einem spitzen Bleistift.

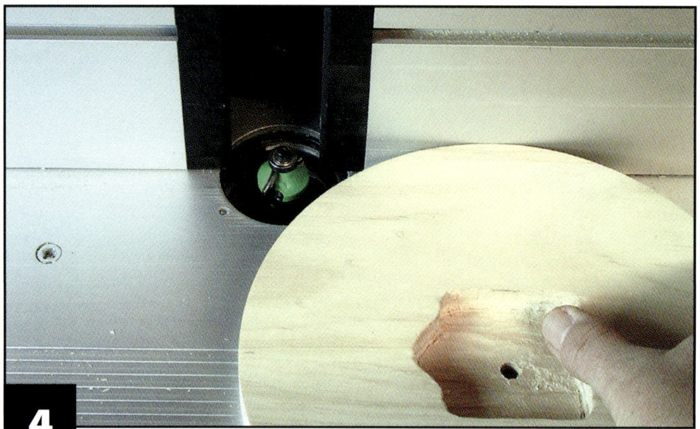

4 **Schneiden Sie mit einem Schnitzwerkzeug oder einer Fräse eine Vertiefung für das Uhrwerk in die Rückseite der Trägerplatte.** Sie muss so tief sein, dass die Zeigerwelle an der Vorderseite weit genug vorsteht. Runden Sie mit einer Oberfräse und einem Rundungsfräser die vordere Kante der Trägerplatte rundherum ab.

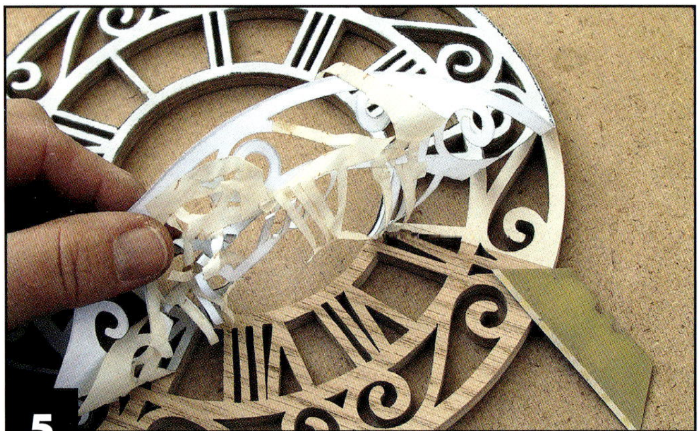

5 **Nehmen Sie das Vorlagepapier und das Abdeckband ab.** Trennen Sie die Schichten, indem Sie eine Messerklinge dazwischenschieben. Schleifen Sie die Teile von Hand mit feinem Schleifpapier ab (zuerst Körnung 320, dann nochmals mit Körnung 500). Achten Sie darauf, dass Sie nirgends hängen bleiben, da dabei Teile abbrechen können. Entfernen Sie den gesamten Sägestaub.

Fertigstellung

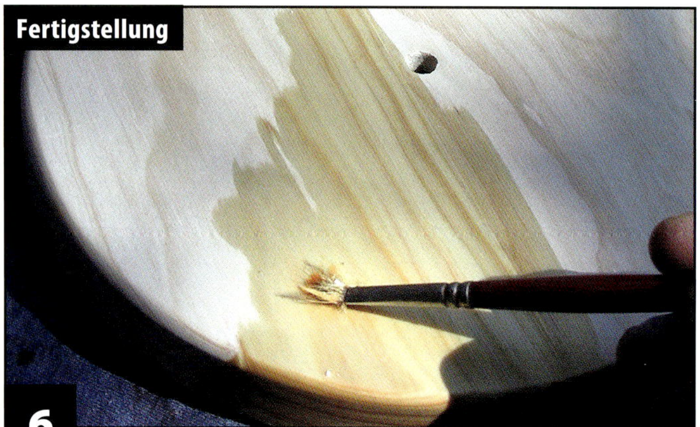

6 **Bringen Sie mit einem kleinen Pinsel tief eindringende Wachsveredelung oder Danish Oil auf die Trägerplatte auf.** Behandeln Sie die Vorderseite und die Seitenflächen des Zifferblatts mit Nussbaum-Beize. (Mit einem kleinen Pinsel erreichen Sie auch alle Seitenflächen in den Ausschnitten.) Lassen Sie die Werkstücke trocknen und wischen Sie alle Oberflächen mit einem trockenen, faserfreien Lappen ab.

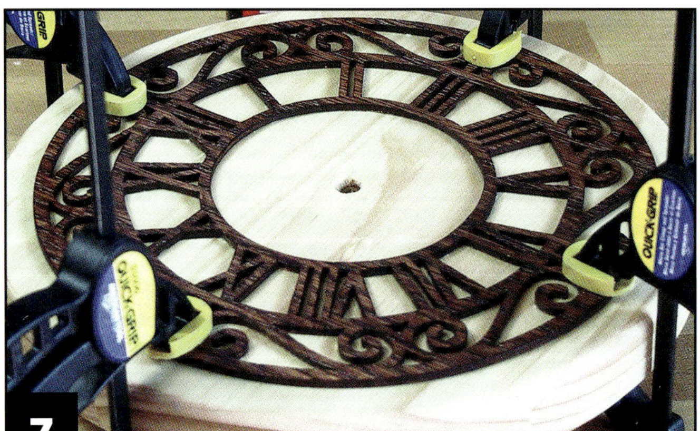

7 **Richten Sie das Zifferblatt mit der Vertiefung auf der Rückseite aus.** Bringen Sie einige kleine Tropfen Holzleim auf die Rückseite des Zifferblattes auf. Platzieren Sie es auf der Trägerplatte und fixieren Sie es mit Klemmen. Entfernen Sie überschüssigen Leim mit einem Zahnstocher. Nach dem Trocknen bringen Sie mehrere dünne Schichten transparenten Sprühlack auf.

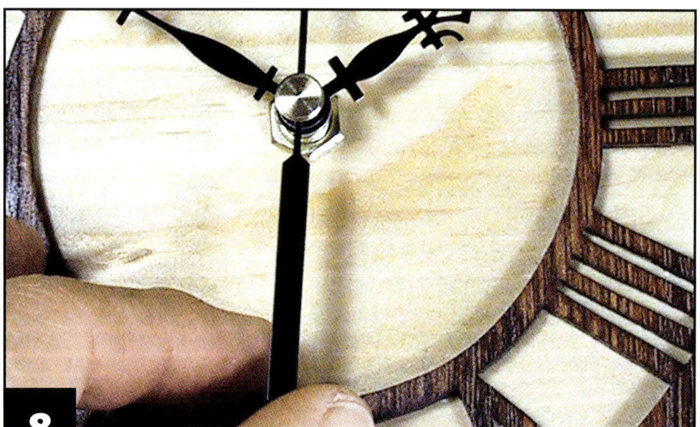

8 **Bringen Sie an der Rückseite einen Sägezahnaufhänger an.** Platzieren Sie das Quarz-Uhrwerk in der Vertiefung und ziehen Sie die Schraubenmutter auf der Vorderseite an. Montieren Sie die Zeiger auf der Zeigerwelle – zuerst den Stunden-, dann den Minuten- und zuletzt den Sekundenzeiger. Setzen Sie eine Batterie ein und stellen Sie die richtige Zeit ein.

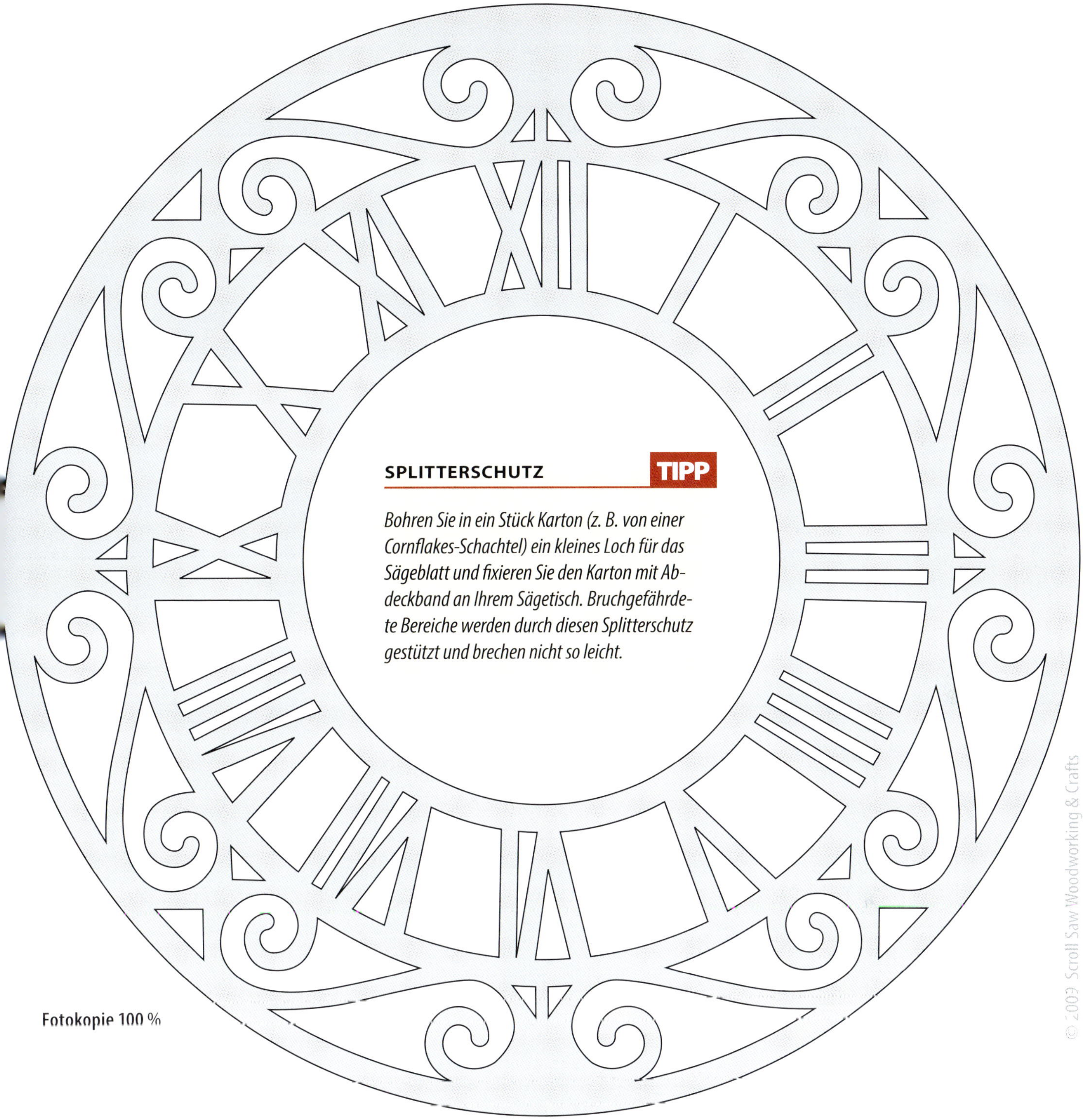

SPLITTERSCHUTZ — TIPP

Bohren Sie in ein Stück Karton (z. B. von einer Cornflakes-Schachtel) ein kleines Loch für das Sägeblatt und fixieren Sie den Karton mit Abdeckband an Ihrem Sägetisch. Bruchgefährdete Bereiche werden durch diesen Splitterschutz gestützt und brechen nicht so leicht.

Fotokopie 100 %

Material & Werkzeug

Material

- Helles Hartholz nach Wahl, 25 x 225 x 225 mm (Trägerplatte)
- Birkensperrholz oder Hartholz nach Wahl, 3 x 200 x 200 mm (Zifferblatt)
- Abdeckband
- Sprühkleber
- Dünnes doppelseitiges Klebeband (optional)
- Schleifpapier in verschiedenen Körnungen
- Nussbaum-Beize (optional)
- Tief eindringende Wachsveredelung oder Danish Oil
- Faserfreier Lappen
- Holzleim
- Transparenter Sprühlack
- Sägezahnaufhänger
- Quarz-Uhrwerk, Zeiger

Werkzeug

- Sägeblätter mit Gegenzähnen, Nr. 3 und 9, oder Sägeblätter nach Wahl
- Standbohrmaschine mit 1,5-mm-, 3-mm- und 8-mm-Bohrern (der Durchmesser des größten Bohrers richtet sich nach dem Durchmesser der Zeigerwelle am Quarzuhrwerk)
- Scheibenschleifer, Exzenterschleifer
- Oberfräse mit Rundungsfräser
- Stanzgerät, Hammer
- Spitzer Bleistift
- Klemmen in verschiedenen Größen
- Verschiedene Pinsel für die Oberflächenbehandlung

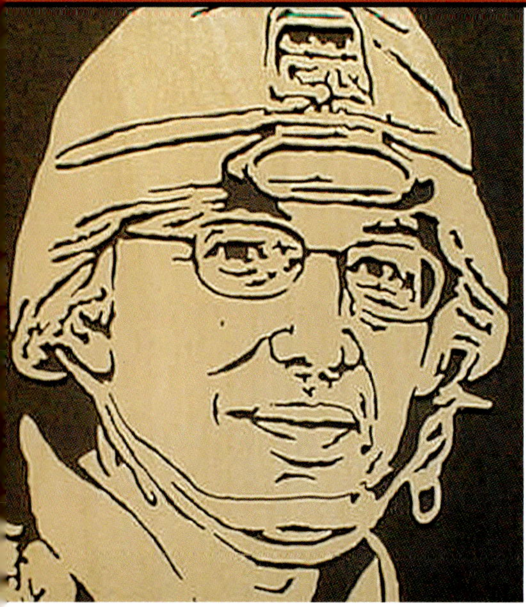
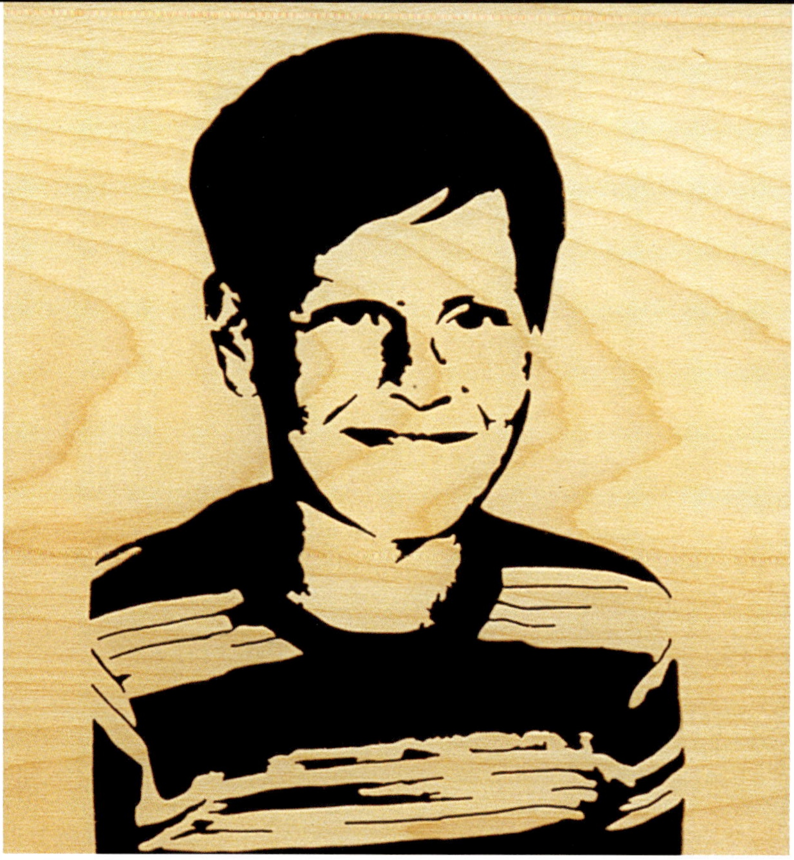

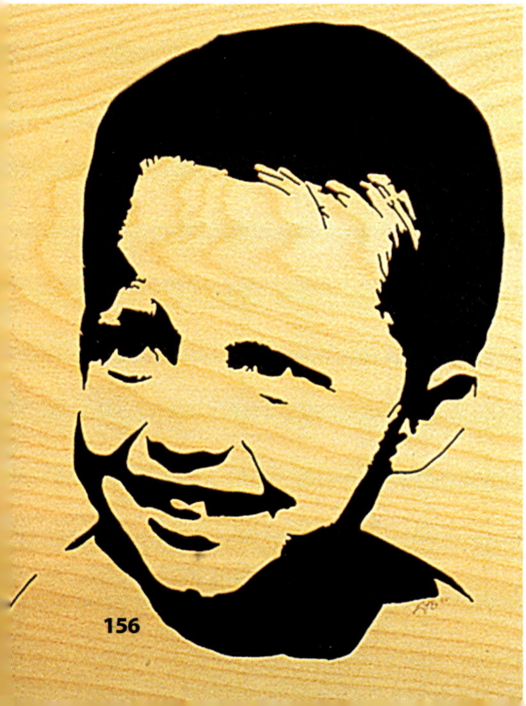
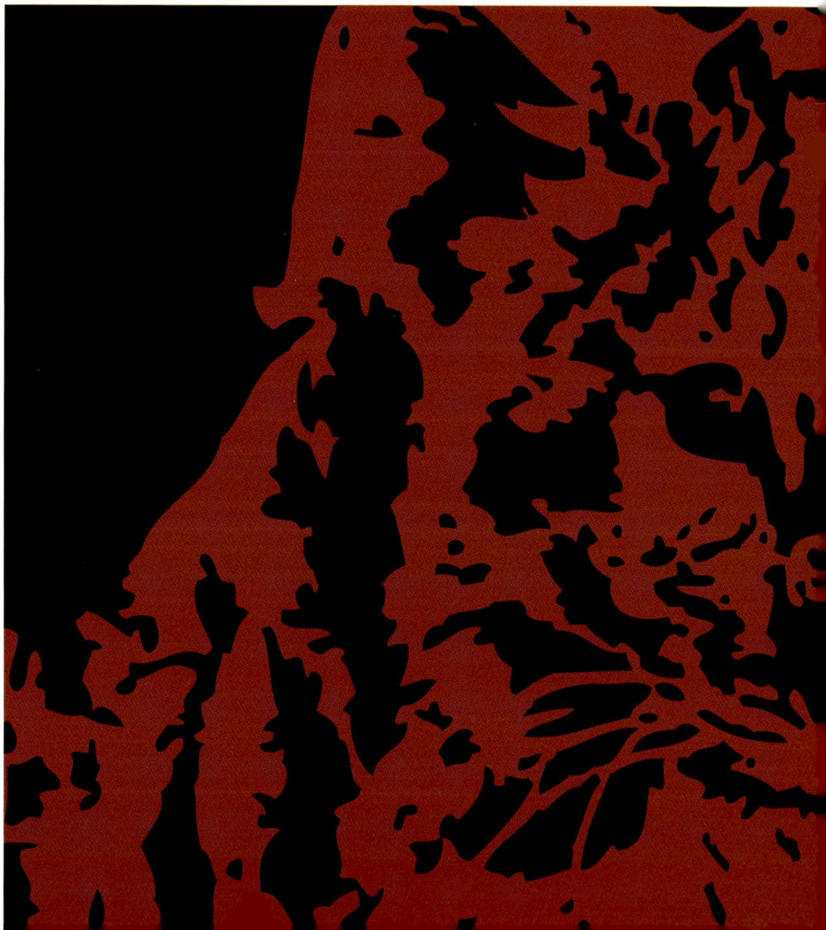

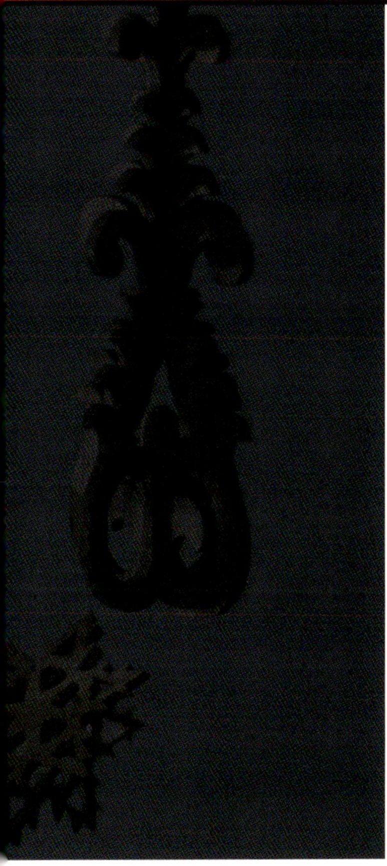

Kreative Ideen zum Durchstarten

Jedes der folgenden Porträts ist auf der Basis eines Fotos entstanden. Das Foto wurde zuerst mit dem Computer bearbeitet, dann wurde daraus eine Vorlage zum Aussägen erstellt. Um die Lebendigkeit des Originalfotos einzufangen, ist eine detailreiche Sägearbeit notwendig. Das fertige Porträt erhält oft einen dunklen Hintergrund, damit auch alle Details zur Geltung kommen. Ein solches Bild ist ein ganz persönliches, beliebtes und hochgeschätztes Geschenk.

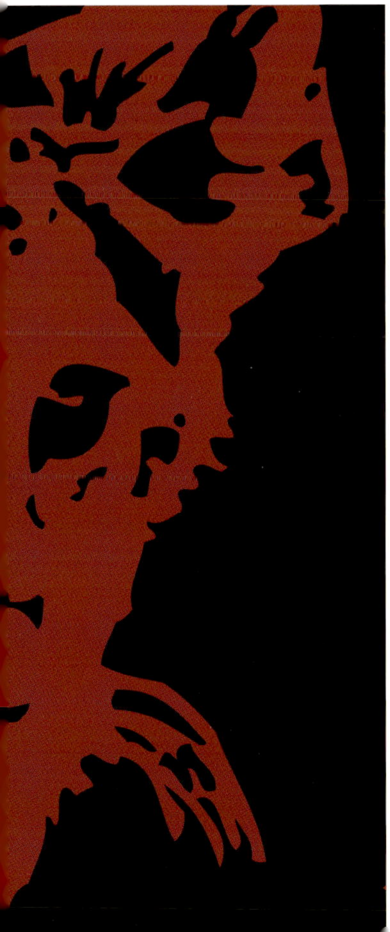

Ein Porträt gestalten

Von Gary Browning

Die meisten von uns haben Lieblingsfotos, die eingerahmt im Wohnzimmer aufgestellt oder ständig in der Brieftasche mitgeführt und immer wieder stolz hergezeigt werden. Mit der neuen Technik, die Gary Browning entwickelt hat, entsteht aus einer Fotografie ein handwerkliches Meisterstück, das den Besitzer ständig an einen lieben Menschen erinnert.

Gary Browning ist der Pionier dieser Porträtkunst. Er will aus jeder Fotografie eine möglichst perfekte Vorlage gestalten und widmet sich diesem Ziel mit Leidenschaft. Gary Browning hat auch einen Online-Klub für Dekupiersägen-Künstler gegründet.

Bei der Herstellung einer Vorlage ist die Qualität des Ausgangsfotos von großer Bedeutung. Das Foto darf nicht unscharf sein. Eine Nahaufnahme macht Details besser sichtbar. Sie können auch Elemente mehrerer Fotografien in Ihre selbst entworfene Vorlage einbeziehen.

Es gibt verschiedene Computerprogramme, die Ihnen bei der Erstellung einer Vorlage auf der Basis einer Fotografie helfen können. Wenn das Ausgangsfoto ein konventionelles (nicht digitales) Foto ist, können Sie es durch Einscannen digitalisieren.

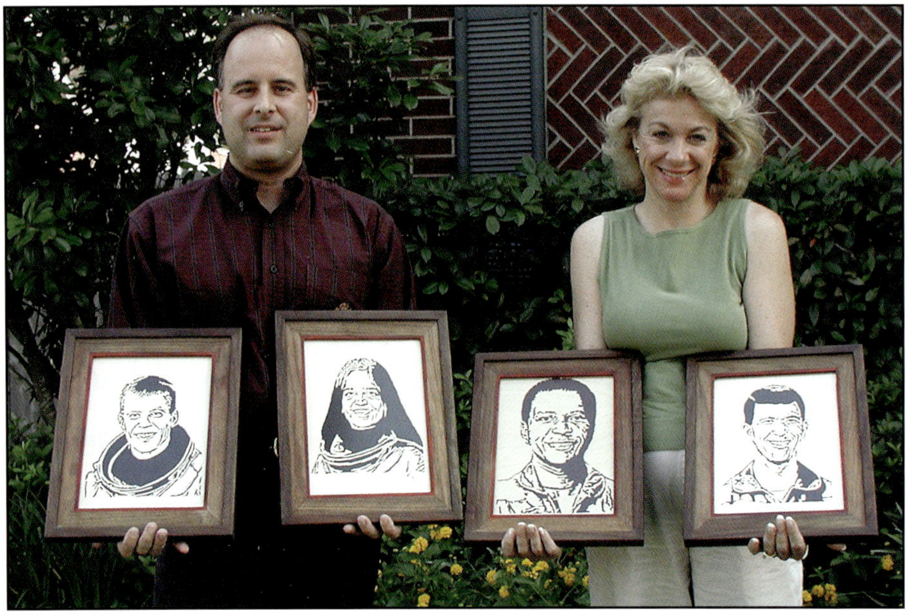

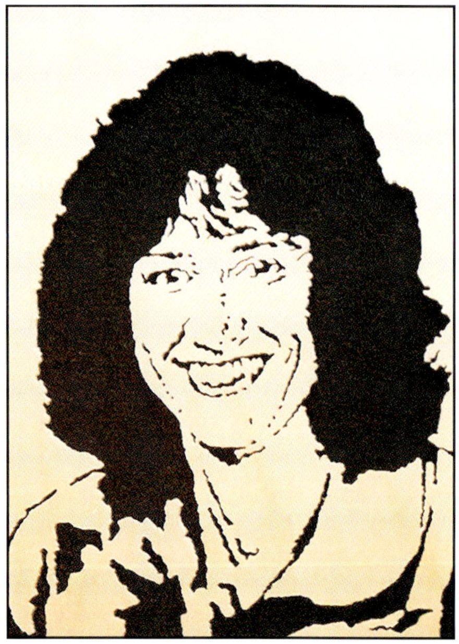

Als erstes gemeinsames Projekt gestalteten die Mitglieder von Gary Brownings Online-Klub die Porträts der Astronauten der Raumfähre Columbia.

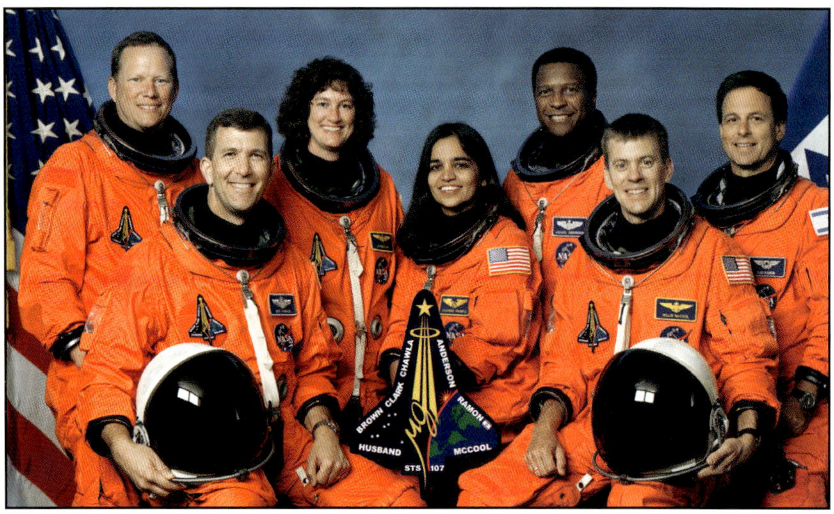

Checkliste

Wie soll das Foto aussehen?

- Nicht unscharf
- Nicht zerrissen oder ausgebleicht
- Einförmiger Hintergrund
- Ausgeprägte Lichtbereiche
- Ausgeprägte Schattenbereiche
- Detailreiche Nahaufnahme (Bilder von geringerer Qualität können ebenfalls verwendet werden, die Ausarbeitung einer Vorlage erfordert jedoch mehr Aufwand und Zeit)

Was muss die Software können?

- Das Bild nach Bedarf vergrößern oder verkleinern
- Den Kontrast und die Helligkeit verändern (dies ist notwendig, um eine Silhouette zu erzeugen)
- Ein Farbfoto in ein Schwarzweißfoto verwandeln (Graustufen)
- Hintergrundelemente nach Wunsch eliminieren
- Elemente aus mehreren Fotos zusammensetzen

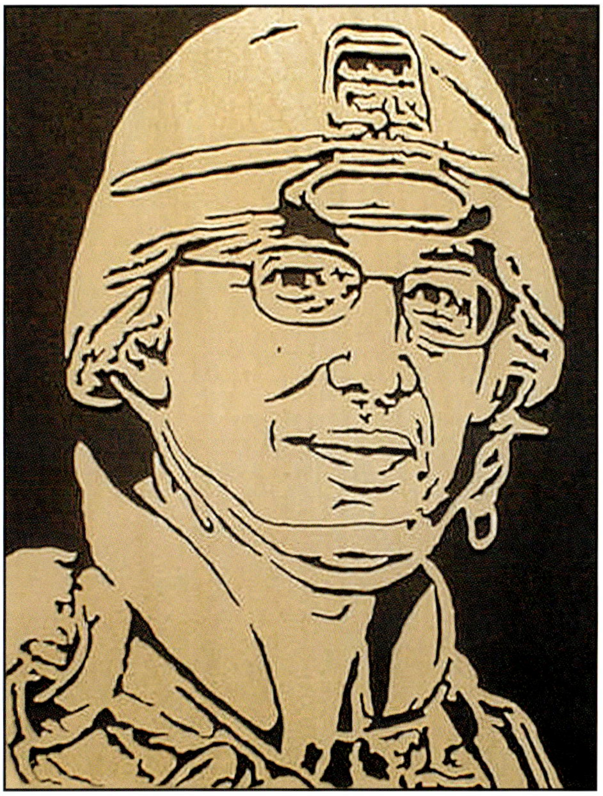

„Portrait Freedom" heißt ein Projekt des Online-Klubs von Gary Browning, das den Gefallenen der Operationen Iraqi Freedom und Enduring Freedom und ihren Familien gewidmet ist.

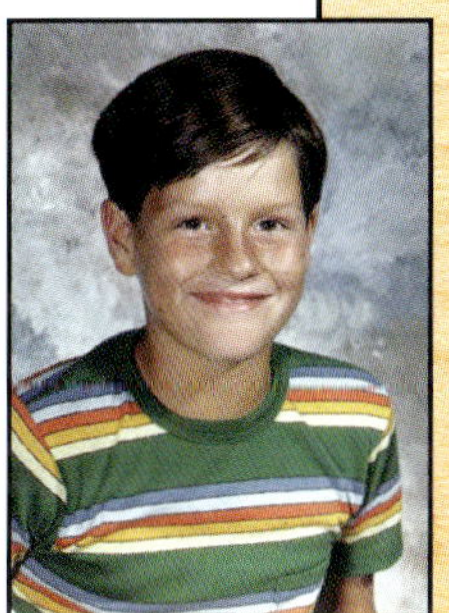

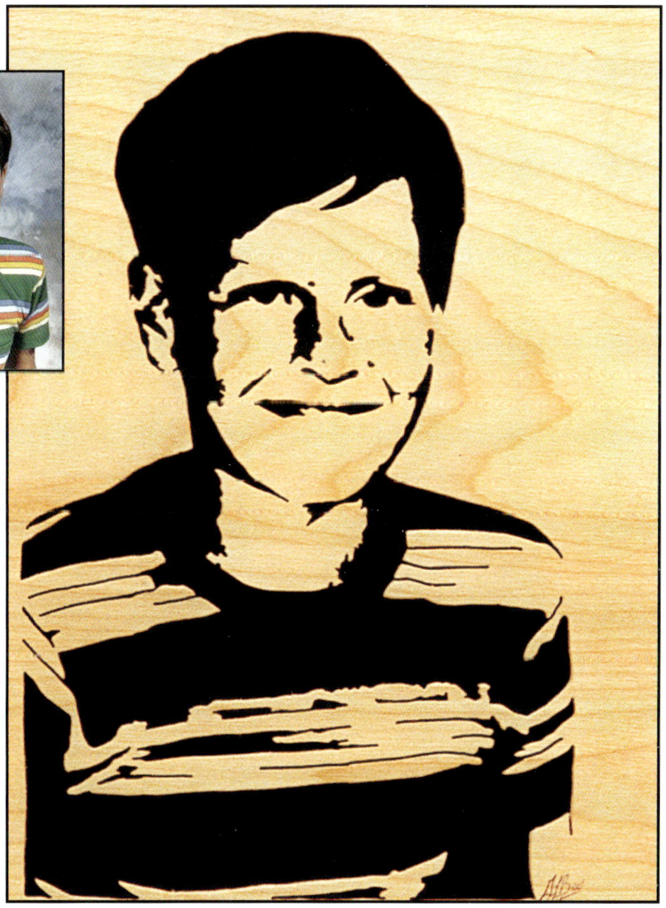

Aus Familienfotos will Gary Browning zeitlose Kunstwerke gestalten.

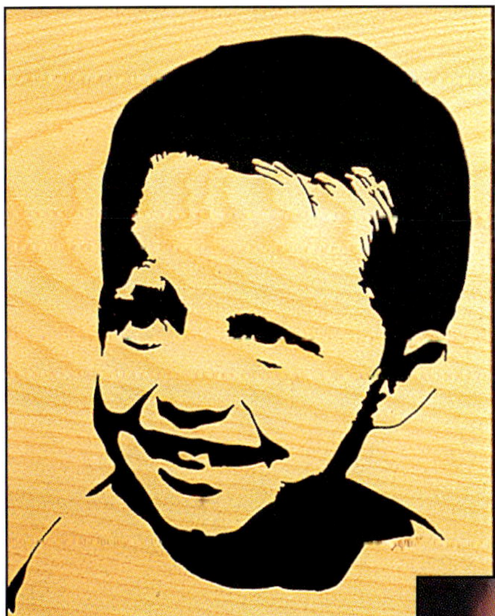

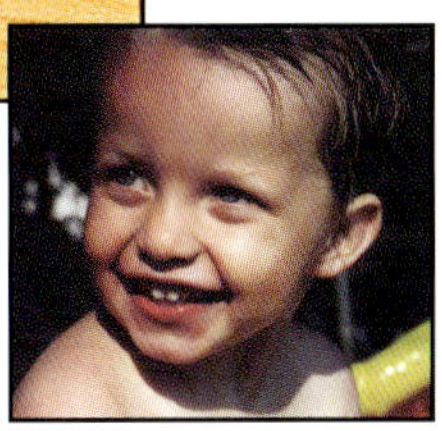

Leuchtturm

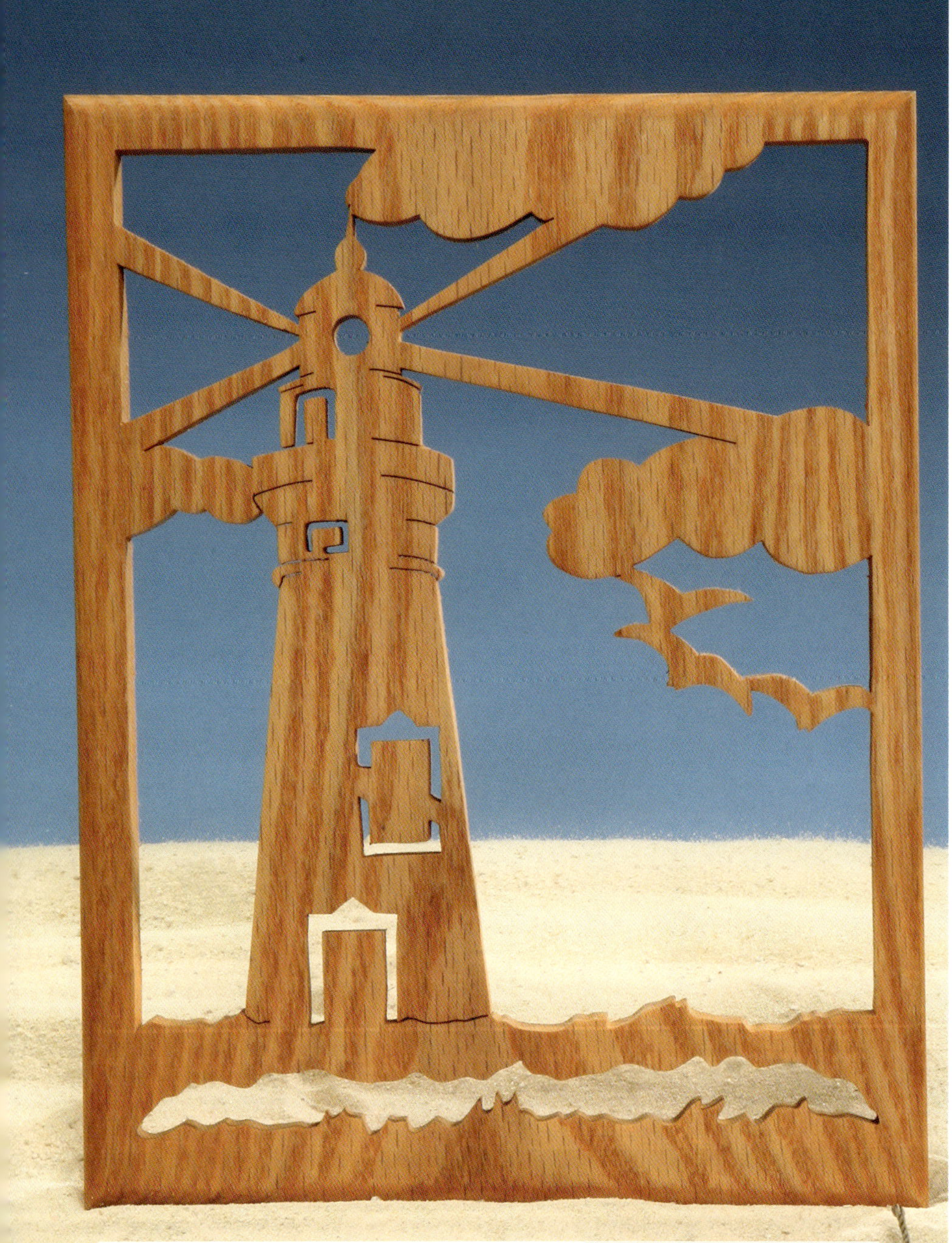

Ein geradezu ideales Projekt für Anfänger

Von Robin Arnold

Der US-Bundesstaat Ohio grenzt im Norden an den Eriesee. Hier befindet sich der markante, altehrwürdige Marblehead-Leuchtturm, der auf diesem Bild zu sehen ist.

Ich verwende am liebsten 12 mm starkes Hartholz, meistens Weißesche, Weiß- oder Roteiche – Sie können aber auch andere Holzarten nehmen, Sperrholz ist ebenfalls geeignet. Die Stärke des Materials können Sie bestimmen – bei Hartholz würde ich aber nicht weniger als 12 mm und nicht mehr als 25 mm empfehlen.

Schritt 1: Schleifen Sie den Rohling zunächst mit Schleifpapier der Körnung 120 ab, wischen Sie ihn mit einem Lappen ab und gehen Sie erst dann zu feinerem Schleifpapier über (180er-Körnung, damit das Holz nicht zerkratzt wird). Wischen Sie das Holz nochmals ab und befestigen Sie die Vorlage mit ablösbarem Sprühkleber.

Schritt 2: Bohren Sie alle Startlöcher.

Schritt 3: Sägen Sie das Bild aus. Beginnen Sie mit den heikleren Innenschnitten und arbeiten Sie sich nach außen vor.

Schritt 4: Schleifen Sie das Werkstück mit feinem Schleifpapier (Körnung 220) nochmals ab.

Schritt 5: Bringen Sie eine Oberflächenbehandlung nach Wahl auf. Ich nehme ein Ölfinish – das Werkstück erhält dadurch einen wunderschönen seidigen Glanz. Befestigen Sie einen Sägezahnaufhänger an der Rückseite.

Material & Werkzeug

Material

- Holz nach Wahl, 12–19 x 212 x 262 mm
  Anm.: Bei diesen Maßen bleibt rund um das Bild ein breiter Rand stehen. Wenn Sie eine Tischsäge zur Verfügung haben, können Sie den Rohling auf die endgültigen Maße von 189 x 239 mm zuschneiden.
- Schleifpapier, Körnungen: 120, 180, 220
- Ablösbarer Sprühkleber
- Ölfinish nach Wahl
- Sägezahnaufhänger

Werkzeug

- Geeignetes Sägeblatt für 12 mm Holzstärke (ich nehme für das ganze Projekt ein Sägeblatt Nr. 5 mit Gegenzähnen)
- Standbohrmaschine mit kleinem Bohrer

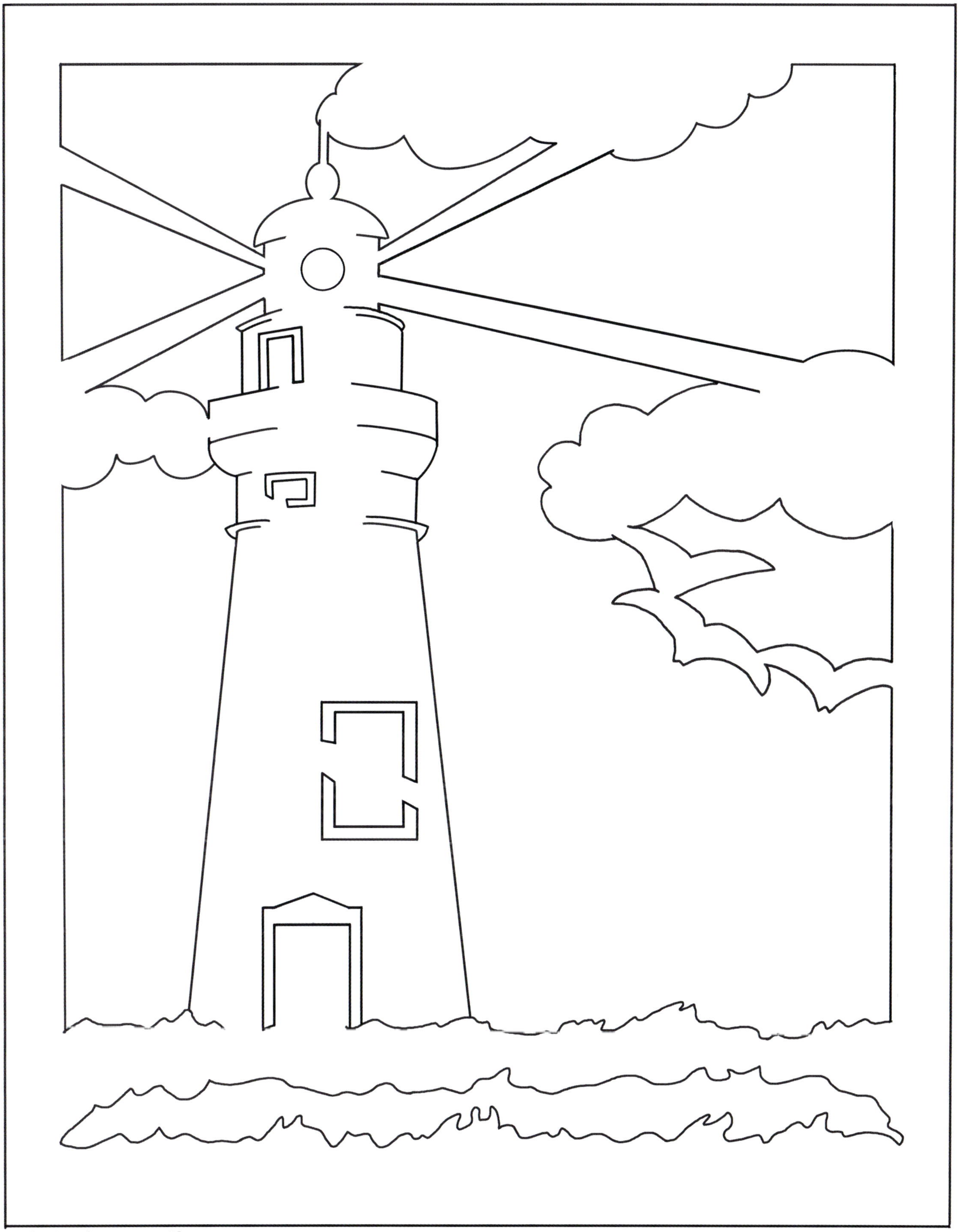

Fotokopie auf 105 % vergrößern

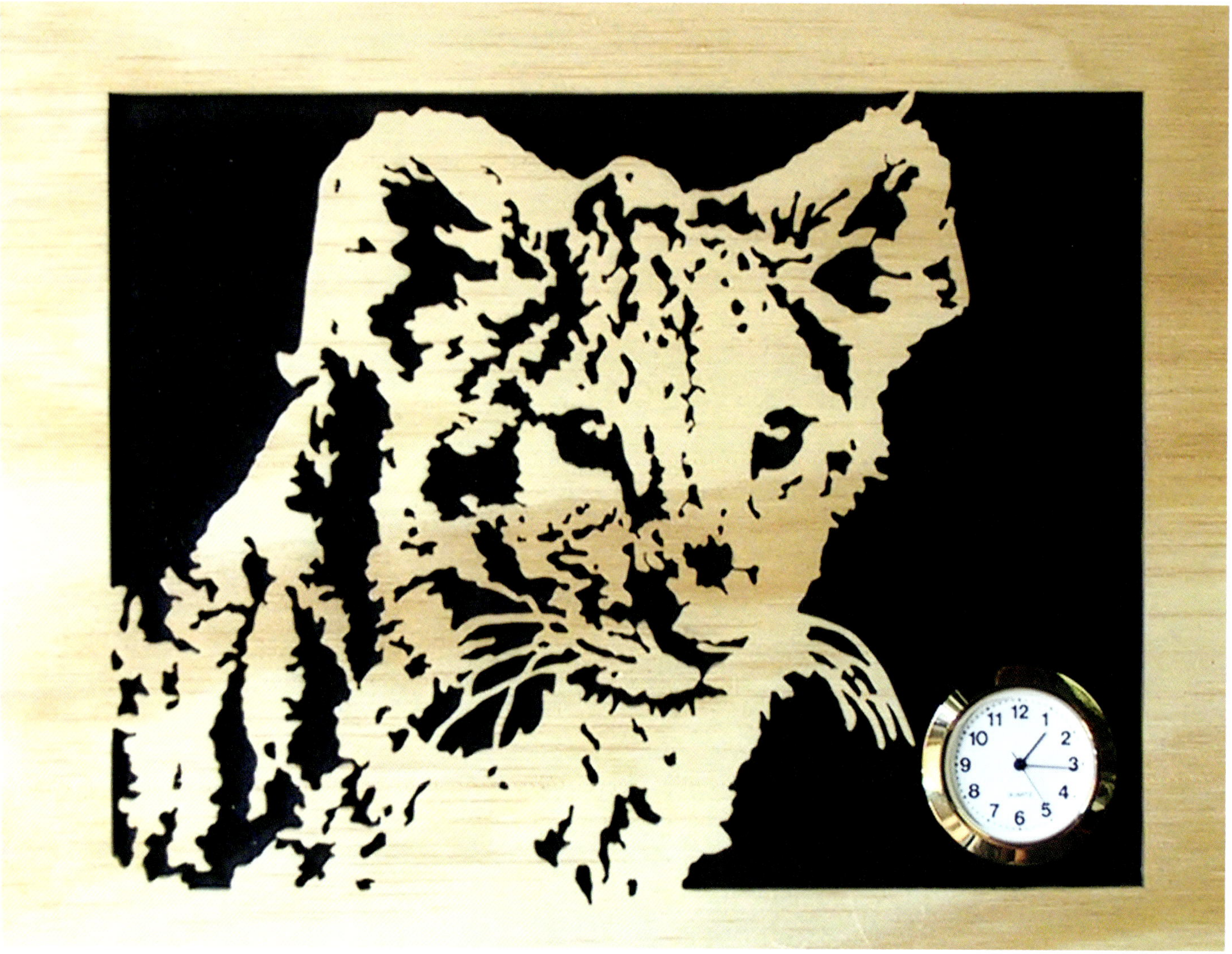

Löwenjunges

Ein Gruß aus dem fernen Südafrika

Von Sue Mey

Der Löwe gehört zusammen mit dem Elefanten, dem Leoparden, dem Büffel und dem Nashorn zu den fünf „großen Tieren" Südafrikas. Aber auch große Tiere haben einmal klein angefangen. Dem Charme dieses Löwenbabys mit seinen großen Augen und seinen gespitzten Ohren kann sich wohl niemand entziehen!

Schritt 1: Bevor Sie die Vorlage anbringen, schleifen Sie das Holz mit einem Exzenterschleifer ab, um die spätere manuelle Schleifarbeit und damit die Bruchgefahr zu reduzieren. Kopieren Sie die Vorlage und befestigen Sie sie mit ablösbarem Sprühkleber auf dem Holz.

Schritt 2: Bohren Sie mit einem 3-mm-Bohrer die Startlöcher. Bei besonders kleinen Ausschnitten arbeiten Sie sehr vorsichtig und nehmen Sie einen 1,5-mm-Bohrer. Schaben Sie alle Grate, die durch das Bohren entstanden sind, mit einer Ziehklinge leicht schräg zur Faserrichtung ab oder entfernen Sie sie mit Schleifpapier.

Schritt 3: Sägen Sie mit einem Sägeblatt Nr. 2 oder 3 mit Gegenzähnen alle schwarzen Bereiche der Vorlage aus. Beginnen Sie mit den inneren Bereichen und sägen Sie zuletzt die geraden Schnitte, die das Bild begrenzen. Reduzieren Sie die Geschwindigkeit beim Sägen bruchanfälliger Bereiche wie der Augen und Schnurrbarthaare und verwenden Sie einen Splitterschutz.

AUSRISS VERMEIDEN **TIPP**

Wenn Sie an einigen Stellen Kartonstücke (z. B. von einer Cornflakes-Schachtel) mit dünnem doppelseitigem Klebeband befestigen, lässt sich Ausriss auf der Rückseite vermeiden. Bekleben Sie den Karton mit Paketklebeband.

Bohren Sie in ein Stück von Ihrem Karton ein kleines Loch für das Sägeblatt und fixieren Sie den Karton als Splitterschutz mit Abdeckband an Ihrem Sägetisch.

Schritt 4: Nehmen Sie die Vorlage ab und schleifen Sie das Werkstück auf der Vorder- und Rückseite von Hand zuerst mit Schleifpapier der Körnung 150, dann mit 320er- und zuletzt mit 500er-Körnung ab. Ich nehme dazu ein dreifingergroßes Stück Schleifpapier und verzichte auf einen Schleifblock, um ein besseres Gefühl für den notwendigen Druck zu haben. Bleiben Sie nirgends hängen, damit keine Teile abbrechen (Schnurrbarthaare!).

Schritt 5: Schleifen Sie die Kanten des Bildes und der Trägerplatte mit dem Scheibenschleifer gerade. Sie können beide Teile getrennt bearbeiten und dann probeweise aufeinanderlegen, um die Passgenauigkeit zu überprüfen, oder das Bild an den vier Ecken mit dünnem doppelseitigem Klebeband oder Heißkleber an der Trägerplatte befestigen und beide Teile gemeinsam schleifen. (Lösen Sie die beiden Schichten nachher sofort voneinander, da das Klebeband nach längerer Zeit schwierig zu entfernen ist.) Entfernen Sie den gesamten Sägestaub.

Schritt 6: Wenn Sie für die Trägerplatte MDF verwenden, bringen Sie auf die Vorder- und Rückseite und auf die Kanten drei Überzüge mattschwarze Sprühfarbe auf (jedes Mal vollständig trocknen lassen). Wenn Sie für die Trägerplatte Sperrholz verwenden, schneiden Sie ein schwarzes Passepartout (200 x 250 mm) zu, bringen Sie Holzleim auf die Rückseite auf und platzieren Sie es auf die Trägerplatte. Bringen Sie Holzleim auf die Rückseite des Bildes auf (schnell arbeiten!). Kleine Tropfen Holzleim an den Rändern und bei bruchanfälligen Bereichen wie den Schnurrbarthaaren genügen! Platzieren Sie das Bild auf dem Passepartout und richten Sie den Stapel auf einer ebenen Arbeitsfläche aus. Bringen Sie Klemmen an den Ecken und an den Kanten sowie mindestens zwei Klemmen am Gesicht und eine an den Schnurrbarthaaren an. Wenn Leim an die Oberfläche gedrückt wird, warten Sie, bis er anzudicken beginnt, und entfernen Sie ihn mit einem Zahnstocher. Bearbeiten Sie dabei einen Bereich nach dem anderen. Wenn MDF als Trägerplatte verwendet wird, leimen Sie das Bild direkt auf der bemalten Oberfläche auf.

Schritt 7: Nach dem Trocknen entfernen Sie die Klemmen. Bohren Sie mit der Standbohrmaschine und einem Forstnerbohrer ein Loch für das Uhrwerk (optional). Entfernen Sie den gesamten Bohrstaub.

Schritt 8: Bringen Sie mehrere dünne Überzüge transparenten Sprühlack auf und lassen Sie jeden Überzug vollständig trocknen. Befestigen Sie einen Sägezahnaufhänger an der Rückseite und montieren Sie das Uhrwerk.

Material & Werkzeug

Material

- Birkensperrholz oder Sperrholz nach Wahl, 6 x 200 x 250 mm
- Birkensperrholz/Sperrholz nach Wahl oder MDF, 19 x 200 x 250 mm (Trägerplatte)
- Schwarzes Passepartout oder mattschwarze Sprühfarbe
- Schleifpapier in verschiedenen Körnungen
- Ablösbarer Sprühkleber
- Holzleim
- Paketklebeband
- Transparenter Sprühlack
- Sägezahnaufhänger
- Uhrwerk, 30–40 mm Ø; Standbohrmaschine mit passendem Forstnerbohrer (optional)

Werkzeug

- Sägeblatt Nr. 2 oder 3 mit Gegenzähnen
- Standbohrmaschine oder andere Bohrmaschine mit 3-mm- und 1,5-mm-Bohrer
- Scheibenschleifer, Exzenterschleifer, Schleifblock
- Klemmen

Fotokopie 200 %

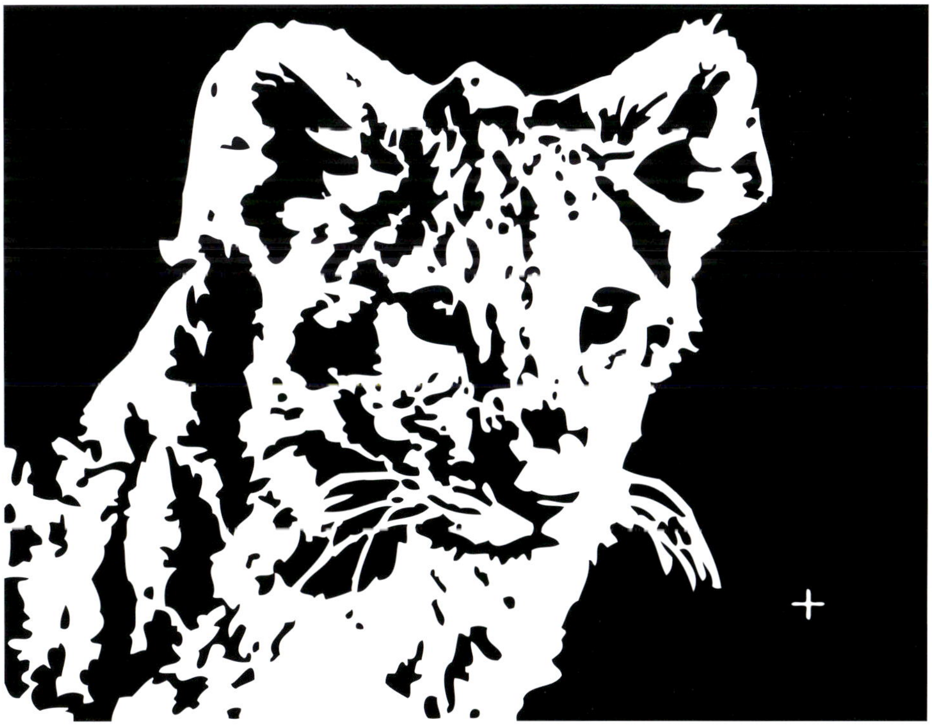

Nach Wunsch können Sie an der angezeichneten Stelle eine Uhr in das Bild integrieren.

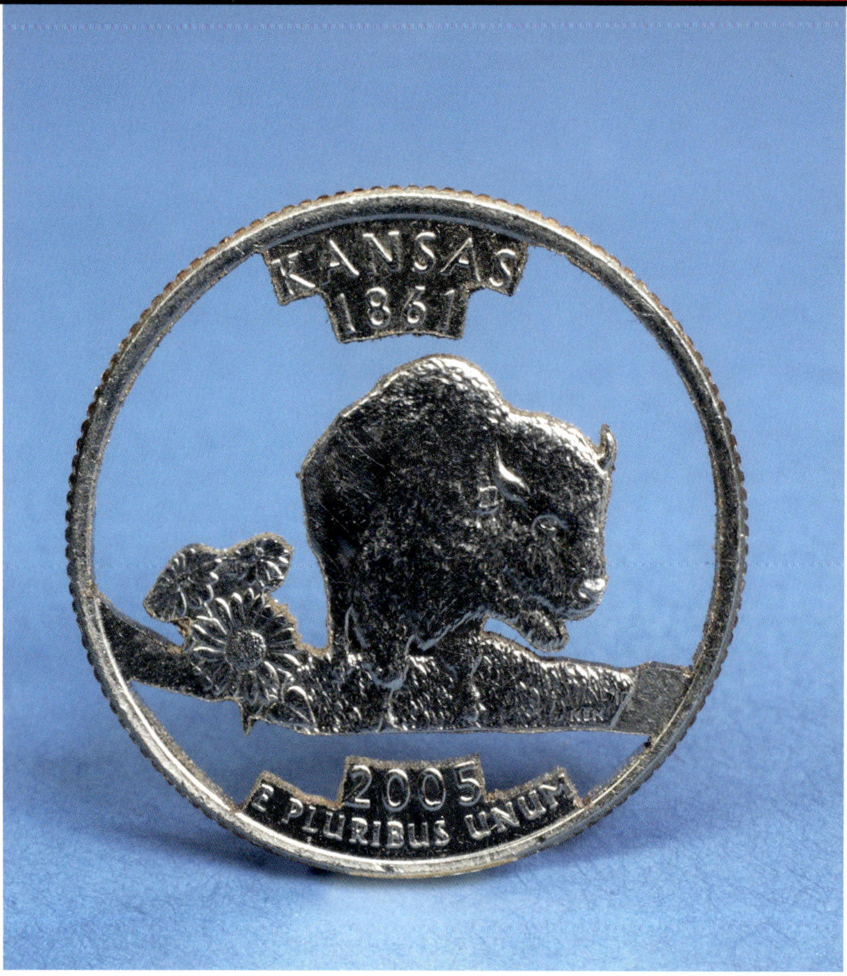
KANSAS
1861
2005
E PLURIBUS UNUM

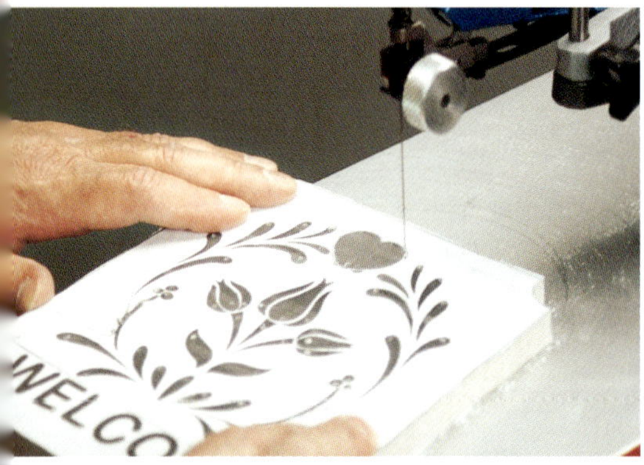

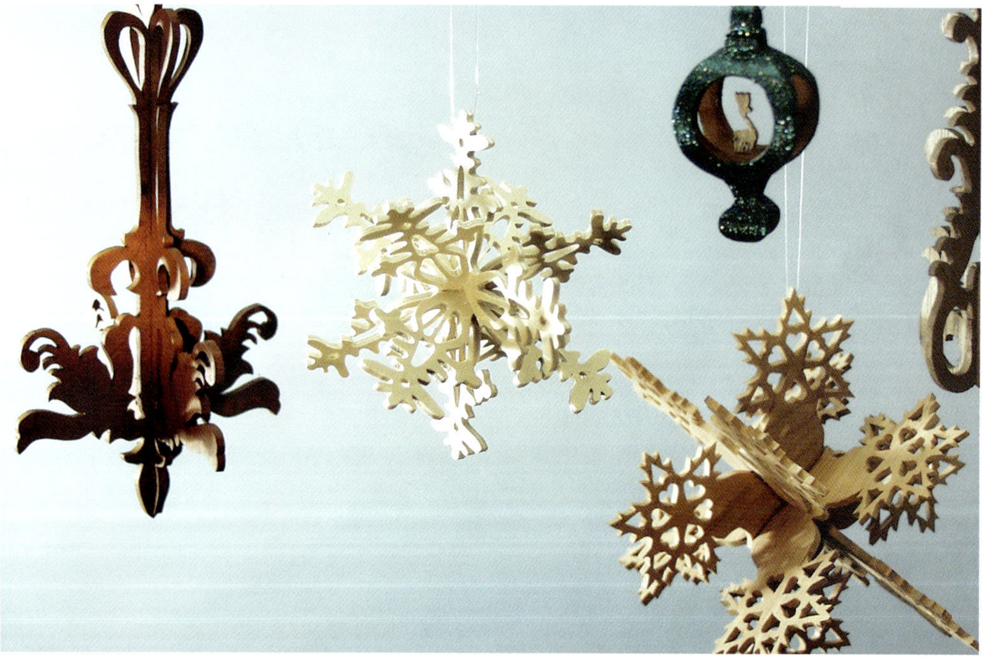

Es muss nicht immer Holz sein

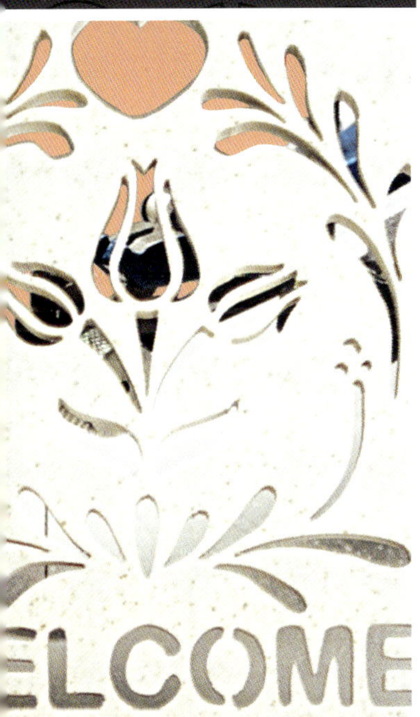

Außer Holz können noch zahlreiche andere Materialien mit der Dekupiersäge bearbeitet werden: In diesem Kapitel erfahren Sie, wie Sie mit dem Mineralwerkstoff Corian, mit Papier, Kunststoff oder Metall die erstaunlichsten Ergebnisse erzielen können. Halten Sie jedoch bei jedem Material die empfohlenen Vorsichtsmaßregeln ein.

Weihnachtsschmuck aus Abfallmaterial

Jim Gress macht's möglich: Recycling der besonders schönen Art

Von Mark Weinstein

Jedes Jahr im Dezember suchen Jim Gress und seine Frau Margaret eine drei Meter hohe Tanne aus und schmücken sie mit sage und schreibe 250 Anhängern, die Jim alle selbst ausgesägt hat.

Die ersten Weihnachtsanhänger, die Jim Gress 1997 mit seiner Shopsmith-Säge herstellte, waren aus Holz. Seither hat er sein „Betätigungsfeld“ auf 18 weitere Materialien erweitert. Nach dem Motto „Probieren geht über studieren“ hat er nach und nach herausgefunden, welches Sägeblatt sich am besten für welches Material eignet. „Ich habe im Laufe der Jahre eine Menge Sägeblätter abgebrochen, aber ich habe daraus gelernt“, erzählt Jim. Resopal, Corian, Leder, Papier, gestärkten Stoff, aber auch CDs hat er schon zu Weihnachtsschmuck verarbeitet.

Jim besaß früher ein Bodenlegeunternehmen. Seit er im Ruhestand ist, verwendet er die Materialien, die in der Firma übrig geblieben sind, für seine Sägearbeiten. Er kauft aber auch Material oder verarbeitet Reste, die in Betrieben „zum alten Eisen“ gegeben werden. Jim arbeitet meistens mit gekauften Vorlagen, manche hat er selbst entworfen.

Was die Sägeblätter betrifft, verwendet Jim am liebsten Nr. 2 und Nr. 5. „Nach meiner Erfahrung ist ein 5er-Sägeblatt für ziemlich alle diese Ornamente geeignet, außer wenn das Material besonders dünn oder empfindlich ist und die Schnitte eng beieinander liegen“, sagt Jim. Das Werkstück wird oben und unten mit transparentem Paketklebeband beklebt. Dadurch gleitet das Sägeblatt besser und hält länger.

Die meisten Anhänger werden im Stapelschnitt hergestellt,

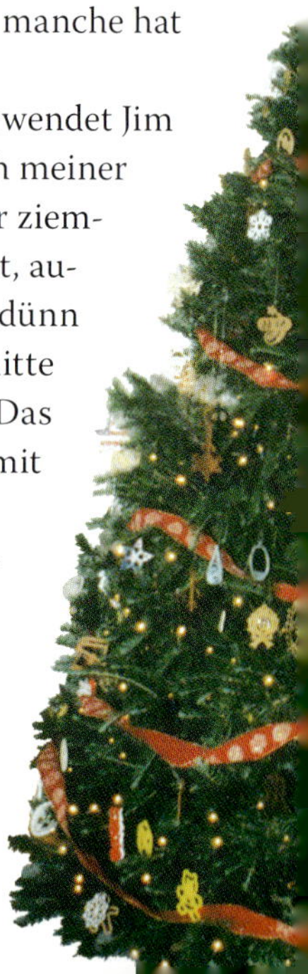

wobei jedes Werkstück zwischen zwei Sperrholzschichten platziert wird. Die unbehandelten Sperrholz-Versionen verkauft Jim ebenfalls.

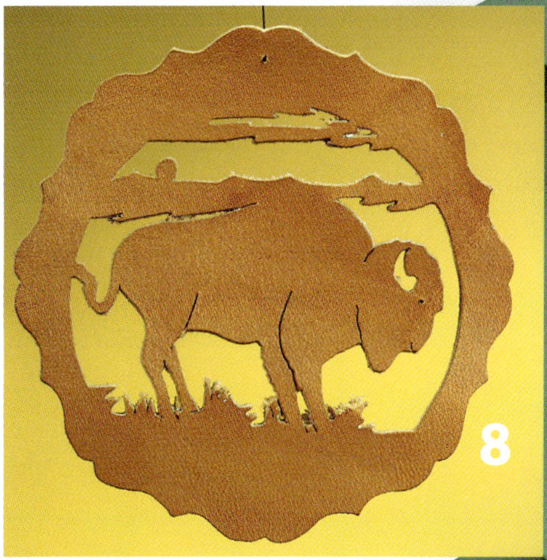

Seine Werkstatt hat er in einer Scheune eingerichtet, die zum Anwesen der Familie gehört. Immer wieder macht er einen Abstecher ins Haus, um Margaret seine neuesten Kreationen zu zeigen.

Jedes Jahr dauert es zwei Tage, bis Jim und Margaret den Weihnachtsbaum fertig aufgeputzt haben. Bis zum 2. Januar bleibt der Baum dann stehen. Einige Weihnachtsanhänger hat Jim seiner Pfarrkirche gespendet; manche von ihnen wurden um bis zu 120 Dollar versteigert. Jim verkauft seine Produkte auch über seine Firma, Wood-n-Things.

Und er hat noch viel vor: „Ich habe wieder Materialien entdeckt, mit denen ich arbeiten möchte, zum Beispiel Insektenschutzgitter und die bunten Plastikflaschen, in denen Waschmittel verkauft wird …“

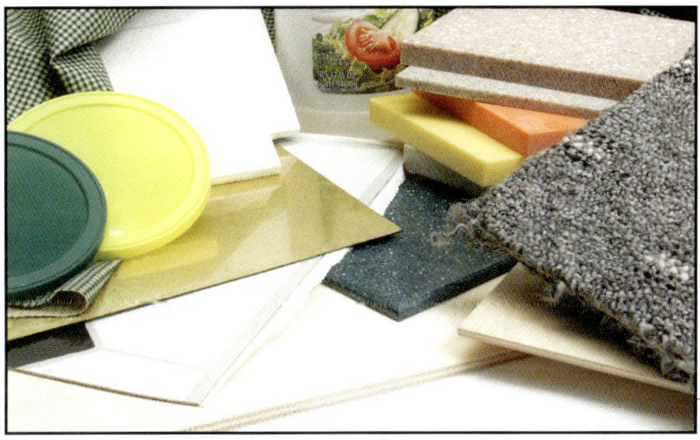

Was andere nicht mehr brauchen, wird für Jim Gress zum wertvollen Rohstoff.

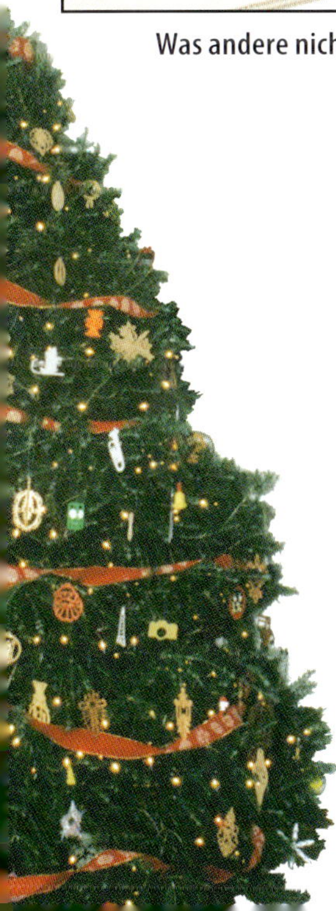

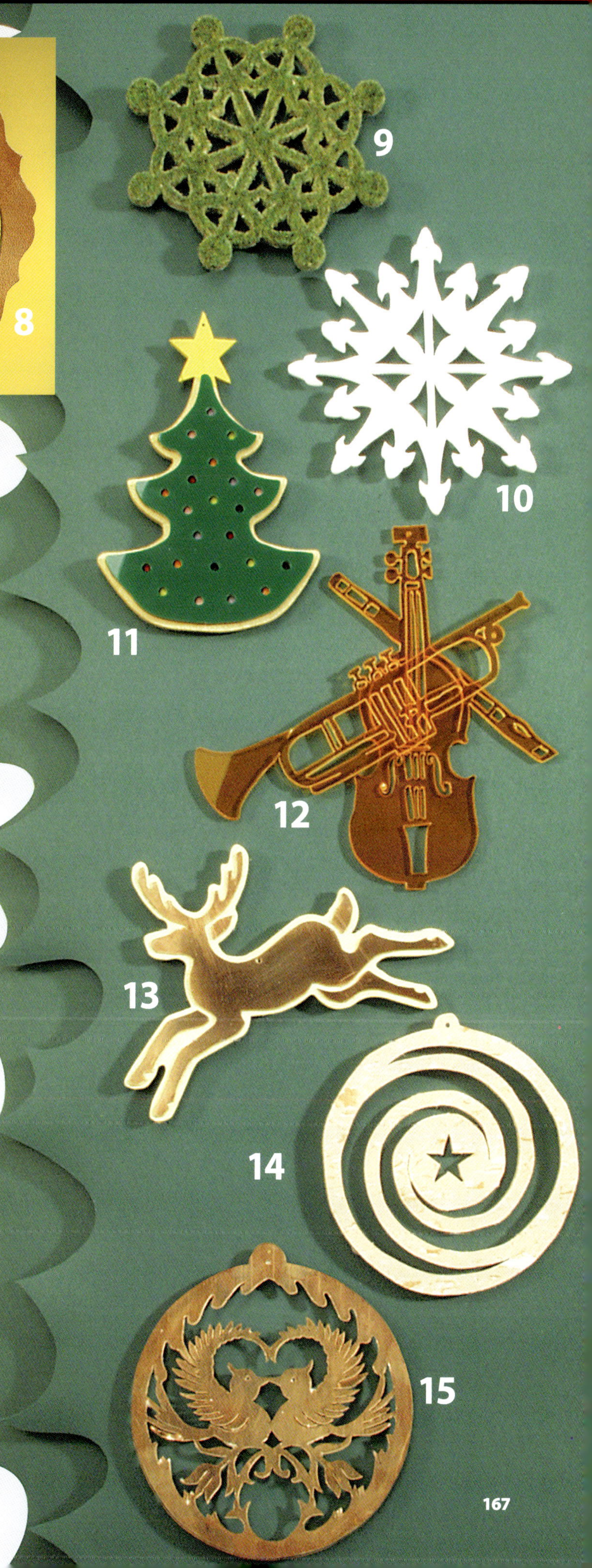

Tipps und Tricks von Jim Gress

Mir macht es Spaß, mir immer wieder etwas Neues einfallen zu lassen. Ich hoffe, dass auch Sie sich zu eigenen Ideen und zum Experimentieren mit verschiedenen Materialien anregen lassen. Hier einige Anmerkungen zu den einzelnen Schmuckgegenständen und zu den verwendeten Sägeblättern.

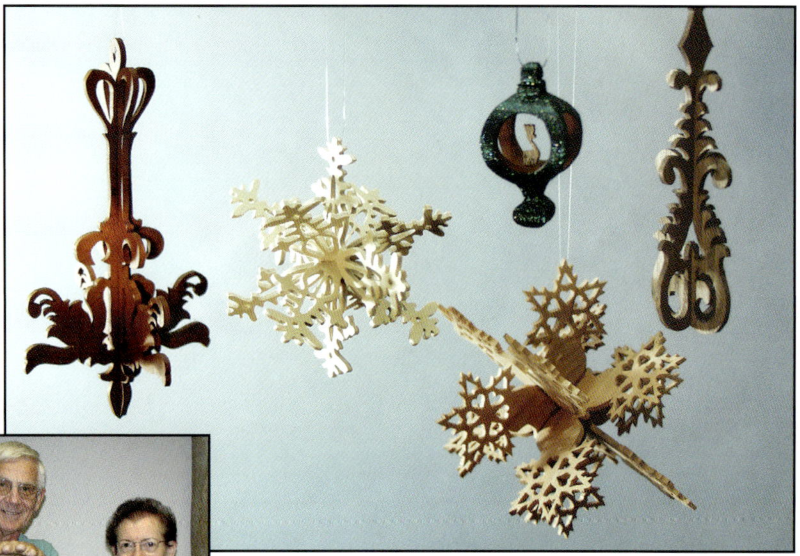

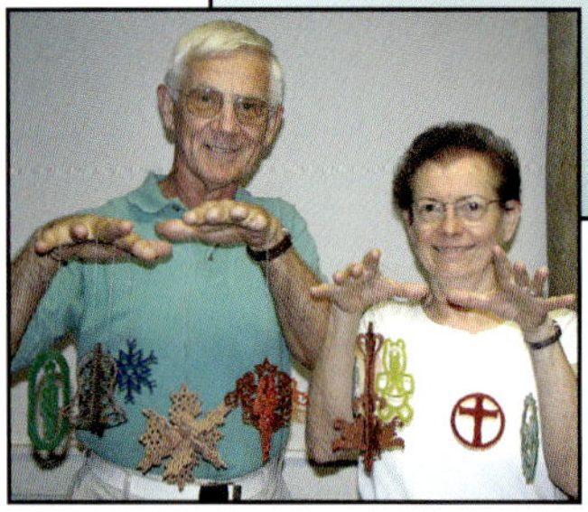

Weihnachten kann kommen! Jim und Margaret Gress führen Jims Werke vor.

1: Die Schneeflocke habe ich mit einem Sägeblatt Nr. 2 aus einem Zungenspatel ausgesägt! So wie bei vielen anderen Ornamenten kam auch hier der Stapelschnitt zum Einsatz.

2, 15: Schneeflocke und Vogelpärchen aus Kupfer (Sägeblatt Nr. 5). Das Kupfer (etwa 0,8 mm stark) gibt es in Bastelläden. Legen Sie immer eine Kupferschicht zwischen zwei Sperrholzschichten, damit sich das Metall nicht verbiegt. Polieren Sie das Kupfer mit einem Metallputzmittel.

3: Anhänger aus Restholz (Sägeblatt Nr. 2). Für das Foto von Max, dem Schnauzer, ist in der Mitte ein Rahmen eingelassen. Bohren Sie zuerst mit einem Forstnerbohrer die Ausnehmung in der Mitte.

4: Engel aus Resopal auf Sperrholz (Sägeblatt Nr. 5). Der Engel besteht aus acht Teilen. Manche Schnitte sind schwierig auszuführen – bleiben Sie genau auf der Vorlagelinie. Für das Resopal ist eine Stärke von 1,5 mm zu empfehlen.

5: Klavier aus Resopal, mit schwarzer Sprühfarbe behandelt, mit Rahmen aus einer CD (Sägeblatt Nr. 5). Beide Teile müssen separat ausgeschnitten werden. Für das Resopal ist eine Stärke von 1,5 mm zu empfehlen. Achten Sie darauf, dass das Klavier auch in den Rahmen passt.

6: Apfel aus 19 mm starkem Kiefernholz (Sägeblatt Nr. 5). Für diesen Reliefschnitt neigen Sie die linke Seite des Sägetisches um etwa 3° nach unten und führen Sie die Schnitte gegen den Uhrzeigersinn aus. Dann stellen Sie die Teile zusammen, sodass die inneren Ausschnitte hervortreten, und bemalen Sie den Apfel.

7: Schlitten mit Teddybär aus Corian (Sägeblatt Nr. 5). Auch hier habe ich im Stapelschnitt gearbeitet und dabei drei Corian-Platten jeweils zwischen zwei Sperrholzschichten eingelegt. Die Corian-Platten sollten 19 mm stark sein. Wegen der hohen Dichte des Materials stellen Sie eine niedrige Geschwindigkeit ein.

8: Büffel aus Leder (Sägeblatt Nr. 5). Das Material ist 6 mm stark. Aus Leder kann man besonders schöne Ornamente herstellen.

9: Schneeflocke aus einem Teppichbodenrest (Sägeblatt Nr. 5). Der Nadelfilzteppich ist etwa 6 mm stark. Er wurde zum Bearbeiten zwischen zwei Sperrholzschichten eingelegt.

10, 12: Schneeflocke, Geige und Trompete aus Plexiglas (Sägeblatt Nr. 5). Plexiglas ist schwer zu bearbeiten: Kaum hat man es geschnitten, verschmilzt es schon wieder. Ich arbeite daher im Stapelschnitt und trenne dabei die einzelnen Plexiglasschichten jeweils durch eine Schicht Sperrholz und eine Schicht Abdeckband. Nach dem Abnehmen des Abdeckbandes kann ich verschiedene Schichten zusammenkleben. Wenn das Licht durch die Plexiglas-Ornamente scheint, entstehen schöne Farbeffekte. Für Plexiglas und Sperrholz empfehle ich eine Stärke von 3 mm.

11: Christbaum aus Plexiglas auf Sperrholz (Sägeblatt Nr. 5). Bohren Sie zuerst kleine Löcher in das Plexiglas, legen Sie es auf das Sperrholz und markieren Sie das Holz durch die Löcher hindurch mit einem Bleistift. Nun bemalen Sie das Holz an den markierten Stellen mit bunten Farben. Für Plexiglas und Sperrholz empfehle ich eine Stärke von 3 mm.

13: Rentier aus Kupfer auf Sperrholz (Sägeblatt Nr. 5). Polieren Sie das 0,8 mm starke Kupfer und legen Sie es zum Aussägen zwischen zwei Sperrholzschichten.

14: Anhänger aus einer Star-Vinyl-Bodenfliese (Sägeblatt Nr. 5). Dieses 3 mm starke Material, das u. a. für den Fußboden in Supermärkten verwendet wird, muss zum Sägen nicht gestapelt werden. Bohren Sie aber unbedingt ein Startloch.

Nicht nur für Küche und Bad

Wegen seiner Wandlungsfähigkeit wird der Verbundwerkstoff Corian bei Künstlern immer beliebter

Text und Fotos von Mike Randazzo
Entworfen und umgesetzt von Jim Carroll

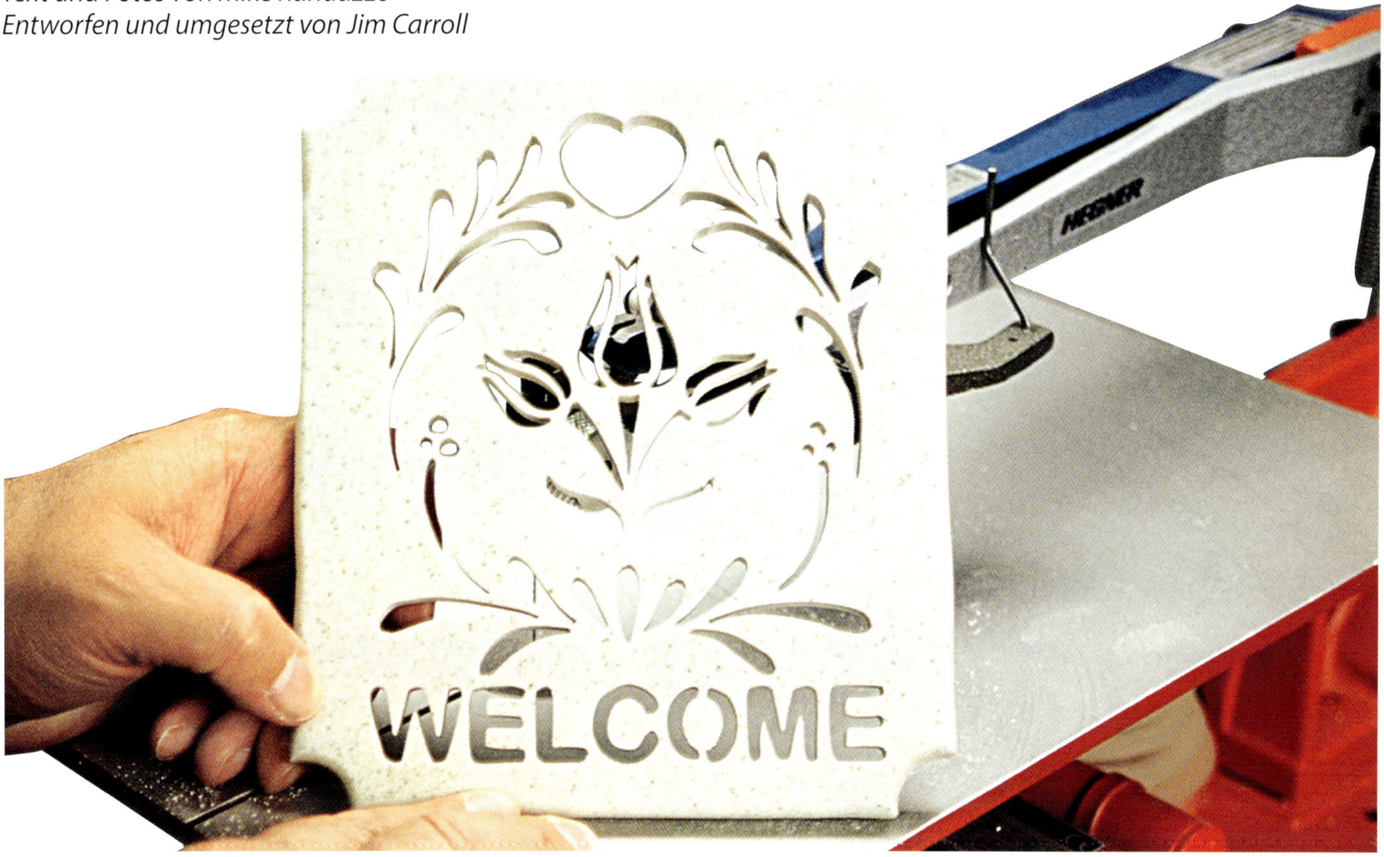

Bei meinem Besuch am Kunsthandwerksmarkt in Stevens, Pennsylvania, war es drückend heiß, und ich suchte Zuflucht unter der Markise beim Verkaufsstand von Jim Carroll. So kam es, dass mein Blick auf Jims Corian-Arbeiten fiel. Schon hatte sich eine Schar von Besuchern eingefunden, die seine Landschaftsbilder, Tierdarstellungen und Volkskunstmotive bewunderte.

„Corian ist für die Dekupiersäge sehr gut geeignet, es ist angenehm zu bearbeiten und macht in gewisser Hinsicht weniger Probleme als manche Holzarten, weil man sich nicht um die Faserrichtung kümmern muss", erklärte mir Jim. Ein Untersetzer mit einem durchbrochenen Blumenmotiv soll als Beispiel für die Wandlungsfähigkeit dieses Werkstoffes dienen.

Vorbereitung und Sägearbeit

Bekleben Sie das Corian an der Oberseite mit Isolierband. Dadurch wird das Material beim Schneiden nicht zu heiß. Das Isolierband verhindert auch, dass die Sägestaubteilchen zurück in den Sägeschlitz wandern, schmelzen und das Material wieder zusammenkleben, wodurch die Teile schwer zu trennen sind.

Material & Werkzeug

Material

- 1 Stück Corian, 6–12 x 200 x 250 mm
- Präzisionsgeschliffenes weitgezahntes Sägeblatt, Nr. 5 und Nr. 7
- Nass-/Trocken-Schleifpapier, Körnungen: 300, 600, 800, 1200, 2400
- Isolier-, Abdeck- oder Paketklebeband
- Schranktürstopper (optional)
- Lederband, ca. 450 mm lang (optional)

Werkzeug

- Standbohrmaschine oder andere Bohrmaschine
- Exzenter- oder Handschleifer
- Bohrer mit 1,5 mm Ø (oder kleiner)
- Oberfräse mit 12-mm-Rundungsfräser
- Heißklebepistole oder Cyanacrylatkleber
- Automatisches Poliergerät mit Diamantspitze (optional)

„Sie können auch Abdeckband oder Paketklebeband nehmen, aber nach meiner Erfahrung funktioniert es mit Isolierband besser", rät Carroll.

Bringen Sie eine dicke Schicht ablösbaren Sprühkleber auf die Vorlage auf. Platzieren Sie die Vorlage sofort auf dem Isolierband, drücken Sie sie fest darauf und lassen Sie den Kleber etwa fünf Minuten lang anziehen. Dann bohren Sie die 1,5-mm-Startlöcher für die Innenschnitte.

Filigran ausgesägtes Corian ist bruchanfällig und bleibt meist nicht heil, wenn es hinunterfällt. Sägen Sie zuerst die Außenschnitte. Bei den Blumenornamenten empfiehlt Jim, zuerst die kleineren, dann die größeren Ausschnitte zu sägen.

„Wenn zwischen zwei Ausschnitten eine ganz dünne Wand stehenbleibt, dann sollte sie ein bisschen dicker ausfallen, als es bei Holz notwendig wäre", erklärt er.

Beim Arbeiten mit Corian ist es wichtig, einen möglichst gleichmäßigen Druck auszuüben. Sie brauchen aber das Werkstück nicht gegen das Sägeblatt zu drücken. Eine niedrige Geschwindigkeit ist zu empfehlen: Jim Carroll zum Beispiel stellt seine Säge auf etwa 700–800 SPM ein.

„Lassen Sie das Sägeblatt die Arbeit machen", empfiehlt Jim. Er nimmt für 80 bis 90 % seiner Arbeit ein präzisionsgeschliffenes weitgezahntes Sägeblatt Nr. 7. Für feinere durchbrochene Arbeiten kommt das Sägeblatt Nr. 5 zum Einsatz. Laut Jim Carroll kann das Material bis zu einer Höhe von 25 mm gestapelt werden; wenn man im Stapelschnitt arbeiten will, ist man jedoch möglicherweise mit einem Sägeblatt Nr. 9 besser bedient.

Wenn alle Schnitte ausgeführt sind, werden Isolierband und Vorlage entfernt.

Fertigstellung

Ausriss kommt bei Corian eigentlich nicht vor, aber vor allem bei langen Innenschnitten können raue Schnittflächen entstehen. Diese können Sie mit einem automatischen Poliergerät mit Diamantspitze glätten.

Sie können die oberen und unteren Kanten mit einer Oberfräse mit einem 12-mm-Rundungsfräser abrunden. Die Arbeit wirkt dadurch sehr professionell und verkauft sich auch besser. „Für Rundungsfräser mit Karbidspitze ist Corian schwerer zu bewältigen, aber wenn Sie eine niedrige Geschwindigkeit einstellen und den Fräser die Arbeit machen lassen, wird das Gerät es schaffen", meint Jim Carroll.

ARBEITEN MIT CORIAN **TIPP**

Um Sägespuren bei Innenschnitten und engen Kurven zu reduzieren, können Sie den Rücken des Sägeblattes mit einem Schleifstein, wie er für Bandsägen verwendet wird, abrunden. Spannen Sie dazu das Sägeblatt und stellen Sie die Säge auf Höchstgeschwindigkeit. Dann bewegen Sie den Stein kreisend abwechselnd von der linken auf die rechte Seite. Der ganze Vorgang dauert auf jeder Seite nur zehn Sekunden.

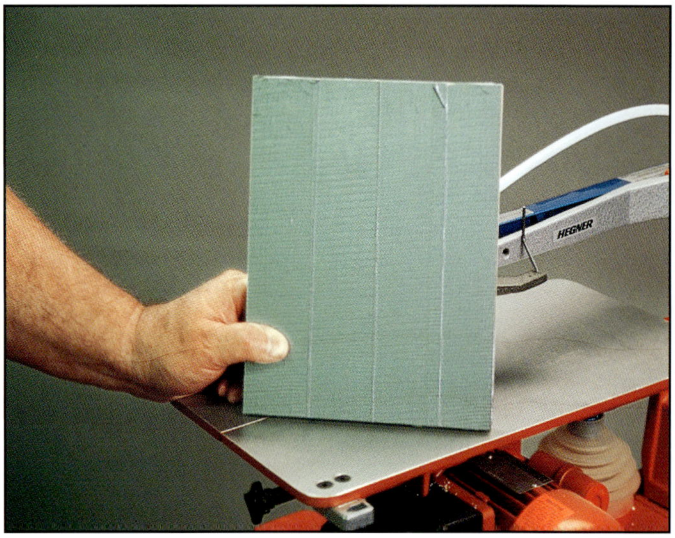

Eine Schicht Isolierband auf der Oberseite des Corianrohlings verhindert, dass der Sägestaub in den Sägeschlitz wandert.

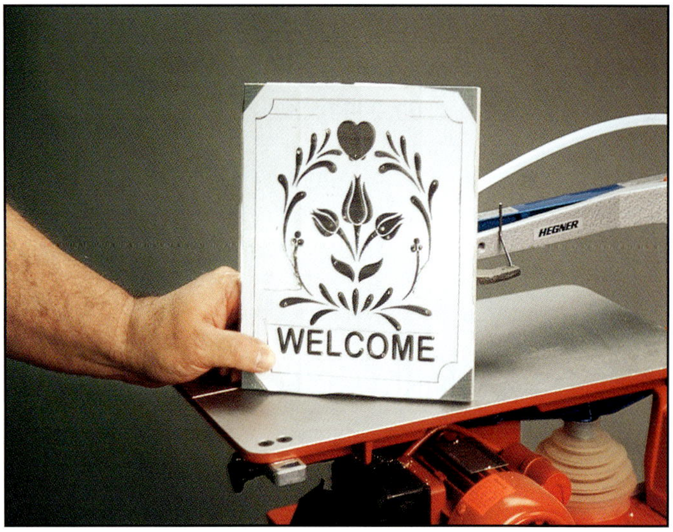

Bringen Sie Klebstoff auf die Rückseite der Vorlage auf, drücken Sie sie sofort auf das Isolierband und lassen Sie den Klebstoff 5 Minuten anziehen.

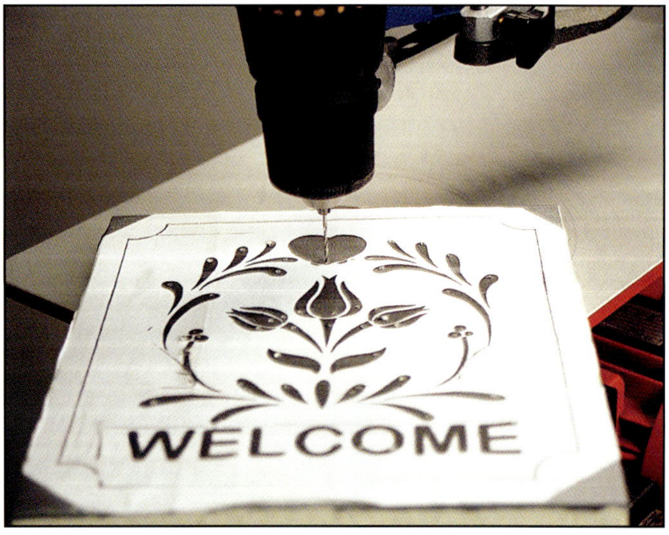

Bohren Sie mit einem 1,5-mm-Bohrer die Startlöcher für die Innenschnitte.

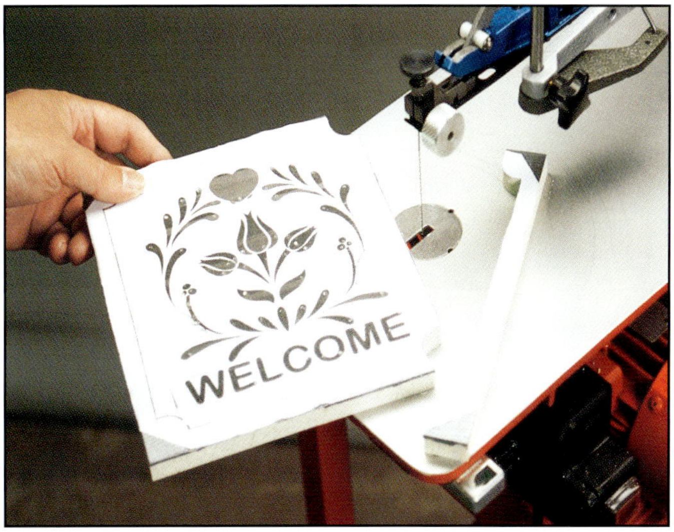

Führen Sie die Außenschnitte zuerst aus. Lassen Sie sich Zeit und achten Sie auf eine gleichmäßige Schiebegeschwindigkeit.

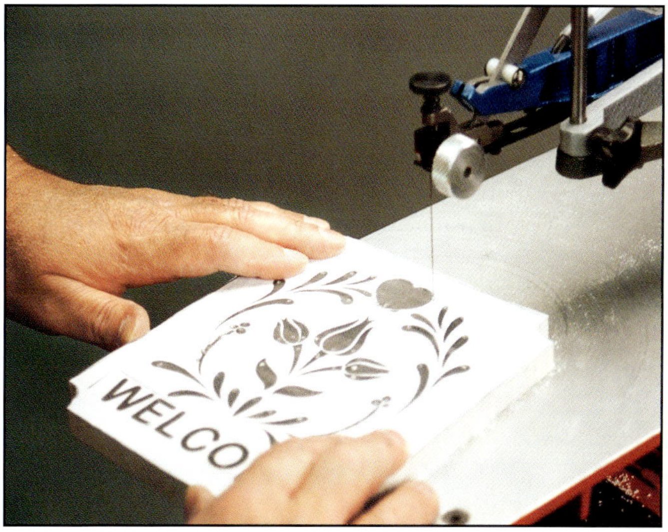

Bei den Blumenornamenten sägen Sie zuerst die kleineren, dann die größeren Ausschnitte.

Beim Schleifen beginnt man am besten mit Nass-/Trocken-Schleifpapier der Körnung 300 und nimmt nach und nach immer feineres Schleifpapier (Abfolge nach Jims Empfehlung: 300, 600, 800, 1200, 2400). Das Abschleifen von Corian ist im Wesentlichen ein zweiteiliger Vorgang, bestehend aus abwechselnden Schleif- und Spülphasen, der in weniger als zehn Minuten abgeschlossen ist.

Spülen Sie bei jedem Körnungswechsel die Oberfläche ab, um den gesamten Schleifstaub vom letzten Schleifgang zu entfernen. Beim Schleifen mit den Körnungen 1200 und 2400 kann das Werkstück nass sein, Sie können bei diesen beiden Schleifgängen die Oberfläche befeuchten, wenn sie austrocknet. „Ich verwende eine Spritzflasche mit Wasser und besprühe die Oberfläche nach Bedarf", sagt Jim Carroll.

Bewegen Sie das Schleifgerät oder das Schleifpapier in einer horizontalen Bewegung von der linken zur rechten Kante, dann vertikal von oben nach unten, dann diagonal in beide Richtungen. Jim verwendet einen Exzenterschleifer mit variabler Geschwindigkeit. Er stellt eine mittlere Geschwindigkeit ein, das Schleifen dauert meist eine Minute pro Körnung. Zusätzlich empfiehlt er, auch die Kanten abzuschleifen, um Frässpuren zu entfernen.

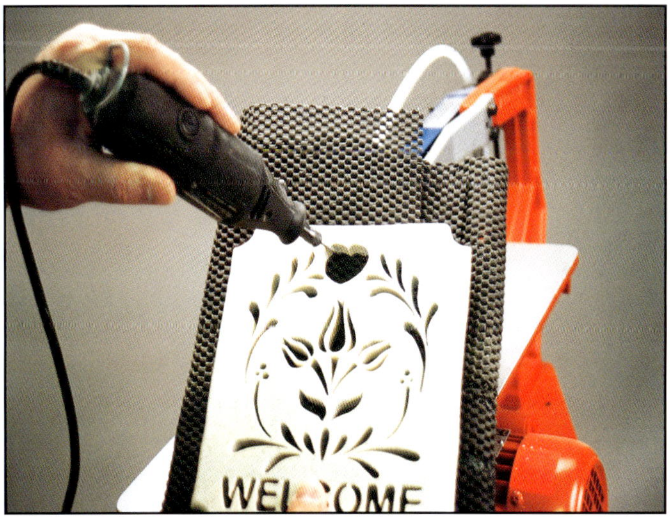

Sägespuren können Sie mit einem automatischen Poliergerät oder mithilfe von Schleifpapier und einem Dübel entfernen.

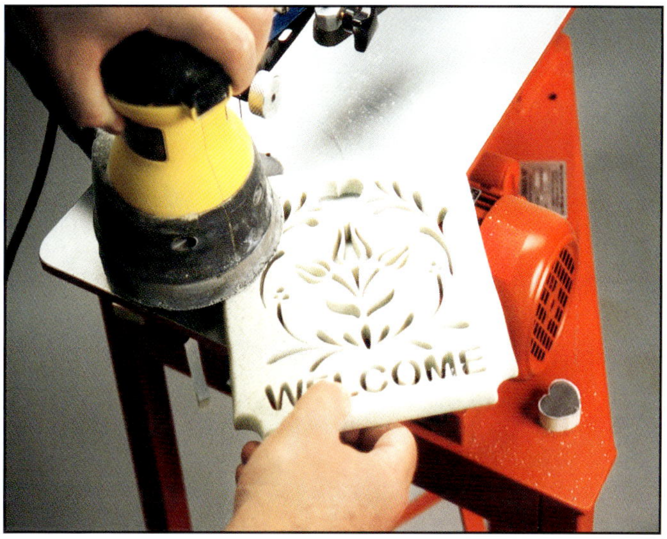

Der Exzenterschleifer erzeugt ein zufälliges Schleifmuster, dadurch wird die Oberfläche schöner.

„Beim manuellen Schleifen von Corian sind die Schleifspuren zu stark sichtbar", erklärt Carroll. „Der Exzenterschleifer erzeugt ein zufälliges Schleifmuster, so erhält man ein schöneres Finish."

Letzte Handgriffe

Wenn das fertige Stück als Untersetzer dienen soll, kleben Sie an der Unterseite an allen vier Ecken transparente Schranktürstopper aus Kunststoff an. Wenn es als Wandschmuck gedacht ist, bohren Sie zwei Löcher (3 mm Ø, siehe Vorlage), ziehen Sie das Lederband durch die Löcher auf der Vorderseite und verknoten Sie es auf der Rückseite.

Fragen Sie bei Tischlereien in Ihrer Nähe nach, ob diese Corian-Reste abgeben. „Ich blättere gern die Gelben Seiten durch und suche die Unternehmen heraus, die Arbeitsplatten aus Corian verwenden", erzählt Carroll. Allerdings gibt es auch Firmen, die nur ungern oder gar nicht bereit sind, dieses Material abzugeben.

In vieler Hinsicht verhält Corian sich genau wie Holz. Wenn Sie zum Beispiel zu einer 90°-Ecke kommen, sägen Sie sie von einer Seite her zur Ecke, schneiden Sie in den Abfallbereich hinein und sägen Sie von der anderen Seite zur Ecke, so wie Sie es bei Birkenholz machen würden.

Alles in allem ist Corian ein Material, mit dem Sie Ihren gestalterischen Horizont erweitern können. Man braucht etwas Zeit, um seine Eigenheiten kennenzulernen. „Lassen Sie sich Zeit, gehen Sie es langsam an und üben Sie", empfiehlt Jim Carroll. „Nehmen Sie ein kleines Reststück und probieren Sie, Kreisformen oder irgendwelche Formen auszusägen, die Ihnen vertraut sind. Sie werden bald ein Gespür für den Umgang mit diesem Material entwickeln."

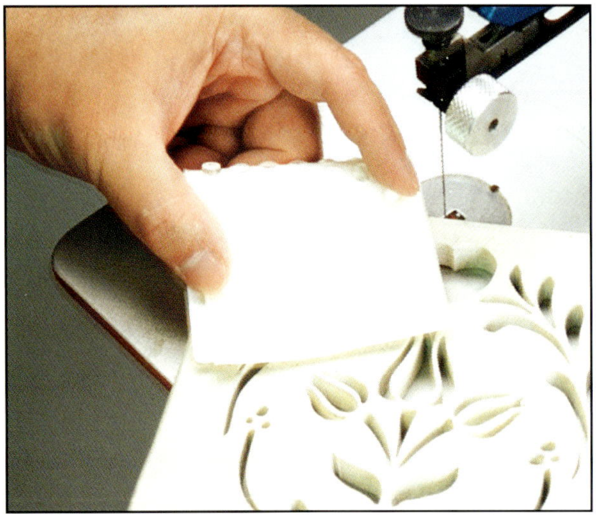

Wenn Sie das fertige Stück als Untersetzer verwenden wollen, bringen Sie diese Schranktürstopper auf der Unterseite an.

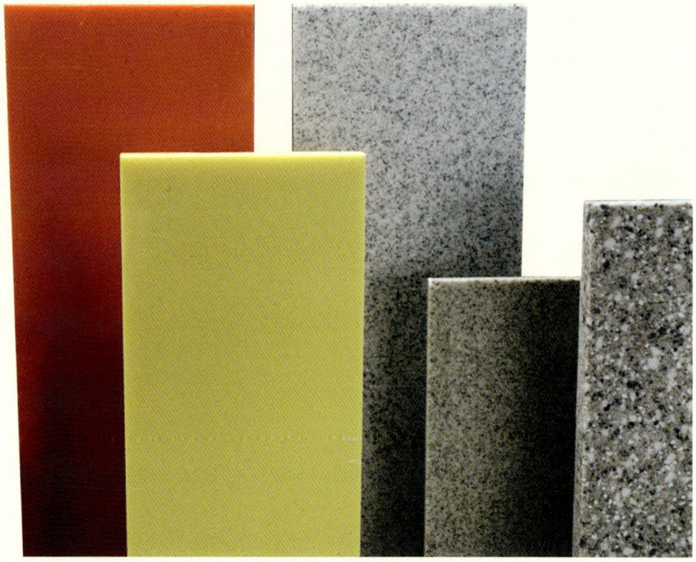

Wissenswertes über Corian®

Corian ist eine eingetragene Marke des Unternehmens E. I. Du Pont de Nemours and Company, das seinen Sitz in Wilmington im US-Bundesstaat Delaware hat. Corian ist in mehr als 80 Farben erhältlich. Die Farbenskala reicht von Nocturne („Schwarz") bis zu Glacier White („Gletscherweiß") und umfasst auch ausgefallene Farbtöne wie Aubergine, Citrus Orange oder Grape Green („Traubengrün").

Laut Angaben der Firma besteht der innovative Mineralwerkstoff aus Naturmaterialien und reinen Acrylpolymeren. Die Endlosplatten werden auf bestimmte Standardmaße zugeschnitten und an zahlreiche Vertriebspartner geliefert. Corian wird in privaten und gewerblichen Räumen eingesetzt. Für die Arbeit mit der Dekupiersäge ist das Format 225 x 300 mm in einer Stärke von 12 mm am beliebtesten, das auch bei dem in diesem Kapitel besprochenen Projekt zum Einsatz kommt.

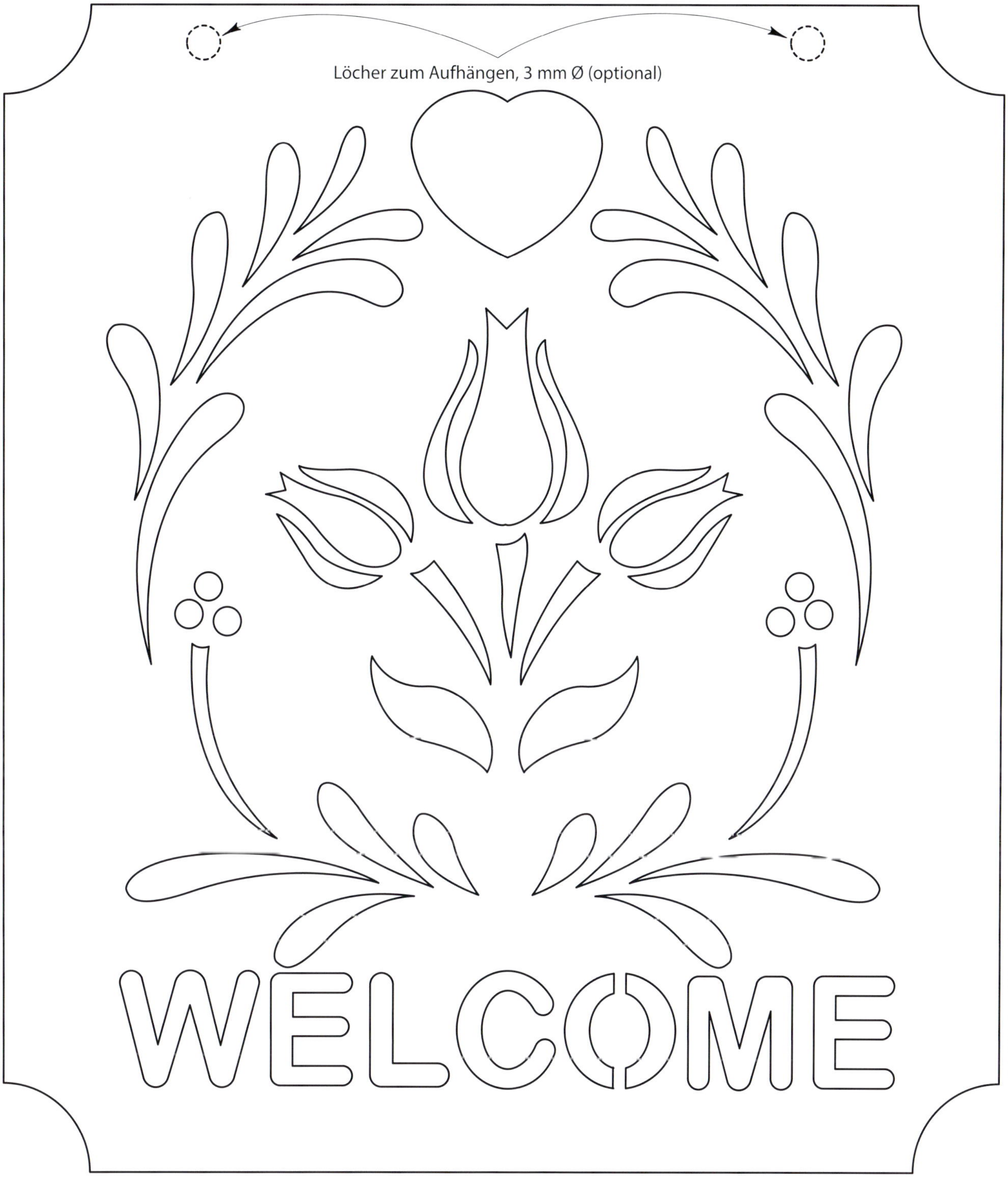

Fotokopie 100 %

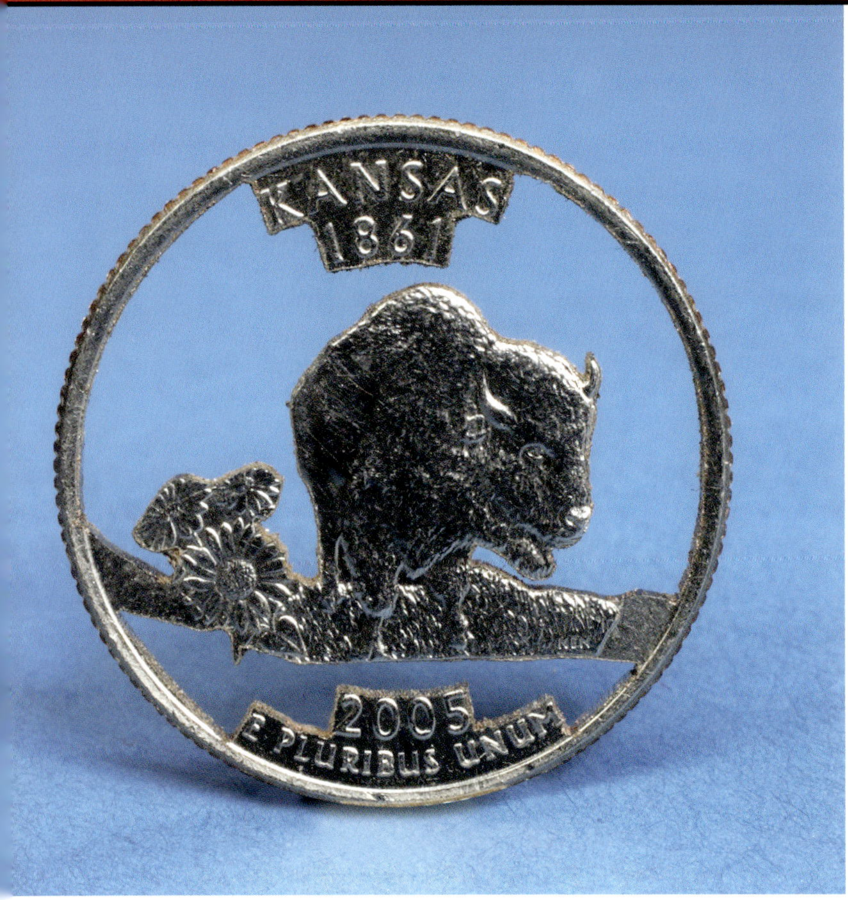

Münzen sägen

Mit einer einfachen Vorrichtung können Sie Münzen mit der Dekupiersäge bearbeiten

Von Jon Ferre

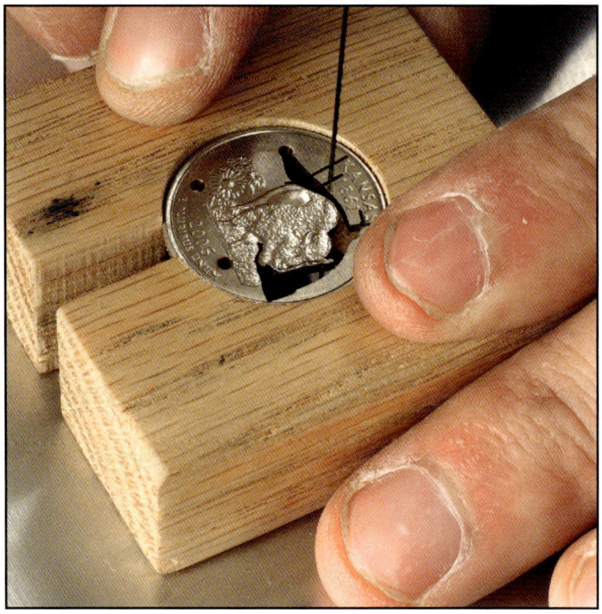

Das Motiv auf der Vierteldollarmünze des Bundesstaates Kansas ist recht einfach auszusägen.

Münzen aussägen ist ein lohnendes Hobby, das auch einige Geschicklichkeit erfordert. Als Münzensammler begann ich mich mit dem Aussägen von Münzen zu beschäftigen, als ich eine Karte der USA mit den Vierteldollarmünzen der einzelnen Bundesstaaten gestaltete. Aber auch ausgefallene Schmuckstücke kann man mit ausgesägten Münzen herstellen.

Durch Herumprobieren ist es mir gelungen, eine einfache Münzen-Haltevorrichtung zu bauen. Bei Vierteldollarmünzen – deren Metall nicht allzu hart ist – nehme ich für den Großteil der Arbeit ein Sägeblatt Nr. 2 und greife nur für die feinen Details zu Nr. 2/0. Wenn Sie mit anderen Münzen arbeiten, experimentieren Sie und finden Sie heraus, welches Sägeblatt am geeignetsten ist.

SÄGEN MIT ÜBERLEGUNG **TIPP**

Überlegen Sie genau, welche Details Sie aussägen wollen, und nehmen Sie sich nicht zu viel vor – sonst kann die Münze brechen.

Haltevorrichtung

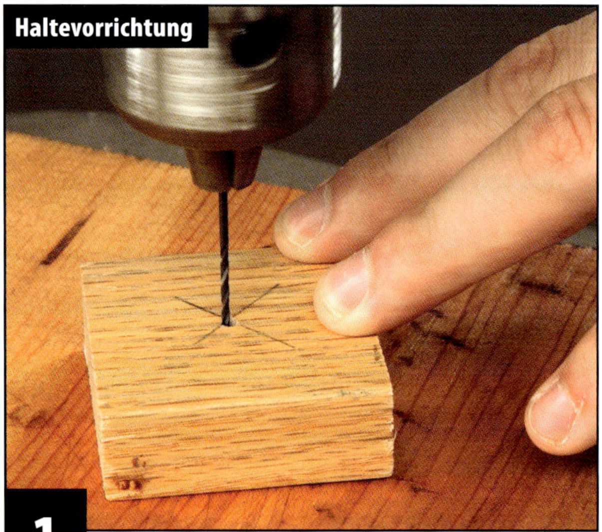

1 **Schneiden Sie ein Stück Hartholz (ich verwende Eichenholz) mit den Maßen 19 x 50 x 50 mm zu.** Bestimmen Sie den Mittelpunkt und markieren Sie ihn mit einem Körner oder einer Ahle. Bohren Sie mit einem 3-mm-Bohrer durch den Mittelpunkt. Dieses Bohrloch dient im Folgenden als Führungsloch.

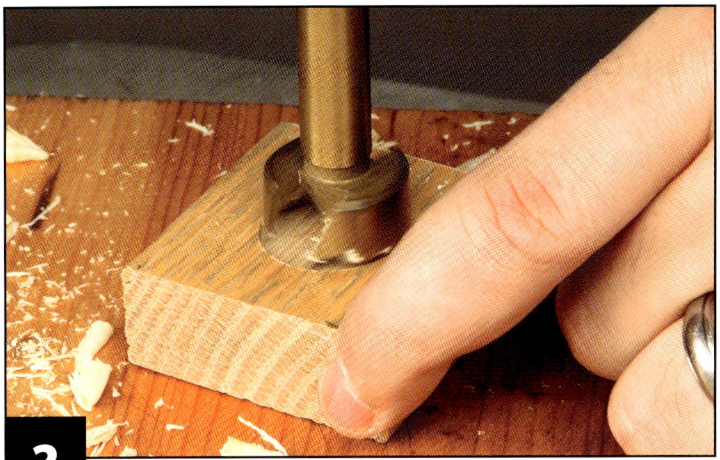

2 **Bohren Sie mit einem Forstnerbohrer eine Ausnehmung mit gut 24 mm Durchmesser und dem Führungsloch als Mittelpunkt.** Die Ausnehmung muss etwas tiefer sein, als die Münze dick ist.

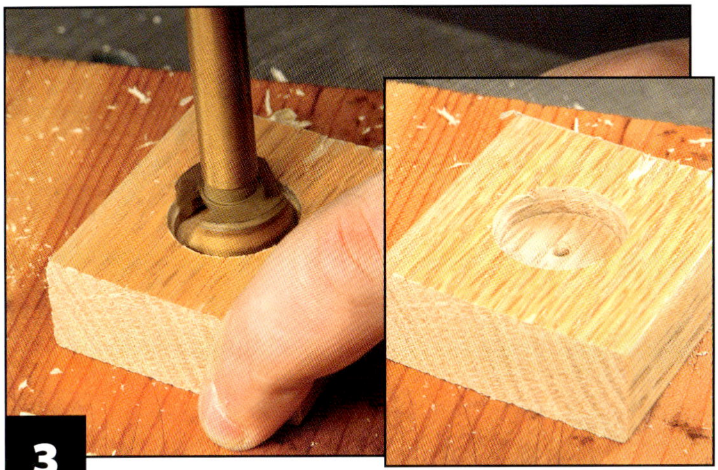

3 **Bohren Sie in der Mitte der Ausnehmung mit einem Forstnerbohrer ein um 3 mm tieferes Loch mit 22,5 mm Durchmesser.** So erhalten Sie eine 1,5 mm breite Auflagefläche für die Münze.

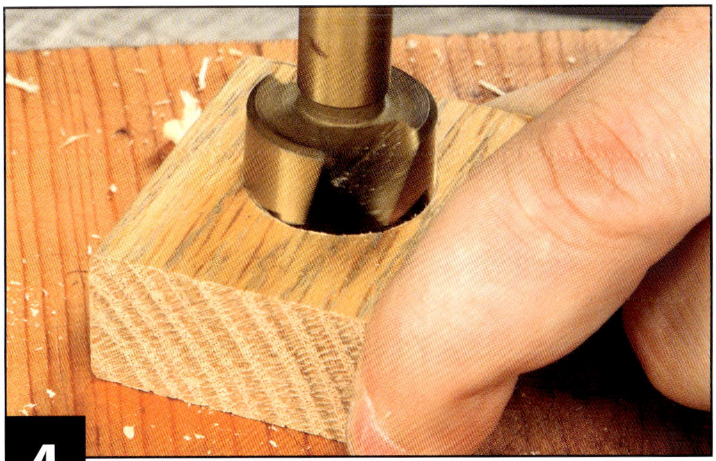

4 **Bohren Sie von der Unterseite her mit einem Forstnerbohrer eine Ausnehmung mit 24 mm Durchmesser.** Bohren Sie so tief, dass Sie das 22,5-mm-Loch erreichen. Passen Sie auf, dass Sie die Auflagefläche nicht zerstören.

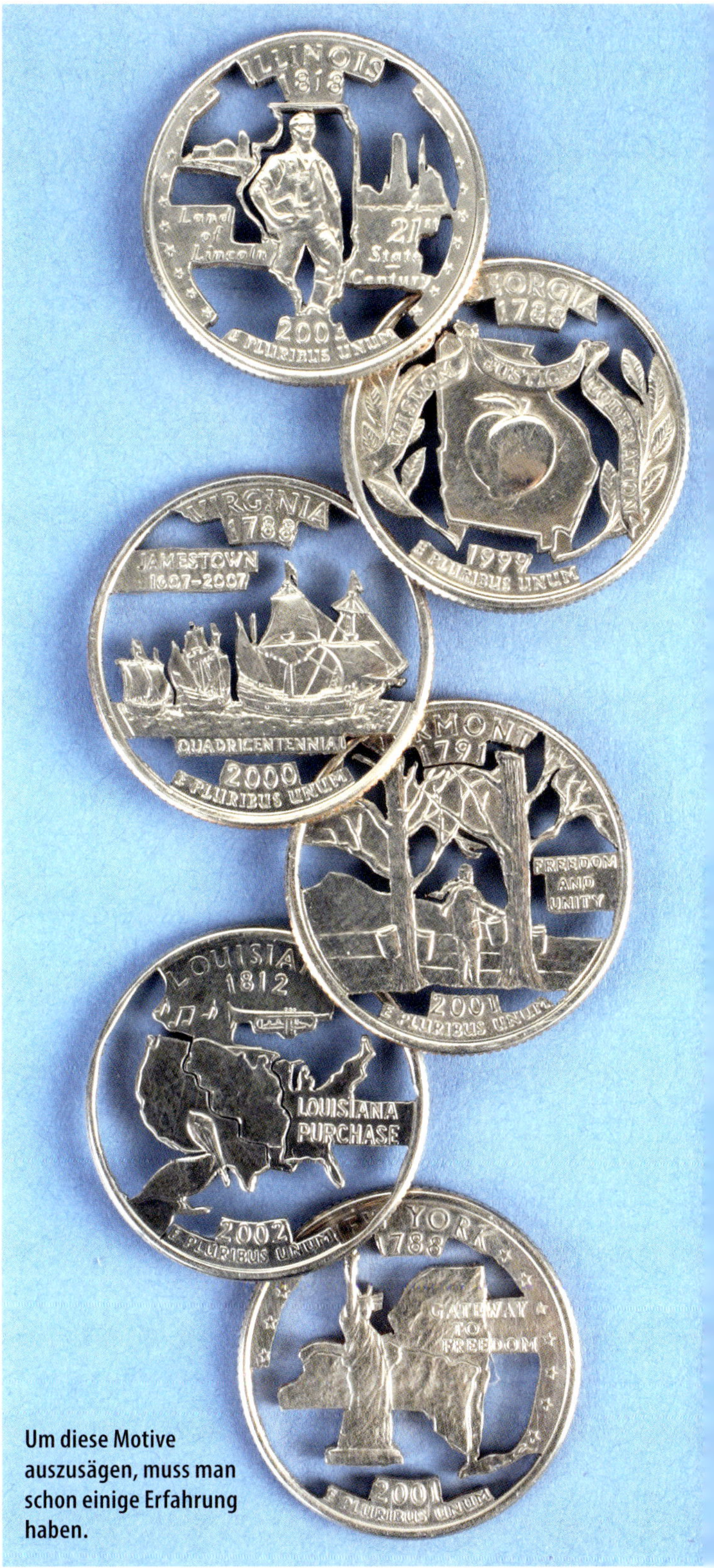

Um diese Motive auszusägen, muss man schon einige Erfahrung haben.

METALL: ENGE KURVEN SCHNEIDEN **TIPP**

Versuchen Sie nicht, das Sägeblatt auf der Stelle zu drehen, sonst bricht es! Schneiden Sie in engen Kurven so lange dünne Späne ab, bis der Sägeschlitz groß genug ist, um das Sägeblatt zu drehen, ohne die eine oder die andere Seite der Schnittlinie zu berühren.

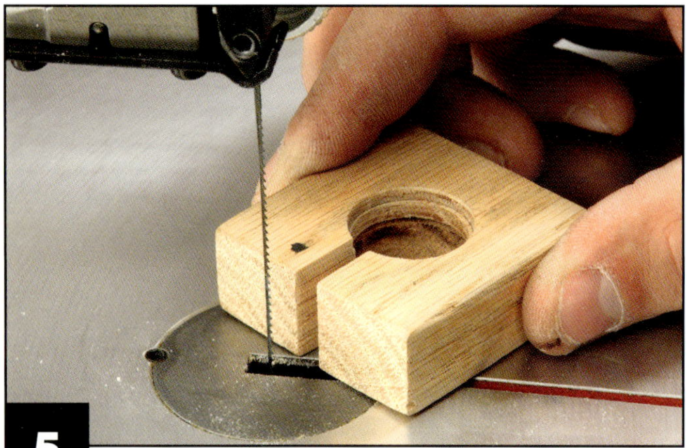

5 **Sägen Sie einen 6 mm breiten Dehnschlitz von einer Seite zur Mitte.** So können Sie die Münze leicht einlegen und herausnehmen, sie sitzt aber trotzdem fest in der Halterung.

Die Münze aussägen

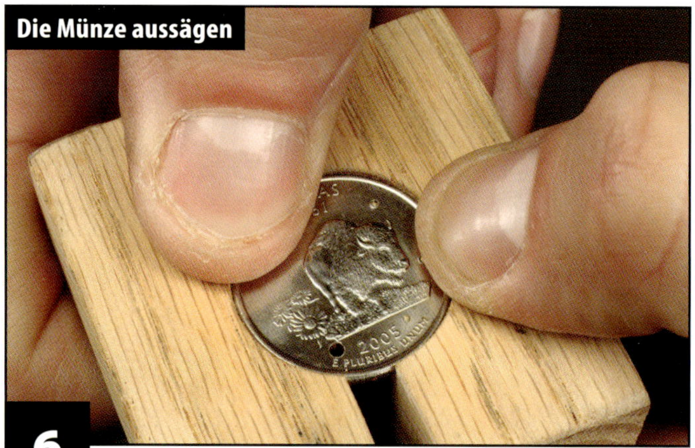

6 **Platzieren Sie die Münze in der Halterung.** Wenn nötig, drücken Sie die Halterung dabei mit einem Schraubenzieher auseinander.

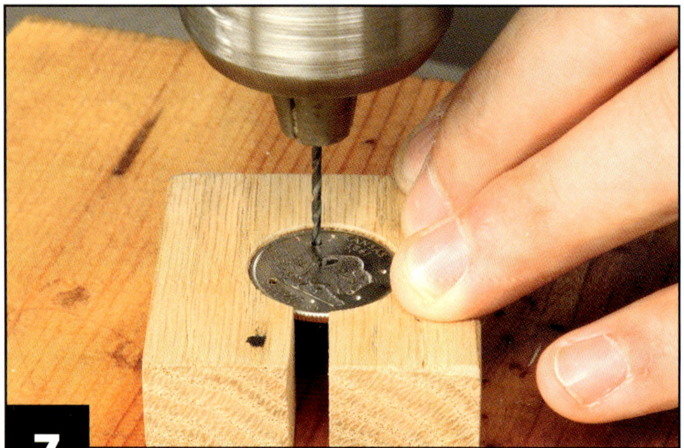

7 **Markieren Sie die Position der Startlöcher mit einem Körner, damit der Bohrer nicht wandert.** Bohren Sie mehrere Startlöcher, damit Sie möglichst viele gerade Linien sägen können und das Sägeblatt nicht so oft bricht. Verwenden Sie einen 1-mm-Bohrer. Wahlweise nehmen Sie einen 1,5-mm-Bohrer und arbeiten Sie besonders vorsichtig.

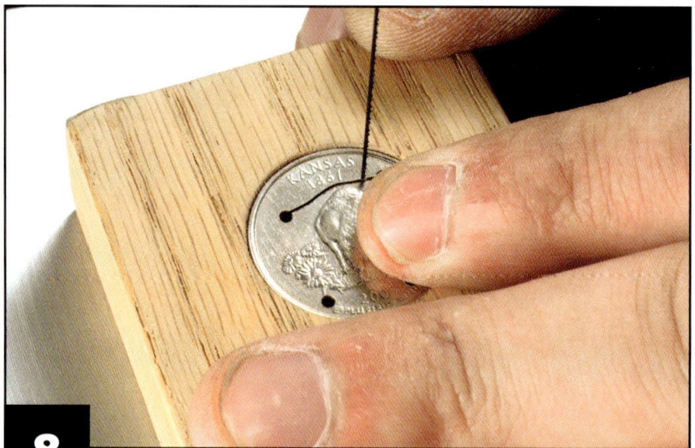

8 **Führen Sie das Sägeblatt durch ein Startloch.** Verteilen Sie mit der Fingerspitze einen Tropfen leichtes Nähmaschinenöl auf den Seiten und auf dem Rücken des Sägeblattes. Das Öl macht das Sägeblatt gleitfähiger und erleichtert das Sägen. Zu viel Öl bildet „Pfützen" und zieht Sägestaub an, dadurch ist das Motiv schwerer erkennbar. Verbinden Sie mit dem ersten Schnitt die Startlöcher.

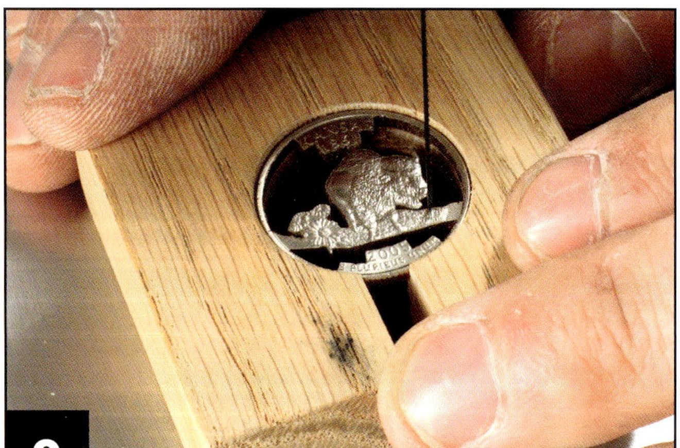

9 **Verbreitern Sie die in Schritt 8 gesägten Linien, bis sich das Sägeblatt leicht drehen lässt, ohne dass es das Werkstück berührt.** Dann machen Sie gerade Einschnitte in die Detailbereiche hinein. Sägen Sie alle gewünschten Details aus. Entfernen Sie mit Nadelfeilen alle Grate, glätten Sie alle Unebenheiten und versäubern Sie die Kurven. Polieren Sie die Münze mit Metallpolitur oder einem Polierrad.

Material & Werkzeug

Material

- Hartholz (ich verwende Eiche), 19 x 50 x 50 mm
- Münze (Vierteldollar)
- Leichtes Nähmaschinenöl
- Metallpolitur (optional)

Werkzeug

- Körner
- Bohrmaschine
- Metallbohrer, 3 mm Ø
- Metallbohrer, 1 mm oder 1,5 mm Ø
- Forstnerbohrer, 24 mm und 22,5 mm Ø
- Nadelfeilen
- Polierrad (optional)
- Schraubenzieher (zum Einlegen der Münze in die Halterung)

„Musikalische" Grüße

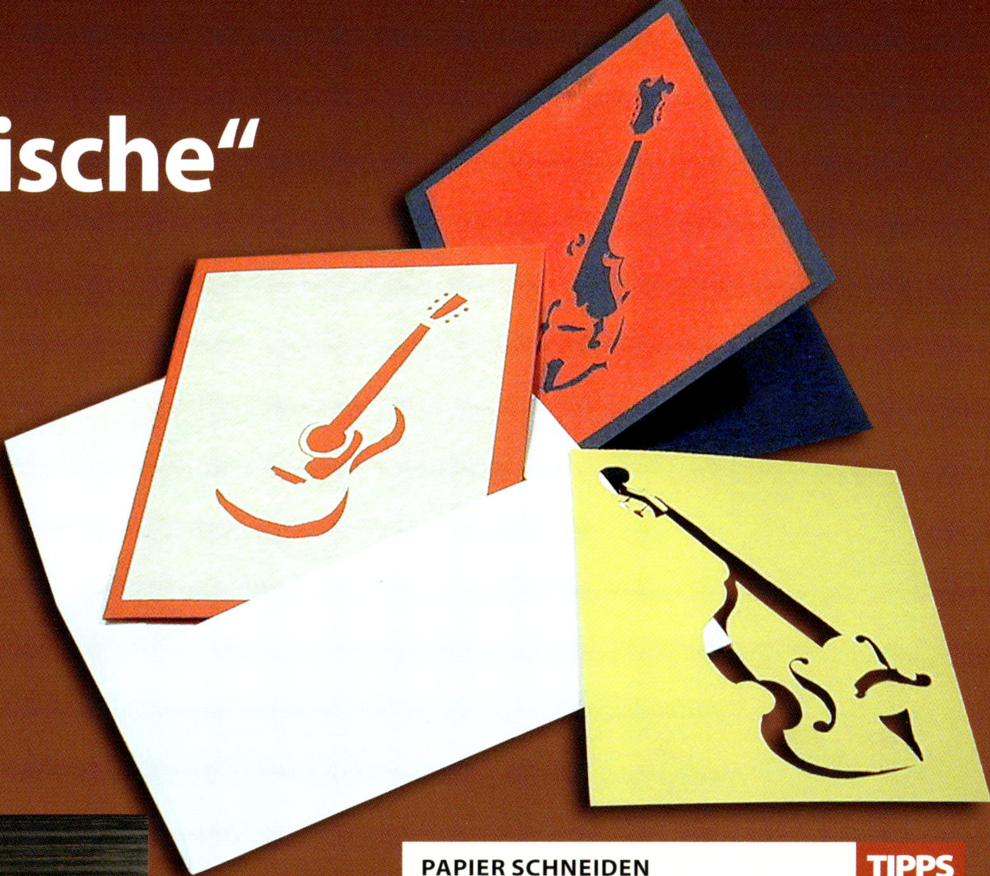

Ganz besondere, selbst gemachte Grußkarten

Von Stephen Miklos

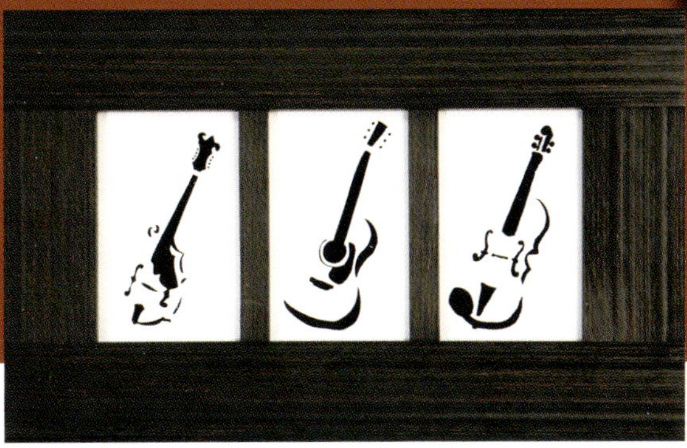

Drei Grußkarten – eindrucksvoll präsentiert

Über eine selbst gemachte Grußkarte freut sich der Empfänger gleich doppelt. Meine ersten „musikalischen" Grußkarten habe ich für die Kunden meines Dulcimer-Shops entworfen. Weil sie so gut ankamen, ließ ich noch andere Motive folgen und hatte bald eine ganze Musikkapelle zusammengestellt.

Die Silhouette eines Instruments wird ausgeschnitten und als „Schablone" auf die Karte geklebt. Im Stapelschnitt können Sie aus jedem hochwertigen Papier oder Karton Dutzende Schablonen auf einmal herstellen. Für die Karte selbst nehmen Sie vorgefalzten Karton oder falten Sie den Karton selbst. Sie können zwei kräftige, kontrastierende Farben miteinander kombinieren oder mit zwei zarten Pastelltönen einen subtil-verhaltenen Effekt erzeugen.

Zuschneiden

Den Stapel für die Schablone schneiden Sie am besten mit einer Papierschneidemaschine auf ein Format von 93 x 136 mm zu. Damit bleibt auf einer Karte im DIN-A6-Standardformat von 105 x 148 mm rund um die Schablone ein Rand von 6 mm. Nun schneiden Sie zwei Stücke Sperrholz oder steifen Karton auf dasselbe Format zu und legen den Papierstapel zwischen diese beiden Schichten. Ich umwickle den Stapel noch mit Malerabdeckband, das sich nachher leicht abziehen lässt. Befestigen Sie die Vorlage mit Sprühkleber auf dem Stapel.

PAPIER SCHNEIDEN — TIPPS

Einen Stapel Papier kann man ebenso schneiden wie einen Stapel Holz. Einige Punkte sind jedoch zu beachten.

1. *Wegen der geringen Steifigkeit des Papiers muss es zwischen zwei Holz- oder Kartonstücke eingelegt werden.*
2. *Um Brandspuren zu vermeiden, arbeiten Sie bei mäßiger Geschwindigkeit und halten Sie die Säge in Bewegung, damit sich das Sägeblatt nicht zu lange an einer Stelle auf- und abbewegt.*
3. *Ich empfehle ein Kronensägeblatt Nr. 2, damit Sie beim ganzen Stapel eine glatte Kante erhalten. Bei einem feineren Sägeblatt kommt es leicht zu Brandspuren, bei einem gröberen entsteht nicht immer eine glatte Kante.*
4. *Papier erzeugt viel Sägestaub. Da Sie nicht wissen, welche Farbstoffe und anderen Chemikalien bei der Herstellung verwendet wurden, tragen Sie unbedingt eine Staubmaske.*
5. *Damit die Säge nicht steckenbleibt, sollte der Stapel nicht höher als etwa 19 mm sein. Das ergibt je nach der Stärke des Papiers zwischen 50 und 200 Schablonen. Ich mische dabei gerne verschiedene Papierstärken, -strukturen und -farben.*
6. *Kaufen Sie das Papier in einem Bürobedarfs-, Künstlerbedarfs- oder Papierfachgeschäft. Vorsicht bei billigem Bastelpapier, das für Kinder angeboten wird: Es ist nicht lichtecht und bleicht schnell aus.*

Bohren/schneiden

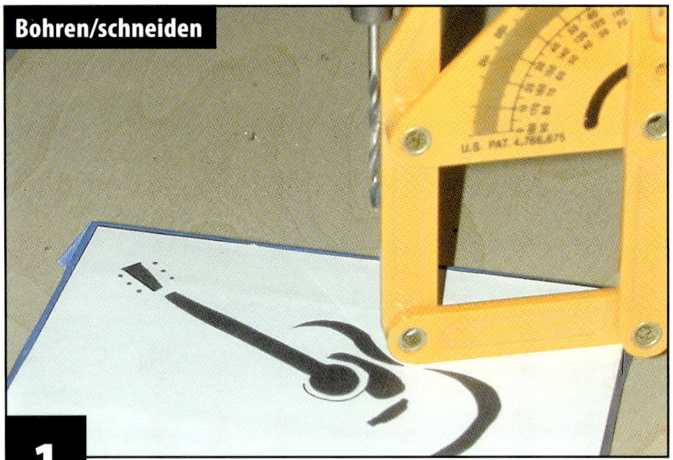

1 **Bohren Sie die Startlöcher für die Innenschnitte genau senkrecht durch den ganzen Stapel.** Für die größeren Ausschnitte nehmen Sie einen 3-mm-Bohrer, für die kleineren einen 1,5-mm-Bohrer. Bohren Sie die Wirbel der Gitarre, der Mandoline und des Dulcimer mit einem 1,5-mm-Bohrer.

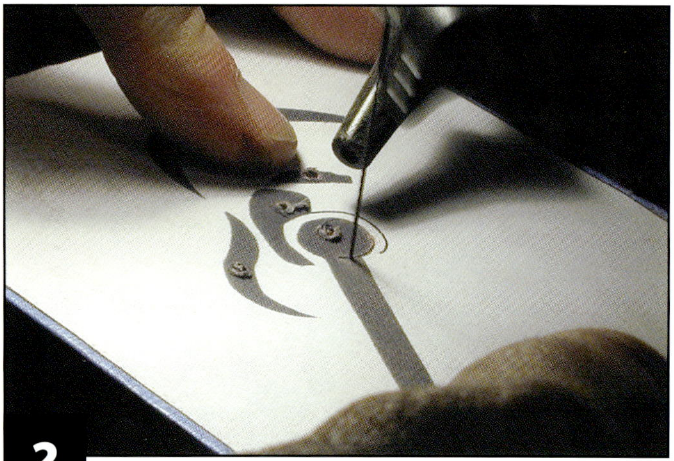

2 **Schneiden Sie das Schallloch der Gitarre rundherum aus (nehmen Sie dazu keinen Bohrer; ein exakter Kreis würde nicht zum Stil des Entwurfes passen).** Dann schneiden Sie gerade aufwärts am Umriss des Halses entlang. Dort, wo das Schallloch und das Griffbrett aufeinandertreffen, ist eine exakte Ecke besonders wichtig.

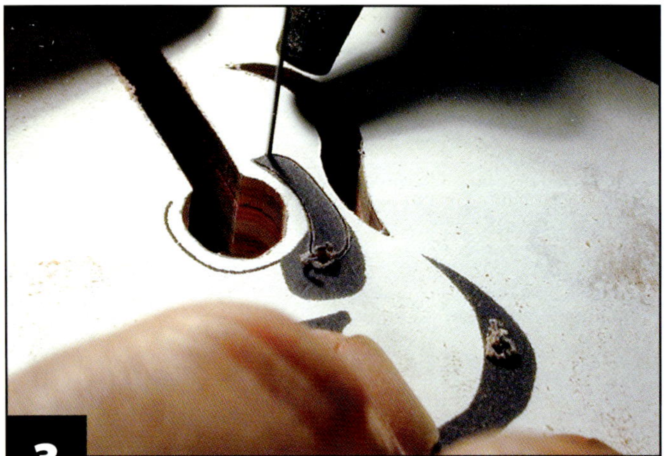

3 **Schneiden Sie zuerst von der einen dann von der anderen Seite in die Ecke.** (Nicht in der Ecke drehen – Gefahr von Brandspuren!

Zusammenstellen

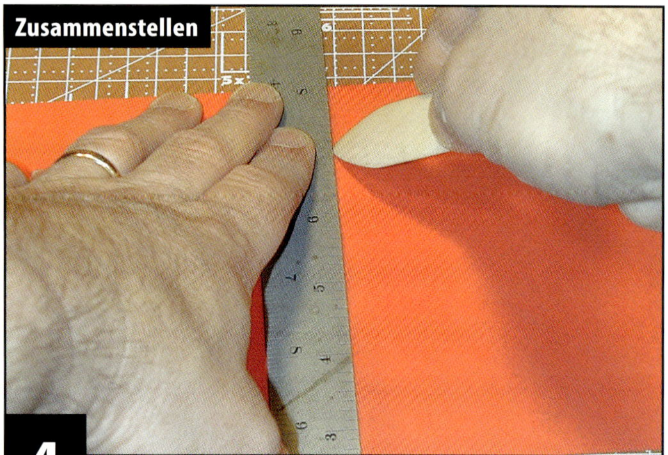

4 **Schneiden Sie ein Stück A4-großen Karton in zwei Stücke zu je 148 x 210 mm.** Ziehen Sie auf jedem Stück Karton eine dünne Mittellinie, die ihn in zwei Teile zu je 105 x 148 mm teilt. Ziehen Sie die Linie mithilfe eines Lineals, mit dem Rücken eines Buttermessers oder mit der scharfen Seite eines Falzbeins nach. Der Falz sollte auf der Innenseite als Furche, auf der Außenseite als Grat sichtbar sein. Der Karton kann an dem Falz entlang exakt gefaltet werden.

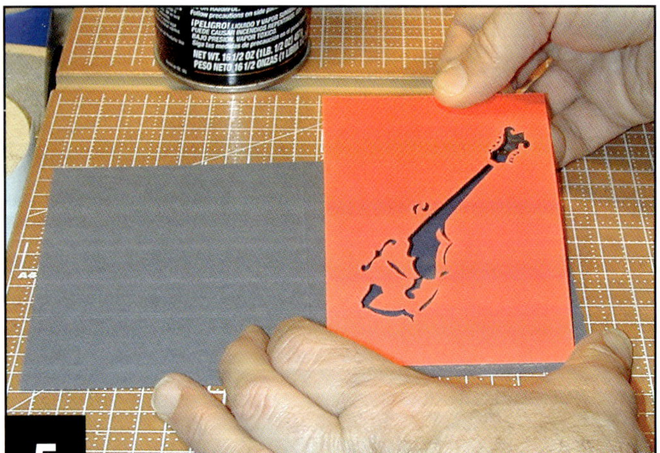

5 **Bringen Sie auf die Rückseite der Schablone einen Sprühlack-Überzug auf.** Platzieren Sie die Schablone mittig auf die rechte Seite (= Vorderseite) der Karte (die Innenseite der Karte muss dabei nach unten zeigen). Nun falten Sie die Karte und glätten Sie den Falz mit der flachen Seite des Falzbeins.

Material & Werkzeug

Material

- Papier für die Schablone
- Karton für die Karten
- Karton oder Sperrholz für den Stapelschnitt
- Sprühkleber (um die Vorlage am Stapel und die Schablone am Karton zu befestigen)

Werkzeug

- Kronensägeblätter Nr. 2 oder Sägeblätter nach Wahl
- Bohrmaschine mit 3-mm- und 1,5-mm-Bohrer
- Falzbein oder Buttermesser
- Papierschneidemaschine
- Lineal

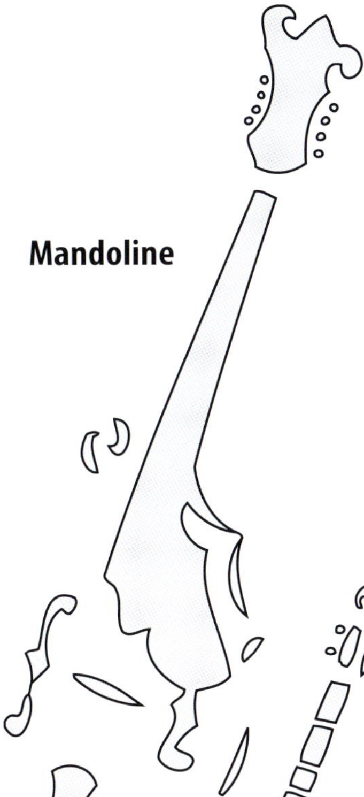

Mandoline

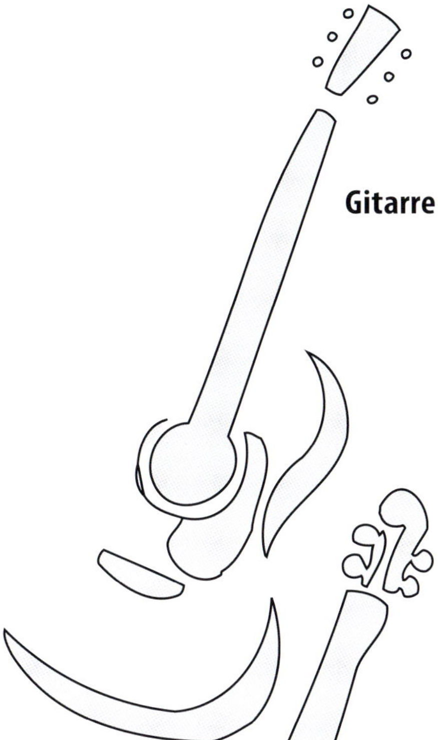

Gitarre

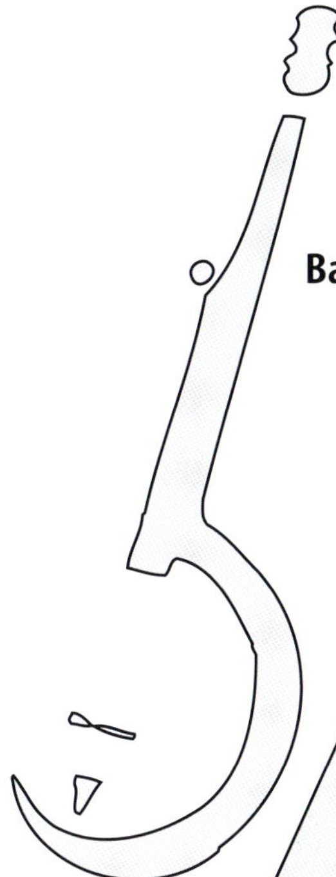

Banjo

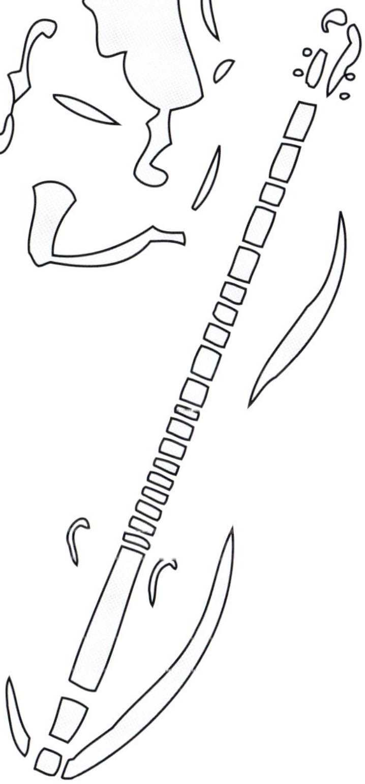

Dulcimer

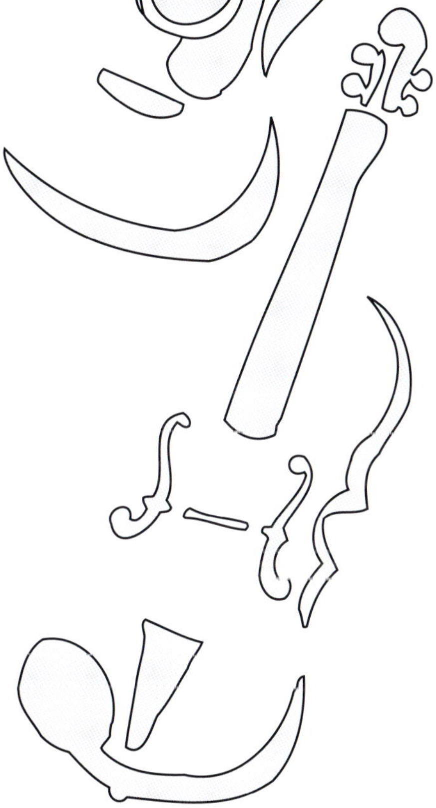

Geige

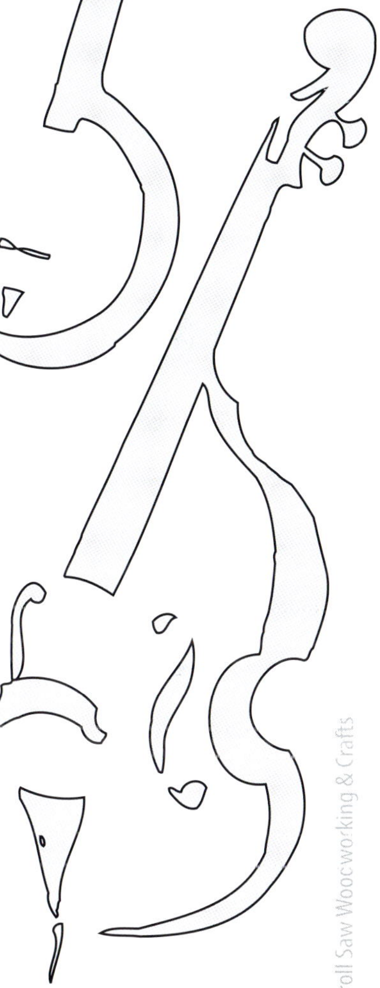

Cello

Fotokopie 100 %

Im Handel erhältliche Dekupiersägen

Es handelt sich hier um eine subjektive Auswahl verschiedener Geräte mit der keinerlei qualitative Bewertung verbunden ist.

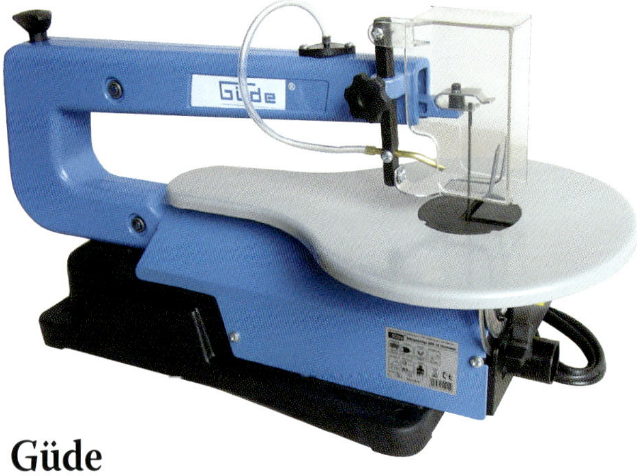

Güde

Technische Daten

Anschluss: 230 V ~ 50 Hz
Max. Leistung: 120 W - S6/30%
Drehzahl: 400 – 1600 min^{-1} (regelbar)
Schnittleistung bei 90°: 50 mm
Schnittleistung bei 45°: 27 mm
Tischgröße: 410 x 250 mm
Aufbaumaße (B x T x H): 630 x 330 x 320 mm
Gewicht Netto/Brutto: 13,6 kg/14,9 kg

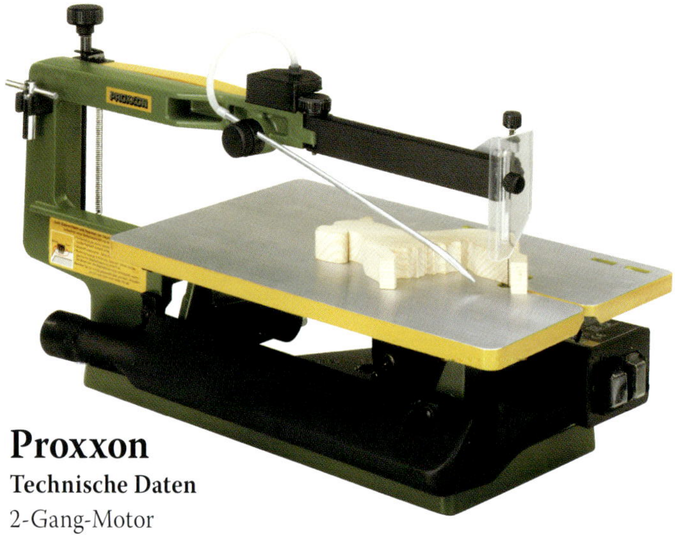

Proxxon

Technische Daten

2-Gang-Motor
220 – 240 V, 205 W
Hubzahl 900 oder 1400/min
Längsdurchgang 460 mm
Durchgangshöhe 65 mm
Sägetisch 400/250 mm, 45°/12° schwenkbar
Länge/Breite 580/320 mm
Sägehub 18 mm
Gewicht ca. 20 kg

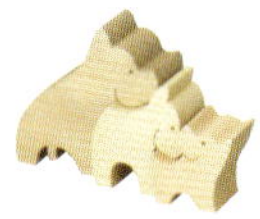

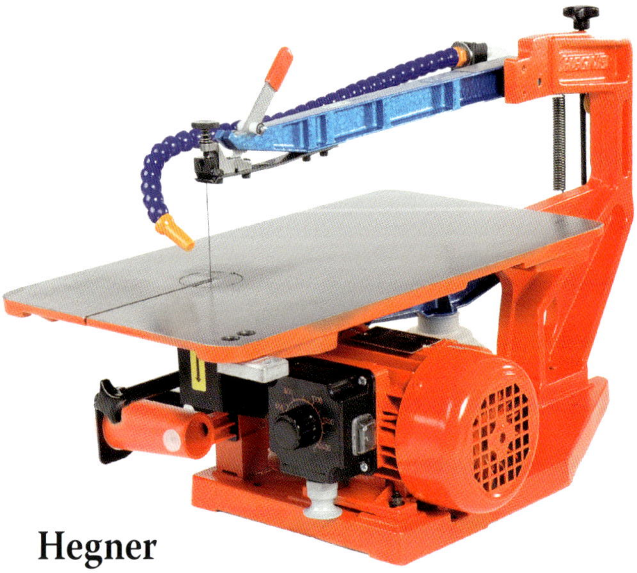

Hegner

Technische Daten

Längsdurchgang 460 mm
Durchgangshöhe 65 mm
Sägetisch 435/230 mm, 45°/12° schwenkbar
Sägehub 2 Hübe, 12 mm und 19 mm
Motor mit elektronisch stufenloser Drehzahlregelung
230 V, 100 W, 400–1400 U/min
Länge/Breite 610/280 mm
Gewicht ca. 23 kg

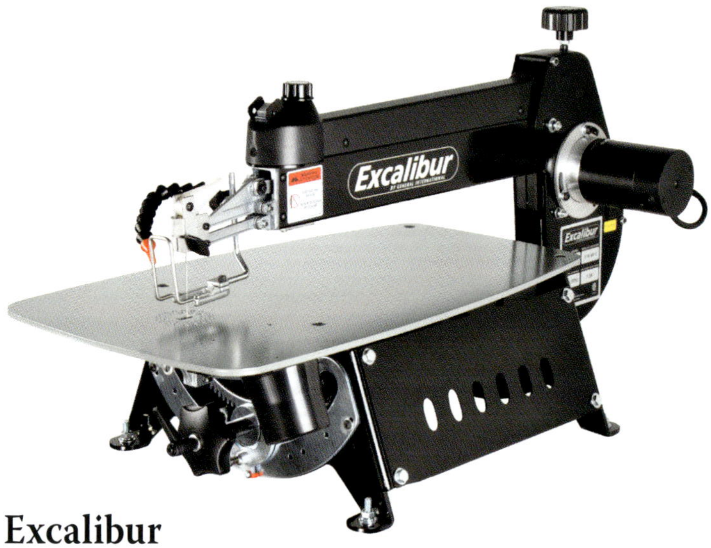

Excalibur

Technische Daten

320 W Motor, 230 V, 400 – 1550 UpM
Längsdurchgang 535 mm, Durchgangshöhe 52 mm
Sägehub 21 mm
Spezieller Mechanismus im Maschinenarm für außergewöhnlich niedrige Vibrationen
597 x 345 mm großer Sägetisch
Stufenlos auf bis 45° nach links und rechts neigbarer Tisch
29,5 kg

Autoren

Robin Arnold aus Port Clinton im US-Bundesstaat Ohio beschäftigt sich nicht nur mit Holzarbeiten, sondern auch mit Natur- und Wildtierfotografie.

Ellen Brown aus Brunswick im Bundesstaat Maine verdanken wir die stimmungsvolle „Welt unter Wasser".

Ron Brown aus Lawrenceville in Georgia ist beruflicher Holzhandwerker und Ziertischler.

Gary Browning aus Greencastle im Staat Pennsylvania ist der Pionier einer neuen Porträtkunst.
www.angelfire.com/md2/creativewood/browning.htm

Jim Carroll aus Pennsylvania hat sich auf Sägearbeiten aus Corian spezialisiert.

Theresa Ekdom, die die fantasievollen Ohrringe entworfen hat, lebt im US-Bundesstaat Michigan.

Jon Ferre aus Sandy im Bundesstaat Utah ist der Autor des Beitrags über das Münzensägen.

John Fleig, der uns seine „gefiederten Freunde" als Beispiel für den Verbundschnitt vorgestellt hat, lebt in Sulphur im Bundesstaat Louisiana.
www.unclejohns.com

Rick Gillespie, ein Meister der Holzbearbeitung, stellt seit 1999 selbst entworfene Intarsienarbeiten her.

Jim Gress, von dem der unkonventionelle Weihnachtsschmuck und die prachtvollen Körbe stammen, lebt in Pennsylvania.

Rhys Hanna hat 20 Jahre lang die Welt umsegelt und lebt jetzt in Neuseeland.

William Hofferth hat unter anderem für Graceland und das Mark-Twain-Museum gearbeitet.

Rick Hutcheson aus Grimes im US-Bundesstaat Iowa widmet sich schon seit 15 Jahren der Arbeit mit der Dekupiersäge.
www.scrollsaws.com

Gary MacKay aus Myrtle Beach in South Carolina hat uns seine Salz- und Pfefferstreuer, seine Schmuckschatullen und das Schneeflocken-Ornament präsentiert.

Paul Meisel, der mit Begeisterung Holzarbeiten entwirft und herstellt, lebt in Mound im Bundesstaat Minnesota.

Sue Mey lebt in Pretoria, der Hauptstadt Südafrikas, und hat für uns das herzige Löwenjunge gestaltet.
www.scrollsawartist.com

Stephen Miklos unterrichtet im Woodworker's Club in Norwalk, Connecticut, die Fächer Dekupiersäge und Instrumentenbau.
www.carrotcreek.com

Neal Moore, seit 2002 pensionierter Offizier der U. S. Navy, lebt nun in Cottageville in West Virginia und hat für uns den „König des Dschungels" porträtiert.

John A. Nelson ist als Meister der Dekupiersäge und Autor zahlreicher Beiträge in der Zeitschrift „Scroll Saw Woodworking & Crafts" wohlbekannt.
www.scrollsawer.com

Judy und Dave Peterson leben in Wisconsin. Judy stellt selbst entworfene Puzzles her, Dave kümmert sich um die Vermarktung. Beide haben mehrere Bücher zum Thema Puzzles verfasst.

Richard Preator aus Peculiar in Missouri leitet die Firma Peculiar Fretwork, die sich der Restaurierung historischer Vorlagen für die Dekupiersägearbeit widmet.

Judy Gale Roberts und Jerry Booher sind für ihre Intarsienarbeiten weithin bekannt.
www.intarsia.com

Jim Stirling ist gebürtiger Australier, lebt in Norwegen und hat eine Dekupiersägetechnik entwickelt, mit deren Hilfe prachtvolle Miniaturschlösser entstehen.
www.stirling.no

Diana Thompson aus Theodore im Staat Alabama hat eine Vielzahl von Entwürfen für die Dekupiersäge gestaltet und mehrere Bücher zu diesem Thema verfasst.
www.scrollsawinspirations.com

Kathy Wise, Intarsienkünstlerin und Buchautorin, wohnt in Yale im US-Staat Michigan.
www.kathywise.com

Register